LE PRINCIPE
D'HUMANITÉ

Du même auteur

Les Jours terribles d'Israël
Seuil, coll. « L'Histoire immédiate », 1974

Les Confettis de l'Empire
Seuil, coll. « L'Histoire immédiate », 1976

Les Années orphelines
Seuil, coll. « Intervention », 1978

Un voyage vers l'Asie
Seuil, 1979, et coll. « Points Actuels » N° 37

Un voyage en Océanie
Seuil, 1980, et coll. « Points Actuels » N° 49

L'Ancienne Comédie
roman, Seuil, 1984

Le Voyage à Keren
roman, Arléa, 1988, prix Roger-Nimier

L'Accent du pays
Seuil, 1990

Cabu en Amérique
(avec Cabu et Laurent Joffrin)
Seuil, coll. « L'Histoire immédiate », 1990

Sauve qui peut à l'Est
(avec Cabu)
Seuil, coll. « L'Histoire immédiate », 1991

Le Rendez-vous d'Irkoutsk
Arléa, 1991

La Colline des Anges
(avec Raymond Depardon)
Seuil, 1993, prix de l'Astrolabe

La Route des Croisades
Arléa, 1993 et Seuil, coll. « Points », 1995

La Trahison des Lumières
Seuil, 1995, prix Jean-Jacques-Rousseau, et coll. « Points », 1996

Écoutez voir !
Arléa, 1996

La Porte des Larmes
(avec Raymond Depardon)
Seuil, 1996

La Tyrannie du plaisir
Seuil, 1998, prix Renaudot essai, et coll. « Points », 1999

La Traversée du monde
Arléa, 1998

La Refondation du monde
Seuil, 1999

L'Esprit du lieu
Arléa, 2000

JEAN-CLAUDE GUILLEBAUD

LE PRINCIPE D'HUMANITÉ

ÉDITIONS DU SEUIL
27, rue Jacob, Paris VIe

ISBN 2-02-047434-4

www.seuil.com

Pour Catherine et grâce à elle…

« L'humanité n'est pas héréditaire. »

Marie Balmary.

Note d'intention

> « On doit échapper à l'alternative du dehors et du dedans : il faut être aux frontières. La critique, c'est l'analyse des limites et la réflexion sur elles. »
>
> Michel Foucault[1]

Deux partis pris – risqués mais assumés – ont présidé à l'élaboration de ce livre. Autant s'en expliquer loyalement.

Devant les mutations considérables que nous vivons, j'ai d'abord tenté d'échapper à une alternative qui, décidément, me semble fausse. Celle qui n'offre d'autre choix qu'entre le catastrophisme épouvanté et l'optimisme béat. Ni l'un ni l'autre ne me semblent pertinents. Le catastrophisme, vieille posture moralisatrice, conduit à récuser le principe même du progrès scientifique et incline tôt ou tard à une vaine nostalgie. Au sens strict du terme, il ne sert à rien. Mais l'optimisme béat n'est pas moins funeste. Il peut conduire à tous les consentements, à toutes les capitulations. Comme toujours dans l'histoire humaine, le seuil décisif que nous sommes en train de franchir ouvre sur autant de périls que d'espoirs. Quiconque souhaite que les seconds l'emportent doit s'interdire à la fois l'aveuglement et l'étourderie. Si un naufrage, en effet, nous guette, il s'agit de le regarder en face. Non point pour en tirer je ne sais quel discours apocalyptique, mais pour mieux le conjurer.

Mon deuxième parti pris est délibérément transdisciplinaire. Qu'Edgar Morin soit ici remercié pour ses encouragements, et ses leçons. Comme lui, j'ai choisi, en toute connaissance de cause, de m'aventurer dans des disciplines et des savoirs devant lesquels je n'ai aucune légitimité académique : génétique, cognitivisme,

1. *Dits et Écrits 1954-1988.*

11

informatique, neurosciences, etc. Je me suis appuyé sur des travaux spécialisés dont j'essaie de rendre compte ici avec le maximum d'honnêteté. En général, je ne suis jamais que le messager – critique – de réflexions et de travaux qui m'ont semblé importants. Contraint de simplifier, j'ai tenté de ne jamais déformer. Je remercie les quelques chercheurs qui, ici et là, ont accepté de revoir mon travail.

J.-C. G.

Chapitre 1

Qu'est-ce qui nous arrive ?

> « Nous voici confrontés à un monde qui se
> développe, conquérant et dominateur, mais qui,
> semblable au colosse aux pieds d'argile, risque
> non pas de s'effondrer mais de provoquer ce *mol
> ensauvagement* qui, après la Shoah, pourrait bien
> devenir la figure de la catastrophe actuelle. »
>
> Jacques Hassoun[1]

Nous sommes devant un stupéfiant paradoxe. Celui-ci : une
logique invisible, jour après jour, tire le tapis sous nos pieds.
Sans le savoir, nos sociétés sont prises à revers et nos idées en
perdition, comme autant d'armées égarées dans la brume. Les
valeurs, les concepts, les objectifs démocratiques que nous mettons en avant se voient affouillés dans leurs tréfonds. Nous
vivons et pensons en quelque sorte au-dessus du vide, mais ce
vide nous attend. Une manière de schizophrénie ontologique nous
guette, pour ce qui concerne le sens des mots et des choses.
Voyons cela de plus près. Quels sont l'avers et le revers de cette
étrange médaille ?

Pour l'avers, les choses sont claires. Nous croyons – légitimement – aux *droits de l'homme*. Nous sommes convaincus que leur
triomphe progressif à l'orée d'un nouveau millénaire annonce
moins la fin de l'Histoire que la défaite (au moins provisoire) des
tyrannies et des dominations. Adieu fascisme, communisme,
nazisme ; adieu médiocres dictatures ; adieu enfermements impo-
sés ! Les plus optimistes – et j'en suis – subodorent l'avènement
possible d'une nouvelle époque des Lumières, mais qui s'éten-
drait cette fois à la terre entière. Le projet n'est ni absurde ni illégitime.

Nos tribunes, nos journaux, nos discours politiques retentissent

1. *Actualités d'un malaise*, Érès, 1999.

en tout cas de ce credo et de cette espérance. Nous exigerons que, partout, prévalent la liberté et la dignité. Plus de souverainetés mortifères, plus d'appartenances disciplinaires, plus d'oppressions catégorielles : les droits de l'homme sont le dernier horizon vers lequel nous acceptons de tourner nos regards. Le projet n'est pas suffisant, mais certainement nécessaire. Que l'oubli ensevelisse à jamais le XXe siècle finissant, ses fureurs, ses camps et ses idéologies arrogantes ! Plus jamais cela ! À nos yeux, la personne émancipée et paisiblement autonome sera demain la mesure de toutes choses. Nous sommes conséquemment devenus sourcilleux dès qu'un seul de ces « droits » est en question.

Dans le même temps, nous partageons une conscience plus aiguë de ce que peut être un *crime contre l'humanité*. Celui qui ajoute au meurtre des hommes le déni de l'humain ; celui qui aggrave le massacre par la mutilation du sens. Notre mémoire est encore vive à ce propos. Pour interdire à jamais ces carnages et ces désolations infra-humaines, pour en conjurer le péril, nous voulons échafauder un droit international nouveau, avec ses catégories pénales et ses tribunaux, en attendant sa « police ». La force armée, pensons-nous, doit être requise lorsqu'un crime contre l'humanité est avéré. Bosnie, Rwanda, Kosovo... La vigilance sur ce front justifie même, pensons-nous, que soient réévaluées, voire congédiées, les anciennes catégories de la *realpolitik*. Nations barricadées, frontières closes, souverainetés sourcilleuses, raisons d'État...

Nous réclamons une véritable « transvaluation des valeurs » politiques, pour paraphraser Nietzsche. Sur une planète lentement unifiée, aucune « souveraineté nationale » ne sera plus légitime dès lors que prévaudra, sous son couvert, l'horreur du crime contre l'humanité. A ceux qui s'alarment de voir disparaître ainsi les figures traditionnelles de la diplomatie, de la géopolitique et du droit international ; à ceux qui ironisent sur cet angélisme civilisateur, nous opposons la conscience immédiate – et télévisée – de l'horreur. N'est-il pas urgent de renoncer aux cynismes précautionneux de jadis si c'est pour accélérer l'émergence d'une vraie morale planétaire ? « La conquête des droits de l'homme comporte aussi quelque chose d'absolu, remarque l'une des meilleures juristes françaises en ce domaine. Il faut poser des bornes infranchissables,

qui se nomment juridiquement droits intangibles et crimes imprescriptibles. Il faut les rendre opératoires[2]. »

Droits de l'homme d'une part, crime contre l'humanité d'autre
part : ces catégories emblématiques sont ainsi devenues les deux
pôles – positif et négatif – de la modernité. C'est de cela, en vérité,
que nous parlons sans relâche. Telle est désormais la *doxa*. Ainsi
est ressourcée notre bonne conscience et refondé ce qu'il nous
reste d'optimisme historique. Voilà donc pour l'avers de la
médaille.

Redéfinir l'homme ?

Le revers est plus inquiétant. Dans notre dos, pendant que nous
argumentons et moralisons ainsi, des questions capitales sont mur-
murées que nous préférons, pour le moment, ne pas écouter.
Qu'est-ce qu'un homme, au juste ? Que signifie le concept d'humanité ? Cette idée ne serait-elle pas révisable ou évolutive ?
Chose incroyable, ces nouvelles mises en cause de l'humanisme
ne sont pas exprimées, comme jadis, par des dictateurs barbares
ou des despotes illuminés, elles sont articulées par la science elle-
même en ses nouveaux états. Elles sont même corrélées aux promesses étourdissantes de ladite science ; comme si c'était le prix à
payer ou le risque à prendre. Mettre l'homme en question pour
mieux le guérir… De la biologie aux neurosciences, de la génétique aux recherches cognitives, tout un pan de l'intelligence
contemporaine travaille à ébranler les certitudes auxquelles nous
sommes encore agrippés. Cette immense contradiction se dissimule derrière un brouillard de mots, mais de moins en moins.

Écoutons mieux les débats innombrables que font naître, aussi
bien dans la presse que devant les tribunaux, les avancées de
la bioscience – clonage, procréation médicalement assistée,
recherches sur l'embryon, manipulations génétiques, greffes d'organes, appareillage du corps, etc. –, et constatons qu'une même
interrogation les traverse tous. De part en part. Une interrogation

---

2. Mireille Delmas-Marty, « Quel avenir pour les droits de l'homme ? », in *Les Clés
du XXIᵉ siècle*, Seuil-Unesco, 2000.

si radicale, si « énorme » que, devant elle, la pensée hésite, la juris-prudence bafouille, les tribunaux s'égarent : où placer la vraie limite de l'humain, c'est-à-dire *comment définir l'humanité de l'homme*? Qu'est-ce qui distingue, après tout, l'homme du reste de la nature ? A quoi pourrait-on arrimer la singularité de l'espèce humaine, quand tout vient aujourd'hui la dissoudre « scientifique-ment » dans l'incommensurable diversité biogénétique du vivant?

Il n'est pas un seul de ces nouveaux débats qui ne se ramène à cette question principale et ne fasse lever la même obscure inquié-tude. La génétique ne nous ramène-t-elle pas, *de facto*, à une com-munauté indifférenciée entre l'homme et l'animal? Les sciences cognitives ne nous suggèrent-elles pas l'hypothèse du cerveau-ordinateur ou d'une possible intelligence artificielle, c'est-à-dire d'une proximité avérée entre l'homme et la machine ? La physique moléculaire ne postule-t-elle pas une continuité principielle de la matière elle-même, matière vivante et homme compris ? Alors ? Nous aurons bientôt les mains vides pour définir l'homme. Peut-être même le sont-elles déjà...

Telle est la vraie nature d'une révolution conceptuelle – un « changement de paradigme », diront les pédants – dont nous sommes les témoins muets. Cette révolution/mutation, chacun cherche encore ses mots pour la désigner clairement. On pourrait ici énumérer à loisir les citations. « Le fait nouveau, écrit Paul Ricœur, est que l'homme est maintenant devenu dangereux pour lui-même en mettant en péril la vie qui le porte et la nature à l'abri de laquelle il découpait jadis l'enclos de ses cités[3]. » Les perspec-tives qui nous assaillent n'ont plus seulement pour enjeu l'organi-sation plus ou moins juste de nos sociétés mais le principe d'hu-manité lui-même[4]. Un « seuil » a été franchi au cours des trois dernières décennies. Un seuil que pressentait, à sa façon, Michel Foucault lorsqu'il écrivait voici vingt-quatre ans : « Ce qu'on pourrait appeler le "seuil de modernité biologique" d'une société

3. Paul Ricœur, postface à Frédéric Lenoir, *Le Temps des responsabilités*, Fayard, 1991.
4. J'emprunte l'expression « principe d'humanité » qui donne son titre à ce livre au Comité consultatif national d'éthique qui, dans son document N° 1, écrivait : « Prin-cipe de moralité, le respect de la personne est ainsi principe d'humanité. » Repris dans *Vers un antidestin. Patrimoine génétique et droits de l'humanité* (dir. François Gros et Gérard Huber), Odile Jacob, 1992 (colloque d'octobre 1989 à Jussieu).

se situe au moment où *l'espèce entre comme enjeu dans ses propres stratégies politiques*. L'homme, pendant des millénaires, est resté ce qu'il était pour Aristote : un animal vivant et de plus capable d'une existence politique ; l'homme moderne est un animal *dans la politique duquel sa vie d'être vivant est en question*[5]. »

Humanité, humain, espèce humaine... Nous sentons bel et bien, là sous nos pas, que s'entrouvre une faille. Devant ce vide annoncé, nous sommes pris de vertige. Nous apercevons une opposition irréductible entre les « deux moitiés » de la pensée moderne. Comment pourrons-nous promouvoir les droits de l'homme si la définition de l'homme est scientifiquement en question ? Comment conjurerons-nous les crimes contre l'humanité si la définition de l'humanité elle-même devient problématique ? Cet immense paradoxe auquel nous voilà promis n'a plus grand-chose à voir avec l'ancien attachement, « gentil » et débonnaire, pour l'humanisme des préaux d'école ; ce civisme rantanplan auquel s'abreuvent encore nos péroraisons politiques. Ni même avec la seule défense écologique d'une planète menacée par le trou dans la couche d'ozone ou le réchauffement du climat.

Ce qui est en cause aujourd'hui, ce n'est pas seulement la « survie de l'humanité », définie comme communauté habitant la planète Terre, mais bien, en chacun de nous, *la persistance de l'humanité de l'homme* ; cette qualité universelle que Kant appelle *Menschheit* et qui fait véritablement de la personne un être humain. « Ce qui est en cause, écrit magnifiquement Maurice Bellet, c'est la naissance d'humanité : c'est-à-dire que l'humain de l'humain n'est pas évident, c'est une formidable et improbable émergence au sein de l'univers[6]. » Une émergence qui redevient plus fragile que jamais.

Oui, un seuil prodigieux est en train d'être franchi. Ce « possible » soudainement offert à nos projets par le saut qualitatif de la science, cette hypothèse d'une humanité mutante ou d'une posthumanité, le journaliste scientifique Hervé Kempf propose de l'appeler la « révolution biolithique », par opposition à ce qu'avait

5. Michel Foucault, *Histoire de la sexualité*, t. 1, *La Volonté de savoir*, Gallimard, 1977.
6. Maurice Bellet, *Études*, décembre 2000.

17

été la révolution « néolithique » – du grec *neo*, nouveau, et *lithos*, pierre –, survenue il y a environ douze mille ans, et qui fit passer les sociétés humaines d'un mode de subsistance basé sur la chasse et la cueillette à une économie reposant sur l'élevage et l'agriculture. Cette révolution marquait un changement complet du rapport de l'humanité à la nature. Aujourd'hui, « nous entrons dans une nouvelle ère, dominée par les techniques mariant le vivant (*bio*) au minéral (*lithos*) ». Pour Hervé Kempf, cette nouvelle révolution vient clôturer une très longue période de l'Histoire, durant laquelle furent forgées les catégories mentales dans lesquelles la pensée occidentale a construit au cours des siècles sa représentation du monde. Cette représentation, aujourd'hui, se disloque comme un ciment devenu friable.

« On pensait l'homme comme un concept fixe, au moins à l'échelle des millénaires durant lesquels l'espèce humaine, à la maturité de son évolution biologique, était entrée dans l'histoire. […] Le biolithique ouvre l'histoire d'une évolution dirigée, d'une biologie transformée, d'un humain fils de ses œuvres et non plus de la puissance tutélaire de la nature[7]. » Certains, beaucoup plus inquiets, mobilisent à propos de cette même mutation des métaphores apocalyptiques. « Après avoir brisé les tabous de l'asphyxiante culture bourgeoise, il faut maintenant *briser l'être*, l'unicité du genre humain, par la déflagration prochaine d'une bombe génétique qui serait à la biologie ce que la bombe atomique fut à la physique[8]. »

Une chose est sûre : nous hésitons soudain devant notre propre témérité technoscientifique. Les instruments que nous avons entre les mains nous ouvrent les portes d'une aventure sans équivalent dans notre histoire. Le pouvoir nous est donné de reculer les frontières biologiques, de défier le destin corporel, de conjurer les anciennes fatalités de la physiologie ou de la généalogie, de guérir les maladies incurables, etc. L'orgueil humain qui habite l'époque n'est pas, de ce point de vue, tout à fait abusif. Mais l'effroi terrible qui l'accompagne est tout aussi fondé. En février 1997, après le clonage de la brebis Dolly, le quotidien allemand *Frankfurter*

---

7. Hervé Kempf, *La Révolution biolithique. Humains artificiels et machines animées*, Albin Michel, 1998.
8. Paul Virilio, *La Procédure silence*, Galilée, 2000.

Allgemeine Zeitung exprimait le sentiment commun en écrivant :
« Copernic a chassé l'homme du cœur de l'univers, Darwin du
sein de la nature, la procréatique s'apprête à expulser l'homme de
lui-même. »

Tel est peut-être, pour reprendre une belle expression de Marie
Balmary, « le bonheur catastrophique qui nous menace [9] ».

Un si proche passé

Arrêtons-nous un moment à ce terrible effroi. Il faut le prendre
très au sérieux et non point le traiter en superstition. On ne peut
s'y référer en effet sans mentionner la mémoire particulière qui le
nourrit en secret, l'exacerbe, le ranime sans relâche. C'est la
mémoire d'un passé très proche. Elle veille immanquablement
derrière tous les débats dits « bioéthiques », dans chaque colloque ;
elle est présente au cœur de toute réflexion, au point d'empoison-
ner la plupart d'entre elles. Je veux parler du souvenir de la Shoah,
bien sûr, et de ce qui fut à l'œuvre, il n'y a pas si longtemps, dans
les camps. Nul doute que toutes les questions contemporaines sur
la définition de l'homme *nous rappellent quelque chose.*

Les tenants de l'optimisme scientiste s'irritent lorsque l'on
convoque cette mémoire-là pour dénoncer les possibles dérives de
la génétique. Pour eux, cette inlassable convocation de Hitler est
exaspérante. Ils y voient une façon commode d'encourager toutes
les prudences « obscurantistes » ou les réactions « technophobes »
(les deux mots sont à la mode). Ils ont tort. La référence intuitive à
ce passé-là n'est pas déraisonnable. C'est bel et bien l'indépassable exception nazie et la Shoah qui ont fait naître, par contrecoup, notre souci obsessionnel de *l'humain de l'homme.* La chronologie historique en témoigne. C'est après l'ouverture des camps
et des fosses communes que le tragique s'est invité, à tout jamais,
dans cette affaire. Après la Shoah, nous avons rompu avec ce que
pouvait avoir de courtois, de détaché, de quasi badin, au XVIIe ou
au XVIIIe siècle, les réflexions sur l'animalité ou l'humanité de la
créature. (Plutarque, La Mettrie, Descartes, tant d'autres...) Le

9. Marie Balmary, *Abel ou la traversée de l'Eden*, Grasset, 1999.

système concentrationnaire nazi fabriqua cette fois, au sens strict du terme, une sous-humanité. Pour de bon. Pour de vrai. L'homme tout entier, à travers le juif ou le tzigane, fut ramené de force à l'animalité ou condamné au statut d'objet, de chose. Les corps des suppliciés, leurs dents, leur peau, leurs cheveux devinrent *matière première...* En 1945-1946, subitement, « l'Occident a [donc] découvert avec horreur que l'on pouvait détruire une vérité plus précieuse que la vie elle-même : l'humanité de l'être humain[10] ».

Les grands témoignages de l'après-guerre, qui renforcèrent tragiquement notre perception de la dignité humaine, insistent tous sur cette épouvante historique. Il n'est que de les relire. On pense à Primo Levi qui, dans *Si c'est un homme*, revient sans cesse sur cette rétrogradation délibérée et maniaque du déporté au rang de « bestiau », de « matière première » ou d'« ordure »[11] (ce sont ses termes exacts). Levi décrit les hommes ramenés à l'état de ruine, ces « musulmans » – *Musulmänner* dans l'argot des camps –, ces « non-hommes qui marchent et s'épuisent en silence ». Des « musulmans » arrachés à leur propre statut de personne. On pense tout aussi bien à Robert Antelme qui, dans *L'Espèce humaine*, décrit l'émergence, dans les camps, de cette furieuse « revendication d'humanité » qui, pendant un demi-siècle, ne quittera plus jamais la mémoire occidentale. En effet, écrit-il, c'est bien « la remise en cause de la qualité d'homme [qui] provoque une revendication quasi biologique d'appartenance à l'espèce humaine[12] ».

Oui, il faut lire et relire – mais de très près aujourd'hui – ces protestations exemplaires.

Au-delà de ce que purent avoir de bouleversant ces témoignages rapportés du néant, on doit comprendre qu'ils représentaient, en creux, une redéfinition intransigeante, vibrante, inquiète de *l'humanité de l'homme*. Cette dernière serait désormais à construire, à reconstruire, à défendre contre toute entreprise visant à la ruiner. On savait désormais que l'innommable était possible et se révélait bien pire que le massacre. Il devenait clair, *a contrario*, que l'homme

10. Isabelle Marin, « La dignité humaine, un consensus ? », *Esprit*, février 1991.
11. Publié pour la première fois en 1947 dans une toute petite maison d'édition, le livre ne fut vraiment redécouvert qu'en 1958 lors de sa réédition chez Einaudi, traduit en six langues, et constamment réédité depuis. Né en 1919, à Turin, Primo Levi s'est donné la mort en 1987.
12. Robert Antelme, *L'Espèce humaine*, dernière éd. Gallimard, coll. « Tel », 1979.

Bétail, boue, ordure...

« Il ne s'agit plus seulement de mort, mais d'une foule de détails maniaques et symboliques, visant tous à prouver que les juifs, les Tziganes et les Slaves ne sont que bétail, boue, ordure. Qu'on pense à l'opération de tatouage d'Auschwitz, par laquelle on marquait les hommes comme des bœufs, au voyage dans des wagons à bestiaux qu'on n'ouvrait jamais afin d'obliger les déportés (hommes, femmes et enfants !) à rester des jours entiers au milieu de leurs propres excréments, au numéro matricule à la place du nom, au fait qu'on ne distribuait pas de cuillère (alors que les entrepôts d'Auschwitz, à la Libération, en contenaient des quintaux), les prisonniers étant censés laper leur soupe comme des chiens ; qu'on pense enfin à l'exploitation infâme des cadavres, traités comme une quelconque matière première propre à fournir l'or des dents, les cheveux pour en faire du tissu, les cendres pour servir d'engrais, aux hommes et aux femmes ravalés au rang de cobayes sur lesquels on expérimentait des médicaments avant de les supprimer.

Le moyen même qui fut choisi (après de minutieux essais) pour opérer le massacre était hautement symbolique. On devait employer, et on employa, le gaz toxique déjà utilisé pour la désinfection des cales de bateaux et des locaux envahis par les punaises ou les poux. On a inventé au cours des siècles des morts plus cruelles, mais aucune n'a jamais été aussi lourde de haine et de mépris. »

Primo Levi, *Si c'est un homme*, Presses Pocket, 1990.

ne devrait plus jamais être assimilé ni à l'animal, ni à la machine, ni à la chose. C'est d'ailleurs cette humanité irréductible, instituée comme telle par le regard de l'autre, qui avait permis de résister mentalement au dessein nazi. Elle prit valeur de repère absolu, d'antimal, de pôle magnétique pour toutes nos sociétés démocratiques. L'après-guerre et les décennies qui suivirent furent habitées par cette absolutisation qui rompait avec les anciennes références de l'humanisme historique, lequel, autrefois, était perçu comme un rajout de bon goût, un progrès aimable, une sorte de courtoisie morale substituée à la cruauté du monde. Après Auschwitz, on ne pourrait plus jamais penser l'humanisme de cette façon, ni composer avec ses mille et une définitions possibles. Cette fois, on changeait de registre. Ce changement habite encore nos consciences...

Si ressemblants aux bêtes...

« Si ressemblants aux bêtes, toute bête nous est devenue somptueuse ; si semblables à toute plante pourrissante, le destin de cette plante nous paraît aussi luxueux que celui qui s'achève par la mort dans le lit. Nous sommes au point de ressembler à tout ce qui ne se bat que pour manger et meurt de ne pas manger, au point de nous niveler sur une autre espèce, qui ne sera jamais nôtre et vers laquelle on tend ; mais celle-ci qui vit du moins selon sa loi authentique – les bêtes ne peuvent pas devenir plus bêtes – apparaît aussi somptueuse que la nôtre "véritable" dont la loi peut être aussi de nous conduire ici. Mais il n'y a pas d'ambiguïté, nous restons des hommes, nous ne finirons qu'en hommes. La distance qui nous sépare d'une autre espèce reste intacte, elle n'est pas historique. C'est un rêve SS de croire que nous avons pour mission historique de changer d'espèce, et comme cette mutation se fait trop lentement, ils nous tuent. [...] C'est parce que nous sommes des hommes comme eux que les SS seront en définitive impuissants devant nous. C'est parce qu'ils auront tenté de mettre en cause l'unité de cette espèce qu'ils seront finalement écrasés. [...] Tout se passe effectivement là-bas comme s'il y avait des espèces – ou plus exactement comme si l'appartenance à l'espèce n'était pas sûre, comme si l'on pouvait y entrer et en sortir, n'y être qu'à demi ou y parvenir pleinement, ou n'y jamais parvenir même au prix de générations –, la division en races ou en classes étant le canon de l'espèce et entretenant l'axiome toujours prêt, la ligne ultime de défense : "Ce ne sont pas des gens comme nous." »

Robert Antelme, L'Espèce humaine, Gallimard, 1979.

Ce n'est pas tout. Aux grands témoignages façon Primo Levi ou Robert Antelme s'ajouta une énonciation tout aussi solennelle mais plus juridique de cette notion d'espèce humaine. A l'issue du procès de Nuremberg (1946-1947) fut élaboré le *code de Nuremberg*, qui, pour la première fois, entendait fixer des règles et des limites à toute expérimentation sur l'homme. Ce code fut adjoint au jugement prononcé en 1947 par le tribunal américain contre vingt-trois médecins nazis et trois autres scientifiques allemands, convaincus d'avoir pratiqué des expériences – le plus souvent mortelles – sur des êtres humains. En pratique, il s'agissait de codifier plus sévèrement la recherche médicale en posant comme principe l'obligation formelle et révocable du « consentement éclairé [13] » de l'éventuel patient. Dans les faits, ce code médical, surgissant de l'après-catastrophe et dans un prétoire démocratique, eut une portée symbolique beaucoup plus large. Il reformulait explicitement un principe d'appartenance. Un principe imprescriptible. Tout homme, toute femme, tout enfant – même handicapé mental, même sans conscience, même sans langage, même agonisant – est membre à part entière de l'espèce humaine. Il est titulaire, en tant que tel, d'une *dignité* que rien ni personne ne saurait violenter. C'est ainsi que se trouva *réévaluée à la hausse l'exigence de dignité humaine*. Nous vivons encore avec cette exigence. Qui pourrait accepter qu'elle soit contestée ?

On retrouvera dans les témoignages ultérieurs sur les autres barbaries du siècle – par exemple, la barbarie stalinienne – des notations qui participent significativement de la même épouvante : celle de l'homme destitué et ramené au statut de bête. Sous la plume d'Alexandre Soljenitsyne, par exemple, est plusieurs fois dénoncée la terminologie animalière utilisée par les communistes aux pires moments de la répression. « Lénine, écrit-il, proclama que le but commun et unique de l'heure était de *nettoyer la terre russe de tous les insectes nuisibles...* [...] Il y avait pas mal d'insectes parmi les professeurs de lycée. Les conseils paroissiaux étaient entièrement peuplés d'insectes. Les insectes chantaient dans les chœurs des églises. Tous les prêtres étaient des insectes et, à plus forte raison, tous les moines et toutes les nonnes [14]... »

Aujourd'hui, point n'est besoin de chercher pour constater que cette même hantise de *l'humanité de l'homme* rôde encore et toujours autour des charniers. L'effroyable leçon des récents génocides n'est pas seulement dictée par la quantité des victimes ou les moyens employés. Elle a toujours partie liée avec l'essence de l'être humain. Certains rescapés des massacres du Rwanda en 1994 retrouvent instinctivement des mots et des tournures identiques à ceux qu'utilisaient Primo Levi et Robert Antelme cinquante ans plus tôt. « Quand je pense au génocide, dans un moment calme, assure l'un d'eux, je

---

13. Je me réfère ici à la communication de Claire Ambroselli, « Quarante ans après le code de Nuremberg », intégré à l'ouvrage collectif publié sous sa direction : *Éthique médicale et Droits de l'homme*, Actes-Sud et INSERM, 1988.
14. Alexandre Soljenitsyne, *L'Archipel du Goulag*, Seuil, 1974.

réfléchis où le ranger dans l'existence, mais je ne trouve nulle place. Je veux dire simplement que *ce n'est plus de l'humain* » ; « Moi, observe un autre, je le répète, ils coupaient et mutilaient pour *enlever de l'humain* aux Tutsis et les tuer plus facilement » [15].

Nous y sommes. Tous ces rappels – bien trop brefs – n'avaient qu'un objectif : nous aider à mieux mesurer l'ampleur, la gravité, la profondeur des ébranlements contemporains. Car c'est la science, répétons-le, qui ressuscite aujourd'hui les questions qui hantaient Primo Levi. On se demande ce que penserait ce dernier s'il pouvait lire, au sujet de la génétique, des titres comme celui-ci : « Enquête sur la fabrique du surhumain » ou « Nous risquons de sortir en douce de l'espèce humaine » [16]. C'est pourtant bien la question. Saurons-nous encore définir l'homme, le distinguer de l'animal, de la machine, de la chose ? En toute logique, des interrogations aussi fondamentales devraient occuper la totalité de l'espace démocratique. Sur le fond, en effet, elles relèguent la politique traditionnelle (répartition des richesses, délibération, élection, etc.) au rang d'une aimable mais très subalterne conjecture. Or, extraordinairement, ce n'est pas ainsi que les choses se passent. Sur ce terrain truffé de mines nous avançons dans une frivole confusion. Pourquoi ?

Misère de la délibération

On pourrait épiloguer à n'en plus finir sur la médiocrité du débat contemporain, fustiger l'imprévoyance des uns et l'ignorance des autres, la démagogie et la futilité d'une époque qui danse au-dessus des gouffres et capitule devant de simples mécanismes techniques ou financiers. On pourrait s'indigner de l'incroyable légèreté du discours médiatique lorsqu'il évoque ce qu'on pourrait appeler « la nouvelle question humaniste ». Dans le babillage de l'époque, l'humanisme est parfois puérilement désigné comme une revendication gentille, désuète, attendrissante, moralisatrice, etc. La référence à l'homme est ingénument ravalée au rang d'un

---

15. Témoignage de Sylvie Umubyeyi, trente-quatre ans, assistante sociale à Nyamata Gatare, et d'Innocent Rwililaza, trente-huit ans, enseignant à Nyamata, in Jean Hatzfeld, *Dans le nu de la vie. Récits des marais rwandais*, Seuil, 2000.
16. *Courrier international*, 21 décembre-3 janvier 2001.

moralisme doux, d'une sorte de scoutisme que la technoscience n'admet plus qu'avec une indulgence agacée. Humanisme et universalisme sont perçus, au fond, comme les survivances respectables mais obsolètes d'un monde ancien. On pourrait s'alarmer aussi du silence des politiques – tous partis confondus – devant certains choix bioéthiques capitaux et devant des interrogations qui devraient, toute affaire cessante, mobiliser la société entière. Bien trop souvent, ils se taisent. Ou rasent les murs. Comme si la question posée était trop difficile pour eux...

Mais à quoi bon polémiquer ? Mieux vaut tenter de comprendre l'étrange anomie de ce débat ou, ce qui est pire, l'indigence des empoignades sporadiques qu'il suscite. Cette « misère » tient, je crois, à quelques raisons particulières.

Il y a d'abord la complexité des problèmes posés et l'illisibilité des points de vue, ou avis, livrés, jour après jour, au grand public. C'est un flot ininterrompu et décourageant qui, désormais, nous engloutit. Quiconque s'est plongé dans la prose des directives et recommandations des comités éthiques prend vite la mesure de cette première difficulté. Le nombre et la diversité des questions traitées, la prudence byzantine de ces instances consultatives (où prévaut un pluralisme sourcilleux), la fragilité des solutions avancées, alors même que la connaissance progresse : tout cela rend illusoire un clair examen des enjeux. Des textes prolifèrent, s'enchevêtrent, s'étagent, se contredisent et s'additionnent, au point de devenir aussi peu utilisables que l'étaient jadis les encycliques romaines. Bioéthicien est devenu un « métier », avec sa liturgie et son latin. Si trop de droit tue le droit, trop de paroles, à coup sûr, tue la parole. Et cela, quelle que soit la bonne volonté des protagonistes, dont les mérites ne sont pas en cause. Une chose est sûre : on avance collectivement dans une troublante pénombre.

Cette impression est renforcée par l'incohérence manifeste de certaines décisions judiciaires. Sur les mères porteuses ou sur les prélèvements d'organes, sur la brevetabilité du vivant ou l'établissement « génétique » de la filiation, une jurisprudence s'élabore au coup par coup, dans une relative incohérence. Aux États-Unis, c'est le fameux arrêt *Diamond vs Chakrabarty*, rendu par la Cour suprême, le 16 juin 1980, qui a ouvert la boîte de Pandore du « brevetage du vivant ». En France, un des exemples les plus flagrants d'incohérence est la décision de la Cour de cassation du 17 novembre 2000 : l'arrêt Perruche. Il fera date. Cet arrêt accepte que soit indemnisé un jeune handicapé au prétexte que la rubéole de sa mère n'avait pas été diagnostiquée par le médecin, et donc que l'IVG n'avait pas pu être décidée à temps. Comme le firent remarquer plusieurs juristes et nombre de spécialistes effarés, on sanctionnait ainsi un médecin pour ne pas avoir... donné la mort. Un préjudice pouvait donc être imputable au simple fait d'être né ! En outre, la Cour se réservait implicitement le droit de juger qu'une vie valait ou non la peine d'être vécue. Comme si c'était son rôle...

Les décisions de ce type, mises bout à bout, entraînent une véritable révolution copernicienne en matière de droit. Elles dévoient la fonction judiciaire d'autant plus gravement qu'elles se multiplieront sans aucun doute à l'avenir. Leur seule origine, c'est l'embarras manifeste d'un système judiciaire à qui l'on demande de trancher, au bout du compte, des questions ontologiques ou philosophiques que la société elle-même est incapable de clarifier. Ce détournement du droit, cette « défausse » silencieuse de la démocratie sur le juridique disent assez la profondeur de la perplexité collective.

Une perplexité dont les médias se font involontairement l'écho. Ces derniers n'ont d'autre alternative que de traiter les avancées scientifiques au coup par coup, à la hâte, en cédant à la féerie scientiste, à la prophétie catastrophée ou à l'effet d'annonce. On voit mal comment le débat démocratique pourrait s'emparer de ces questions si une volonté puissante, agissante, opiniâtre fait défaut chez les intellectuels ou dans la classe politique. Or cette complexité est d'autant plus insaisissable que les données évoluent à une vitesse sans cesse accrue. Les chercheurs sont les premiers à dire leur inquiétude devant ce désordre mental, lié à la rapidité des progrès de leur propre discipline. Ainsi ce généticien belge, Gilbert Vassart, qui se confie avec un brin de mélancolie : « Le vertige vient du fait qu'on ne peut pas tout apprendre et tout intégrer au fur et à mesure. La quantité d'informations devient impossible à gérer. [...] Sera-t-il possible, un jour prochain, de toutes les rassembler en un ensemble cohérent dont nous serons capables de comprendre les interactions[17] ? »

---

17. Cité par Caroline Glorion, *La Course folle. Des généticiens parlent*, Les Arènes, 2000.

Ajoutons à cela l'hétérogénéité, sur ces sujets, des différentes cultures européennes. Ce sont des divergences de fond, sur lesquelles on préfère ordinairement faire silence. Les interrogations sur la bioéthique font apparaître, en effet, des contradictions à peu près insurmontables entre les pays européens. Par exemple entre la Grande-Bretagne, plutôt scientiste, et l'Allemagne, qui, compte tenu de son passé, demeure allergique à toute manipulation du vivant. Ces contradictions remettent en cause *de facto* l'idée même de valeurs communes, qui est à la source de la construction européenne. Ce n'est pas un petit problème. « En Europe, les divergences sont telles, renvoyant à des conceptions éthiques à ce point inconciliables, qu'elles ne peuvent plus, désormais, ne pas s'exprimer dans le cadre de la construction de l'Union. La science et la morale bouleversant une nouvelle fois le politique, tout est en place pour que l'on assiste, à court et moyen termes, à une crise peu banale dans l'histoire des institutions européennes [18]. »

Pour l'instant, la politique préfère anesthésier cette discussion capitale avant même qu'elle ne s'engage sérieusement. L'autruche européenne enfouit sa tête dans le sable. Si la référence aux valeurs communes est devenue un dogme communautaire et un rituel, mieux vaut ne pas examiner de trop près son contenu. Tant de prudence diplomatique sur des questions aussi fortes procède d'un comportement... paradoxal. L'Histoire risque, un jour, de se montrer sévère.

Violence de la dispute

Et que dire, alors, de cette violence verbale qui rôde dès qu'il est question de biologie ou d'éthique ? Quand ils ont lieu pour de bon, les débats concernant le statut de l'embryon, le clonage, la brevetabilité du vivant, la procréation ou la thérapie génique sont marqués par une violence et un manichéisme aussi implacables que pouvaient l'être les batailles idéologiques de jadis. « Les polémiques entre partisans et adversaires de l'emploi des biotechnologies ressemblent fort à un dialogue de sourds. Les invectives

18. Jean-Yves Nau, *Le Monde*, 15 septembre 2000.

pleuvent, les procès d'intention fleurissent[19]. » Le débat, en somme, se mue en dispute. Et quelle dispute !

Chacun tend à se présenter comme minoritaire, et opprimé par une majorité hostile. Les défenseurs de la science protestent régulièrement contre les « peurs », les « refus » ou les « superstitions » dont les médias se feraient complices en les amplifiant. De leur côté, les écologistes ou les chercheurs critiques voient dans le scientisme ou la technoscience une partie intégrante de l'idéologie dominante. Ainsi s'efforce-t-on d'installer dans l'opinion l'idée selon laquelle le Bien est tout entier d'un côté, le Mal tout entier de l'autre. Chacun, bien sûr, étant convaincu qu'il campe du côté du Bien. Les arguments employés au sujet du rôle des médias sont si rigoureusement symétriques qu'ils en deviennent cocasses. Citons un exemple de cette symétrie. « Il est devenu indécent et sans effet, écrit un chercheur célèbre, de critiquer les moteurs du progrès, comme si cette critique s'avérait inaudible parce qu'il n'est pas d'autre perspective que celle de courir toujours plus vite que l'ancêtre ou le voisin[20]. » Un autre scientifique semble lui répondre à distance en s'indignant au contraire du « catastrophisme » ambiant. « La complaisance vis-à-vis d'une contestation sans nuance, écrit-il, s'accompagne souvent d'une hostilité latente contre le savoir en tant que tel, au mépris de l'objectivité la plus élémentaire[21]. »

L'antagonisme, y compris entre chercheurs ou intellectuels, devient parfois carrément haineux. Les uns se voient accusés d'être les continuateurs inconscients de l'hitlérisme, les autres sont désignés comme des spiritualistes attardés, ou des imbéciles fermés à l'idée de progrès et indifférents à la souffrance des malades secourus par la science. Et il est vrai que, trop souvent, chacun accepte d'entrer dans son rôle. A une défiance de principe à l'égard de la science (le thème inusable de l'apprenti sorcier !) répond alors une haine militante du religieux qui nous ramène aux affrontements manichéens du XIXᵉ siècle. C'est ce que note un historien des sciences comme André Pichot. « Ce petit monde a reconstitué, sans

19. Jean-Paul Thomas, *Les Fondements de l'eugénisme*, PUF, 1995.
20. Jacques Testart, *Des hommes probables. De la procréation aléatoire à la reproduction normative*, Seuil, 1999.
21. Louis-Marie Houdebine, *Euréka*, n° 53, mars 2000.

s'en rendre compte, le schéma du début du siècle. D'un côté, les opposants catholiques rétrogrades ; de l'autre, les généticiens et leurs partisans progressistes (en général antipapistes), à qui s'ajoutent en douce les théoriciens du nazisme, eux aussi partisans de l'eugénisme [22]. »

Misère de la dispute ! On trouve trace de cette violence, par exemple, dans la querelle inexpiable opposant depuis dix ans, au sujet de l'eugénisme, le généticien Jacques Testart ou la psychanalyste Monette Vacquin d'un côté à l'essayiste Pierre-André Taguieff de l'autre. Ce qui prévaut dans tous les cas, c'est le principe du tout ou rien. Ou l'humanité heureuse, ou le retour de Hitler. Une pensée binaire triomphe, à la fois rudimentaire et chargée de ressentiments. Cette crispation de principe, d'un côté comme de l'autre, n'est pas le produit du hasard ni de la médiocrité rhétorique. Elle signale, *a contrario*, une exténuation de la réflexion politique et démocratique. Une telle violence exterminatrice sur le terrain de la biologie et de la science contraste en effet avec le consensus majoritaire ou, pire, l'indifférence douceâtre et molle qui sont devenus la règle en matière économique et sociale.

On ne sait plus très bien argumenter – même à gauche – contre le libéralisme ou le marché. La compétition idéologique a déserté son champ traditionnel pour se réfugier tout entière dans un nouvel espace : celui de la promesse scientifique. C'est là que tous semblent pressés de s'entre-tuer symboliquement, de manier l'anathème. Le problème, c'est qu'en opérant cette étrange migration du social au scientifique, de l'économie à la biologie, l'idéologie n'a transporté dans ses bagages que ses fureurs et ses dogmes. Autrement dit, l'extrême agressivité du débat sur les mœurs (entendues au sens large) est aussi et surtout le symptôme d'une faiblesse de la réflexion. On s'empoigne d'autant plus fort qu'on n'a pas l'esprit clair.

Et comment l'aurait-on ? Pour l'essentiel, les questions posées aujourd'hui par la technoscience, dans leur nouveauté même, *n'ont pas encore été véritablement pensées*. Les catégories mentales qu'elles mettent en cause, les ébranlements symboliques qu'elles annoncent, les brouillages épistémologiques qu'elles induisent, tout cela représente un défi théorique sans précédent

---

22. André Pichot, *La Société pure. De Darwin à Hitler*, Flammarion, 2000.

dans toute l'histoire humaine. Certes, chacun de nous devine ou comprend qu'une telle mutation engendre des rapports de force inédits et des processus de domination eux-mêmes nouveaux. Nous pressentons que s'ouvre un « autre » espace pour la politique. Mais cet espace, il reste à le reconnaître et à le baliser. Nous en sommes loin.

La pensée est en retard.

Économie, informatique, génétique : les trois sœurs

Ce retard est imputable à un malentendu dont témoigne assez bien le destin d'un mot largement galvaudé, celui de « mondialisation ». Ceux qui l'emploient – et notamment les journalistes ou les hommes politiques – ne s'accordent pas toujours sur ce qu'il signifie. On feint de penser qu'il désigne un phénomène, une « révolution » purement économique ou financière. Rien n'est plus réducteur. En réalité, nous sommes en train de vivre trois révolutions/mutations simultanées, dont les effets s'ajoutent et se conjuguent.

D'abord, bien sûr, la révolution économique globale. Commencée au XIXᵉ siècle, elle a pris aussitôt après l'effondrement du communisme un essor nouveau. Elle consiste en une disparition accélérée des frontières, une libération des forces du grand marché international, un recul – voire une quasi-disparition – des États-nations en tant que régulateurs du développement économique. Cette mondialisation-là a fait sortir le génie (le marché) de la bouteille (la démocratie) dans laquelle il était jusqu'à présent enfermé et domestiqué. Porteuse de promesses incontestables – comme l'était la révolution industrielle –, cette mondialisation est donc, elle aussi, grosse de menaces. La plus évidente – et la plus rabâchée – est l'érosion progressive du politique, c'est-à-dire de la capacité d'agir collectivement sur le cours des choses.

La deuxième révolution est informatique, ou numérique. Elle est concomitante de la première. Ses principaux effets commencent seulement à se faire sentir. Mais encore ? Le mot « informatique » fut forgé en 1962 par Philippe Dreyfus à partir des mots « information » et « automatique ». Le mot désigne aussi la science sur laquelle repose cette technologie (*computer science*[23]). On est encore au tout début d'un gigantesque processus qui modifie en profondeur notre rapport au temps et à l'espace. L'un et l'autre sont en quelque sorte abolis peu à peu au profit d'une dimension spatio-temporelle uniforme et déroutante : *l'immédiateté virtuelle*. Le triomphe du numérique, de l'internet, du cyberespace, fait émerger sous nos yeux un « sixième continent », dont la particularité est d'être non seulement dé-territorialisé mais gouverné par l'immédiateté. Il n'est nulle part, il est partout à la fois. Il est insaisissable et, pour le moment, immaîtrisable. Or c'est aujourd'hui vers cet étrange continent qu'émigrent l'une après l'autre toutes les activités humaines : commerce, finance, culture, communication, économie, etc. Le rythme de cette migration s'accélérera encore, au gré des percées technologiques. Comme l'observe le juriste Laurent Cohen-Tanugi, auteur d'un essai touffu sur la question, « l'effet à long terme des technologies de l'information et de la communication sur le lien social, l'apprentissage des connaissances et le processus cognitif lui-même reste difficile à cerner, mais il sera sans aucun doute très important[24] ». Pour le moment les États-nations et la démocratie elle-même sont largement démunis devant ce nouveau continent numérique, un continent à hauts risques, une jungle. Que pèseront nos règles internationales, nos conventions commerciales, nos codes, s'ils se dissolvent continûment dans un non-lieu planétaire ?

La troisième révolution, génétique celle-là, dont il est question dans ces pages, s'inscrit évidemment dans la logique des deux précédentes et obéit à leur impulsion. C'est seulement en référence à cela qu'elle peut être comprise.

Or ces trois révolutions, nous les analysons encore séparément. Nous soupesons les promesses et les périls entraînés par l'une ou par l'autre. Nous polémiquons sur des alternatives particulières, liées tantôt au génétique, tantôt au libre marché, tantôt aux aléas numériques. On peut dire que l'appareil de réflexion tout entier – disciplines universitaires, parcellisation du savoir, spécialisation des chercheurs, des vulgarisateurs, des journalistes – est encore

---

23. Sur ce point, voir Philippe Breton, *Histoire de l'informatique*, La Découverte, 1987.
24. Laurent Cohen-Tanugi, *Le Nouvel Ordre numérique*, Odile Jacob, 1999.

paralysé par cette fragmentation de la pensée. Les économistes planchent sur la mondialisation et son éventuelle régulation, mais se risquent rarement, avec leurs outils conceptuels, sur le terrain des biotechnologies. Les généticiens et les « éthiciens », de leur côté, n'ont pas toujours les compétences – ni l'audace – requises pour réfléchir aux dérégulations de l'économie ou aux ouragans symboliques induits par la révolution informatique. Les informaticiens, quant à eux, ont bien trop à faire avec leurs propres recherches pour s'attarder sur la dangereuse prévalence du marché ou la fuite en avant des biotechnologies.

Le même constat peut être fait à propos des médias qui gouvernent l'opinion. L'économie, l'informatique, la génétique demeurent rattachées à des rubriques différentes et suivies séparément. On décrit volontiers la géographie « fascinante » de ces nouveaux territoires, mais sans beaucoup s'intéresser aux chemins qui les relient. Pour l'essentiel, chacun reste dans sa paroisse. Il en résulte un émiettement de la pensée, un compartimentage des idées dont l'effet est désastreux. Chaque tentative d'analyse, en campant dans son pré carré, se condamne à une infirmité de principe. En agissant ainsi, pour reprendre l'expression utilisée jadis par le grand théologien allemand Karl Rahner, nous acceptons de demeurer des « sots avisés », des « idiots patentés » qui, sans s'en rendre compte, sont empreints d'une « docte ignorance »[25].

Pourquoi donc ? Parce que en vérité *ces trois révolutions sœurs font déjà système* et qu'il est frivole de les considérer séparément. « Il est probable que d'ici quelques décennies les historiens ne parleront plus que d'une seule révolution dont les métamorphoses et les applications ont les mêmes caractéristiques : en amont, elles sont toutes liées à des industries intensives en savoir et en capital [...] ; en aval, elles contribuent toutes au même phénomène de dématérialisation qui définit les sociétés postindustrielles[26]. » On commence seulement à comprendre que les problèmes principaux, les risques les plus immédiats, les vrais sujets d'inquiétude ne sont pas liés à telle ou telle de ces révolutions mais à *l'interaction des*

---

25. Karl Rahner, conférence donnée au Centre Sèvres le 11 avril 1983 et publiée dans *Études*, septembre 1999.
26. Jean-Jacques Salomon, *Survivre à la science. Une certaine idée du futur*, Albin Michel, 2000.

*trois, à l'interférence incontrôlée de l'une sur l'autre, à l'accéléra-
tion intempestive de l'une sous l'effet mécanique des deux autres.*

Pour prendre un exemple, ce ne sont pas forcément les neurosciences ou la génétique qui posent problème, c'est l'arraisonnement de ces deux disciplines par des logiques financières hors
contrôle. Ce n'est pas le marché qui est dangereux en soi, c'est son
application dévastatrice à certains domaines – les biotechnologies –
relevant de la volonté politique et de la régulation morale. Autrement dit, le préjugé économique rend dangereux le préjugé génétique, qui rend lui-même potentiellement redoutable le préjugé
informatique. Les réciproques sont vraies. Et ainsi de suite.

Un rassemblement des concepts est l'une des tâches les plus
urgentes qui soient. La violence des changements nous condamne,
si l'on veut les comprendre et les contrôler, à une transdisciplina-
rité têtue. Ces trois mutations historiques, nous devons donc
apprendre à les *penser ensemble.*

Triomphe du business

L'exemple le plus flagrant de cette interaction désastreuse, c'est
celui qu'on vient de mentionner brièvement : la conjonction entre
la révolution biogénétique et la toute-puissance nouvelle du marché. Voilà une quinzaine d'années, un représentant du Congrès
américain, non sans humour, pointait la nature exacte du problème. Le plus dangereux, écrivait-il au sujet de la révolution biologique, ce n'est pas que nous ayons découvert l'Arbre de la
connaissance mais que nous l'ayons « vendu à Wall Street[27] ».

Ironie prémonitoire, en effet. Aujourd'hui, tandis que nous débat-
tons gravement des questions éthiques, alors que nous tâchons, au
coup par coup, de légiférer avec prudence, une puissante industrie
biotechnologique se développe à travers le monde, gouvernée tout
entière par la course au profit. Cette industrie profite, jour après
jour, de l'affaiblissement du politique. Elle se sert de la dérégula-
tion/privatisation généralisée pour acquérir une force et une autonomie sans beaucoup d'équivalent dans l'Histoire.

---

27. Rapporté par Jean Cohen et Raymond Lepoutre, *Tous des mutants*, Seuil, 1987.

Lorsqu'il s'agit de génétique, cette captation de puissance est angoissante. Car la biologie génétique est déjà devenue un énorme *business*, objet d'une compétition internationale acharnée. Régulièrement, la presse américaine compare ce boom industriel à la ruée vers l'or du XIXᵉ siècle. Pour évoquer cette fortune à venir, on parle quelquefois de « génodollars », en référence aux masses de « pétrodollars » produits par les chocs pétroliers de 1974 et 1979. Longtemps dominé par les États-Unis, ce vaste marché compte dorénavant de nouveaux acteurs, impatients, dans la plupart des pays développés : Grande-Bretagne, Allemagne, France, mais aussi Brésil ou Inde. Les États-Unis abritaient, en novembre 2000, des milliers d'entreprises spécialisées, dont trois cents dans le seul État du Maryland, sur la côte Est. La Grande-Bretagne (première en Europe) en compte déjà cinq cent soixante, soit plus de la moitié de toutes les entreprises similaires sur le continent. La France, de son côté, a édifié un pôle de recherche biotechnologique à Évry, près de Paris, déjà présenté comme une *Genetic Valley* à la française. En Inde, le gouvernement a encouragé la recherche biotechnologique dès 1986, en créant un ministère spécialisé et en favorisant la formation universitaire des chercheurs.

Ce ne sont là que des exemples. Chaque pays développé se sent engagé dans une compétition sans merci. Personne ne veut être absent de ces nouveaux marchés et chacun contribue à accélérer la course. Toute objection éthique, toute inquiétude morale, tout appel à la prudence sont perçus comme autant de handicaps. Cela signifie, en clair, que les impératifs du *business* l'emportent déjà très largement sur les considérations morales. Une logique chasse l'autre. Le cas de l'Allemagne est significatif à cet égard. Traditionnellement réticente, on l'a dit, à l'égard des biotechnologies, elle est en train de « s'y mettre » sous la pression de la concurrence industrielle[28].

Face à une ruée de cette ampleur, les arguments humanitaires risquent de ne pas peser très lourd, et pas seulement à cause d'un rapport de force devenu défavorable à la régulation démocratique. Entre l'inquiétude morale suscitée par l'immense *transgression*

---

28. Les indications particulières données ici sont extraites d'un dossier publié par l'hebdomadaire américain *Newsweek*, le 30 octobre 2000, sous le titre « The Biotech Boom ».

génétique et le laisser-faire néolibéral existe un antagonisme théorique. D'un côté, un besoin de règles, de mesure, d'encadrement, de réflexion ; de l'autre, une précipitation industrielle et commerciale, surdéterminée par le principe de concurrence. Dans ces conditions, le législateur, lorsqu'il légifère, se trouve souvent conduit à entériner modestement un état de fait en renonçant – mais sans le dire – à édicter des normes ou des interdictions durables. Cette nouvelle faiblesse de la loi, cette fragilité de la « limite » sont jugées redoutables par certains juristes. Pour eux, la loi est aujourd'hui « confrontée à un processus anonyme de développement scientifique, industriel et technique qui avance avec une force et un quasi-automatisme déconcertants [29] ». L'époque paraît déjà lointaine (c'était en 1987) où le Comité consultatif national d'éthique français dénonçait avec solennité l'irruption de l'argent sur le terrain de la biologie en proclamant : « S'il est au monde bien des facteurs possibles d'irrespect de la personne [...] il n'en est guère chez nous d'aussi omniprésent ni omnipotent que l'argent [30]. »

Ce n'est pas tout. Sur le terrain des biotechnologies, l'avancement de la recherche elle-même, tout comme l'annonce des découvertes sont très largement rythmés et déterminés par les réactions, en temps réel, du marché. On savait que l'annonce du clonage de la brebis Dolly, le 23 février 1997, avait fait monter de 56,7 % à la Bourse de Londres le cours de l'action de la société *PPL Therapeutics*. Aujourd'hui, la mise en évidence de ce lien direct entre Bourse et découverte scientifique (ou pseudo-découverte) est devenue une routine médiatique. Le 14 mars 2000, la même société britannique *PPL* annonçait avoir cloné cinq porcelets. L'action a immédiatement grimpé de plus de 50 %. En France, durant le premier semestre de l'année 2000, le cours des actions de la société *Transgène* a triplé, celui de *Genset* doublé. A Francfort, la plus forte hausse durant cette période a été celle d'une société de biotechnologie, *Morphosys*, dont les cours ont été multipliés par onze ! A l'inverse, il a suffi qu'à l'automne 2000 Tony Blair et Bill Clinton se

29. Catherine Labrusse-Riou, postface à Monette Vacquin, *Main basse sur les vivants*, Fayard, 1999.
30. CCNE, *Recherche biomédicale et respect de la personne humaine*, La Documentation française, décembre 1987.

déclarent opposés au brevetage du génome humain pour que la société *Celera Genomics* perde 25 % sur les marchés.

On peut se demander ce qu'il reste de la déontologie scientifique, ce qu'il subsiste de la raison elle-même, lorsque la recherche obéit à des logiques médiatique et boursière aussi extravagantes. « Les annonces tonitruantes orchestrées par les entreprises de biotechnologie sur le séquençage du génome, constate un généticien belge, ont été conçues pour doper le cours des actions en Bourse [31]. » On pourrait ajouter que ce fameux séquençage du génome humain, présenté dans les médias comme une entreprise plus considérable encore que la conquête spatiale, a fait l'objet d'une impitoyable compétition, à la limite de l'escroquerie éthique, entre le programme public HUGO et l'offensive, privée, du laboratoire américain *Celera Genomics*, appartenant au biochimiste et homme d'affaires californien Craig Venter, qui se considère comme le Bill Gates du gène. Venter est parvenu, au moins en partie, à mettre la main sur ledit génome et pourra, demain, commercialiser ses licences... Les méthodes de Craig Venter, fondées sur la course de vitesse et l'effet d'annonce, suscitent d'intenses polémiques aux États-Unis. En fait, elles ne font que pousser jusqu'au bout une logique mercantile devenue la règle. L'annonce fracassante – et médiatiquement planifiée – de l'achèvement du décryptage du génome humain en février 2001 a été l'exemple parfait de ce vertige du spectacle et de l'argent dans lequel s'engloutit la science véritable.

Comment la prudence minimale, l'éthique, le bon sens même pourraient-ils prévaloir dans un climat aussi échevelé, climat qu'exacerbe encore une orchestration journalistique tonitruante, avec des titres comme « Nos gènes valent de l'or [32] » ? En réalité, sans que nous nous en rendions compte, c'est le mode de production du savoir scientifique qui se transforme. Celui-ci se développe dorénavant non plus tellement en fonction de ce qu'on appelait traditionnellement la « validation académique » (par définition gratuite et désintéressée), mais en connexion étroite avec des « besoins » industriels ou consuméristes.

---

31. Gilbert Vassart *in* Caroline Glorion, *La Course folle. Des généticiens parlent*, *op. cit.*
32. *Journal du dimanche*, 19 mars 2000.

Le savoir à l'encan

La contamination de la révolution génétique par celle, néolibérale, de l'économie est donc infiniment plus profonde qu'on ne l'imagine. L'essence et l'organisation de la recherche scientifique, le statut de la connaissance sont peu à peu déconstruits sous l'effet de ce télescopage. La confusion, par exemple, entre le métier de chercheur et celui d'industriel devient la règle. De plus en plus de jeunes diplômés veulent être les hommes d'affaires de leurs éventuelles découvertes. Ainsi s'installe, de leur fait, une sorte de mensonge permanent. D'un côté – en tant que scientifiques –, ils vantent les promesses « fabuleuses » de la génétique ; de l'autre, ils créent leur propre entreprise biotechnologique, aussitôt cotée en Bourse. Fortune du chercheur et ruine de la parole...

Citons l'exemple de Chris Evans, ce microbiologiste britannique qui a fondé dix-sept sociétés, lancé *Merlin Ventures* en 1998, et naturellement fait fortune. (Evans a coutume d'écarter avec dédain les mises en garde éthiques en assurant que, dans tous les cas, les biotechnologies ne font « rien d'autre que du bien ». Certes !) Citons encore le généticien français Daniel Cohen, auteur d'un livre caricaturalement optimiste [33], qui possède, avec les deux fondateurs Pascal Brandys et Marc Vasseur, 7 % du capital de la société *Genset*, dont la capitalisation boursière était d'environ 4 milliards de francs en juillet 2000 [34]. Ce concubinage incestueux entre le monde des affaires et celui de la recherche a pour conséquence de disqualifier le statut de la connaissance. Peut-on encore parler de science, de savoir, de recherche lorsqu'il n'est plus question que de stratégies haletantes, destinées à servir un marché en enrichissant ses promoteurs ?

Qu'on n'objecte surtout pas qu'une telle inquiétude relève d'une obstination archaïque, technophobe ou « gauchiste » ! C'est le *New York Times* lui-même qui, de plus en plus souvent, s'alarme de ce dévoiement. « Les chercheurs, constate-t-il, sont devenus des

33. Daniel Cohen, *Les Gènes de l'espoir*, Robert Laffont, 1993.
34. *L'Expansion*, n° 626, 20 juillet-31 août 2000. A noter toutefois que les lourdes pertes enregistrées par Genset en 2000 (34 millions d'euros) ont abouti, en 2001, à amputer cette société d'un tiers de sa capitalisation boursière.

investisseurs, et les investisseurs sont devenus des inventeurs. Rares sont aujourd'hui les scientifiques désintéressés, pour qui les résultats d'une étude n'auront pas de répercussions financières [35]. » C'est une universitaire américaine, généticienne réputée, qui s'indigne du « rôle dévastateur de la mainmise du secteur privé sur la recherche scientifique ». « La génétique, dit-elle, constitue aujourd'hui un tremplin idéal pour qui veut faire fortune. Rares sont ceux qui se destinent à la recherche fondamentale pourtant indispensable [36]. » C'est un chercheur français qui confesse son désarroi devant l'instrumentalisation de la recherche par la course au profit, avant d'ajouter : « Les jurys de concours ou les comités de sélection des appels d'offres n'iront même pas voir si les chercheurs se posent des questions éthiques. Ils regarderont s'il y a un marché, s'il y a des publications à valorisation internationale [37] ! » On pourrait énumérer à l'infini les témoignages de cette sorte. Observons qu'ils n'émanent pas de secteurs antiscientifiques, de moralisateurs éthérés ou de minorités obscurantistes. Ils viennent de la communauté scientifique elle-même.

A tous ces cas de collusion entre dogmatisme libéral et dogmatisme scientiste, on pourrait en ajouter d'autres, qui font intervenir, cette fois, la révolution numérique. Prenons un exemple. Sans doute n'a-t-on pas une idée globale de ce qui se passe, en matière de génétique, sur l'internet. Ce qu'on peut en découvrir ici ou là suffit déjà à rendre inquiet. Car à cette frénésie de profit, l'internet apporte – virtuellement – l'ouverture sur un marché mondial et la possibilité d'échapper à toute règle nationale. Et cela dans un climat de délire transgressif. Sur certains sites, on peut déjà acheter des ovules de *top girl* ou des spermatozoïdes de *play-boy* pour « se fabriquer » un bébé idéal. La société américaine *Fairfax Cryobank*, dont le siège est en Californie, propose, sur son site, des gamètes génétiquement performants, avec des tarifs variables selon la catégorie du donneur, le sperme le plus coûteux (250 dol-

35. Cité par le magazine *Euréka*, n° 53, mars 2000.

36. Témoignage de Marie-Claire King, professeur de génétique et de médecine à l'université de Seattle, cité *in* Caroline Glorion, *La Course folle. Des généticiens parlent, op. cit.*

37. Question à Axel Kahn, *Société et Révolution biologique. Pour une éthique de la responsabilité*, conférence-débat organisée par le groupe Sciences en question de l'INRA, le 24 octobre 1995, INRA éditions, 1998.

lars) étant celui d'un titulaire d'un PHD, la plus haute distinction universitaire américaine [38] !

Cette imbrication des genres et des objectifs, cette imbécile tyrannie du marché sur la définition du savoir, ce vertige qui saisit les meilleurs esprits, rien de tout cela ne devrait être perdu de vue lorsqu'on réfléchit à la révolution biolithique. C'est une réflexion critique globale qu'il s'agit d'élaborer. C'est une analyse résolument transdisciplinaire qui s'impose. Faute de cela, un fossé se creusera assez ridiculement entre, d'une part, les doctes débats sur la bioéthique et, d'autre part, la brutalité cynique du réel. Toute la question est de savoir si nous acceptons d'abandonner la définition de *l'humanité* aux frénésies décervelantes d'un « processus sans sujet ». Un processus par lequel le structuralisme cherchait, justement, à annoncer jadis la mort de l'homme, c'est-à-dire la disparition pure et simple du principe d'humanité.

C'est cette funeste hypothèse que ce livre voudrait examiner.

Posément.

---

38. Ces exemples sont cités par Gregory Benichou, *Le Chiffre de la vie. Essai philosophique sur le code génétique*, thèse ronéotée pour le doctorat de philosophie, soutenue le 30 mai 2000 à la Sorbonne.

Première partie

L'HUMANITÉ ASSIÉGÉE

Chapitre 2

L'homme réduit à l'animal ?

> « L'homme n'est pas devenu humain en rompant
> avec l'animal, et il accroît considérablement son
> *humanitude* en faisant la paix avec lui. L'animal
> doit d'abord être considéré comme un invité dans
> la maison de l'homme. »
>
> Dominique Lestel[1]

Une sensibilité nouvelle traverse l'époque. Une conviction bouleversante se répand : nous ne serions pas si différents que cela, au bout du compte, de « nos amis » les animaux. Si le discours médiatique est un bon indicateur de l'opinion, alors on doit enregistrer qu'un lieu commun y est quotidiennement colporté, répété, claironné. Celui-ci : l'homme est un animal comme les autres. Ou encore : nous avons tort de récuser la part d'animalité qu'il y a en nous. À cette prétendue évidence, indéfiniment rabâchée, s'ajoute la convocation d'un sens commun catégorique, celui qui affirme que les animaux sont plus fidèles, plus affectueux, moins retors que les hommes, etc. Dans nos villes et nos gares, le spectacle des marginaux faméliques, prostrés avec leur chien, dernier compagnon et ultime recours affectif, est le signe d'un compagnonnage désespéré.

Il faut prendre au sérieux les phénomènes d'opinion. Celui-ci témoigne d'abord d'une bienveillance nouvelle à l'égard des animaux, mouvement qui touche toutes les sociétés développées, et qu'il serait fou de condamner. Jamais dans l'Histoire on ne s'était déclaré aussi sensible à la souffrance non humaine. Jamais n'avaient été aussi sévèrement jugées les maltraitances ou les brutalités envers les animaux, désormais punies par la loi dans de nombreux pays. Et jamais l'animal dit « de compagnie » n'avait occupé une telle place dans nos vies. Pour ce qui concerne la France, on y comptait

---

1. « Faire la paix avec l'animal », *Études*, juillet-août 2000.

quarante-deux millions d'animaux domestiques en 1977. Chaque année, il naît dans ce pays sept cent cinquante mille bébés, mais plus d'un million de chiots ! Les Français dépensent plus d'argent pour l'entretien de leurs animaux familiers (20 milliards de francs en 1997) que pour acheter des livres. En moyenne, un chien coûte 2 000 francs par an à son propriétaire, un chat plus de 1 000 francs.

Ajoutons que l'on voit se multiplier les cliniques pour chiens, salons de toilettage, cimetières pour animaux, etc. La France compte même une vingtaine de centres d'incinération réservés aux animaux. Quant à la loi, elle prévoit des peines plus sévères pour les auteurs de sévices. La nouvelle loi du 10 juillet 1976, dans son article 9L, reconnaît explicitement l'animal comme un « être sensible ». Elle renforce ainsi la fameuse loi Grammont (1850) qui, pour la première fois en France, avait interdit les mauvais traitements infligés en public aux animaux domestiques (chevaux essentiellement). Désormais, la sollicitude réglementaire est devenue si tatillonne qu'un arrêté ministériel fixe à deux mètres cinquante la longueur minimale de chaîne pour les chiens attachés. En 1996, on est allé jusqu'à évoquer en Conseil des ministres la possibilité d'ouvrir des centres où pourraient être soignés gratuitement les animaux des personnes en difficulté [2]. L'assimilation instinctive des animaux de compagnie à des « citoyens-consommateurs » ordinaires débouche parfois sur un mimétisme sociologique assez comique. Ainsi, les statistiques animalières nous apprennent-elles que 40 % des chiens américains sont... obèses !

Cette nouvelle bienveillance à l'endroit des animaux rend de moins en moins tolérables par l'opinion des activités traditionnelles comme la chasse ou la corrida. La défense des oiseaux, des taureaux ou des grands fauves participe aujourd'hui d'un engagement *politique* à part entière. Et, sur ce sujet, la sensibilité collective est devenue ultrasensible. Le biologiste Axel Kahn raconte qu'il a dû être protégé par la police, à la sortie d'une émission de Christophe Dechavanne, *Ciel mon mardi !*, durant laquelle il avait dénoncé un certain extrémisme dans la défense des animaux. Quoi qu'il en soit, l'immense question des droits de l'animal hante à

---

2. J'emprunte ces données à Dominique Quinio, « Très chers amis », *Études*, novembre 1997.

nouveau non seulement nos sociétés développées mais la communauté internationale tout entière.

Un signe parmi d'autres : l'adoption, le 15 octobre 1978 par l'Unesco, d'une « Déclaration universelle des droits de l'animal », qui proclame dans son préambule : « Tous les êtres vivants ayant une origine commune et s'étant différenciés au cours de l'évolution des espèces, [...] tout être vivant possède des droits naturels. » Cette déclaration est si carrée dans sa formulation qu'elle a soulevé des critiques, voire des railleries chez les philosophes et les juristes, non point pour la tournure « darwinienne » de son préambule, mais pour l'anthropomorphisme délibéré de son article 1, calqué sur la Déclaration universelle des droits de l'homme[3].

Critiquable ou pas dans sa forme, cette déclaration portait témoignage d'un phénomène qu'on ne peut sous-estimer : l'importance décisive prise aujourd'hui non seulement par la défense juridique des animaux mais par la « question animale » en tant que telle. Le philosophe Luc Ferry observe que les réflexions américaines et allemandes sur ce sujet sont aujourd'hui d'une telle abondance qu'« il a fallu à une bibliographie récente *plus de six cents pages* pour les recenser[4]... ».

Danser avec les singes

Cette bienveillance inédite, cette sensibilité accrue de nos sociétés à la souffrance et aux droits des animaux ne sont pas le produit d'on ne sait quelle « gentillesse » historique. Elles ont des fondements plus profonds, même s'ils ne sont pas toujours clairement perçus. Elles s'enracinent dans un savoir scientifique particulier et totalement neuf. À connaissance nouvelle, bienveillance nouvelle. Nous avons aujourd'hui une compréhension du monde animal propre à mettre à mal les préjugés de jadis. Nous savons plus de choses, infiniment plus, sur les animaux que par le passé. Et cette science émergente nous pose des questions dont le moins qu'on puisse dire est qu'elles sont embarrassantes. Elles viennent déran-

---

3. Voir notamment les critiques d'Élisabeth de Fontenay, *Le Silence des bêtes*, Fayard, 1999.
4. Luc Ferry et Claudine Germé, *Des animaux et des hommes* (anthologie), Le Livre de poche, 1994.

ger des catégories mentales et abolir des « frontières » que l'on pensait immuables. Par exemple, les distinctions aristotéliciennes et platoniciennes désignant l'homme comme seul animal doué de langage ou comme seul « animal politique », c'est-à-dire capable de culture. (Pour Aristote et Platon, à l'évidence, l'homme est plus proche des dieux que des animaux.) Par exemple encore, le distinguo traditionnel des anciens naturalistes concernant la capacité de l'homme (*homo faber*), et de lui seul, d'utiliser un outil.

Toutes ces catégories sont fragilisées aujourd'hui. La première leçon nous vient de l'éthologie, cette science des comportements des espèces animales dans leur milieu naturel. Une science qui progresse et s'enrichit. On découvre, grâce à elle, qu'il existe chez certains animaux des « conduites intelligentes », transmissibles d'une génération à l'autre. Certains chimpanzés communs (*Pan troglodytes*) ou chimpanzés pygmées (*Pan paniscus*) sont capables d'échanger des objets ou des services, d'élaborer rationnellement des stratégies de chasse et d'éduquer leurs petits avec opiniâtreté et discernement. Plus incroyable encore : ces comportements peuvent varier, pour une même espèce, en fonction des « terroirs ». « Les primatologues parlent de "cultures" à leur propos, et quelques anthropologues commencent à évoquer la nécessité d'effectuer de véritables ethnographies des groupes de chimpanzés [5]. » Toute proportion gardée, il y aurait donc, dans le monde animal, une vraie « diversité culturelle ». On a même forgé une expression imagée pour désigner ces différenciations animales : on parle de *nurture*, soulignant par là une position médiane entre nature et culture.

On sait aussi que l'utilisation d'outils est beaucoup plus systématique et permanente qu'on ne l'imaginait. Mieux encore, on s'aperçoit que cet usage n'est pas l'apanage des grands singes, ni même des mammifères. Quantité d'autres espèces animales en sont capables, y compris certains insectes. Les guêpes solitaires d'Amérique du Nord, décrites par G. Peckham et E. Peckham en 1898, utilisent des petits cailloux entre leurs mandibules pour tasser la terre autour de leurs œufs enterrés. Le pinson-pic des Galapagos, observé par E. Gifford en 1919, utilise des brindilles ou des épines de cactus, de dix à vingt centimètres de long, pour trouver des larves d'insectes en explorant

---

5. Dominique Lestel, « Faire la paix avec l'animal », *Études*, juillet-août 2000.

des orifices dans les arbres. Quant à la loutre de mer, observée par K. Hall et G. B. Schaller en 1964, elle emploie couramment une pierre posée sur son abdomen pour briser la coquille des moules[6].

La parole ? Les primatologues, comme on le sait, ont mené des expériences assez troublantes concernant l'apprentissage d'un langage (en l'occurrence, celui des sourds-muets) par des grands singes. Ces derniers seraient capables de mémoriser plusieurs centaines de mots. Les primatologues mettent également en évidence l'expression, par les singes, de ce qu'il faut bien appeler des sentiments : joie ou compassion. Des chimpanzés peuvent témoigner de la sollicitude à l'égard d'un congénère blessé ou handicapé. Ils peuvent aussi se mettre à danser à l'arrivée d'une pluie bienfaisante. Toutes ces découvertes expliquent d'ailleurs le militantisme animalier de la plupart de ces chercheurs.

Les émotions, voire la promiscuité qu'ils partagent avec les animaux durant ces longues périodes d'observation transforment ces scientifiques – et c'est justice ! – en avocats vigilants du monde animal. Ils passent ainsi, tout naturellement, de l'éthologie à l'engagement écologique. Les cas les plus célèbres sont ceux de Diane Fossey, qui vécut treize ans avec les gorilles d'Afrique avant d'être assassinée, en 1985, à coups de machette ; de la chercheuse Jane Goodall, qui s'est faite l'avocate infatigable de « ses » singes, ou encore de Shirley Strum, observatrice attendrie des babouins du Kenya[7]. On notera que la passion pour l'étude et la protection des primates mobilise surtout les femmes. Il est vrai que, chez nous, la douce sollicitude d'un Boris Cyrulnik participe du même militantisme spontané[8]. Et très respectable.

Par-dessus tout, c'est la souffrance des animaux qui est aujourd'hui prise en compte plus naturellement qu'elle ne l'a jamais été. Une souffrance que le moraliste et juriste britannique Jeremy Bentham (1748-1832), père fondateur, avec Henry Salt, de l'utilitarisme, avait été un des premiers à mettre en évidence en la comparant à celle des esclaves. Dans un texte fameux, Bentham écrivait

6. J'emprunte ces exemples à Jacques Vauclair, *L'Intelligence de l'animal*, Seuil, 1992.

7. Shirley C. Strum, *Voyage chez les babouins*, Seuil, 1995.

8. Voir notamment Boris Cyrulnik (dir.), *Si les lions pouvaient parler*, Gallimard, 1998.

au sujet des animaux : « La question n'est pas : peuvent-ils raisonner, ni : peuvent-ils parler, mais : peuvent-ils souffrir [9] ? »

Le dogme central

A tous ces enseignements, déjà troublants, de l'éthologie, il faut ajouter désormais ceux de la génétique et des sciences cognitives. On pourra les juger plus déconcertants encore. Voilà plus de trente ans, Jacques Monod prenait déjà acte d'une transformation complète dans la perception que nous avions du vivant. « On sait aujourd'hui, écrivait-il, que, de la bactérie à l'homme, la machinerie chimique est essentiellement la même, dans ses structures comme dans son fonctionnement [10]. » Aujourd'hui s'impose à nous ce que Francis Crick, codécouvreur avec James Watson de la structure hélicoïdale de l'ADN, appelle le *dogme central*. Ce dogme pose le principe, à travers l'ADN, d'une unité structurelle du vivant. De la bactérie à l'homme, de l'éléphant à la mésange bleue, le vivant « fonctionne » à partir d'un même acide, quelles qu'en soient ses formes.

Cet approfondissement des connaissances biologiques, grâce aux découvertes de la génétique, nous révèle donc une similitude croissante, voire une identité moléculaire, entre les structures constituant tous les êtres vivants. « Les molécules d'ADN et d'ARN sont constituées par les mêmes éléments, détiennent leurs informations selon les mêmes séquences codées (à quelques exceptions près), de la bactérie jusqu'à l'homme [11]. » Le dogme central, en théorie, nous révèle – entre autres – une proximité génétique insoupçonnée entre l'homme et les primates supérieurs. Nous partageons, de fait, plus de 98 % de nos gènes avec le gorille ou le chimpanzé.

Quant aux découvertes des sciences cognitives, elles ont joué dans le même sens [12]. Le mode d'acquisition des connaissances,

9. Jeremy Bentham, *An Introduction to the Principles of Morals and Legislation*, cité par Jean-Yves Goffi, *Le Philosophe et ses animaux. Du statut éthique de l'animal*, Éd. Jacqueline Chambon, 1994.

10. Jacques Monod, *Le Hasard et la Nécessité. Essai sur la philosophie naturelle de la biologie moderne*, Seuil, 1970.

11. Michel Tibon-Cornillot, *Les Corps transfigurés. Mécanisation du vivant et imaginaire de la biologie*, Seuil, 1992.

12. Voir notamment Louis-Marie Houdebine, *Le Génie génétique de l'animal à l'homme*, Flammarion, 1996.

l'élaboration des structures neurologiques du cerveau, leur fonctionnement seraient comparables d'une espèce à l'autre. L'organisme humain serait une machinerie certes plus complexe, mais *de même nature* que celui des animaux. Dominique Bourg décrit très bien l'objectif explicite des sciences cognitives lorsqu'il remarque : « Le programme propre aux sciences cognitives est de rendre compte en termes communs des stratégies cognitives, qu'il s'agisse d'intelligence artificielle, animale ou humaine [13]. » Globalement, le mouvement de la science tout entière tend ainsi à grignoter peu à peu les barrières théoriques que le sens commun et la tradition avaient établies entre les espèces vivantes et l'humanité. Dans ces conditions, bien sûr, « l'idée d'une opposition radicale entre hommes et animaux devient difficile à soutenir ; la continuité des uns et des autres s'affirme plus que jamais [14] ».

Ajoutons à ce climat scientifique totalement transformé la généralisation d'une pratique comme les xénogreffes (greffes où donneur et receveur appartiennent à des espèces différentes), dont la portée symbolique est – et sera – bien plus considérable qu'on ne l'imagine. Le mot « xénogreffe » désigne notamment l'utilisation de tissus ou organes animaux à des fins d'implantation thérapeutique sur l'homme. La première de ces transplantations d'un organe d'animal vers l'humain ne date pas d'hier. C'est en 1902 qu'a été « branché » pour la première fois, par Emerich Ullman, un rein de porc sur une patiente. Mais c'est dans les années 60 que la pratique des xénogreffes s'est répandue, au point de devenir courante deux décennies plus tard. Aujourd'hui, les choses vont plus loin encore. Les manipulations génétiques permettent d'opérer une véritable hybridation homme/animal au niveau des gènes. Des gènes humains peuvent être implantés sur des truites d'élevage pour hâter leur croissance. Ce n'est là qu'un début. Comme l'observe Hervé Kempf, « une collaboration [entre humain et animal] encore plus étroite se prépare : les animaux vont faire corps avec les humains [15] ».

Observons au passage que cette thématique du mélange ou de l'hybridation entre humanité et animalité possède un pouvoir suggestif d'autant plus fort qu'elle renoue avec un imaginaire histo-

13. Dominique Bourg, « Modernité et appartenance à la nature », *Esprit*, juin 1996.
14. Dominique Lestel, *L'Animalité. Essai sur le statut de l'humain*, Hatier, 1996.
15. Hervé Kempf, *La Révolution biolithique, op. cit.*

rique aussi ancien que la pensée elle-même. Les figures du sphinx ou du centaure, de la sirène ou du loup-garou se trouvent ressuscitées par la modernité technoscientifique. Leur retour fantasmatique sur le terrain de la science appliquée et des médias contribue à miner nos anciennes certitudes sur l'irréductible spécificité de l'homme. La figure de la chimère, créature artificiellement créée et affranchie du compartimentage des espèces, devient même un lieu commun du projet génétique.

La barrière des espèces est donc levée, et l'homme, « descendu de son piédestal, retrouve sa place "naturelle" parmi les créatures[16] ». A l'idée de barrière séparant l'homme de l'animal s'est substituée celle de « seuil ». Un seuil qui concerne, par exemple, la complexité de la vie mentale. Or, pour quelques défenseurs des droits de l'animal, certains animaux franchissent ce seuil de complexité, ce qui leur donne naturellement des droits comparables, *mutatis mutandis*, à ceux dont bénéficient les humains. C'est la thèse de Tom Regan, auteur d'un livre très influent sur l'attribution de droits moraux aux animaux[17].

A ce stade, la sollicitude nouvelle envers les animaux débouche sur une remise en cause militante – et parfois délirante – de l'anthropomorphisme ou du « principe anthropique » en général. C'est-à-dire d'une vision du monde organisée autour et au bénéfice de l'homme. On passe ainsi insensiblement du militantisme écologique à l'antihumanisme.

Et c'est là, pourrait-on dire, que tout se gâte.

Le singe nu

Au départ, on l'a dit, les utilitaristes, dans la lignée de Jeremy Bentham, insistaient sur la souffrance animale pour affirmer que l'homme, au sein de la nature, n'était pas le seul titulaire de droits. Ils entendaient ainsi dépasser l'anthropocentrisme traditionnel. Hérité dit-on du christianisme, celui-ci avait été repris en compte aussi bien par Descartes que par la science newtonienne qui pensait

---

16. François Euvé, « Une barrière des espèces ? », *Études*, novembre 1997.
17. Tom Regan, *The Case of Animal Right*, Berkeley, University of California Press, 1983.

l'homme comme *extérieur à la nature*. Cette extériorité transcendante fondait à la fois la supériorité de l'espèce humaine et sa capacité d'agir sur le monde pour le transformer. Elle l'autorisait à user en toute liberté des animaux, que Descartes assimilait à des « machines » vivantes. « Mon opinion, écrivait-il dans une lettre à Morus le 21 février 1649, n'est pas si cruelle à l'égard des bêtes, qu'elle n'est pieuse à l'égard des hommes, affranchis des superstitions des pythagoriciens, car elle les absout du soupçon de faute chaque fois qu'ils mangent ou qu'ils tuent des animaux[18]. » Dans une autre lettre, à Maupertuis, cette fois, Descartes affirme que tuer un animal équivaut à briser une montre, comportement qu'il juge stupide mais nullement répréhensible. Ainsi la transcendance relative de l'espèce humaine (« l'homme à l'image de Dieu », « l'homme lieu-tenant de Dieu », selon Calvin) autorisait l'homme à prendre la nature tout entière comme un « moyen » à sa disposition. Telle était la principale conséquence de l'anthropocentrisme.

Aujourd'hui, il s'agit de renaturaliser l'homme en réévaluant – à la baisse – son statut et ses droits. L'homme n'est plus désigné que comme un élément parmi d'autres de l'ordre naturel, un « élément » qui doit s'autolimiter dans son action et renoncer à l'orgueil prométhéen. Ce nouveau naturalisme rencontre, de manière quasi miraculeuse, les faveurs de l'opinion et des médias. Il s'accorde d'abord avec les nouveaux impératifs de l'écologie. Il est également en harmonie avec un certain désenchantement contemporain, qui nous incline à renoncer au « constructivisme » passé, constructivisme dont les idéologies du XXe siècle furent l'expression contestable. Il consonne enfin avec le nouveau vitalisme et l'hédonisme du moment qui exaltent les plaisirs de l'immédiateté et ceux du corps. Ne plus agir inconsidérément sur une nature dont on fait partie, ne plus agir du tout sur le cours naturel des choses, voilà enfin une autre façon, écologique cette fois, de prendre acte d'une prétendue « fin de l'Histoire ».

Avec les premiers théoriciens de l'écologie profonde, la critique de l'anthropomorphisme se fera encore plus vive. Cette fois, c'est surtout le judéo-christianisme qui est visé, et notamment les premiers chapitres de la Genèse, où l'homme est dit « créé à l'image

---

18. J'emprunte cette citation à Bernard Edelman, *La Personne en danger*, PUF, 1999.

de Dieu » et où il reçoit commandement de soumettre la terre et de dominer les animaux (*Dominium terrae*, Gn 1,28).

Le texte critique, le manifeste fondateur le plus souvent cité est celui de l'historien américain des techniques médiévales Lynn White Jr., publié le 10 mars 1967 dans la revue *Science*, sous le titre « *The Historical Roots of Our Ecological Crisis* » (Les racines historiques de notre crise écologique). Dans ce texte, Lynn reproche au judéo-christianisme d'avoir éliminé l'animisme païen et d'avoir ainsi désenchanté le monde. D'après lui, le paganisme antique attribuait à chaque arbre, à chaque source un esprit tutélaire (*genius loci*) que l'homme devait se concilier avant de creuser une montagne ou percer une rivière. En établissant un dualisme entre l'homme « fils de Dieu » et une nature dévalorisée (« ici-bas »), le christianisme aurait rompu cet équilibre fondamental. Alors, écrit-il, « les esprits présents *dans* les objets naturels, qui avaient jadis protégé la nature de l'homme, s'évaporèrent. Le monopole effectif de l'homme sur l'esprit en ce monde s'en trouva confirmé, et les vieilles inhibitions devant l'exploitation de la nature se désagrégèrent [19] ».

Notons que Lynn White établit, au sujet du christianisme, une distinction entre la tradition orientale, plutôt contemplative, et la tradition occidentale, volontariste. A ses yeux, le saint grec contemple, tandis que le saint occidental agit. En stigmatisant la source chrétienne de l'anthropomorphisme, il s'en prend donc du même coup, en bon militant des années 60, à l'arrogance du projet industriel occidental.

En tout état de cause, White condamne d'un même mouvement le cartésianisme et le judéo-christianisme, qu'il considère comme tributaires du même héritage. C'est d'ailleurs sur ce point qu'existe une ambiguïté originelle dont les avocats de l'écologie profonde ne sont pas toujours conscients : l'alliance paradoxale, au XIXe siècle, entre l'anticartésianisme et l'anticléricalisme républicain. Une alliance dont témoignent, par exemple, les attaques d'un Maupertuis, d'un Hugo, d'un Michelet, ou, plus tard, les fulminations de Clemenceau contre les jésuites, qui « ignorent les liens qui nous

---

19. Lynn White Jr., *Science*, n° 155, 10 mars 1967 (p. 1203-1207), repris intégralement en annexe de Jean-Yves Goffi, *Le Philosophe et ses animaux, op. cit*. A noter qu'une traduction de ce même article avait été publiée par Alain de Benoist dans la revue *Krisis*, n° 15, septembre 1993.

unissent à nos frères d'en bas » (les animaux). Or cette alliance débouchera tout aussi bien sur un humanisme matérialiste à la française que sur un romantisme allemand soucieux de renouer – pour le meilleur et pour le pire – avec le panthéisme païen. On rangera au chapitre du meilleur cette belle sensibilité germanique à la nature, qui poussait, jusqu'au XIXᵉ siècle, les forestiers allemands à demander pardon aux arbres qu'ils devaient abattre.

On inscrira en revanche au chapitre du pire les dérives antihumanistes d'hier et d'aujourd'hui. Car elles existent.

Le chimpanzé citoyen ?

C'est bien d'antihumanisme qu'il faut parler lorsqu'on examine les analyses proposées par les tenants de « l'écologie profonde » (*deep ecology*). Un antihumanisme qui, parfois, prend des accents haineux à l'égard de l'espèce humaine dans son ensemble. Mais n'allons pas trop vite. L'expression *deep ecology* a été forgée et popularisée par le philosophe norvégien Arne Naess [20]. Elle marquait une volonté de durcissement et de rupture avec l'écologie dite « superficielle », accusée de rester prisonnière du « préjugé anthropocentrique ». Pour Naess, l'écologie ordinaire, c'est-à-dire « réformiste », est une forme de compromission, de collaboration avec un système qu'il faut abattre. Ce courant de pensée mêle des inspirations mystiques, panthéistes, *new age*, à certaines interprétations du bouddhisme zen. Il défend fermement ce qu'il appelle le « biocentrisme », c'est-à-dire le « droit également partagé » entre toutes les espèces vivantes « de vivre et de croître ». Il se réclame d'auteurs aussi différents que Spinoza, Albert Schweitzer ou Martin Heidegger.

Pour Arne Naess et ses disciples, il faut cesser de considérer l'homme comme la fin de l'univers. Il faut substituer à cet « égoïsme » de l'espèce humaine un nouvel « égalitarisme biosphérique », capable de prendre en compte les autres composantes (animales, végétales, minérales) de la nature. Ces dernières ont des « droits » qui méritent d'être défendus contre les entreprises intempestives

---

20. Arne Naess est l'auteur d'un livre, *Ecology, Community and Lifestyle*, qui, sauf erreur, n'a jamais été traduit en français.

des humains [21]. Même les prairies ou les forêts. Dans ce contexte, l'homme n'est plus qu'une simple annexe du vivant en général. Tout naturellement, les militants de cette cause *en viennent à condamner la Déclaration universelle des droits de l'homme*, dans laquelle ils voient un instrument de domination forgé par la modernité à l'encontre de la nature.

Bien qu'il se réclame de l'utilitarisme et de Jeremy Bentham, c'est à cette *deep ecology* qu'il faut rattacher le philosophe australien Peter Singer, défenseur sourcilleux du droit des animaux et promoteur d'un antihumanisme sans nuance. Au départ, Peter Singer s'en prend à ce qu'il appelle le « spécisme » de l'homme. Forgée sur le modèle de « racisme » ou de « sexisme », cette expression [22] désigne l'outrecuidance des humains qui les pousse à refuser de prendre en compte les êtres vivants qui n'appartiennent pas à leur espèce. Ou, dans le meilleur des cas, à ne leur accorder qu'un statut inférieur dans l'échelle des droits et sur la balance morale. Il s'agit de « libérer » les animaux victimes de cette domination humaine. Peter Singer s'est d'ailleurs fait connaître par un ouvrage militant, cosigné avec une journaliste italienne directrice de la revue *Etica & animali*, qui se réfère explicitement à cette idée de « libération [23] ».

Pour Singer, les défenseurs des droits de l'homme se rendent coupables d'un racisme sournois à l'encontre des autres créatures. C'est ce racisme, rebaptisé « spécisme », qui conduit les humains à instrumentaliser le vivant à leur profit ou à pratiquer sur les animaux les expériences scientifiques les plus barbares ; expériences qu'ils s'interdisent, depuis le code de Nuremberg, de pratiquer sur eux-mêmes.

Mais c'est avec un autre livre, plus provocateur encore, que la notoriété internationale de Singer s'est affirmée au point de provoquer d'intenses polémiques. Cet ouvrage, également signé par Paola Cavalieri, entend promouvoir ce qu'il appelle le « projet du

---

21. Je m'inspire ici des analyses éclairantes de Philippe Van Parijs, « Impasses et promesses de l'écologie politique », *Esprit*, mars 1991.

22. L'expression anglaise *speciesism* semble avoir été forgée par l'essayiste écossais R. Ryder, auteur, en 1974, d'un livre dénonçant la vivisection animale, *Speciesism : the Ethics of Vivisection*, publié à Edinburgh par la *Scottish Society for the Prevention of Vivisection*.

23. Paola Cavalieri et Peter Singer, *La Libération animale*, Grasset, 1993.

grand singe [24] ». Ledit projet va jusqu'au bout de la condamnation du « spécisme » puisqu'il propose d'étendre la Déclaration universelle des droits de l'homme aux grands singes anthropoïdes : gorilles, orangs-outangs, chimpanzés. Il n'y a aucune raison, assurent Singer et Cavalieri, de réserver aux seuls membres de l'espèce humaine le bénéfice de ces droits fondamentaux. Reprenant la comparaison suggérée jadis par Bentham, ils assimilent la condition inférieure des animaux à celle des esclaves de jadis. (« On a commencé à s'attendrir sur le sort des esclaves, écrivait Bentham, on finira par adoucir celui des animaux qui servent à nos travaux et à nos besoins. ») L'entreprise de libération du monde animal en général et des grands singes en particulier (pour commencer…) est donc présentée comme un projet comparable à ce que fut, en son temps, l'abolition de l'esclavage.

La « notion chérie » d'humanité…

Si elle s'en tenait à cette solidarité militante à l'égard des animaux, la rhétorique des promoteurs du *Great Ape Project* serait simplement contestable dans son extrémisme, voire un peu ridicule dans sa formulation. Malheureusement, le détail des arguments employés, le ton qui affleure ici et là n'invitent pas à la plaisanterie. Pour contester le concept de « condition humaine » qu'ils jugent trop exclusif, Singer et Cavalieri abordent à plusieurs reprises la question des handicapés mentaux ou des traumatisés cérébraux. Ils estiment – et c'est là le nœud du problème ! – que, si l'on accorde les droits liés au statut d'humain à ces personnes dont l'entendement est diminué, alors il faut accorder le même privilège à certains animaux. « Les chimpanzés, les chiens, les porcs et les membres adultes de bien d'autres espèces, écrivent-ils, dépassent de loin un enfant au cerveau endommagé, du point de vue de leur capacité qui pourrait raisonnablement être considérée comme donnant une valeur à la vie, car même avec les soins les plus intensifs, certains enfants gravement déficients ne pourront jamais atteindre le niveau d'intelligence d'un chien [25]. »

24. *The Great Ape Project. Equality beyond Humanity*, New York, Saint-Martin's Press, 1994.
25. Paola Cavalieri et Peter Singer, *La Libération animale*, *op. cit.*

En d'autres termes, ils trouvent injuste que l'on fasse bénéficier ces handicapés d'un statut supérieur qui ne correspond pas à leurs capacités mentales réelles. Faisant cela, ils introduisent au cœur même du principe d'humanité une distinction, une hiérarchie que l'on est en droit de trouver abjectes. Ne serait-ce que parce qu'elles débouchent *de facto* sur l'idée d'une sous-humanité dont l'Histoire garde un sinistre souvenir. Pour eux, il est clair que certains humains (les arriérés mentaux, les fœtus, les enfants au cerveau endommagé, etc.) disposent de capacités mentales inférieures à certains animaux, des animaux dont nous savons mieux que par le passé évaluer l'intelligence.

Bien entendu, pour leur défense, Singer et ses adeptes objectent qu'il n'est pas dans leur intention de *dévaluer* le concept d'humanité en révisant à la baisse les droits imprescriptibles qui y sont attachés, mais, au contraire, de *hausser* jusqu'à lui la condition de certains animaux. Il n'empêche ! Sauf à se réfugier dans une fausse naïveté, on ne peut nier que le raisonnement est virtuellement – et abominablement – réversible. Le souci d'humaniser l'animal – ou du moins notre rapport avec lui – peut dissimuler ou favoriser une complaisance pour *la rétrogradation de l'humain au statut d'animal*. Fonctionnant de haut en bas, le rapprochement se fait aussi de bas en haut.

Certaines formulations ironiques, voire ricanantes, à l'endroit de « la notion chérie d'humanité [26] » sont carrément révoltantes. Élisabeth de Fontenay, qui a engagé le fer avec ces extrémistes du militantisme animalier, a raison de parler d'« analyse indécente », d'« impudeur » et d'« impudence » [27]. En l'occurrence, cette impudence se double, volontairement ou pas, d'une dramatique *imprudence*. Les tenants de ces thèses ouvrent en effet une brèche symbolique dans un principe d'humanité qui, par définition, ne peut être amendé, tronçonné ni partiellement déconstruit. Et c'est cette « déconstruction radicale des présupposés de l'humanisme » que Luc Ferry, grand pourfendeur de la *deep ecology*, a raison de redouter [28].

---

26. Paola Cavalieri, « Humanité et égalité » (Réponse à Élisabeth de Fontenay), *Le Débat*, n° 109, mars-avril 2000.
27. Élisabeth de Fontenay, « Pourquoi les animaux n'auraient-ils pas droit à un Droit des animaux ? », *Le Débat*, n° 109, *op. cit.*
28. Luc Ferry et Claudine Germé, *Des animaux et des hommes*, *op. cit.*

En outre, la façon dont le code de Nuremberg est explicitement critiqué et dénoncé par les émules de Peter Singer laisse une forte impression de malaise. Leurs critiques portent notamment sur l'article 3 dudit code, qui exige que toute thérapeutique expérimentale nouvelle concernant l'homme soit d'abord expérimentée sur les animaux. Très curieusement, Peter Singer et ses amis retiennent ainsi du code de Nuremberg la légalisation des expérimentations animales et non point l'interdiction, solennelle et épouvantée, des expérimentations humaines. Élisabeth de Fontenay est fondée à s'alarmer en soulignant qu'avec ce type de dialectique les défenseurs des grands singes ont « l'air de dire que l'expérimentation sur les animaux est aussi criminelle, sinon plus, que celles que les nazis ont perpétrées sur les juifs et les tziganes ». Ils instrumentalisent, en somme, les attendus du tribunal de Nuremberg, « cette haute définition du rappel ou de la proclamation de la dignité de tout être humain [29] ».

D'un point de vue idéologique, la référence aux années 60, faite plus haut au sujet de la *deep ecology*, me paraît d'ailleurs troublante. La violence antihumaniste de certains défenseurs des animaux fait penser irrésistiblement à celle, antioccidentale, des tiers-mondistes de ces années-là. L'oppression des animaux a remplacé celle des peuples du Sud ; l'arrogance « spéciste » des humains fait écho à celle des impérialistes d'avant-hier ; le naturalisme écologiste s'oppose à l'anthropocentrisme comme, jadis, l'éloge de la différence se dressait face à la prétendue arrogance occidentale. Quant à la mauvaise conscience – le « fardeau de l'homme blanc » –, elle s'est muée en une affectation animalière pas toujours innocente. Au fond, les enjeux sont les mêmes. La cible aussi : l'universalisme.

À qui doute du caractère dangereux de ces théories, on suggère d'observer à quelles extrémités en arrivent les groupes les plus durs, représentés surtout dans le monde anglo-saxon. Citons quelques exemples. En Grande-Bretagne, le Front de libération des animaux (*Animal Liberation Front*) ne dédaigne pas l'action terroriste : attentats à la bombe, incendies de locaux appartenant à

---

29. Élisabeth de Fontenay, « Pourquoi les animaux n'auraient-ils pas droit à un Droit des animaux ? », *op. cit.*

des sociétés accusées de pratiquer des expérimentations animales, etc. Plusieurs de ses militants (évalués à quelques centaines) ont eu maille à partir avec Scotland Yard, et certains d'entre eux ont été condamnés. Ce Front de libération est soupçonné d'être à l'origine de l'agression – suivie de tortures – commise le 26 octobre 1999 contre un journaliste d'investigation, Graham Hall, qui, à la télévision, avait dénoncé les méthodes de ces étranges défenseurs du monde animal[30].

Aux États-Unis, un groupuscule appelé « Mouvement pour l'extinction volontaire » milite pour la disparition pure et simple de l'espèce humaine, disparition qui laisserait le champ libre à d'innombrables espèces animales aujourd'hui menacées. De la même façon, le journal *Earth First Letter*, appartenant à la *deep ecology*, met en avant des slogans comme : « Aimez votre mère, n'en devenez pas une », ou encore : « Les vrais écologistes n'ont pas d'enfants ». Dans le courrier des lecteurs de ce périodique, on trouve formulées des propositions antinatalistes qui vont bien au-delà de l'eugénisme : prime fiscale à la stérilisation volontaire, expulsion des immigrés ayant plus de deux enfants, vasectomies généralisées, et même – dans un numéro daté du 20 mars 1991 – « reconsidération de la notion d'infanticide sélectif des petites filles »[31].

Cette dernière proposition, effarante, nous renvoie il est vrai à certaines positions de Peter Singer lui-même, positions qui ont été bien entendu moins médiatisées que ses campagnes généreuses en faveur des grands singes. Dans un ouvrage plus ancien, publié en 1985, Peter Singer et Helga Kuhse allaient jusqu'à justifier l'infanticide des enfants mal formés[32]. S'inspirant des thèses d'un autre philosophe australien, Michael Tooley, les deux auteurs écrivaient qu'il devrait être permis de tuer un nouveau-né « quand celui-ci n'a aucune chance de pouvoir mener une vie raisonnable et indépendante ». D'après eux, « seuls ont le droit de vivre des êtres possédant un certain degré de conscience de soi et un certain sens de l'avenir ». Ce livre, à l'époque, avait

30. Rapporté par Patrice Claude, *Le Monde*, 9 novembre 1999.
31. J'emprunte ces exemples à Dorothy Nelkin et Susan Lindee, *La Mystique de l'ADN*, trad. de l'anglais (États-Unis) par Marcel Blanc, préface de Jacques Testart, Belin, 1998.
32. Peter Singer et Helga Kuhse, *Should the Baby Live ?*, Oxford University Press, 1985.

suscité de vives réactions, qui avaient notamment contraint Singer à annuler une série de conférences qu'il devait faire en Allemagne.

C'était bien le moins...

Des demi-hommes ?

D'une façon plus générale, on doit s'interroger sur la nature exacte du malaise éprouvé à la lecture de ces thèses qui confinent à l'élucubration. Un effet de mémoire inconscient ? Une impression de « déjà vu » ? Le fait est que cette volonté obstinée de mettre en avant la part d'animalité de l'homme, ces efforts répétés pour faire disparaître l'une des « frontières » de l'*humanité* (celle qui la sépare du monde animal), tout cela ne procède pas seulement d'un scrupule scientifique. L'histoire des idées garde la trace de démarches semblables, mais dont l'intention était nettement idéologique.

L'exaltation de l'animalité débouche assez souvent sur un « vitalisme » qui met en avant l'instinct, récuse les « entraves » de la civilisation et toute espèce de morale, notamment judéo-chrétienne. En réclamant que l'homme soit rendu à sa « part animale », on escompte du même coup que lui soit de nouveau autorisé un comportement conforme aux « lois de la jungle ». Georges Bataille avait parfaitement compris quelle sorte d'enjeu dissimulait ce flirt avec les limites. *A contrario*, il a décrit mieux que quiconque la fonction humanisante de l'interdit. Hominiser, c'est apprivoiser l'animalité humaine, la domestiquer en la plaçant sous l'autorité – culturelle – de l'esprit. Telle est bien la fonction de l'interdit. « Des tabous de l'inceste et du sang menstruel, écrit Georges Bataille, ou du contact des morts aux religions de la pureté et de l'immortalité de l'âme, le développement est très lisible : il s'agit toujours de nier la dépendance de l'être humain par rapport au donné naturel, *d'opposer notre dignité, notre caractère spirituel, notre détachement, à l'avidité animale*[33]. » Ajoutons que, pour Bataille, l'activité artistique, la naissance à l'art constituent le

---

33. Georges Bataille, *L'Histoire de l'érotisme*, in *Œuvres complètes*, Gallimard, 1976, t. VIII.

deuxième signe de l'hominisation. D'où l'intérêt durable et érudit qu'il manifesta pour l'art préhistorique, notamment pour les splendeurs de la grotte de Lascaux. Un de ses articles sur ces questions portera d'ailleurs en titre « Le passage de l'animal à l'homme et la naissance de l'art [34] ».

Freud parlait, au fond, de la même chose lorsqu'il évoquait, à propos de l'inconscient, l'existence d'un « ça » purement biologique, gouverné par l'instinct, source de pulsions animales ; un « ça » qu'il s'agit de soumettre à la conscience et à la fonction structurante de l'interdit, en vertu de la formule fameuse : « Là où était le ça, le moi doit advenir. »

Exalter l'animalité, c'est donc souvent récuser *ipso facto* cette humanisation volontaire, permanente, qui nous éloigne de la jungle. On ne s'approche jamais innocemment de ce type de frontière. Significativement, on trouve d'ailleurs trace de cette insistante « transgression » chez certains antihumanistes dont l'histoire a retenu le nom, mais pour de mauvaises raisons. Ainsi Georges Vacher de Lapouge (1854-1936), théoricien français du racisme, suggérait-il de « fabriquer » des ouvriers dociles et robustes, des « demi-hommes », par hybridation avec des grands singes, grâce à la fécondation artificielle. Lui aussi pensait que la « frontière » était perméable. « Je ne regarde pas comme impossible *a priori* d'obtenir des hybrides de grands anthropoïdes entre eux et même avec l'homme, écrivait-il. L'écart est moindre qu'entre les macaques d'un côté, les papions et les cercopithèques de l'autre, et ces singes de familles différentes ont plusieurs fois donné des hybrides [35]. »

Un siècle et demi avant lui, en 1717, et pour les mêmes raisons – obtenir une force de travail –, un certain Zimmerman avait déjà proposé de faire engrosser les filles publiques de Paris par des orangs-outangs ou, à l'inverse, des femelles de grands singes par des hommes [36].

Derrière ces exemples, deux idées sont repérables : la volonté de minimiser la frontière entre l'homme et l'animal, le fait de substi-

---

34. *Critique*, n° 71, repris in *Œuvres complètes*, Gallimard, t. XII ; voir aussi « L'animalité », dans le même volume des *Œuvres complètes*.

35. Georges Vacher de Lapouge, *Les Sélections sociales (Cours libre de science politique professé à l'université de Montpellier, 1888-1889)*, Paris, Fontemoing, 1896.

36. J'emprunte ce dernier exemple à Dominique Lestel, *L'Animalité. Essai sur le statut de l'humain*, op. cit.

tuer à l'idée de frontière celle d'une *gradation* insensible. Tout cela *conduit mécaniquement à l'hypothèse d'une sous-humanité*. L'idée même de gradation porte en elle l'évidence que certains seront plus humains que d'autres. Dès lors se trouve grand ouvert un « passage » où peut s'engouffrer – et se légitimer – une volonté de domination, tributaire du seul rapport de force.

Les militants de la *deep ecology*, notamment ceux qui sont de bonne foi, n'aiment guère qu'on leur rappelle ces leçons de l'Histoire. Ils n'aiment pas non plus qu'on en revienne, une fois encore, au précédent nazi. Mais comment ne le ferait-on pas ? Ce sont bel et bien les nazis qui, à la demande expresse de Hitler, édictèrent en 1933 la loi la plus complète qui ait jamais existé concernant la protection des animaux. Cette loi, la fameuse *Tierschutzgesetz*, avait comme particularité d'opérer une critique en règle de toutes les législations antérieures, allemandes ou étrangères, au motif qu'elles ne protégeaient pas l'animal comme tel, mais interdisaient seulement le *spectacle* de la cruauté infligée en public à des animaux domestiques. L'originalité tenait au fait que, pour la première fois dans l'Histoire, l'animal était protégé en tant qu'être naturel, *en tant que tel* (*wegen seiner selbst*), et non par rapport aux hommes.

Deux ans plus tard, en juin 1935, les nazis parachèveront d'ailleurs leur volonté – romantique et anticartésienne – d'exalter et de protéger la nature en promulguant une loi écologique de portée plus générale, la *Naturschutzgesetz*[37].

Le paradoxe du cannibale

A ce stade, il convient de dissiper un malentendu. Récuser les analyses proprement délirantes de certains défenseurs du « droit de l'animal » ne signifie pas que l'on conteste la nécessité de protéger ce dernier. Y compris en lui reconnaissant des droits. Y compris en réclamant que s'établissent entre l'humanité et le monde animal des rapports nouveaux ou que prévalent un respect, une douceur, une sollicitude dont nos sociétés, quoi qu'elles disent, sont encore fort éloignées. L'expression est d'ailleurs en deçà de la réalité.

---

37. Je m'inspire ici des analyses de Luc Ferry, dans sa préface à l'anthologie co-signée avec Claudine Germé, *Des animaux et des hommes*, *op. cit.*

Paradoxalement, en effet, la science contemporaine, qui se déclare troublée par la « proximité » qu'elle découvre entre l'homme et l'animal, justifie et suscite dans le même temps des formes nouvelles de cruauté qui scandaliseraient nos grands-parents. Plus sensibles qu'hier à la souffrance animale, nous sommes objectivement plus cruels envers ces mêmes animaux. Là gît un étrange paradoxe. Peut-être est-il, confusément, à l'origine des délires qu'on vient d'énumérer ?

Une cruauté nouvelle ? C'est peu de le dire. Jamais dans l'Histoire on n'avait, comme aujourd'hui, tyrannisé l'animal à des fins productivistes. Des poules élevées en batteries aux ultraviolets, aux veaux délibérément paralysés afin qu'ils grossissent mieux ; de l'arrachage systématique des ongles et des becs des volailles, aux transports inhumains des bestiaux, il existe un nouveau martyrologue des animaux que les médias mettent périodiquement en évidence. Un martyrologue dénoncé depuis fort longtemps, et sans beaucoup de résultats [38]. Au début de l'année 2001, l'épizootie de fièvre aphteuse, partie de Grande-Bretagne, a déclenché, en Europe, une telle panique que les mesures prises furent d'une brutalité inimaginable : abattage systématique de troupeaux entiers, bûchers dressés dans les campagnes pour brûler des milliers de carcasses, amoncellements de corps que maniaient des pelleteuses, etc. Les télévisions du Vieux Continent ont ainsi diffusé pendant plusieurs semaines les images de cet énorme holocauste animalier, principalement justifié par des considérations financières. L'abattage était moins onéreux, à moyen terme, que la vaccination systématique, qui pénalise l'exportation. Quelques voix – trop peu nombreuses – dénoncèrent le cynisme avec lequel avait été planifiée cette extermination précipitée. On était bien dans le martyrologue animal, et dans le malaise.

Ce n'est pas tout. Les progrès de la génétique appliqués à l'élevage industriel aboutissent, dans certains cas, à un surcroît d'instrumentalisation qui confine à l'horreur pure et simple. Peter Kemp raconte avoir participé à un séminaire de deux jours sur les biotechnologies, organisé au printemps 1986 au Centre universitaire international de Dubrovnik. Il y a appris que la technologie

---

38. Voir notamment l'ouvrage déjà ancien de Michel Damien, Alfred Kastler et Jean-Claude Nouet, *Le Grand Massacre*, Fayard, 1981.

génétique permettait de produire des poulets sans plumes et des vaches sans panse (pour accélérer le processus de digestion). On lui expliqua qu'on pratiquait en Suisse des expériences visant à produire des cochons sans yeux qui seraient ainsi plus occupés à manger que des cochons normaux et grossiraient plus vite [39].

On pourrait épiloguer aussi sur l'utilisation pharmacologique des tissus animaux ; sur les pratiques « transgéniques » qui, en créant de nouvelles espèces, font de l'animal un simple « moyen » biologique au service de l'homme ; sur l'enrôlement massif de la vie animale par les entreprises biotechnologiques qui considèrent dorénavant les créatures vivantes comme de simples « pharmacies sur pattes [40] ». Cette industrialisation absolue de l'élevage transforme les animaux en simples machines à produire ou à synthétiser des protéines, de l'albumine, du plasma, etc. C'est-à-dire que la science moderne, tout en nous enseignant notre proximité génétique avec l'animal, ravale celui-ci au statut d'animal-machine, revenant du même coup à Descartes. Il y a là une immense contradiction, pour ne pas dire une hypocrisie. Elle est dérangeante.

Pour ce qui concerne les expérimentations animales, les chiffres sont proprement effarants. Aux États-Unis, on estimait à environ vingt millions, au début des années 90, le nombre d'animaux sacrifiés dans les laboratoires. (Les militants antivivisection avançaient pour leur part le chiffre de soixante-dix millions.) En France, à la même époque, une enquête d'IFOP-Santé évaluait très précisément à 3 342 309 la quantité d'animaux – surtout des souris et des rats – ayant été soumis à des expériences médicales dans un millier de laboratoires agréés par le ministère de l'Agriculture [41].

On peut ajouter *in fine* que, loin de suivre les préceptes végétariens des tenants de la *deep ecology*, l'homme du IIIe millénaire est devenu, élévation du niveau de vie aidant, plus carnivore que jamais. Il mange beaucoup moins de pain – c'est-à-dire de céréales – que ses grands-parents et se nourrit majoritairement de protéines animales. La consommation annuelle de viande, qu'on évaluait à vingt kilos par personne en 1840, est passée à cent dix

---

39. Peter Kemp, *L'Irremplaçable. Une éthique de la technique*, trad. de l'allemand par Pierre Rusch, Cerf, 1997.
40. Expression utilisée dans un titre du journal *Le Monde*, 11 décembre 2000.
41. Chiffres donnés par Jean-Yves Goffi, *Le Philosophe et ses animaux, op. cit.*

kilos en 1980, même si elle a légèrement diminué depuis. Ces habitudes occidentales de consommation – fort dispendieuses – gagnent peu à peu les sociétés de l'hémisphère Sud, au grand désespoir des agronomes militants comme René Dumont.

Force est donc de constater que, s'il acceptait avec trop d'étourderie sa nouvelle parenté scientifique avec l'animal, l'homme d'aujourd'hui devrait confesser du même coup son irrépressible… cannibalisme.

L'homme retrouvé

C'est donc en des termes différents qu'il nous faut envisager nos rapports nouveaux avec les animaux et, surtout, refonder clairement et fortement le *principe d'humanité* qui nous sépare d'eux. Pour dire les choses autrement, nous devons apprendre, au sujet de l'humanité de l'homme, à « déconstruire la déconstruction ».

Et d'abord scientifiquement. Notre enthousiasme de principe devant les nouvelles percées de la connaissance ne doit pas nous conduire à la jobardise. A titre d'exemple, l'insistance contemporaine à mettre l'accent sur le gène ou le génome, au point d'en faire un critère d'identité, touche parfois au ridicule. Dire que la différence génétique qui nous sépare du chimpanzé est infime (inférieure à 5 %) ne signifie pas grand-chose, sinon que le paramètre génétique est très insuffisant pour identifier une créature vivante. La « proximité » génétique signifie surtout que le facteur de différence n'est pas dans les gènes, ou encore que les gènes ne disent rien d'essentiel sur la nature humaine. Sans compter que, comme l'observe André Pichot, l'argument peut s'inverser et fonder une théorie raciste. « Si une différence de 1 % suffit pour séparer l'homme du chimpanzé, une différence de 0,1 % entre les Blancs et les Noirs suffit pour faire de ceux-ci des demi-chimpanzés. Ce type d'arguments se retourne donc très facilement, et on peut lui faire dire ce qu'on a envie [42]. »

A supposer même que l'on s'en tienne à ce genre de critère quantitatif, force est de reconnaître que ce n'est en rien la structure

---

42. André Pichot, *La Société pure. De Darwin à Hitler*, *op. cit.*

de notre ADN qui peut faire foi (elle est proche de celle des bactéries), mais le nombre extraordinairement élevé des neurones contenus dans notre cerveau et, plus encore, des connexions qui les relient. « Je ne connais aucun autre être vivant possédant dix millions de milliards de connexions de neurones », observe un généticien, avant d'ajouter : « Et, bien plus encore que ces interactions à l'intérieur de nous-mêmes, ce sont les liens que nous tissons avec autrui au cours de notre existence qui constituent en réalité le fondement de notre originalité d'humain »[43].

De la même façon, les expériences les plus avancées sur la capacité de certains animaux d'accéder au langage ne sont pas aussi probantes qu'on l'écrit parfois. Le linguiste Claude Hagège explique que les singes, en réalité, ne communiquent ni ne *signifient* au plein sens du terme[44]. Le cognitiviste Jacques Vauclair souligne, au sujet des primates dressés au langage des sourds-muets, que ceux-ci n'emploient les signes appris que sur injonction de l'homme qui les dresse, ou bien en vue d'obtenir quelque chose de précis. Il ajoute que l'idée d'une éventuelle continuité entre l'homme et l'animal (« l'hypothèse continuiste ») n'est pas défendable dès lors qu'il s'agit « de la maîtrise des codes de communication aussi sophistiqués que les systèmes linguistiques ou de phénomènes comme l'intentionnalité et la conscience de soi[45] ». Quant à Dominique Lestel, après avoir beaucoup travaillé sur la question, il assure qu'on ne peut absolument pas soutenir que les primates sont dotés de « capacités linguistiques » comparables à celles de l'homme[46].

Parler de « langage animal », c'est donc céder à des simplifications indéfendables au sujet du langage lui-même, qui n'est jamais un simple outil de transmission, mais fait intervenir, de façon très complexe, un substrat existentiel, un rapport à une histoire, un lien avec une communauté, etc. En réalité, pour reprendre une tournure souvent employée par ces spécialistes, si le singe ne parle pas, c'est qu'*il n'a rien à nous dire*. Dans son *Histoire naturelle*, Buffon (1707-1788) le notait déjà : l'animal est dépourvu de langage parce

---

43. Arnold Munnich (généticien-INSERM), *in* Caroline Glorion, *La Course folle. Des généticiens parlent*, op. cit.
44. *L'Homme de paroles. Contribution linguistique aux sciences humaines*, Fayard, 1985.
45. Jacques Vauclair, *L'Intelligence de l'animal*, op. cit.
46. Dominique Lestel, *Paroles de singes. L'impossible dialogue*, La Découverte, 1995.

qu'*il n'a pas d'idées*. Schopenhauer (1788-1860) utilisera une formule voisine dans *Le Monde comme volonté et comme représentation*, en insistant sur l'absence de la perception du temps par l'animal, qui vit « constamment dans le présent » et, donc, « ne connaît point les concepts ». Les rapprochements hâtifs et les déductions précipitées d'aujourd'hui concernant les prétendus « singes parlants » procèdent d'un réductionnisme scientiste facile à réfuter.

Une chercheuse, parmi d'autres, s'y est employée. Elle explique qu'en réalité les expériences linguistiques menées avec des chimpanzés ont finalement échoué. Ces derniers parviennent bien à apprendre une centaine de mots, voire le double (contre cinquante mille à cent mille pour un être humain !). « Ils parviennent donc bien à utiliser un symbole pour un concept. Par contre, l'aspect syntaxique ou productif du langage, c'est-à-dire la capacité à combiner des mots pour former de nouveaux sens n'apparaît jamais [47]. »

La même remarque peut être faite au sujet de l'utilisation d'outils par les animaux. Il est fallacieux d'en conclure que, faisant cela, ils accèdent à un usage quasi humain de la technique. En réalité, ladite perfectibilité technique implique non seulement une capacité d'abstraction que seul le langage peut conférer, mais, surtout, le pouvoir de s'abstraire du monde, de le mettre à distance, pour penser sa transformation. Or, de cela, l'animal demeure incapable. Une certaine habileté instrumentale de ce dernier « n'enlève rien à la spécificité humaine de la *technè* [48] ».

En réalité, c'est la démarche scientiste cherchant à établir « scientifiquement » une ressemblance ou une différence entre l'homme et l'animal qui est erronée *en tant que telle*. La science n'est pas armée pour nous fournir un *critère fondamental* qui nous permettrait de tracer la frontière. Ou, plus exactement, ce n'est pas de son ressort. Ni l'éthologie, ni la génétique, ni la primatologie, qui nous fournissent cependant des éléments précieux de connaissance, ne sont capables d'indiquer la place ontologique de l'humain dans le vivant. Constater cela, c'est s'interroger sur le sens même du

47. Anne Christophe, « L'apprentissage du langage. Les bases cérébrales du langage », in *Qu'est-ce que l'humain ?*, Université de tous les savoirs, t. 2, Odile Jacob, 2000.

48. Stanislas Breton, « La technique entre nature et culture », *Esprit*, novembre 1997.

concept d'humanité et sur la définition de l'*humain*. Ce n'est pas une donnée purement matérielle mais une création culturelle, toujours en cours, jamais achevée. L'humanité n'est pas un état, un privilège, une espèce ou une caractéristique mesurable. Elle est un projet (ou un « procès »), une création sans cesse inachevée et toujours menacée. En ce sens, on peut dire en effet qu'elle n'est pas héréditaire, *même si elle prend appui sur des capacités physiologiques particulières*. Le plus intelligent des singes ne peut « devenir homme », alors que les handicapés mentaux le peuvent. Nous naissons « homme possible ». Nous naissons biologiquement équipés pour accéder à l'humanité. Mais le chemin qui nous conduit vers notre « histoire d'homme » n'est jamais borné [49].

Sans compter qu'il entre dans cette accession au *principe d'humanité* une part de choix éthique supérieur, de volonté, d'adhésion collective assumée. Une part qu'évoque magnifiquement Élisabeth de Fontenay lorsqu'elle écrit : « C'est par les affects de pitié et de respect auxquels nous forme l'expérience de l'histoire, et non par une foi rationnelle-universelle *a priori* que nous nous trouvons, à l'époque postmoderne, obligés de nous en tenir à cette croyance indéfectible et minimale selon laquelle chaque être humain détient une singularité d'être unique et fait partie, à égalité avec tous les autres, de l'humanité [50]. »

François et le loup

C'est à la lumière de cette raison retrouvée qu'il nous faut donc penser les « droits » de l'animal. Il n'est pas question de nier le moins du monde que ce dernier puisse avoir droit au respect, à l'intégrité ; qu'il doive être juridiquement protégé contre les traitements cruels ou la manipulation sans vergogne. Ce qui mérite d'être clarifié, ce n'est pas la légitimité de ces droits, c'est leur fondement. Bénéficiaire de « droits » indiscutables, l'animal en effet ne peut être *sujet de droit*. Ne serait-ce que parce que tout

---

49. Je reprends ici les analyses de Jacques Mehler et Emmanuel Dupoux, *Naître humain*, Odile Jacob, 1990.
50. Élisabeth de Fontenay, « Pourquoi les animaux n'auraient-ils pas droit à un Droit des animaux ? », *Le Débat, op. cit.*

droit implique un devoir correspondant. Les animaux n'ont pas de « devoir » à notre endroit. Le chat ou le chien ne « doivent » pas nous épargner leur morsure ; la guêpe ou la puce n'a pas le « devoir » de ne pas nous piquer.

En d'autres termes, si les animaux ont des droits, c'est de nous, de notre propre *humanité* que ces droits procèdent, et non d'un prétendu contrat naturel qui nous lierait à la nature. Respecter les animaux revient donc, en réalité, à respecter l'humanité dont nous sommes dépositaires. L'animal ne devient bénéficiaire de droit que *sous le regard de l'homme* et non, par exemple, vis-à-vis de ses congénères ou prédateurs. Les droits de l'animal sont le pendant des devoirs de l'homme. C'est en ce sens qu'Emmanuel Kant pouvait parler de nos *obligations à l'égard des animaux*, qui s'enracinent dans nos obligations à l'égard de tous les hommes. André Comte-Sponville formule très bien cette différence : « L'humanité est le seul *sujet* possible du devoir et du droit, mais non leur seul *objet* possible : il n'y a de devoirs que pour l'homme, de droits que pour l'homme, mais cela ne signifie pas qu'il n'y ait de devoirs que *sur* l'homme ni de droits, en conséquence, que *de* l'homme [51]. » En apprenant à mieux respecter l'animal, l'homme construit et améliore sa propre humanité. A l'inverse, l'homme qui fait violence à l'homme ou à l'animal régresse au niveau de la pure « bestialité ». C'est ce que dit avec clarté le passage de la *Genèse* qui décrit Caïn, meurtrier de son frère, comme « dominé » par la « bête tapie » en lui (Gn 4,7).

La nuance n'est pas une argutie juridique. Elle est « la » frontière. Elle entraîne une conséquence qu'on ne peut perdre de vue : l'anthropocentrisme, au sens strict du terme, doit être réhabilité. Mieux encore, on peut dire sans craindre le paradoxe qu'« à l'heure des manipulations génétiques l'anthropocentrisme n'est plus un droit pour l'homme mais un devoir [52] ».

On pourrait, à ce stade, passer au crible de la critique toutes les attaques rituelles contre l'anthropocentrisme occidental, qu'il soit cartésien ou judéo-chrétien. La plupart du temps, ces attaques pèchent par irréflexion ou méconnaissance de l'histoire des idées. Y compris lorsqu'elles émanent de certains théologiens critiques

---

51. André Comte-Sponville, « Sur les droits des animaux », *Esprit*, décembre 1995.
52. Martine Rémond-Gouilloud, « Entre "bêtises" et précaution », *Esprit*, novembre 1997.

comme Eugen Drewermann[53]. Cet anthropocentrisme, en effet, est présent dans quantité d'autres traditions, par exemple japonaises. Il s'exprimait dans la pensée antique, qu'il s'agisse d'Aristote expliquant que « les animaux existent pour le bien de l'homme » (*La Politique*, I, 8, 1256), ou de Cicéron, qui présente les hommes comme « les maîtres absolus de [toutes les choses] que présente la terre » (*De natura deorum*, L, II). On peut même dire qu'en réalité l'anthropocentrisme que les écologistes imputent au christianisme procède surtout de la pensée grecque[54].

Quant à la théologie judéo-chrétienne, il est vrai qu'elle a pu être interprétée dans le sens d'un triomphalisme humain – notamment le fameux passage de la *Genèse* qui fait commandement à l'homme de « soumettre la terre et de dominer sur les animaux », mais il est vrai aussi que cette domination de l'homme a toujours eu pour corollaire une *responsabilité clairement affirmée à l'égard de cette même nature*. L'homme y est présenté comme « l'intendant et le gestionnaire responsable » de la création. Jean Chrysostome compare l'homme – « coopérateur de Dieu », selon saint Paul, dans l'Épître aux Corinthiens – à un gouverneur de province qui ne peut abuser de son pouvoir. Pour reprendre l'expression du théologien protestant Olivier Abel, l'anthropocentrisme chrétien est « un anthropocentrisme de la responsabilité[55] ».

Au demeurant, même les théoriciens les plus radicaux de l'écologie (je pense à Lynn White, cité plus haut) sont obligés d'épargner certains théologiens ou grands témoins du christianisme, et notamment saint François d'Assise, présenté par eux comme « le plus grand révolutionnaire spirituel de l'histoire occidentale » – saint François, dont la légende rapporte qu'il sut parler au loup de Gubbio dans les Apennins, et qui célébra lyriquement la nature et les animaux dans ses *Fioretti*. C'est visiblement à cette tradition franciscaine – qui, en son temps, frôla l'hérésie – que se réfère l'Église aujourd'hui. François d'Assise a été proclamé patron des écologistes le 29 novembre 1979 par Jean-Paul II. Faisant cela, le pape « entendait inviter les chrétiens à jeter sur le monde un regard bienveillant et

---

53. Eugen Drewermann, *De l'immortalité des animaux*, Cerf, 1992.
54. J'emprunte ces références à Dominique Bourg, *L'Homme artifice. Le sens de la technique*, Gallimard, 1996.
55. Olivier Abel, « Humains et animaux, il les créa », *Études*, novembre 1997.

fraternel, respectueux et convivial, sur une nature aujourd'hui menacée ou accaparée par les plus riches au détriment des plus faibles [56] ».

Dans le même esprit, la Commission sociale des évêques de France a publié le 13 janvier 2000 un document intitulé *La Défense de la Création*, dont la connotation pourrait être qualifiée d'écologiste.

Au bout du compte, on doit résolument rejeter une présentation manichéenne et dualiste de notre rapport avec le monde animal. « Il est dangereux, notait Pascal dans ses *Pensées*, de trop faire voir à l'homme combien il est égal aux bêtes, sans lui montrer sa grandeur. Il est encore dangereux de lui trop faire voir sa grandeur sans sa bassesse. Il est encore plus dangereux de lui laisser ignorer l'un et l'autre. »

La question n'est pas de savoir si nous sommes ou non apparentés aux animaux mais si nous sommes capables de construire un rapport pacifié et respectueux avec eux, capables de leur faire une place à nos côtés. Et cela, *au nom du principe d'humanité lui-même*. De même, il faut refuser toute réinscription rudimentaire de l'homme au sein de la nature. L'homme est sans doute dans la nature, mais il n'y est pas irrésistiblement immergé. Entre elle et lui demeure une distance, une marge énigmatique mais fondamentale. C'est cette marge qui définit, au sens strict du terme, notre liberté et notre humanité ; liberté de s'évader des tropismes naturels, de rompre avec la mécanique de l'instinct, de nous construire en somme « culturellement », c'est-à-dire hors nature. Au XVe siècle, déjà, dans un discours fondateur de l'humanisme de la Renaissance publié en 1488 et intitulé *De la dignité de l'homme*, Pic de la Mirandole (1463-1494) insistait sur cette liberté appartenant à l'homme, « sculpteur de soi-même », de s'arracher aux déterminations du monde sensible.

Aujourd'hui, faire la paix avec la nature, ce n'est certainement pas nous confondre de nouveau avec elle, ni nous soumettre à ses lois ou à ses cruautés. Sur ce terrain, pour utiliser la superbe formule d'un théologien sensible à l'écologie, « c'est le chemin de la douceur qui est notre avenir [57] »…

---

56. Luc Mathieu, « La vision franciscaine », *Christus*, n° 185, janvier 2000.
57. André Beauchamp, « Création et écologie. Redéfinir notre rapport à la terre », *ibid.*

Chapitre 3

L'homme réduit à la machine ?

> « Concluons hardiment que l'homme est une ma-
> chine ; et qu'il n'y a dans tout l'univers qu'une
> seule substance diversement modifiée. »
>
> Julien Offroy de La Mettrie (1747)

A l'écart du grand public, loin des médias et de la scène politique, une nouvelle « guerre de religion » dure depuis les années 60.
Elle n'oppose pas les membres d'une confession à ceux d'une autre.
Elle ne dresse pas les rationalistes contre les croyants. Elle déchire
la communauté scientifique elle-même. L'enjeu de cette « guerre »
n'est pas anodin. Il s'agit de savoir si l'homme peut être assimilé à
une machine, si son cerveau se ramène au jeu complexe des
connexions neuronales, ou si demeure en lui, malgré tout, un principe insaisissable : âme, esprit, conscience... Cette première question en entraîne une seconde : pourra-t-on fabriquer un jour une
machine comparable au cerveau humain ou bien ce projet est-il le
produit d'un réductionnisme étroit ?

C'est bien ainsi que l'on peut présenter schématiquement la querelle inexpiable, surgie voici une quarantaine d'années dans le
cadre des recherches sur l'intelligence artificielle, rebaptisée
« IA » dans les publications scientifiques. Cette querelle fut d'autant plus vive, au moins dans les premiers temps, que les partisans
les plus décidés de l'intelligence artificielle, les tenants de la
« théorie forte » (*strong AI*), ne faisaient preuve ni de prudence ni
de modestie dans leurs proclamations. A les en croire, nous
devrions faire définitivement notre deuil d'une prétendue spécificité humaine. Cette frontière métaphysique dont on pensait qu'elle
séparait l'homme de la machine, expliquaient-ils, cédera tôt ou
tard parce qu'on sait désormais que, d'un point de vue scientifique, elle n'est pas fondée. Tel était le message initial. « Aux sou-
bassements théoriques de ces recherches [sur l'intelligence artifi-

cielle] se trouve l'idée qu'il n'y a pas de différence ontologique entre les humains, ou les organismes vivants en général, et les machines[1]. »

Proclamations triomphales ? Citons quelques perles ou ambiguïtés langagières. En 1955, le neurophysiologiste Warren McCulloch, pressé de déconstruire toute idée de spécificité humaine, n'hésitait pas à affirmer : « Les hommes ne sont pas seulement analogues aux machines, ils *sont* machines[2]. » En 1965, le futur prix Nobel d'économie, Herbert Simon, déclarait que « les machines, d'ici vingt ans, [seraient] capables de faire tout ce qu'un homme peut faire[3] ». Un autre chercheur, Marvin Minsky, assurait tout de go : « La prochaine génération d'ordinateurs sera si intelligente que nous aurons bientôt de la chance s'ils consentent à nous prendre chez eux comme animaux de compagnie[4]. » L'un des premiers théoriciens de l'intelligence artificielle, Christopher Langton, du Centre d'études non linéaires de Los Alamos, défendait lui aussi ce type d'hypothèse. De son côté, l'Anglais Alan Turing (1912-1954), véritable inventeur de l'ordinateur digital, assurait que ce dernier serait un jour capable de réaliser toutes les tâches de la pensée humaine. Aujourd'hui, certains roboticiens parmi les plus déterminés adhèrent encore à cette vision strictement machinique. Un Hans Moravec, par exemple, annonce l'apparition, « avant quarante ans », de machines qui atteindront l'équivalence avec l'homme[5]. Un autre roboticien, le Britannique Hugo de Garis, va plus loin : il annonce que l'être humain sera forcément remplacé par des machines intelligentes qu'il appelle les « artilects » (d'*artificial intellect*)[6].

Aux yeux de ces partisans de la « théorie forte », les vieux défenseurs de la frontière homme/machine, les avocats de l'irréductible *humanité de l'homme* ne sont que des idéalistes hors course, des nostalgiques de l'ontologie ou, pire, les guerriers cachés d'on ne sait quel obscurantisme religieux. Quelquefois, les arguments sont

1. Hervé Kempf, *La Révolution biolithique, op. cit.*
2. Cité par Jean-Michel Besnier, « Les sciences cognitives ont-elles raison de l'âme ? », *Esprit*, mai 1990.
3. Cité par Hubert L. Dreyfus, *Intelligence artificielle. Mythes et limites*, trad. fr., Flammarion, 1984.
4. Cité par John Searle, *Du cerveau au savoir*, trad. fr., Hermann, 1985.
5. Hans Moravec, *Une vie après la vie*, Odile Jacob, 1992.
6. *Le Monde*, 9 novembre 2000.

bel et bien articulés sur ce ton ! Certes, une partie des chercheurs travaillant aujourd'hui sur l'intelligence artificielle ont renoncé à ce discours rigide et lui préfèrent la relative modestie d'une « théorie faible » (*weak AI*). Certains spécialistes de l'intelligence artificielle refusent même que leurs recherches soient utilisées comme « machine de guerre » contre le statut métaphysique de l'homme. Il n'empêche que c'est toujours la « théorie forte » qui imprègne l'air du temps. C'est elle qui influence jour après jour les non-spécialistes. L'opinion et les médias continuent confusément de se convaincre que plus grand-chose ne distingue la machine de l'homme. Sporadiquement, les journaux, l'audiovisuel, la littérature fantastique et le cinéma agitent cette hypothèse « sensationnelle » et échafaudent des scénarios peuplés de robots triomphants. On croit même conforme à l'utopie postmoderne d'exalter notre bonheur « de vivre dans une nature peuplée de nouveaux êtres artificiels avec lesquels nous devons être "heureux" d'établir et d'entretenir un nouveau genre de "rapports sociaux"[7] ». L'attachement à l'*humanité de l'homme*, dans ce climat général, apparaît bien comme une nostalgie.

Sur cette frontière aussi, il y a le feu !

La révolution du cognitivisme

Le courant de recherche sur l'intelligence artificielle s'inscrit en réalité dans le cadre beaucoup plus large du cognitivisme (du latin *cognoscere* : connaître). Un cadre ou un territoire qui n'est pas très facile à délimiter. En principe, les sciences cognitives s'intéressent aux processus mentaux permettant l'acquisition de connaissances. Elles prennent pour objet d'étude la connaissance elle-même et tout ce qui, concrètement, la rend possible, qu'il s'agisse de l'homme, de l'animal ou de la machine. Pour simplifier, disons que les sciences cognitives s'efforcent de répondre à la question suivante : qu'est-ce qui permet à quelqu'un (ou à « quelque chose ») de se souvenir, de comprendre ou de connaître ?

Dans la pratique, elles forment une nébuleuse et mobilisent des

---

7. Giorgio Israel, *Le Jardin au noyer. Pour un nouveau rationalisme*, Seuil, 2000.

disciplines aussi différentes que la psychologie, la linguistique, la neurobiologie, la logique ou l'informatique (la liste n'est pas limitative). Ces disciplines se retrouvent, se rassemblent, se combinent et s'interpénètrent, mais selon des configurations changeantes dans l'espace et dans le temps. Ce regroupement de chercheurs est donc éminemment hétérogène, multiple, divisé en courants ou éparpillé en chapelles entre lesquelles on peine à trouver son chemin[8]. Et cela d'autant plus que le cognitivisme a déjà une longue histoire. Les théoriciens du début consentent aujourd'hui à une réévaluation plus fine – et prudente – de l'analyse, avec l'apparition des courants dits « connectionnistes », puis avec le succès relatif de la notion d'« énaction », popularisée notamment par le neurobiologiste chilien Francisco Varela, et qui – entre autres analyses – met en avant les interactions d'un système avec l'environnement[9]. Mais ce changement théorique n'est pas général, loin s'en faut.

Il faut savoir aussi qu'une énorme littérature cognitiviste, principalement anglo-saxonne, s'est accumulée depuis les années 60. Or l'inclination pour le jargon, le goût pour les formulations elliptiques, la coquetterie sémantique ne sont pas absents de ces textes volumineux, thèses, colloques, travaux de laboratoire ou corpus innombrables diffusés *via* l'internet. Cet écheveau de concepts et cette complexité mouvante rappellent, toute proportion gardée, la situation qui prévalait dans les sciences humaines au cours des années 60 et 70. On y trouve beaucoup d'ouverture, de curiosité, de créativité, mais aussi les mêmes crispations jargonnantes et les mêmes barricadements autour d'une vulgate normative, voire intolérante.

Tout cela rend toujours difficile l'accès à ces nouveaux territoires. Le curieux venu du dehors risque fort de juger byzantines, voire incompréhensibles, les querelles qui traversent le champ du cognitivisme. Ce dernier exerce donc, indéniablement, un *effet*

8. Une des meilleures introductions, en langue française, sur la question du cognitivisme est le recueil fondé sur un colloque de juin 1987, à Cerisy-la-Salle, intitulé « Approches de la cognition ». Ensemble réuni et présenté par Daniel Andler, sous le titre *Introduction aux sciences cognitives*, Gallimard-Folio, 1992.

9. Francisco Varela et ses amis contestent aujourd'hui les théories qui décrivaient la réalité d'un organisme vivant en disant qu'il devait « s'adapter » à un environnement prédonné. En réalité, l'influence est réciproque. Cette réciprocité est la définition même de la vie. Voir Francisco Varela, Evan Thompson, Eleanor Rosch, *L'Inscription corporelle de l'esprit. Sciences cognitives et expérience humaine*, Seuil, 1993.

d'intimidation, qui tient la plupart des intellectuels éloignés de ces débats – pourtant essentiels. Un même rapprochement peut être fait avec le pouvoir d'intimidation qu'exercèrent, en leur temps, le postmodernisme, le structuralisme, la psychanalyse, ou encore, quelques décennies auparavant, le marxisme revu par Louis Althusser. Aujourd'hui comme hier, chacun redoute instinctivement de s'aventurer dans ces disciplines nouvelles où le « naïf » est vite moqué, taxé de simplisme ou soupçonné d'incompétence. On écartera facilement, au nom des grandes œuvres fondatrices, les objections qui lui viennent aux lèvres. En y ajoutant un sourire compatissant... Quant à retrouver son chemin dans le dédale des groupes, sous-groupes ou chapelles, rien ne sera plus malaisé.

Quitte à faire preuve de témérité, on voudrait cependant tenter de définir ici, aussi simplement que possible, les principaux postulats du cognitivisme. Ne serait-ce que pour mesurer les enjeux (considérables) du débat en cours.

Le premier postulat tient à la nouvelle définition du fonctionnement du cerveau, directement inspiré de la métaphore informatique. Pour les cognitivistes, une telle description exige que l'on distingue deux niveaux bien distincts : celui du cerveau entendu comme réalité matérielle, physique, relevant des neurosciences ; celui du même cerveau entendu comme un « processus » informationnel, c'est-à-dire comme une fonction que la logique informatique permet d'analyser. Ces deux « niveaux » (l'organisation matérielle et la fonction) entretiennent entre eux des relations comparables à celles qui unissent un ordinateur en tant que machine (*hardware*) et un ordinateur en tant que système de traitement de l'information (*software*). Certains théoriciens de la vie artificielle, comme Christopher Langton, insistent d'ailleurs sur le fait que c'est l'*organisation* qui constitue véritablement la machine et non point la matière dont elle est faite.

Pour ce qui est de cette *organisation*, le système cognitif de l'homme est analogue, dit-on, à celui des mammifères supérieurs. Il se caractérise (deuxième postulat) par une série d'*états représentationnels* successifs ; le passage de l'un à l'autre étant gouverné par des *processus* analysables. Troisième postulat : ces *états* internes successifs se ramènent à des formules sémantiques, un « langage » comparable aux langages formels de la logique. Quant aux *processus* qui les régissent, ils sont réductibles à un petit nombre d'opérations originelles dont « l'exécution par une machine va de soi[10] ». Ils sont en quelque sorte décomposables en une suite de purs réflexes n'exigeant aucune interprétation subjective. Ils sont analogues – et peut-être semblables ! – à ceux qui régissent le « dossier système » d'un ordinateur.

Pour dire les choses autrement, les cognitivistes soutiennent que ce qu'on appelait jusqu'à présent la conscience est réductible à un *processus*, tributaire de la seule organisation cérébrale. Cette organisation est dotée par ailleurs de propriétés auto-organisatrices, comparables en tout point à celles que l'on peut observer dans un réseau d'automates. À leurs yeux, cela signifie que la pensée humaine équivaut à une *forme de calcul* et relève du « mécanique ». Ils récusent toute idée d'intentionnalité, de sens, de finalité. Ces concepts humanistes ou idéalistes d'avant-hier désigneraient, à leurs yeux, des phénomènes cérébraux résultant de processus auto-organisés, purement physiques. Ces processus, il est désormais possible de les décomposer, *et, donc, de les reproduire artificiellement*.

Retenons de ces quelques indications – très succinctes – que, dans une perspective cognitiviste, ce que l'on considérait jadis comme une dimension essentielle de l'*humanité de l'homme* est ainsi effacé. Ni esprit, ni conscience, ni âme, ni intention … Voilà l'homme désenchanté et arraché à lui-même. Il n'est plus qu'une mécanique. L'homme et la machine ne sont pas de *nature* différente. Globalement, Henri Atlan prend acte de cette expulsion lorsqu'il écrit : « La question de la finalité et de l'intention hante la biologie depuis à peu près trois siècles. Cette question semble avoir été liquidée aujourd'hui par la biologie physico-chimique et moléculaire qui a réussi, finalement, à éliminer les âmes du vivant[11]. »

Une haine résolue du religieux

En amont, la naissance du cognitivisme est liée à celle de l'informatique et, auparavant, de la cybernétique. En aval, l'influence

---

10. Je reprends ici la formule et les explications proposées par Daniel Andler dans sa présentation du recueil *Introduction aux sciences cognitives*, *op. cit.*
11. Henri Atlan, *Tout, non, peut-être*, Seuil, 1991.

exercée par ce type d'analyse (et de certains concepts comme l'*autoreproduction*) sur les pionniers de la biologie moléculaire est indéniable. La remarque est importante car le cognitivisme constitue ainsi l'exemple parfait d'une *interaction permanente entre les trois révolutions* (économique, informatique, génétique) que l'on évoquait au début de ce livre[12]. Il est un terrain de rencontre.

Jean-Pierre Dupuy a été, en France, un des premiers à souligner cette parenté directe entre les sciences cognitives d'aujourd'hui et la cybernétique de l'immédiat après-guerre[13]. Ce qu'il dit de cette filiation nous aide à repérer ce qu'on pourrait appeler « l'idéologie cachée » du cognitivisme. Car, au départ du moins, il y avait bien une *intention idéologique*. Il n'est pas sûr qu'elle ait disparu. Une série de dix réunions ou conférences, tenues entre 1946 et 1953 à l'hôtel Beekman de New York, et à l'hôtel Nassau Inn de Princeton, dans le New Jersey, auront joué un rôle fondateur. Ces réunions sont entrées dans l'histoire des sciences sous l'intitulé de « Conférences Macy », du nom de la fondation philanthropique Josiah Macy Jr. qui les organisait. Elles rassemblaient des mathématiciens, des logiciens, des psychologues, des anthropologues, mais aussi des économistes.

L'objectif avoué de ces participants était ambitieux : construire, de façon transdisciplinaire, une science générale du fonctionnement de l'esprit, mais une science purement physicaliste, éloignée de tout idéalisme ; une science qui permettrait de réintégrer au sein même de la matière des entités vagues comme l'esprit. Ils jugeaient que leur programme serait achevé lorsqu'ils seraient parvenus, « à l'instar du Créateur supposé de l'Univers, [à fabriquer] un cerveau capable de manifester toutes les propriétés que l'on attribue à l'esprit[14] ». Jean-Pierre Dupuy ajoute que ces chercheurs, venus de disciplines fort différentes, avaient en commun une *haine résolue du religieux* et un dédain pour l'ancienne métaphysique. Un peu plus tard, de 1958 à 1976, la cybernétique en tant que mouvement se diversifiera, avec l'émergence, sous l'im-

12. Voir plus haut, chapitre 1.
13. Jean-Pierre Dupuy, *Aux origines des sciences cognitives*, La Découverte, 1994. On peut également citer, parmi les ouvrages récents, le livre très fouillé du Français Alain Prochiantz, *Machine-esprit*, Odile Jacob, 2001.
14. Jean-Pierre Dupuy, « L'esprit mécanisé par lui-même », *Le Débat*, n° 109, mars-avril 2000.

pulsion de Heinz von Forster, de la « seconde cybernétique » qui aura principalement pour cadre le *Biological Computer Laboratory* de l'université de l'Illinois à Urbana-Champaign.

A la même époque que les « Conférences Macy », deux grands théoriciens, considérés aujourd'hui comme les pères fondateurs de la cybernétique, puis de l'informatique, publiaient leurs travaux respectifs : Johann von Neumann (1903-1957) et Norbert Wiener (1894-1964). Le premier, dans une célèbre conférence prononcée en 1948, à Pasadena, et intitulée *Théorie générale et logique des automates*, posait les bases d'un rapprochement conceptuel entre la machine de traitement informationnel (ancêtre de l'ordinateur) et les êtres vivants. Il postulait qu'à travers des algorithmes de simulation de plus en plus complexes on parviendrait un jour ou l'autre à reproduire le principe de la vie naturelle ou encore d'une vie artificielle comparable. Von Neumann désignait d'ailleurs, et significativement, le système nerveux comme un « automate naturel ».

Le second, auteur d'un livre essentiel, publié en 1954[15], parvenait à la même conclusion, mais en faisant intervenir la notion d'entropie (du grec *entropia* : retour en arrière). Cette notion d'entropie est d'ailleurs de bout en bout fondamentale. Elle désigne la tendance naturelle de tout système organisé – et de l'univers lui-même – à *s'orienter vers un désordre accru*. C'est ce qu'on appelle le *second principe de la thermodynamique*. En d'autres termes, la flèche du temps dirige irrésistiblement la matière organisée, et, partant, l'univers tout entier, vers une entropie, un désordre, un délabrement grandissants. Une tasse de café qui se renverse, une masse qui se désagrège, la décomposition d'un corps animal, l'éparpillement d'un jeu de cartes : autant de phénomènes qui correspondent à une augmentation de l'entropie.

Or, pour Wiener, il existe assez extraordinairement des « enclaves » où l'évolution tendancielle semble à l'opposé de celle de l'univers. Pour faire image, on pourrait parler de « poches de résistance ». Il s'y manifeste, écrit-il, « une tendance limitée et temporaire à l'accroissement de l'organisation », c'est-à-dire à une diminution de l'entropie. Or cette capacité de résister à l'entropie, à ses yeux, est

---

15. Norbert Wiener, *The Human Use of Human Beings. Cybernetics and Society*, New York, Houghton Mifflin, 1954 ; trad. fr. : *Cybernétique et Société. L'usage humain des êtres humains*, UGE, « 10/18 », 1962.

commune aux êtres vivants et à certaines machines. La vie réelle, assurément, est une forme de résistance au désordre de mort, symbolisé par la décomposition qui éparpille la matière jusqu'alors assemblée. Toute créature vivante constitue donc une de ces « enclaves ». Les machines, quant à elles, par l'intermédiaire de la rétroaction, de l'*émergence* ou de l'auto-organisation, font exactement de même. Elles résistent à l'entropie du dehors en créant de l'ordre là où il y a du désordre (ou du *chaos*). Pour Wiener, cette similitude « anti-entropique » entre le vivant et les machines est si forte qu'elle rend tout simplement obsolète un concept comme celui de… vie !

« Aussi, selon moi, écrit-il, est-il préférable d'éviter tous ces mots générateurs de problèmes, tels que vie, âme, vitalisme, etc. Mieux vaut dire simplement qu'il n'y a pas de raison pour que les machines ne puissent pas ressembler aux êtres vivants dans la mesure où elles représentent des poches d'entropie décroissante au sein d'un système où l'entropie tend à s'accroître [16]. » Le sérieux imperturbable de la proposition, le ton glacial – ou pince-sans-rire – du constat, tout cela correspond assez bien au style de discours qui prévalent (ou prévalaient) dans les sciences cognitives.

Les théoriciens et chercheurs les plus récents ont certes enrichi et nuancé les arguments cognitivistes, mais ils sont restés globalement dans la ligne des pères fondateurs cités ci-dessus. On peut évoquer, à titre d'exemple, les travaux du physicien danois Steen Rasmussen, ou ceux du neurobiologiste américain Gerald M. Edelman, prix Nobel de médecine, qui a tenté d'établir une théorie unifiée. En France, un Jean-Pierre Changeux, qui suscita de vives polémiques, en 1983, en publiant son livre *L'Homme neuronal*, s'inscrit dans le même courant de pensée en assimilant le cerveau humain à un ordinateur. Il est d'ailleurs frappant de relever qu'au début des années 80 ce livre ne fut pas aussi isolé ni aussi novateur qu'on le crut. Il fut précédé ou accompagné, en France comme à l'étranger, par plusieurs ouvrages comparables. Tous ces textes s'inscrivaient non pas dans le cadre d'une « mode », au sens péjoratif du terme, mais d'une « tendance ». Ils marquaient, avec une

---

16. Cité par Marc Jeannerod, « La complexité du vivant », *in* Jacques Hochmann, Marc Jeannerod, *Esprit, où es-tu ? Psychanalyse et neurosciences*, Odile Jacob, 1991 (rééd. en format poche, 1996).

simultanéité troublante, l'état provisoire d'une réflexion ou d'une approche[17].

Or « la conséquence de cette approche est que ce que l'on peut savoir du fonctionnement des machines est transposable aux organismes vivants, et vice versa. Ainsi il devrait être possible de créer la vie dans les machines[18] ». Sur ce point précis, les sciences cognitives elles-mêmes renouaient, en vérité, avec un fantasme récurrent qu'on retrouve tout au long de l'histoire des sciences.

Du robot flûtiste à l'homme-machine

Certains observateurs suggèrent que l'ancienneté de ce fantasme explique le silence relatif des philosophes sur de tels sujets. Si les provocations des cognitivistes ou des physicalistes assimilant l'homme à une machine n'ont pas suscité davantage de critiques du côté de la philosophie, c'est précisément parce que ces provocations n'étaient pas nouvelles. Seule l'amnésie contemporaine autorise à les juger « révolutionnaires ». « Il a toujours existé des conceptions mécanistes du système nerveux, fait observer le célèbre neurologue new-yorkais Oliver Sacks. Au XVIIe siècle, Leibniz le comparait à un moulin, au XIXe siècle, on le comparait souvent à un central téléphonique, aujourd'hui à un ordinateur[19]. »

Sans remonter à l'Antiquité gréco-latine, on trouve effectivement dans l'histoire de la pensée européenne quantité d'exemples de cette vision mécaniste de l'homme. Au XVIIe siècle, le livre du philosophe et chancelier Francis Bacon, *La Nouvelle Atlantide*, subodore une artificialisation générale de la nature, y compris du niveau cérébral des hommes. Le matérialiste anglais Thomas Hobbes (1588-1679) décrivait déjà, quant à lui, la pensée comme un calcul. Au siècle suivant, le philosophe et historien écossais

17. Parmi les livres très proches, sur le fond, de celui de Jean-Pierre Changeux, on peut citer : Marc Jeannerod, *Le Cerveau-machine*, Fayard, 1983 ; Douglas R. Hofstadter, *Gödel, Escher, Bach : An Eternal Golden Brain*, New York, Vintage Books, 1980, trad. fr. par J. Henry et R. French : *Gödel, Escher, Bach. Les brins d'une guirlande éternelle*, Paris, Inter-Éditions, 1985 ; Geoff Simons, *Are Computer alive ? Evolution and New Life Forms*, Brighton (Sussex), The Harvester Press.
18. Hervé Kempf, *La Révolution biolithique, op. cit.*
19. Oliver Sacks, « La neurologie de l'âme », *Esprit*, juillet 1992.

David Hume (1711-1776), athée militant et élève de Newton, présente l'intelligence humaine comme une simple association mécanique d'idées, obéissant à des lois comparables à celles qui soumettent les planètes à la gravitation. De son côté, le mécanicien français Jacques de Vaucanson (1709-1782), qui s'était fait connaître en construisant trois automates fameux, parmi lesquels le Joueur de flûte traversière (1737), avait pour ambition avouée de construire un véritable « homme artificiel ». Dans une autre perspective, le farouche adversaire du christianisme, Paul Henri Thiry, baron d'Holbach (1723-1789), publia en 1770 un *Système de la nature*, dans lequel il ironisait sur les tenants de « l'âme » ou de « l'esprit ».

Mais c'est sans aucun doute le médecin et philosophe français Julien Offroy de La Mettrie (1709-1751) qui apparaît comme le précurseur le plus direct – et le plus dogmatique – des physicalistes ou cognitivistes d'aujourd'hui. C'est lui le véritable « ancêtre » de Jean-Pierre Changeux... Il publia deux ouvrages importants pour démontrer que la pensée humaine n'était rien de plus qu'un phénomène matériel : *L'Histoire naturelle de l'âme* (1745), et surtout *L'Homme-machine* (1747), qui fut interdit. La Mettrie n'hésitait pas à appliquer à l'homme les fameuses théories de Descartes sur l'animal-machine. Il y mettait une énergie militante qui lui valut d'être persécuté, de perdre son poste de médecin et le contraignit à s'exiler auprès de Frédéric de Prusse. Un autre livre de La Mettrie, *Politique de médecine* (1746), fut lui aussi interdit et brûlé sur l'ordre du Parlement.

La thèse de La Mettrie est sans aucun doute la moins nuancée (et aussi, par certains côtés, la plus choquante). Dans ses livres, il récuse toute distinction entre l'homme et la machine : « Le corps humain, écrit-il, est une machine qui monte elle-même ses ressorts ; vivante image du mouvement perpétuel. » Mais il refuse également toute discontinuité entre l'homme et l'animal. Devançant les militants actuels de la « libération animale » et les émules de Peter Singer [20], La Mettrie affirme sans hésiter une seconde que « les sourds, les imbéciles, les fous, les hommes sauvages », moins intelligents que certains animaux, ne méritent pas d'appartenir à

20. Voir le chapitre précédent.

une « classe particulière », c'est-à-dire de bénéficier du statut d'homme[21].

On dit parfois que, raisonnant ainsi, La Mettrie interprète les thèses de Descartes sur l'animal-machine, mais en les radicalisant. L'expression est faible. En vérité, il en fait une lecture assez grossière et délibérément sélective. Comme le fait observer Luc Ferry, « Descartes fut moins outrancier que ses disciples : l'animal restait [pour lui] une créature de Dieu[22] ». Descartes postule en effet l'existence d'un Dieu fabricateur, ce que récuse évidemment La Mettrie. En outre, l'animal-machine de Descartes demeurait animé par un souffle vital, ce qui relativisait l'hypothèse purement machinique. Quant à étendre à l'homme la comparaison machinique, Descartes n'y songeait certes pas...

En tout cas, point n'est besoin de chercher longtemps dans le passé pour s'apercevoir que bien des querelles « cognitivistes » d'aujourd'hui reproduisent, parfois terme à terme, des débats très anciens. On comprend mieux qu'elles n'aient suscité jusqu'à présent « chez les philosophes qu'une indifférence polie[23] ». Du moins en Europe.

On verra que cette « excuse » n'est plus valable aujourd'hui.

Galatée, Aphrodite et le golem

La science ne fut d'ailleurs pas seule, dans l'histoire occidentale, à prendre en compte ce fantasme mécaniste. La mythologie et la tradition religieuse ou poétique en portent trace également, une trace courant comme un fil rouge à travers notre culture. Notre mémoire collective est ainsi peuplée de créatures fabuleuses, robots transfigurés ou automates prenant vie, que les poètes et les romanciers n'ont cessé de mettre en scène. Toutes ces figures participent d'une même fascination pour la « frontière » indicible et insaisissable censée séparer l'humain de la machine. Rappelons quelques exemples.

21. Je reprends ici, en substance, une remarque de Dominique Bourg, *L'Homme artifice. Le sens de la technique*, op. cit.
22. Luc Ferry et Claudine Germé, *Des animaux et des hommes*, op. cit.
23. Jean-Michel Besnier, « Les sciences cognitives ont-elles raison de l'âme ? », op. cit.

Un mythe grec nous apprend que le roi Pygmalion, régnant sur l'île de Chypre, tomba un jour amoureux d'une statuette d'ivoire qu'il avait sculptée et qui représentait une femme. Sculpteur réputé, Pygmalion avait baptisé Galatée sa statue qui représentait la femme idéale. Consumé par le désir qu'il avait d'elle, il s'efforça de la parfaire et d'affiner ses traits, les courbes de son corps, afin qu'elle accédât, *in fine*, à la vie. Mais ce fut en vain. La matière ne s'animait pas. Pygmalion dut solliciter l'aide d'Aphrodite, déesse tutélaire de Chypre, pour que Galatée devînt femme et qu'il pût l'épouser. Ce qui fut fait. Dans le langage courant, Pygmalion désigne aujourd'hui le mentor d'un être qui aide celui-ci à s'éduquer, à se construire. A l'origine, il traduisait un rapport de fascination pour la matière inanimée à *forme* humaine. Il faut surtout retenir du mythe de Pygmalion une impossibilité pour l'homme d'insuffler la vie à la matière sans le secours des dieux. C'est une leçon antimatérialiste.

Dans l'un des célèbres contes d'Hoffmann, *L'Homme au sable*, qui fut abondamment commenté par Freud[24], un jeune homme tombe amoureux d'une femme-automate prénommée Olympia qu'il rêve désespérément de faire accéder à la vie. Dans le conte, la poupée a été créée par le « grand physicien Spallanzani », mais elle sera détruite par Coppelius, un être maléfique. On a fait observer qu'Hoffmann n'avait pas choisi au hasard le nom de Spallanzani. C'est en effet celui d'un naturaliste italien, Lazzaro Spallanzani (1729-1799), qui fut le premier à réaliser, en 1777, une fécondation *in vitro*[25].

On trouve trace du même imaginaire dans quantité d'œuvres littéraires. Le *Dom Juan* de Molière, par exemple (dont le sous-titre est *Le Festin de pierre*), affronte, à l'acte IV, la statue du commandeur qui finira par s'animer et l'entraînera vers la mort. Molière, pour ce thème, s'est inspiré de plusieurs devanciers, parmi lesquels l'écrivain espagnol Tirso de Molina, auteur du *Trompeur de Séville et l'invité de pierre*, dont la plus ancienne édition date de

---

24. Sigmund Freud, « L'inquiétante étrangeté », in *Essais de psychanalyse appliquée*, Gallimard, coll. « Idées », 1975. Dans cette analyse assez scientiste, Freud estime que, si la technique et le machinique nous font peur, c'est qu'ils nous rappellent une situation infantile dépassée.
25. Cité par Michel Tibon-Cornillot, *Les Corps transfigurés*, *op. cit.*

1630. Une thématique comparable est présente dans la fameuse *Vénus d'Ille* (1837), que Prosper Mérimée considérait comme « son chef-d'œuvre », qui met en scène une statue accédant à la vie. Il est notoire que Mérimée a réinterprété lui aussi une légende beaucoup plus ancienne, rapportée au XIIe siècle par l'historien anglais Guillaume de Malmesbury dans sa *Chronique des rois d'Angleterre*.

Mais c'est sans doute dans la symbolique juive du *golem* que ce rêve de la matière prenant vie est exprimé avec le plus de force. En hébreu, le mot *golem* signifie « embryon » et, dans l'Ancien Testament (Ps 139,16), il désigne un homme inachevé. La légende veut que le prophète Jérémie ait créé un golem qui, sitôt animé, aurait reproché à son créateur de l'avoir conçu car, à cause de lui, se trouvait effacée la différence entre un homme, créature de Dieu, et une machine, créature de l'homme. Le golem symbolisait donc une *transgression*, et Jérémie se résolut à détruire sa création.

Ce thème du golem réapparaîtra à plusieurs reprises dans la pensée juive, notamment dans les textes magiques du XIIe siècle où le golem est un bloc d'argile figurant un animal ou un homme, mais qui prend vie quand le magicien écrit sur son front le nom de Dieu. On retrouve la même figure dans l'histoire légendaire du maharal de Prague, rabbi Yehoudah Loew, qui vécut au XVIe siècle. Le maharal, aidé par ses disciples, aurait façonné un golem d'argile avant de lui donner la vie en inscrivant sur son front le signe divin, le Tétragramme. Il lui assigna la tâche de protéger les juifs contre les persécutions. D'abord allié fidèle de rabbi Yehoudah dans la synagogue Altneuschul de Prague, le golem finit par s'émanciper, un vendredi soir, de son créateur, qui dut le détruire. Cette légende récurrente a inspiré plusieurs romans, parmi lesquels celui de Gustav Meyrink, *Golem* (1915), où l'on voit une statue d'argile prendre vie grâce à l'imposition de signes cabalistiques.

Plus récemment – et ce n'est pas fortuit –, différents essais et récits ont été publiés qui réexaminent cette légende à la lumière des sciences du vivant. Citons le gros ouvrage érudit de Moshe Idel, spécialiste de la mystique juive et de la kabbale, ouvrage préfacé par le biologiste et philosophe Henri Atlan. « Voilà que la question de fabriquer des êtres vivants et peut-être bientôt des hommes, écrit-il non sans malice dans sa préface, n'est plus du ressort de la légende et de l'illusion des mages. Elle devient actuelle dans nos laboratoires et nos cliniques [26]. »

Domestiquer des logiciels sauvages

Fabriquer des êtres vivants ? La formule d'Atlan est sans doute prématurée. Elle nous invite toutefois à mesurer le chemin effectué aujourd'hui par la science appliquée et la technique vers ces confins, ces marges, ces frontières incroyables, où la vie et la machine paraissent se rejoindre. Sans en avoir toujours une claire conscience, nous sommes déjà environnés d'expériences limites, de machineries animées, de créations virtuelles et d'artefacts dont l'omniprésence contribue à brouiller nos repères. Tout est changé par rapport au passé. La « machine vivante » s'est banalisée. Elle habite notre quotidien. Nous vivons, en somme, au milieu de golems. Ils prolifèrent comme jamais dans l'Histoire. Ils sont si nombreux qu'on serait bien incapable d'en proposer une énumération exhaustive. Au moins peut-on en désigner quelques catégories.

On pourrait d'abord classer au chapitre des *simulations* informatiques les nombreuses expériences visant à reconstituer des procédures virtuelles se rapprochant de façon troublante de celles qui régissent le vivant. Depuis l'époque des premiers « réseaux d'automates », étudiés voici une vingtaine d'années, notamment par Henri Atlan, la technique a fait du chemin. On était déjà capable, depuis les expériences de Warren McCulloch et Walter Pitts (en 1943), de créer des « réseaux de neurones informatiques » ou « neurones formels » reproduisant les cellules nerveuses véritables. Grâce à une méthode mise au point par John Holland, on parvient aujourd'hui à combiner ces réseaux avec ce qu'on appelle les algorithmes génétiques, qui leur font acquérir une véritable autonomie. Ces algorithmes permettent, pour faire court, d'appliquer les principes de la sélection naturelle à des millions d'informations codées, de sorte que soit retenue la solution la plus apte. Cela signifie que le comportement de ces réseaux de neurones virtuels devient imprévisible et non plus déterminé préalablement par

26. Moshe Idel, *Le Golem*, trad. de l'anglais par Cyrille Aslanoff, Cerf, 1992.

un opérateur. Ils acquièrent une forme d'intelligence et de « liberté » (les guillemets s'imposent). A titre d'exemple, on cite les bancs de poissons virtuels créés par Demetri Terzopoulos et qui, sur l'écran de l'ordinateur, évoluent de façon aléatoire et autonome.

En janvier 1990, un ingénieur écologiste, Tom Ray, travaillant dans un laboratoire japonais, est allé plus loin dans cette voie en recréant un écosystème virtuel. Il a transformé en quelque sorte la mémoire d'un ordinateur en un « territoire » équivalant à un milieu vivant. Cet écosystème artificiel a été baptisé *Tierra* (la terre) par son concepteur. Ce dernier a ensuite introduit dans cet espace informatique des programmes complexes, possédant la capacité de se dupliquer, de grandir, de se diversifier, de se combiner, etc. Or, assez extraordinairement, lesdits programmes, qui peuvent adopter des stratégies de survie ou de conquête, ont colonisé en moins d'une nuit toute la mémoire de l'ordinateur. Fort de cette expérience, Tom Ray n'hésite plus à prédire la création future de « fermes d'élevage de logiciels », expliquant que nous devrons apprendre un jour à « domestiquer certains de ces organismes sauvages ».

En fait, les « créatures » de ce type apparaissent un peu partout. Des chercheurs japonais ont réussi à créer une idole virtuelle, baptisée Kyoko Date, et revêtant les traits d'une troublante jeune femme capable de chanter, danser, répondre à des interviews et, bientôt peut-être, de participer à des émissions de télévision aux côtés de « vrais » invités. On peut prévoir une multiplication de ces « êtres vivants » du troisième type sur l'internet, où il sera difficile de les distinguer des hommes ou femmes véritables.

Un pas supplémentaire est franchi avec les nouvelles générations de robots, dont les médias aiment tant célébrer, mois après mois, les exploits. Eux, en effet, ne sont plus virtuels mais concrets. Cette nouvelle robotique s'inspire directement des recherches menées dans le domaine de l'intelligence artificielle, notamment celles conduites par Rodney Brooks pour le compte du MIT. Par rapport à l'ancienne, cette nouvelle robotique renonce à l'idée de programmation ou représentation préalable qui, autrefois, gouvernait les réactions d'un robot, pour lui substituer une procédure d'*adaptation* permanente, grâce à la multiplication de « modules programmatiques » entre lesquels le robot peut « choisir ». Les progrès de l'imagerie de synthèse et de la sensibilité des capteurs sonores aidant, certains robots deviennent capables de reconnaître et d'identifier non seulement un langage humain, mais aussi des émotions simplement *lisibles* sur un visage. La première expérience de ce genre a été réalisée par l'équipe de Fumio Hara, de l'université des sciences de Tokyo.

Durant l'année 2000, les Japonais se sont enthousiasmés pour Aibo, un robot-chien capable de rapporter une balle et d'obéir aux ordres de son maître. Les dirigeants de la filiale de Sony qui a mis au point ce « chien » vendu 10 000 francs expliquaient que les chiens robots étaient mieux adaptés à l'environnement urbain du Japon que les « chiens naturels ».

D'autres scientifiques s'inspirent des enseignements de l'entomologie pour créer des essaims d'insectes virtuels qui parviennent à établir entre eux des modes de communication débouchant sur des comportements collectifs cohérents. Plus étonnant encore, ces « insectes » se révèlent capables de mettre sur pied des stratégies de coopération leur permettant de survivre et d'assurer ainsi la pérennité de l'essaim. Or cette coopération *n'avait été nullement programmée*. C'est une « émergence », une « auto-organisation » du système informatique, qui se rapproche ainsi de la vie réelle[27].

Un chercheur de l'université de Californie du Sud, Michael Arbib, est parvenu quant à lui à créer une « grenouille virtuelle », baptisée *Rana computatrix*. Elle est munie de microcaméras perfectionnées, d'une véritable rétine artificielle et d'un pseudo-système nerveux. Grâce à ces instruments, elle peut contourner des obstacles et reconnaître des « proies ». D'autres chercheurs étudient « des modèles informatiques de sauterelles ou de limaces de mer, utilisant ces simulacres pour obtenir des prévisions comportementales qui sont ensuite testées avec des animaux réels placés dans des conditions particulières d'expérience[28] ».

---

27. La plupart de ces exemples sont empruntés à Hervé Kempf, *La Révolution biolithique*, *op. cit.*

28. Daniel Parrochia, « Le statut épistémologique de la "vie artificielle" », in *Ordre biologique, ordre technologique* (dir. Frank Tinland), Champ-Vallon, 1994.

La machine « dans » l'homme

Mais cette confusion troublante entre la machine et le vivant peut aussi emprunter d'autres voies, complètement différentes. Au lieu d'être élaborées pour simuler ou reconstituer la vie, les machines peuvent être conçues afin d'être placées, greffées, *à l'intérieur même du vivant*, jusqu'à faire corps avec lui. La rencontre entre la machine et le vivant ne se fait plus par *imitation* mais par *imbrication*. On désigne ici le champ immense, constitué par l'appareillage du corps humain, les prothèses, les implants de toutes sortes. De plus en plus perfectionnés, ils servent à pallier une fonction biologique défaillante ou à améliorer les performances d'un organe. Le mythe, cette fois, n'est plus celui du golem mais du *cyborg*, version moderne de l'homme-machine dont le corps a incorporé des « extensions » électroniques ou informatiques qui décuplent ses capacités physiques ou mentales[29]. Il est homme *et* machine, en attendant de devenir machine *et* homme. On n'est plus devant un problème de *frontière* mais de *proportion* ou de dosage. Quelle part pour l'homme, quelle part pour la machinerie ?

Il faut savoir qu'au cours des cinq dernières décennies ces possibilités d'appareillage du corps humain ont été multipliées et complexifiées de façon spectaculaire. Cela s'est fait pas à pas. Au début des années 40, on réalisait les premières greffes d'appareils capables de suppléer d'abord le rein, puis d'autres organes. On en vint ensuite à l'installation de stimulateurs cardiaques – les *pacemakers* – dont l'usage s'est rapidement répandu dans le monde. Puis arrivèrent, en 1989, les premières pompes à insuline et les stimulateurs musculaires permettant de rétablir telle ou telle fonction défaillante. On cite couramment les implants dit cochléaires[30], électrodes et circuits électroniques reliés au cerveau et permettant de guérir certaines formes de surdité profonde. « La société américaine *House Ear Institute* développe même des électrodes implantées directement dans le cerveau, près des noyaux cochléaires[31]. »

29. J'ai traité du *cyborg* dans *La Refondation du monde*, Seuil, 1999.
30. Le terme « cochléaire » désigne la partie de l'oreille interne enroulée en spirale, contenant les terminaisons du nerf auditif.
31. Laurence Plévert, « Cyborg. L'Homme augmenté », *Euréka*, n° 53, mars 2000.

La presse scientifique se fait constamment l'écho de nouvelles innovations ou de recherches sans cesse plus prometteuses. Deux neurochirurgiens américains, Roy Bakay et Philip Kennedy, de l'université Emory, à Atlanta, ont installé dans le cortex d'un paralytique de minuscules implants électroniques qui lui permettent – dans une certaine mesure – de commander par la pensée un ordinateur en lui envoyant des signaux codifiés. Le handicapé en question, Johnny Ray, qui vit avec une électrode implantée dans le crâne, est devenu une vedette des médias aux États-Unis. On songe également à fabriquer un véritable œil artificiel, doté d'une caméra et d'un microprocesseur très performants, qui serait relié directement au cerveau et rendrait la vue à un aveugle.

D'autres chercheurs réfléchissent carrément à la possibilité de fabriquer, au moins partiellement, un cerveau artificiel qui serait constitué de milliers de microprocesseurs capables d'avoir un « comportement émergent » et qui remplaceraient les neurones. Projet encore inatteignable, sans doute. Il n'empêche ! « La sophistication future des implants, estime Hervé Kempf, permettra un contrôle au moins partiel de certaines fonctions mentales : la vue, l'audition, le contrôle des membres, mais aussi des fonctions de l'humeur ou de l'intellect[32]. » La machine colonise l'homme, le pénètre, le complète et, peut-être, à la limite, l'abolit… C'est dans ce contexte bouleversé – et bouleversant – que s'inscrivent désormais les débats sur l'homme-machine.

Il est d'autres cas où ces implants, incorporés autour ou dans le corps humain, ne remplacent pas un organe malade mais *ajoutent* une fonction à celle de l'organisme. Citons le cas de l'ordinateur-vêtement – le *wearcomp* – muni de biocapteurs ou tissé avec des fils conducteurs qui permettent de bénéficier en permanence des possibilités de mémoire, de calcul ou de communication d'un ordinateur. Citons aussi les puces électroniques directement implantées sous la peau qui dotent les corps des mêmes capacités d'identification ou de stockage informatique que celles d'une carte à puce (ouvrir l'accès à un parking, payer une transaction, etc.). « Kevin Warwick, professeur de cybernétique à l'université de Reading (Grande-Bretagne), s'est greffé une puce sous la peau en

32. Hervé Kempf, *La Révolution biolithique, op. cit.*

août 1998. Il s'en servait comme d'un sésame dans un "bâtiment intelligent" [33]. »

Évoquons enfin, d'un mot, les progrès spectaculaires dans la fabrication de tissus, substances ou organes susceptibles de remplacer leurs équivalents organiques. A eux seuls, ils justifieraient des pages entières de description. On sait dorénavant cultiver des cellules de l'épiderme destinées à des greffes de peau. On a appris à fabriquer des implants osseux à base de corail, recolonisé ensuite par les cellules osseuses de l'organisme. On reconstitue artificiellement différentes formes d'hémoglobine pour les transfusions. On mène d'actives recherches sur la régénération artificielle des nerfs, et il n'est pas exclu qu'on soit en mesure, dans un proche avenir, de fabriquer un foie artificiel.

L'ivoire dont était faite Galatée se confond aujourd'hui avec le corps vivant…

.

La complainte des Tamagotchi

Ce triomphe du machinique, cette ingéniosité dans l'hybridation entre le vivant et la machine, ces « records » d'implantation sans cesse dépassés, tout cela engendre un discours technoscientifique habité par une infatigable jubilation sportive. La chronique contemporaine (médias, enseignement, discours politique…) célèbre cette science-fiction réalisée. Elle évoque les « limites reculées », la « toute-puissance » technique, ou bien la marche vers la « santé parfaite ». L'impact de ces prouesses est d'ailleurs tel que l'effet d'annonce, on l'a vu, détermine de plus en plus l'activité des laboratoires. On rivalise de vitesse pour annoncer (même prématurément) une nouvelle méthode d'appareillage ou un nouveau type d'implant électronique. On ne se préoccupe plus guère, en revanche, des significations symboliques, idéologiques ou éthiques de l'affaire. Elles sont pourtant considérables.

« De nouveaux mots ont investi la langue, mettant bien en évidence que les critères de délimitation de l'humain sont aujourd'hui ébranlés. […] Des individus "cyber-assistés" sont des êtres humains

33. *Euréka*, n° 53, mars 2000.

fluets, peu vigoureux, promis à une courte vie, et qui ne peuvent arriver à une certaine fonctionnalité sociale qu'au prix de béquilles technologiques : systèmes de stimulation, bio-puce en phase liquide, cyber-optique, circuits de bio-plastique, drogues modifiées, amplificateurs d'influx nerveux, membres et organes artificiels, systèmes de mémorisation, prises d'interface neuronale, et autres dispositifs du même genre [34]. »

Consentir paresseusement à cet ébranlement des critères de l'humain, prendre son parti d'une confusion progressive entre l'homme et la machine, ne va pourtant pas sans conséquences. Même dans l'immédiat. Un professeur du département « Science, technologie et société » du Massachusetts Institute of Technology (MIT), Sherry Turkle, souligne que la « cyber-conscience » des enfants les conduit à « voir les systèmes informatiques comme des êtres "quasi vivants", à passer d'un concept explicatif à l'autre et à se jouer des frontières entre le vivant et l'objet ». Les recherches sur l'intelligence artificielle, explique-t-elle, ont contribué à galvauder le mot « intelligence ». Les enfants ont spontanément intégré cette dévalorisation du concept. Ils parlent indifféremment de « l'intelligence » de leurs jeux électroniques ou de leurs camarades, sans pouvoir faire la moindre distinction. Plus troublant encore, on assiste à la même dérive linguistique dans le domaine de l'affectif. Les enfants emploient le mot « vivant » à propos de leurs animaux virtuels *ou* de leurs chiens et chats véritables, *sans plus marquer de différence*. Pour Sherry Turkle, « les débats traditionnels sur l'intelligence artificielle s'attachaient aux capacités techniques des machines. Les nouveaux porteront sur la vulnérabilité émotionnelle des êtres humains [35] ».

De la même façon, on découvre certains effets induits par la commercialisation massive d'animaux virtuels destinés aux enfants – les Tamagotchi. Ces petits êtres que l'on doit alimenter, soigner, distraire sous peine de les voir dépérir contribuent à une déréalisation du vivant souvent désastreuse. En Allemagne, la société protectrice des animaux a protesté contre les Tamagotchi, accusés de déresponsabiliser les enfants face à un « vrai » être vivant. Il en va

34. Dorothy Nelkin et Susan Lindee, *La Mystique de l'ADN, op. cit.*
35. Sherry Turkle, « Câlins électroniques pour cyberenfants », *Courrier de l'UNESCO*, septembre 2000.

de même avec le jeu électronique *Créatures*, apparu en 1996, mettant en action des créatures numériques perfectionnées, les *Norns*. Ces créatures d'apparence humaine agissent dans un décor virtuel (rues, appartement, etc.) et dépendent de l'attention que leur porte l'utilisateur du jeu. Ce jeu suggère à l'enfant une certaine idée de sa toute-puissance qui n'est pas sans risque puisqu'elle n'est compensée par aucune espèce de responsabilité, limites ou sanction. « La tendance du jeu, observe un chercheur de l'Institut de génétique de Strasbourg, veut que, si une créature est atteinte d'un handicap, il faut l'euthanasier pour que ce défaut ne se perpétue pas[36]. »

On s'avise enfin qu'un principe de mort hante en réalité le monde des machines. Les robots symbolisent une existence sans souffrance, sans fragilité, sans symptômes. C'est pour cela qu'ils génèrent confusément l'angoisse. C'est la thèse d'un chercheur comme Jean-Claude Beaune, pour qui l'automate prétendument « intelligent » *introduit en définitive la mort dans la vie*. Il offre au regard de l'homme l'image d'un corps morcelé et refroidi ; l'idée d'une présence morte au cœur même du vivant. En ce sens, il est une « machine de mort », non point parce qu'il est capable de la donner ou parce qu'il est dangereux, mais parce qu'il représente et « fait vivre » la mort dans notre quotidien[37].

Tout se passe comme si, au sujet des frontières de l'humain, la technique était allée beaucoup plus vite que la réflexion et même que la pensée tout court. Là est sans doute l'élément nouveau par rapport à l'époque de Vaucanson ou de La Mettrie, dont les provocations scientistes ne prêtaient pas à conséquence. Si la science est parfois prudente, la technoscience ne l'est pas. Cette « nouveauté » devrait réveiller les philosophes. C'est elle, c'est ce contexte changé et frénétique qui rend plus nécessaire que jamais une réflexion critique sur toutes les hypothèses – et les imprudences – concernant « l'homme-machine ».

Il est urgent de revenir sur terre...

---

36. *Le Monde*, 10-11 novembre 1996.
37. Jean-Claude Beaune, *L'Automate et ses mobiles*, Flammarion, 1980.

Parlez-moi chinois !

En réalité, les critiques du cognitivisme ont toujours été plus nombreuses, argumentées, décisives parfois, qu'on ne l'imagine. Si elles n'ont pas véritablement triomphé, c'est sans aucun doute parce que le contexte technoscientifique (on pourrait parler d'idéologie) ne leur était pas favorable. Certaines de ces critiques participent de l'humanisme traditionnel. Elles viennent de philosophes ou d'économistes, c'est-à-dire du dehors. C'est dans cette catégorie qu'on pourrait ranger les mises en garde de l'économiste et philosophe Friedrich von Hayek, référence obligée des néolibéraux contemporains, mais que l'on cite moins souvent, hélas, lorsqu'il s'agit de ses critiques du scientisme. Or elles sont vigoureuses. Pour Hayek, le réductionnisme dont témoignent les sciences cognitives est une « illusion tyrannique ». Il ne fait aucun doute à ses yeux que, pour cette raison, la technoscience est condamnée à échouer socialement [38].

Une critique comparable est émise par Karl Popper, chantre de la société ouverte et défenseur reconnu d'un matérialisme modéré. Popper juge lui aussi que le réductionnisme – à ce stade – se retourne contre l'idéal rationaliste dont il se réclame, et contribue à détruire toute éthique humaniste. La science cesse d'être raisonnable quand elle est dominatrice. Dans un article publié en 1991, il ironise sur ceux qui pensent pouvoir comparer le cerveau à un ordinateur. A ce dernier, dit-il, il manquera toujours ce qui est propre à la créature vivante : l'initiative [39].

Mais d'autres critiques ont, dès l'origine, été formulées à l'intérieur même de la communauté scientifique, disons par de la philosophie des sciences. Elles ont contraint une partie des cognitivistes à renoncer à la « théorie forte » du début. Le plus célèbre de ces critiques, John Searle, professeur à l'institut de philosophie de Berkeley, s'est moqué de la prétendue « intelligence » d'un ordi-

---

38. Friedrich von Hayek, *Scientisme et Sciences sociales. Essai sur le mauvais usage de la raison*, Plon, 1986.
39. Karl R. Popper, « Meccanismi contro invenzione creativa : brevi considerazioni su un problema aperto », *L'automa spirituale. Menti, cervelli e computer*, Roma-Bari, Laterza, 1991. Article cité par Giorgio Israel, *Le Jardin au noyer. Pour un nouveau rationalisme, op. cit.*

nateur[40]. Pour ce faire, il a usé d'un raisonnement prenant la forme d'une boutade ontologique : le fameux argument de la « chambre chinoise », qui lui permettait de critiquer la prétendue intelligence de la « machine de Turing », métaphore de l'ordinateur que l'on gave de « données » et qui fournit des « réponses ». Cet argument est devenu le pont-aux-ânes de toute réflexion critique sur l'intelligence artificielle.

Searle suppose qu'il est enfermé dans une chambre noire et qu'il peut communiquer avec l'extérieur par l'intermédiaire d'un clavier doté de caractères… chinois. Il ne connaît pas le chinois mais dispose d'instructions appropriées, c'est-à-dire d'un « guide » lui indiquant les suites d'idéogrammes à donner en réponse à telle ou telle question, également en chinois. Si les instructions sont correctement établies, il pourra « répondre » aux questions mais « sans avoir compris quoi que ce soit ». « Tout ce que j'aurais fait, explique Searle, c'est manipuler des symboles qui n'ont pour moi aucune signification. Un ordinateur se trouve exactement dans la même situation que moi dans la chambre chinoise : il ne dispose que de symboles et de règles régissant leur manipulation[41]. »

En d'autres termes, Searle rappelle que, si le cerveau humain est bien un « mécanisme » (et donc, dans une certaine mesure, une « machine »), c'est un mécanisme causal qui « a la propriété extraordinaire de produire de la conscience », alors que l'ordinateur « ne produit rien du tout, sinon l'état suivant de l'exécution du programme »[42]. Quant à la question de savoir si le cerveau est « intrinsèquement un ordinateur », elle lui paraît absurde car « *rien* n'est intrinsèquement un ordinateur si ce n'est un être conscient qui fait des computations. N'est un ordinateur que quelque chose auquel a été assignée une interprétation. Il est possible d'assigner une interprétation computationnelle au fonctionnement du cerveau comme à n'importe quoi d'autre[43] ».

---

40. Voir le livre majeur de John Searle, *La Redécouverte de l'esprit*, Gallimard, 1992. Six autres ouvrages du philosophe sont disponibles en français, parmi lesquels il faut citer *La Construction de la réalité sociale*, Gallimard, 1998 ; *Le Mystère de la conscience*, Odile Jacob, 1999.

41. John R. Searle, « Langage, conscience, rationalité » (entretien avec Philippe de Lara), *Le Débat*, n° 109, mars-avril 2000.

42. *Ibid.*

43. *Ibid.*

Si les critiques de Searle ont ébranlé la suffisance des premiers cognitivistes, c'est sans doute grâce à leur lumineuse simplicité, accompagnée au surplus d'une pointe d'humour. Mais c'est aussi parce qu'elles n'étaient pas avancées au nom d'un idéalisme que les collègues de Searle auraient pu récuser d'emblée. Le philosophe de Berkeley se présente toujours comme un naturaliste résolu. S'il croit à l'existence de la conscience humaine, dit-il, c'est parce qu'elle semble « naturelle et réelle, au même titre que la digestion ou la photosynthèse ». Tout en se démarquant de l'ancien dualisme cartésien opposant le corps et l'esprit, il semble donc refuser d'éliminer la conscience comme le font la plupart des cognitivistes.

L'ordinateur est-il ému ?

Les critiques du philosophe Hubert L. Dreyfus, collègue de John Searle à Berkeley, sont exprimées quant à elles de façon moins imagée, mais elles sont peut-être plus décisives encore [44]. Dreyfus conteste en bloc les postulats fondamentaux du cognitivisme. Pour lui, il est tout simplement faux de dire que le cerveau fonctionne comme un ordinateur numérique ; faux de croire que ledit ordinateur puisse nous aider à comprendre la *psyché* humaine ; faux de croire qu'on puisse formaliser – ou numériser – toute connaissance ; naïf de penser qu'on puisse analyser les informations qui nous font agir comme si elles étaient des grandeurs mesurables et fixes, *alors même qu'elles dépendent des situations*.

C'est à partir de ce dernier point que Dreyfus rejoint la critique dite « humaniste ». A la différence de l'ordinateur, dit-il, l'homme n'est pas défini une fois pour toutes. Il est en devenir perpétuel. L'homme n'est pas un état mais un projet. Sa « nature » est en mouvement permanent, tendue vers un but, transformée sans cesse par son « intérêt ultime » (*ultimate concern*). C'est le propre de l'homme, son *humanité*, que d'être capable de se construire *au-delà de lui-même*. Certes, il peut arriver qu'un homme rétrograde au

44. Hubert L. Dreyfus, *Intelligence artificielle. Mythes et limites*, Flammarion, 1984.

point de se comporter aussi mécaniquement qu'un ordinateur, mais l'inverse est impossible [45]. Un ordinateur ne peut aller au-delà de son programme.

Ce thème de l'intentionnalité est également présent chez un autre adversaire réputé de l'intelligence artificielle, Joseph Weizenbaum. Pointant les limites évidentes de l'ordinateur, il doute que l'analyse de son fonctionnement puisse être d'un quelconque secours pour l'homme. Quel sens peut avoir l'idée même d'intelligence artificielle devant certains problèmes ou situations – espérance, souffrance, crainte, amour – que l'homme est seul à affronter ? Les prétendues « décisions » d'un ordinateur procèdent au mieux de la raison instrumentale et ignorent toute idée de *responsabilité*. La question n'est donc pas de savoir si nous pouvons le programmer pour décider à notre place mais si nous *devons* le faire. « L'individu, écrit-il, est dans un état de devenir permanent. La préservation de cet état, en fait de son humanité et de sa vie, dépend essentiellement de ce qu'il considère lui-même et de ce que ses semblables considèrent comme étant un être humain [46]. » Dreyfus estime en réalité que la recherche scientifique n'autorise pas à faire n'importe quoi, parce que l'homme est doté de *responsabilité*. L'ordinateur, lui, est incapable de responsabilité et d'intentionnalité.

De l'intention au sentiment, la distance est faible. Or c'est peu de dire qu'un ordinateur est dépourvu de sentiments. On sait gré à Weizenbaum de le rappeler. Sur ce point précis, certains critiques du cognitivisme vont plus loin que lui. Ils se demandent si le sentiment, les émotions humaines ne jouent pas un *rôle décisif dans la rationalité elle-même*. Si tel était le cas, le concept d'intelligence artificielle devrait être réexaminé de fond en comble. C'est la thèse stimulante du neurobiologiste Antonio R. Damasio, directeur du département de neurologie de l'université de l'Iowa aux États-Unis. « Être rationnel, écrit-il, ce n'est pas se couper de ses émotions. Le cerveau qui pense, qui calcule, qui décide n'est pas autre chose que celui qui rit, qui pleure, qui aime, qui éprouve du

45. Je m'appuie ici sur les analyses en tout point remarquables de Peter Kemp, *L'Irremplaçable. Une éthique de la technique*, op. cit.

46. Joseph Weizenbaum, *Puissance de l'ordinateur et raison de l'homme*, Éditions d'informatique, 1981.

plaisir et du déplaisir. Le cœur a ses raisons que la raison... est loin d'ignorer [47]. »

Damasio appuie son argumentation sur une extraordinaire histoire, bien connue aux États-Unis : celle de Phinéas P. Gage, âgé de vingt-cinq ans en 1848, chef d'équipe sur un chantier de construction de voies ferrées, dans le Vermont, près de la ville de Cavendish. A la suite de l'explosion prématurée d'une charge d'explosif, il eut le crâne traversé par une barre de fer qui pénétra obliquement par sa joue gauche et ressortit au sommet droit de son crâne, après avoir détruit une partie de son cerveau. Or non seulement Gage ne mourut pas, mais il ne perdit pas connaissance et parvint à guérir rapidement. Aucune de ses fonctions vitales (motricité, langage, équilibre, mémoire) ne fut affectée. En revanche, son comportement social changea du tout au tout. Il devint grossier, imprévisible dans ses décisions, apparemment incapable de prendre une décision réfléchie. Damasio rapproche ce cas de celui d'un de ses propres patients, « Elliot » (c'est un pseudonyme), qui, dans les années 1970, connut un changement d'attitude sociale comparable à la suite de l'ablation d'une tumeur, un méningiome dont la croissance avait lésé une partie des tissus cérébraux. A la suite de cette intervention, « Elliot », comme Cage un siècle et demi plus tôt, conserva ses facultés cérébrales mais devint incapable de se comporter de façon raisonnable.

Des examens plus approfondis montrèrent qu'Elliot, en réalité, *ne ressentait plus d'émotions*. « Il semblait envisager la vie sur un mode neutre, commente Damasio. [...] Nous pourrions définir en peu de mots la malheureuse condition d'Elliot en disant qu'il était désormais en mesure de *connaître, mais non de ressentir* [48]. » Damasio estime que tel était déjà le cas de Phinéas P. Cage. Il en déduit que l'émotion, contrairement à ce qu'on croit d'ordinaire, ne joue pas un rôle « perturbateur » vis-à-vis de la raison (le délire des passions, l'irrationalité affective, le pathos romantique, etc.), *mais qu'elle en fait partie*. Pour lui, elle est l'une des composantes de la rationalité humaine. Cette fonctionnalité des émotions pourrait très bien être le produit de l'évolution telle que la

---

47. Antonio R. Damasio, *L'Erreur de Descartes. La raison des émotions*, Odile Jacob, 1995.
48. *Ibid.*

décrit Darwin. Elle prouverait l'incroyable complexité des mécanismes cérébraux humains, complexité devant laquelle, selon Damasio, nous devons être « émerveillés ». « La perception des émotions, ajoute-t-il, est à la base de ce que les êtres humains appellent, depuis des millénaires, l'âme ou l'esprit[49]. »

Imaginerait-on un ordinateur ému ?

Une sorte d'autisme

En somme, c'est la *subjectivité*, entendue dans tous les sens du terme, qui fait la différence véritable. Et cette subjectivité, aucune étude neurobiologique ne peut en rendre compte. Ni pour l'animal, ni *a fortiori* pour l'homme. Abordant une question différente mais voisine, le philosophe américain Thomas Nagel avait rédigé un article célèbre, en 1974, pour expliquer qu'on pouvait sans doute étudier à fond le système nerveux d'une chauve-souris, mais que nul ne pourrait jamais savoir quelle sorte de sensation elle éprouvait. Son article s'appelait d'ailleurs « Quel effet cela fait d'être une chauve-souris ? » (*What is it like to be a bat ?*). Un ordinateur pourrait-il comprendre « quel effet cela fait d'être un humain » ? Évidemment non. Le chercheur à qui j'emprunte cette image est fondé à écrire que « les théories neurobiologiques de la conscience présentent une lacune majeure, celle de ne pas pouvoir rendre compte de l'aspect intérieur, subjectif de la "vie de l'esprit"[50] ».

Sur ce point, on ne s'étonnera pas que certains psychanalystes soient plus sévères encore. Dans le cadre d'un passionnant dialogue épistolaire avec un neurobiologiste, l'un d'eux n'hésite pas à parler d'*autisme* au sujet de cette prétendue « intelligence artificielle ». « Je regardais marcher l'autre jour la machine à traitement de texte de ma secrétaire, raconte-t-il. Sans se préoccuper du sens, l'imprimante frappait à la même vitesse une ligne de droite à gauche, puis une ligne de gauche à droite. *Ainsi faisait un enfant autiste de ma connaissance* qui lisait avec autant de facilité un

---

49. *Ibid.*
50. Jean-Noël Missa, « Le cerveau, l'ordinateur et les modèles de la conscience », in *Ordre biologique, ordre technologique* (dir. Frank Tinland), Champ-Vallon, 1994.

livre à l'endroit ou à l'envers sans se préoccuper de la signification de ce qu'il lisait[51]. »

Sans vouloir renchérir dans la polémique, on peut se demander si le terme d'autisme ne pourrait pas être appliqué à certains cognitivistes eux-mêmes, qui, dans le silence de leurs laboratoires, en viennent à perdre le contact avec ce qu'il y a de plus évident dans les parages de la vraie vie. Il est possible qu'à leur insu ces chercheurs demeurent mentalement influencés par ce qu'un universitaire de Caroline du Nord, David Bolter, appelle une « technologie définissante ». Par cette expression, il désigne les différentes technologies qui, tout au long de notre histoire, ont fourni des métaphores et des images que nous avons prises durablement pour des « explications »[52].

Platon usait de la métaphore du potier pour évoquer le créateur du monde, métaphore reprise dans la Bible, qui parle d'un Dieu façonnant ou pétrissant sa créature ; au Moyen Âge, c'est la fabrication de la première horloge et l'invention de la micromécanique qui incita – pour des siècles et jusqu'à Descartes – à parler de l'univers comme mû par des mécanismes et créé par un « grand horloger », etc. Chaque invention technique produit ainsi un modèle descriptif de la réalité, un modèle provisoire, métaphorique, mais que nous confondons volontiers avec la « vérité » enfin découverte. Aujourd'hui, même s'il est lui-même le produit d'une révolution conceptuelle, l'ordinateur est sans doute devenu, à son tour, une technologie définissante. La plupart des métaphores scientifiques (programme, codage, etc.) s'inspirent dorénavant de l'informatique. Et l'on oublie volontiers qu'il ne s'agit *que* de métaphores.

Or ce nouveau réductionnisme *n'est pas sans conséquence sur notre vision de l'homme.* Peter Kemp a raison d'observer, avec une pointe d'inquiétude, que, « si l'ordinateur est devenu une "technologie définissante" pour notre compréhension de l'homme, celui-ci risque fort d'être enfermé dans ce modèle[53] ». Autrement dit,

51. Jacques Hochmann, « La rupture et les analogies neuropsychiques », *in* Jacques Hochmann, Marc Jeannerod, *Esprit, où es-tu ? Psychanalyse et neurosciences*, Odile Jacob, 1991 (rééd. en format poche, 1996).
52. Cité par Peter Kemp, *L'Irremplaçable. Une éthique de la technique, op. cit.*
53. *Ibid.*

lorsque nous comparons ou laissons comparer l'homme à une machine, ce n'est pas parce que cela est vrai mais parce que nous *voulons* qu'il en soit ainsi. Ce n'est pas un constat, c'est un choix.

Et ce choix est fou…

Chapitre 4

L'homme réduit à la chose ?

> « L'homme serait-il parvenu, au terme d'une évolution irrésistible de la société marchande, à ce résultat stupéfiant de se produire lui-même comme marchandise ? »
>
> Bernard Edelman [1]

Il est difficile de ne pas être pris de vertige devant l'énormité de cette autre cassure. Elle est juridique, cette fois. Voilà vingt ans que, juridiquement, nous rompons peu à peu avec une idée du vivant et de l'homme qui semblait acquise depuis des siècles. Une idée, mais aussi un statut mille fois réaffirmé dans l'Histoire : celui du corps humain inviolable et du vivant soustrait à la possession. Or cette rupture s'effectue étape après étape, sans projet précis ni véritable conscience de l'événement. Nos sociétés semblent portées confusément par une promesse technoscientifique illimitée, tétanisées par la force de cet éboulement ontologique. Elles sont prisonnières d'une logique de compétition qui leur interdit de prendre le moindre retard sur le terrain des biotechnologies. La rivalité commerciale et le mimétisme font loi. Mais jusqu'où ? Hormis quelques groupes marginaux et quelques scientifiques alarmés, le discours dominant ne s'émeut guère de cette cavalcade. On dirait qu'il parle d'autre chose. Le train-train démocratique n'est pas – ou peu – perturbé par ce glissement de terrain symbolique. Parions que, dans un proche avenir, on se posera une question rétrospective : comment *cela* fut-il possible ? Et pourquoi dans une si grande indifférence ?

Cela ? Je veux parler de cette lente rétrogradation de la vie au statut de marchandise, et de l'abaissement annoncé de l'homme au rang de chose. Je pense à cette privatisation du vivant et, *ipso*

---

1. *La Personne en danger, op. cit.*

facto, de l'homme lui-même au nom d'un « réalisme naïf[2] » et d'une frénésie technologique ivre d'elle-même. Car telle est bien l'imparable dialectique qui prévaut dorénavant : le vivant tout entier, du végétal à l'animal, puis à l'homme, risque de devenir un *objet* d'appropriation, de commerce et de profit.

L'impératif catégorique

Pour saisir l'immensité de l'enjeu, souvenons-nous de ce qui était, hier encore, la règle. Lorsqu'on évoque le statut du vivant, il est d'usage – dans les colloques ou les comités d'éthique – de citer pieusement un texte d'Emmanuel Kant, la fameuse « troisième formulation de l'impératif catégorique », définissant le principe d'humanité. Le texte est ainsi rédigé : « Agis de telle sorte que tu traites l'humanité aussi bien dans ta personne que dans la personne de tout autre toujours en même temps comme une fin, et *jamais simplement comme un moyen*[3]. » La formule de Kant signifie que l'homme – dans son corps comme dans son être – ne peut pas être instrumentalisé. Il y va de son statut et de son identité. Il ne peut être ni approprié, ni vendu, ni utilisé comme matière première dans un autre but que lui-même. L'homme est sa propre fin ; il ne saurait être – seulement – un *moyen*. L'être humain, au demeurant, est unique et, à ce titre, ni échangeable ni *remplaçable*.

Notons que, si Kant définit avec une solennité particulière l'*humanitas* de l'homme, il le fait à une période historique bien particulière, en 1785, au moment où l'industrialisation naissante condamne certains hommes, femmes ou enfants arrachés à leur appartenance villageoise, à être traités en objet, en force de travail. L'impératif catégorique a donc – aussi – valeur de mise en garde. C'est une formulation inspirée de ce même humanisme kantien qu'utilisera soixante ans plus tard Karl Marx pour dénoncer l'exploitation de l'homme par l'homme et la réification du travailleur. Mais cet impératif que Kant arrache en 1785 au langage de

2. J'emprunte cette expression à Michel Henry, *C'est moi la Vérité. Pour une philosophie du christianisme*, Seuil, 1996.
3. Emmanuel Kant, *Fondements de la métaphysique des mœurs*, trad. fr. V. Delbos, Livre de poche, 1993.

l'Église s'inscrit lui-même dans une très ancienne tradition judéo-chrétienne.

Il signifie aussi que tout, dans le monde, ne peut pas être approprié ou accaparé. Une part de la réalité doit nécessairement échapper au partage, c'est-à-dire au commerce. (L'homme et le vivant sont évidemment inclus dans cette « part » impartageable.) Dans l'Ancien Testament, on trouve cette idée exprimée au moyen d'une magnifique métaphore, celle de la « part de Dieu » (Dt 32,9). Elle est soustraite à l'appropriation. Elle doit être retirée avant le partage du reste. Le rôle de cette « part » est capital puisqu'elle fonde un principe d'intégrité. Grâce à elle subsiste « la gratuité absolue du monde qui "n'appartient" en principe à personne si ce n'est au créateur[4] ».

Lorsque Spinoza, dans l'*Éthique*, expose que la raison conduit à considérer que « l'homme est un Dieu pour l'homme », il ne dit pas autre chose pour ce qui concerne l'humanité. D'une façon générale, toute la philosophie occidentale saura définir la spécificité statutaire de l'homme, à savoir qu'il n'est pas simplement *dans* le monde comme le serait un pur objet manipulable. Il est aussi capable de *penser* le monde, ce qui signifie qu'il n'*est* pas passivement dans le monde à la manière d'un « étant » mais qu'il *a* le monde, dans la mesure où sa pensée l'englobe et le dépasse. Sa présence terrestre n'est en rien comparable à celle d'une chose. C'est pourquoi il ne peut être *objet* d'échange ou de commerce.

La loi et la jurisprudence formalisent elles aussi cette *différence*, cette sacralisation du vivant qui ne procède donc pas uniquement (comme on le croit parfois) du religieux. Le droit romain, par exemple, faisait de cette indisponibilité de la personne une des distinctions statutaires entre l'homme libre et l'esclave. Depuis l'abolition de l'esclavage, cette qualité a été étendue à l'ensemble du genre humain. Le corps humain ne peut être objet de commerce, y compris pour son propriétaire. En d'autres termes, je ne peux démembrer mon propre corps pour en vendre les organes. Je ne peux pas me mutiler volontairement, sauf à être passible du Code pénal. « Pour écarter la possibilité qu'un sujet de droit puisse prendre son corps, sa personne comme objet de commerce sur le modèle d'un propriétaire qui pourrait user et abuser de son bien,

4. Shmuel Trigano, *Le monothéisme est un humanisme*, Odile Jacob, 2000.

note un juriste, la doctrine juridique française affirme depuis la fin du XIXe siècle que le corps humain est indisponible[5]. » La raison en est simple : si le corps humain ne peut être *dans le commerce* comme le serait une chose, c'est qu'il incarne la personne elle-même. Il participe intrinsèquement de l'*humanité de l'homme*.

L'ancienneté et la force de cette tradition juridique aident à comprendre pourquoi les divers comités éthiques européens, dès leur création au début des années 80, avaient fait de cette indisponibilité du corps humain un principe intangible. Le Comité consultatif national d'éthique français (CCNE), dans son avis n° 20, intitulé *Avis sur la non-commercialisation du corps humain*, réaffirmait : « La dignité de l'homme est menacée chaque fois que [sa] liberté tend à être niée ou refusée, c'est-à-dire chaque fois que se profile une chosification de l'homme ou son instrumentalisation, notamment sous l'effet de considérations financières. » Dénonçant – déjà ! – le poids du commerce dans cette affaire, le Comité ajoutait : « L'argent chosifie tout ce qu'il achète et met un signe d'égalité entre tout ce qu'il a chosifié, non par accident, mais par essence. » Il jugeait donc urgent de « préserver de toutes nos forces l'être humain de l'indignité de toute chosification »[6].

Or ce principe est en train de faire naufrage ; ce verrou risque de sauter sous la poussée de l'impératif technicien – et marchand. Le vivant, dans son essence même, devient peu à peu objet de commerce : d'abord le végétal, puis l'animal, enfin l'homme. Il s'agit ici de ne pas se méprendre. Certes, les animaux comme les plantes ont toujours été commercialisés, échangés, vendus. Ce fut même pendant très longtemps la base de l'économie. En revanche, une espèce animale ou une variété végétale *en tant que telles* ne pouvaient être appropriées et commercialisées. Nul ne fut jamais propriétaire de l'espèce « âne » ou de l'espèce « cheval » ; seuls des ânes ou des chevaux particuliers étaient appropriables. Lorsqu'on parle aujourd'hui de la progressive « privatisation du vivant », il faut bien garder cette distinction à l'esprit. Car tout est en train de changer, en effet. Les progrès dans l'instrumentalisation du vivant,

---

5. Danièle Lochak, « Diagnostic prénatal : le difficile passage de l'éthique au droit », in *Vers un antidestin. Patrimoine génétique et droits de l'humanité* (dir. François Gros et Gérard Huber), Odile Jacob, 1992 (colloque d'octobre 1989 à Jussieu).
6. Cité dans *Vers un antidestin. Patrimoine génétique et droits de l'humanité, op. cit.*

note un économiste, sont favorisés aujourd'hui par une distinction relevant de la pure casuistique entre « matériel vivant » et « sujet vivant ». Le premier serait instrumentalisable, pas le second. « Cette distinction, ajoute-t-il, fera sauter bientôt l'interdiction, réitérée par le Comité consultatif national d'éthique, de la commercialisation du corps humain[7]. »

La prédiction est-elle exagérément alarmiste ? Ce n'est pas si sûr.

La bactérie, l'huître et la souris

En tout cas, là est bien l'enjeu du débat – considérable – concernant ce qu'on appelle aujourd'hui la « brevetabilité du vivant ». Il s'agit de savoir si l'auteur d'une trouvaille ou d'une invention génétique, aboutissant à la création d'un nouvel organisme vivant, a le droit de faire breveter son invention. Et d'en tirer profit. L'obtention d'un brevet correspond en effet à l'appropriation, non pas seulement d'un être vivant particulier (j'achète un chien ou un cheval), mais d'une espèce spécifique, d'une « identité » vivante (j'achète telle race de chien…). Au départ, c'était inconcevable. Puis les choses ont évolué peu à peu. Dans une logique industrielle, libérale et mondialisée, comment pourrait-on financer les recherches si la brevetabilité des découvertes ne permettait pas de rentabiliser celles-ci ? Telle est la règle qui s'est imposée.

Lorsqu'on reconstitue les étapes de ce lent glissement, on est fasciné par la façon progressive avec laquelle ont été grignotées, l'une après l'autre, les frontières qui séparaient la matière inanimée de la vie végétale, puis cette dernière de la vie animale, enfin le monde animal de l'humanité elle-même. À toutes les étapes, l'influence de la jurisprudence américaine a pesé lourd. En dépit des décalages et de résistances (européennes, notamment), tout s'est passé comme si l'Amérique pilotait à elle seule une révolution juridique mondiale.

Au départ, le brevetage d'un produit « naturel » est interdit par le droit, aux États-Unis comme ailleurs. On peut, certes, breveter une

---

7. Étienne Perrot, « Les gènes et l'argent », *Études*, mars 2000.

invention portant sur la matière inanimée (un nouvel alliage métal-lurgique, un appareil mécanique, un moteur, etc.), mais pas celle qui implique une matière vivante, même végétale. La mise au point d'une variété de plante obtenue par croisements et sélections successives, par exemple, n'est pas brevetable. La nature est rigoureusement hors commerce. D'autres limitations sont impo-sées au droit de breveter, fondées quant à elles sur des considéra-tions d'ordre public ou de bonnes mœurs.

La première atteinte formelle à cette règle date de 1930, avec le vote d'une loi américaine importante concernant les produits végé-taux : le *Plan Act*. A l'époque, cette loi d'inspiration utilitariste visait à répondre à la demande – au *lobbying* – des semenciers qui voulaient breveter et commercialiser les premières variétés de maïs ou de soja hybrides dont ils escomptaient qu'elles améliore-raient les rendements agricoles. L'enjeu économique était impor-tant. Pour s'en faire une idée, il suffit de savoir que les premiers maïs hybrides expérimentés à partir de 1922 ont permis de *multi-plier par quatre ou cinq la production à l'hectare*. C'est d'ailleurs en 1926 qu'avait été créée par Henry A. Wallace la société Pio-neer qui produit des semences hybrides[8]. En outre, ces nouvelles semences hybrides ont la particularité de ne pas se reproduire (ou mal) et, en quelque sorte, de ne vivre qu'une fois. Elles doivent être renouvelées – et donc rachetées – à chaque semaille. « Le maïs hybride, écrit l'agronome Jean-Pierre Berlan, chercheur à l'INRA, est la vache sacrée de la recherche agronomique – et la vache à profit des semenciers. » Un demi-siècle plus tard, cette question de la confiscation des semences rebondira sur une grande échelle avec l'affaire des organismes génétiquement modifiés (OGM). Nous y reviendrons.

Restons-en, pour l'instant, au *Plan Act* de 1930. Il est clair que cette loi marquait – déjà – une rupture juridique importante. « Désormais, on n'opposait plus la nature "vivante" à la nature "inanimée", mais les produits de la nature – vivante ou non – à l'activité inventive de l'Homme[9]. » Le végétal et le minéral

---

8. La société Pioneer a été rachetée récemment par DuPont pour 10 milliards de dollars, et constitue sous le nom DuPont-Pioneer l'un des géants de l'industrie bio-technologique.

9. Bernard Edelman, *La Personne en danger, op. cit.*

étaient rangés en somme, pour la première fois, à l'intérieur d'une même catégorie juridique : celle des choses appropriables et commercialisables. Une première frontière était franchie.

La seconde le sera cinquante années plus tard, avec le fameux arrêt *Diamond vs Chakrabarty*, par lequel, le 16 juin 1980, la Cour suprême des États-Unis – par cinq voix contre quatre ! – concédait à deux chercheurs le droit de faire breveter une bactérie génétiquement modifiée. La Cour appuya son argumentation sur le fait que cet organisme vivant n'était pas le produit de la nature mais de l'ingéniosité humaine. C'était une *nouvelle espèce* de bactérie. Elle soulignait, en outre, qu'elle présentait une utilité sociale – en l'occurrence, il s'agissait d'une bactérie destinée à lutter contre les marées noires en « dégradant » les produits pétroliers.

Avec cet arrêt, c'est un peu comme si commençait de s'écrouler la deuxième frontière juridique et symbolique. Certes, à l'origine, seul était visé le vivant sous sa forme la plus rudimentaire : celle d'une bactérie. En principe, le brevetage demeurait interdit pour l'animal plus évolué et, *a fortiori*, pour l'homme. Mais, comme le souligne Bernard Edelman, « la Cour suprême n'était pas dupe de sa décision ». De fait, sept années plus tard, une transgression supplémentaire est accomplie par l'Office des brevets américains lorsqu'il accepte que soit brevetée… une huître transgénique. On dira encore que l'huître est un animal élémentaire et que le vivant dans son ensemble n'est pas concerné. Patience… La dernière étape sera franchie le 12 avril 1988, quand le même Office acceptera que soit brevetée une souris transgénique « fabriquée » dans le cadre des recherches contre le cancer.

Cette fois, c'est fait ! Le statut juridique du vivant est définitivement changé. Comme le note Marie-Angèle Hermitte, une des meilleures spécialistes françaises de la question : « Sur le plan de l'imaginaire, le droit des brevets signifiait que, de son point de vue, les êtres vivants étaient des inventions assimilables aux corps chimiques, les gènes humains équivalents aux gènes des autres espèces, que les frontières entre le vivant et l'inerte et entre les différents règnes du vivant étaient abolies [10]. » L'influence américaine

---

10. Marie-Angèle Hermitte, « Pouvoirs sur la vie, pouvoirs sur la mort, le rôle du droit », in *Qu'est-ce que l'humain ?*, *op. cit.*

est si forte, la concurrence internationale si impérieuse que, par le biais de l'Organisation mondiale du commerce (OMC), l'Europe suivra bientôt l'exemple américain et, avec elle, le reste du monde.

La course aux brevets va devenir générale, mondiale, frénétique. Elle est aujourd'hui le moteur principal de la « ruée vers l'or » des industries biotechnologiques. Un juriste – il n'est pas le seul – nous invite à prendre la mesure de cette transformation fondamentale de notre rapport au monde. « Elle dépasse, dit-il, le projet cartésien : faire des hommes les "maîtres et possesseurs de la nature", puisqu'elle amène progressivement à considérer la vie comme un objet marchand et donc les êtres vivants comme des "choses"[11]. »

Les ruses de Terminator

Pour mieux comprendre les principes qui sont à l'œuvre et les risques qui en découlent, il faut s'arrêter un moment à la question du « végétal », c'est-à-dire des organismes génétiquement modifiés (OGM). Ce qui se passe depuis une dizaine d'années dans le domaine des semences agricoles préfigure ce qui, immanquablement, se passera pour le vivant dans son ensemble. Et peut-être pour l'homme lui-même… La rapidité avec laquelle les innovations génétiques et leur brevetage ont favorisé d'énormes concentrations de pouvoir est impressionnante. A l'origine, un indéniable progrès : les modifications génétiques de certaines espèces (maïs, soja, colza, pomme de terre…) confèrent à celles-ci le pouvoir de résister à des ennemis naturels, comme la pyrale du maïs ou le virus de la pomme de terre, mais aussi à des herbicides, comme le fameux *Round Up* de la firme Monsanto. D'autres modifications génétiques pourraient permettre de cultiver des espèces dans des zones arides ou considérées jusqu'à présent comme impropres à l'agriculture. On va créer des céréales miracles ! La promesse scientifique est stimulante. Il serait absurde de la minimiser.

Mais cette promesse récurrente (« nourrir le tiers monde[12] ! »),

---

11. Pierre-Benoît Joly, « Le matériel végétal est-il un bien public ? », in *Vers un antidestin. Patrimoine génétique et droits de l'humanité, op. cit.*

12. Cet argument est en grande partie fallacieux : la lutte contre la faim dans l'hémisphère Sud passe essentiellement par une répartition plus équitable des richesses.

énoncée avec emphase, sert surtout à justifier, depuis le début, une course au profit et une domination aux effets ravageurs : « Concentrations, privatisation des ressources génétiques, soumission de l'amélioration des plantes aux objectifs de l'industrie chimique, etc. [13]. » Une domination d'autant plus implacable que les grandes firmes semencières, appliquant la technique utilisée depuis 1922 avec les hybrides, ont mis au point des variétés stériles. Plus étonnant encore, certaines semences génétiquement modifiées sont désormais dotées d'un gène faisant office de mécanisme autodestructeur, annihilant la semence au bout d'un certain temps. On parle de « gène répresseur » ou de « toxine-suicide ». Leur fonctionnement est analogue à celui d'une carte téléphonique à puce dont le crédit s'épuise. La semence est génétiquement programmée pour mourir après un premier fonctionnement. La plus connue fut celle de la société Monsanto, baptisée, avec un humour macabre, *Terminator* [14]. Ces variétés dites « biocides » obligent les paysans à se réapprovisionner chaque année auprès du semencier. La logique est donc celle d'une *confiscation progressive de l'agriculture mondiale* par quelques grandes sociétés, rendues de moins en moins nombreuses par le jeu des concentrations.

« Il semble justifié de parler de bouleversement des pratiques agricoles, note un spécialiste, avec la fabrication de technologies "biocides" du type *Terminator* et bientôt, sans doute, *Verminator*. Ces technologies empêchent la semence, quelle qu'elle soit, de germer après la récolte, ce qui oblige l'agriculteur à retourner chez le marchand pour acheter de nouvelles semences ou des cocktails chimiques capables de désactiver les gènes biocides afin qu'ils ne détruisent pas la semence [15]. » Cocktails chimiques qui, cela va sans dire, sont vendus par la même firme...

Le plus étonnant est que cet aspect – à vrai dire crucial – du débat sur les OGM a été relégué à l'arrière-plan au profit d'une querelle de santé publique ou d'une polémique convenue (bien que sérieuse) sur le risque écologique, le principe de précaution,

---

13. Jacques Mirenowicz, « Les organismes génétiquement modifiés », *Esprit*, février 1999.
14. Ce brevet dit « Terminator » avait été attribué en mars 1998 à la société américaine Delta and Pine Land Co, qui a été rachetée deux mois plus tard par Monsanto.
15. Jacques Mirenowicz, « Les orgnismes génétiquement modifiés », *op. cit.*

etc. Les médias ont généralement mis en avant la « mal-bouffe » ou l'éventuelle contamination du milieu naturel par les OGM, sans insister sur les formidables enjeux de pouvoir liés à l'appropriation du vivant. Or, paradoxalement, *cette focalisation sur les risques a parfois fait le jeu de ceux-là même qu'on prétendait combattre.* Les grandes sociétés agro-alimentaires n'ont pas manqué de vanter les mérites écologiques de leurs semences s'autodétruisant à la première génération. N'était-ce pas le meilleur moyen d'éliminer les risques ? Une semence stérile ou programmée pour s'autodétruire ne constituait-elle pas la meilleure protection imaginable pour le milieu naturel ?

On transformait ainsi une stratégie en vertu. Et *Terminator*, grâce à la jobardise des grands médias, fut présenté comme une réponse aux inquiétudes écologiques. En réalité, c'était surtout un instrument d'appropriation et de domination. Dès 1998, année de son invention, deux scientifiques soulignaient le paradoxe en ces termes : « *Terminator* est seulement le point d'aboutissement d'un long processus de confiscation du vivant, entamé dès le moment où l'hérédité biologique commence à prendre la forme d'une marchandise[16]. »

Parler de confiscation n'est pas un vain mot. Certaines firmes comme Monsanto, Novartis, Limagrain Pioneer-Dupont, DeKalb ou Asgrow constituent ce qu'on peut appeler un complexe génético-industriel. L'essayiste américain Jeremy Rifkin a décrit dans un livre de combat le fonctionnement et la toute-puissance de ce nouveau complexe[17]. Les méthodes que ces sociétés emploient pour faire respecter leurs brevets par les agriculteurs procèdent parfois du plus sinistre scénario de science-fiction. La firme Monsanto, par exemple, qui rêve de devenir le « Microsoft du vivant », utilise les services d'agences de détectives privés pour débusquer les paysans qui, sans payer leur dîme, sèmeraient des variétés de soja brevetées. La même firme publie des placards publicitaires dans la presse agricole américaine pour rappeler aux paysans qu'il peut leur en coûter plus de 1 200 dollars à l'hectare en cas d'infraction[18].

---

16. Jean-Pierre Berlan et Richard C. Lewontin, « Racket sur le vivant. Les menaces du complexe génético-industriel », *Le Monde diplomatique*, décembre 1998.

17. Jeremy Rifkin, *Le Siècle biotech. Le commerce des gènes dans le meilleur des mondes*, La Découverte, 1998.

18. Jean-Pierre Berlan et Richard C. Lewontin, « Racket sur le vivant... », *op. cit.*

Pire encore : « Pour faire bonne mesure, Monsanto invite les agriculteurs à dénoncer leurs voisins "pirates" et met à leur disposition une ligne téléphonique gratuite de délation[19]. » Conséquence logique : de plus en plus d'agriculteurs sont traînés devant les tribunaux par les firmes propriétaires des brevets. La seule société Monsanto aurait poursuivi en justice près de cinq cents agriculteurs américains accusés d'avoir « piraté » la semence *Terminator*. La privatisation de l'agriculture débouche sur une logique policière. La sacro-sainte défense de la propriété inclut désormais le règne végétal lui-même, arraché à son ancienne gratuité.

Avec le recul, on aura sans doute du mal à comprendre pourquoi les gouvernements démocratiques, l'opinion, les médias auront mis si longtemps à réagir. Un universitaire suisse spécialisé en biologie végétale ne cache pas sa stupéfaction. « A l'aube du IIIe millénaire, écrit-il, le marché mondial des semences de grande culture se retrouve dans les mains d'un tout petit nombre d'entreprises multi- ou transnationales. Ces dernières ont beaucoup investi et, en toute logique et sous la pression de leurs actionnaires, cherchent à obtenir au plus vite leurs retours sur investissements. Se pose alors la question de savoir pourquoi gouvernements et experts scientifiques ont laissé et laissent faire[20]. » Le même biologiste ajoute que, devant cette montée en puissance des grandes firmes, les politiques et les scientifiques ont semblé « soit impuissants, soit innocents, soit retors ».

Courage, fuyons… en avant !

Les logiques et les rapports de force repérables dans cette affaire d'OGM mériteraient d'être décrits plus en détail. Bornons-nous à constater qu'ils nous fournissent un modèle parfait, une simulation en grandeur réelle de ce qui se passera demain (et se passe déjà) au sujet des biotechnologies animales, puis humaines. Les effets de nos trois révolutions – économique, numérique et génétique – se

19. Appel du Conseil scientifique du mouvement ATTAC de juin 1999.
20. Henri Thiellement (professeur, département de biologie végétale, université de Genève), « Variétés transgéniques, biologie et société », *La Revue de la CFDT*, n° 27, janvier 2000.

conjuguent ici à la perfection pour engager nos sociétés dans un sens unique dont la seule échappatoire est la fuite en avant. Le paradigme numérique permet par exemple de ramener le concept de semence – c'est-à-dire une réserve de vie – à la figure du logiciel informatique. Une semence n'est rien d'autre qu'une suite d'informations codées, stockables, transmissibles et brevetables. En France, l'Institut national de la recherche agronomique (INRA) n'en finit d'ailleurs pas de vanter ce « mariage de la biologie et de l'informatique ».

L'agronome Jean-Pierre Berlan, directeur de recherche à l'INRA, a développé une passionnante analyse sur le passage de la semence traditionnelle à la semence-logiciel que les firmes, grâce aux brevets, s'arrogent le droit de protéger contre toute « copie ». Le geste du paysan semant son grain dans l'espoir qu'il germe est assimilé au piratage d'un logiciel. Si le logiciel n'est pas « libre de droit », le semeur sera considéré comme un fraudeur. Voilà le paysan symboliquement transformé en pirate… Ce passage du biologique à l'informatique a aussi pour conséquence de déréaliser la vie végétale en la débarrassant de toute charge affective. C'est peu de dire que la vie s'en trouve désacralisée, et d'autant mieux commercialisable.

La révolution économique mondiale, quant à elle, condamne les États à entrer dans le jeu d'une concurrence effrénée. Plutôt que de peser en faveur d'on ne sait quels moratoire, contrôle ou réglementation, ils se sentent tenus de relever le gant de la compétition. Plutôt que de favoriser un patient débat démocratique, ou socratique, autour de questions au moins aussi graves que celles soulevées jadis par l'industrie nucléaire, ils préfèrent invoquer le nécessaire « dynamisme industriel ». Un terrain sur lequel personne ne veut être en reste. Le pouvoir politique a donc tendance à mettre sous le boisseau – au nom d'une impérieuse raison industrielle – les questions éthiques ou philosophiques embarrassantes. La seule logique qui s'impose à tous est celle du *sprint* dans le brouillard.

En France, le gouvernement a créé en 1999 une structure *ad hoc* baptisée Génoplante et regroupant certains organismes publics (INRA, ORSTOM, etc.) ainsi que des sociétés semencières, filiales de Rhône-Poulenc. L'objectif de cette nouvelle entité, installée à Évry et à Montpellier, est de « promouvoir la génomique végétale et de créer de la propriété industrielle dans le cadre d'un partenariat public-privé ». Il s'agit d'éviter que le moindre retard en matière de biologie végétale ne se traduise par « une perte de compétitivité de la communauté scientifique, des industries semencières de France et des firmes agro-alimentaires d'aval ». Le message est clair.

Les chercheurs et les agronomes – rarement consultés – ont été invités à participer à la « guerre économique ». Plus encore, on les encourage dorénavant à créer leurs propres entreprises ou *start-up* pour mieux participer à cette ruée vers l'or. Ce conseil à la Guizot (« Enrichissez-vous ! ») participe du même état d'esprit que l'article significatif de la revue américaine *Nature* qui, s'adressant aux chercheurs, n'hésitait pas à leur dire : « *If you can't patent it, don't do it !* » (Si vous ne pouvez pas breveter le résultat de vos recherches, ne cherchez pas [21] !). « La tendance lourde de ces dernières années de pilotage de la recherche par l'aval, par l'industrie, est devenue une obligation [22]. »

Certes, le raisonnement a sa cohérence. La recherche scientifique est une nécessité, et son financement – de plus en plus coûteux – ne saurait dépendre seulement de l'État. Sauf exception, personne n'est plus dans cette logique industrielle étatique ou bureaucratique. Or, à partir du moment où l'on accepte le libre jeu du marché en matière technoscientifique, force est d'admettre la profitabilité des découvertes. Certains défenseurs de ce principe libéral regrettent d'ailleurs que les chercheurs européens, à la différence de leurs homologues américains ou japonais, n'aient pas encore acquis ce réflexe. Ils y voient une cause possible de retard ou un facteur d'infériorité dans la compétition. C'est le cas d'Alain Gallochat, directeur juridique de l'Institut Pasteur [23].

Les autres grands pays agricoles ont créé des organismes ou des programmes comparables à Génoplante, parmi lesquels on peut citer le *Plant Genome Initiative* américain, ou le *Rice Genome Research Program* japonais. Pour l'instant, les États-Unis gardent

21. Cité par Gregory Benichou, « Une réflexion philosophique sur la privatisation du génome humain », *Les Cahiers du Comité consultatif national d'éthique*, septembre 2000.

22. Henri Thiellement, « Variétés transgéniques, biologie et société », *La Revue de la CFDT, op. cit.*

23. Je me fonde sur le compte rendu d'une table ronde organisée par l'association Génétique et Liberté intitulée « Les enjeux industriels de la génétique humaine » et diffusée sur l'internet (www.genelib.claranet.fr).

une sérieuse avance. On estime que la société américaine Monsanto détient à elle seule soixante-dix pour cent des brevets mondiaux en biotechnologies végétales. Les pays concurrents, notamment en Europe, ont le sentiment d'être engagés dans une « course de vitesse », pour reprendre l'expression de Michel Boucly, vice-président du directoire de Génoplante [24]. On peut comprendre le souci de tenir sa place face à une concurrence planétaire aussi vive. Cela n'empêche pas d'être troublé par ce jeu implacable d'une rationalité marchande enrôlant sans coup férir la recherche scientifique sous la bannière du tout-marché. Concernant Génoplante, plusieurs chercheurs de l'INRA ont protesté contre le caractère mercantile et l'opacité de la démarche. L'association ATTAC, quant à elle, y a vu une étape supplémentaire vers la « société biototalitaire ». Cela n'a pas empêché qu'on aille de l'avant.

Ces dernières années, une résistance à cette mainmise sur l'agriculture mondiale a commencé malgré tout de s'organiser. Elle est le fait d'organisations non gouvernementales, de scientifiques dissidents, d'une poignée de journaux ou de syndicats agricoles comme la Confédération paysanne française. Tous utilisent efficacement l'internet pour diffuser des textes, des contre-expertises, des informations parfois confidentielles. Les uns et les autres s'efforcent de suppléer aux défaillances des structures traditionnelles de la délibération démocratique. Ces mobilisations éparses témoignent, en réalité, d'une transformation en profondeur de la politique elle-même. Elles ont d'ores et déjà permis de remporter quelques victoires. Ainsi l'offensive commerciale des firmes américaines exportatrices d'OGM a-t-elle été sérieusement contrée, en Europe, grâce à la sensibilisation des opinions publiques. Ainsi la semence *Terminator* a-t-elle été – pour l'instant – abandonnée par son concepteur après un véritable tollé planétaire. Résultats encore limités mais prometteurs.

On peut prévoir que ce « front » deviendra plus chaud dans les années à venir. Ne serait-ce que parce qu'on a déjà transposé cette logique semencière, cette appropriation du vivant sur le terrain de

24. Magazine *Science Actualité*, avril 1999.

la biologie tout court. Les raisonnements sont les mêmes, les priorités comparables, la compétition identique. A un détail près : cette fois, il n'est plus question de maïs ou de colza, mais... du corps humain.

Le génome à l'encan ?

Depuis plusieurs années, l'Office européen des brevets et son équivalent américain, le *Patents and Trademark Office*, sont le théâtre d'une âpre compétition juridique, pour ne pas dire d'une empoignade. Jour après jour des chercheurs, des sociétés biotech, des juristes spécialisés y déposent des dossiers complexes dans le but de faire breveter au plus vite telle « trouvaille » génétique ou une portion de génome. Selon Alain Gallochat, plusieurs milliers de fragments d'ADN humain ont déjà été déposés aux États-Unis [25]. Chose extraordinaire : le brevetage ne concerne plus seulement les « inventions » génétiques, il est étendu aux simples « découvertes ». On fait donc une interprétation sans cesse plus extensive de la notion de brevet, accentuant ce qu'il faut appeler une « dérive » de la jurisprudence (le mot est souvent employé par les juristes).

Aux États-Unis, cette dérive est devenue quasiment une règle, pour ne pas dire une obsession. Une généticienne de l'État de Washington décrit ainsi cet immense dérapage : « Supposez qu'une personne ait breveté un microscope et décide ensuite que tout ce qui est vu à travers ce microscope lui appartient. C'est impensable, et c'est pourtant ce qui est en train de se passer aujourd'hui. La course folle est engagée. [...] Une société privée qui cherche à breveter un gène n'a souvent même pas la moindre idée de sa fonction. Elle veut seulement s'assurer des retombées économiques de l'identification du gène [26]. »

On pourrait croire que cette quête précipitée du *copyright* est un effet, somme toute folklorique, du juridisme et du pragmatisme américains. Il n'en est rien. L'Europe n'aura pas résisté bien long-

25. Association Génétique et Liberté, « Les enjeux industriels de la génétique humaine », *op. cit.*
26. Marie-Claire King, citée par Caroline Glorion, *La Course folle. Des généticiens parlent*, *op. cit.*

temps à cette course « impensable ». On peut considérer que l'alignement symbolique du Vieux Continent sur l'Amérique du Nord pour la brevetabilité du vivant a été effectif dès 1998, après l'adoption, à Bruxelles, d'une directive effarante (la directive 98-40-CE). Le généticien Axel Kahn, habitué des débats et consultations organisés par l'Office européen des brevets, avait souvent exprimé son indignation devant ce ralliement progressif aux logiques américaines. Il y voyait la marque d'une influence idéologique irrépressible. « C'est très révélateur, disait-il en 1995, du poids de l'idéologie dominante dans le monde occidental : l'idéologie anglo-saxonne, utilitariste et pragmatique [27]. »

Concernant la directive de 1998, il note que la pression directe des lobbies a été plus déterminante encore que celle de l'idéologie. « La dernière phase de la préparation de cette directive, écrit-il, a été plus ou moins confisquée, dans les États membres et à Bruxelles, par les spécialistes de la propriété industrielle, appuyés par le lobbying des industriels de la génomique. Tous ceux qui s'opposaient depuis longtemps à cette sorte de banalisation des séquences d'ADN assimilées à des inventions chimiques ont été soigneusement écartés [28]. » Parmi les sociétés ayant pratiqué ce lobbying, on peut citer Human Genome Science, Incyte, Millenium ou Genset.

Quelques années auparavant, nul n'aurait imaginé que l'appropriation du vivant avancerait si vite. L'adoption de ce texte comminatoire fut une *catastrophe éthique* dont l'opinion aurait dû être mieux avertie. Cette directive – à la rédaction alambiquée – va en effet très loin puisqu'elle autorise les laboratoires privés et les sociétés de biotechnologie à breveter leurs découvertes, y compris pour ce qui concerne *le patrimoine génétique de l'homme*. Elle enjambe ainsi la dernière frontière. Elle s'affranchit allégrement des dernières retenues. Peu de temps auparavant, un chercheur comme Bernard Edelman évoquait déjà, sans trop y croire, une telle possibilité. « De proche en proche, écrivait-il, on peut craindre que l'homme, d'une façon ou d'une autre, devienne lui-même objet de

27. Axel Kahn, *Société et Révolution biologique. Pour une éthique de la responsabilité*, *op. cit.*
28. Axel Kahn, *in* Caroline Glorion, *La Course folle. Des généticiens parlent*, *op. cit.*

brevet, fut-ce par le biais de son génome [29]. » C'est très exactement la barrière que franchissait, pour de bon, la directive européenne.

Durant l'été 2000, plusieurs milliers de personnalités scientifiques, morales, universitaires européennes ont manifesté leur indignation en signant une pétition lancée par le professeur Jean-François Mattei, député européen. Le Comité national consultatif d'éthique français lui aussi a protesté (un peu tard, il est vrai !) et réclamé qu'un vaste débat fût engagé. Des institutions comme la Croix-Rouge, la Ligue des droits de l'homme ou l'Ordre des médecins ont également protesté. Élisabeth Guigou, alors garde des Sceaux, a fini par déclarer durant ce même été 2000 que cette directive était « incompatible avec le droit français ». Elle s'est attiré une réponse cinglante de la Commission européenne, menaçant la France de sanctions financières. Plusieurs autres États européens, Dieu merci !, ont refusé d'intégrer cette directive dans leurs droits nationaux, comme ils y étaient théoriquement contraints avant juillet 2000.

Cette directive semblait d'autant plus choquante qu'elle faisait fi de plusieurs déclarations officielles au sujet du génome. Citons, par exemple, la Déclaration universelle sur le génome humain et les droits de l'homme adoptée par l'UNESCO le 11 novembre 1997, qui entendait souligner l'unité fondamentale de tous les membres de la famille humaine et l'appartenance du génome au « patrimoine commun de l'humanité [30] ». Citons encore les déclarations analogues du président américain Bill Clinton et du Premier ministre britannique Tony Blair. Déclarations dictées, il est vrai, moins par une préoccupation éthique que par la crainte d'un abus de position dominante de la part d'une société de biotechnologie comme *Celera Genomics*, dirigée par Craig Venter et très active en matière de séquençage du génome. Quoi qu'il en soit, la directive européenne de 1998 apportait la preuve qu'entre les intentions humanistes affichées et la réalité des comportements, il y avait un gouffre.

La vigueur des réactions et l'ampleur de la colère étaient fondées. Face à cette levée de boucliers intervenant, hélas, à contre-

---

29. Bernard Edelman, *La Personne en danger, op. cit.*
30. Je me fonde sur l'analyse de François Ost, « Générations futures et patrimoine », in *Les Clés du XXIᵉ siècle, op. cit.*

temps, les lobbies biotech – comme à l'accoutumée – ont crié à l'obscurantisme, dénonçant un « blocage » possible de la recherche si la directive n'était pas appliquée ; s'inquiétant surtout (mais sans le dire) pour leurs bénéfices. A vrai dire, rarement la pression de l'argent n'avait été aussi criante, effrayante même. Et cela dans une matière cruciale et auprès d'une instance représentative. Le projet européen dans son ensemble n'a-t-il pas pour objectif premier de sauvegarder les valeurs du continent ? Cette appropriation de la vie et cette chosification de l'homme – que dénoncent des prix Nobel aussi peu contestables que François Jacob ou Jean Dausset – ne correspondent-elles pas à une transgression caricaturale de ces mêmes valeurs ?

Certes, ladite directive ne sera probablement jamais intégrée, sous sa forme initiale, aux différents droits nationaux européens. On peut penser que, pour un temps au moins, elle restera lettre morte. L'épisode n'en demeure pas moins *révélateur d'une incroyable vulnérabilité de nos démocraties*. En 1998, au moment où ladite directive fut préparée, discutée, rédigée devant le Parlement et le Conseil européen, ni les organes délibératifs ni les contre-pouvoirs n'auront rempli leurs fonctions. Où étaient les élus ? Que faisait la presse ? Que disaient les experts et les juristes soucieux d'humanisme ? C'est à la lumière de ces questions sans réponses, c'est en songeant à cette extrême fragilité démocratique qu'il faut évoquer les autres risques de chosification du corps humain.

Ils sont plus nombreux – et plus sérieux – qu'on ne le croit.

Les organes à vendre

Pour scandaleuse qu'elle fût, la directive européenne ne portait après tout que sur les gènes, des entités biologiques qui demeurent abstraites, difficiles à définir et, donc, à appréhender. Il en va différemment quand la commercialisation concerne non plus les gènes, mais *les organes humains eux-mêmes*. Or c'est bien cette perspective qui inquiète aujourd'hui nombre de juristes, éthiciens ou philosophes.

Au départ, il faut évidemment faire un constat positif. Les progrès accomplis par la médecine au cours des dernières décennies ont

– notamment – permis de généraliser la pratique des greffes, en étendant celles-ci à des organes de plus en plus complexes : cœur, foie, rein, poumon, moelle osseuse, etc. Qui ne se féliciterait d'une telle avancée permettant à des hommes et à des femmes d'être encore en vie aujourd'hui [31] ? Or, si l'extension des greffes est encore freinée, c'est moins pour des raisons de technique médicale qu'à cause d'une pénurie de certains organes. Entre donneurs et receveurs virtuels, l'arithmétique s'est inversée. Il y a maintenant un manque. La survie de certains patients en attente de greffe se trouve donc quelquefois conditionnée par un effet de loterie : le bon donneur au bon moment. Durant l'année 1999, en France, trois cent trente-trois personnes sont ainsi mortes en attente d'une greffe...

Dès le milieu des années 70, pour remédier à cette pénurie grandissante, on a jugé qu'il fallait adapter la législation. Le sénateur Caillavet, auteur d'une loi de 1976 qui porte son nom, suggéra de modifier dans un sens plus libéral les règles autorisant le prélèvement d'organes sur les cadavres. Jusqu'alors, ces prélèvements n'étaient permis qu'en cas d'accord formel (et testamentaire) du défunt, ou de celui, explicite, de sa famille. La nouvelle loi posait le principe de l'accord tacite. En cas de silence des familles, l'accord était en quelque sorte présumé. Le changement était brutal mais, dans la plupart des cas, les médecins jouèrent un rôle modérateur. Ils s'efforcèrent de recueillir, malgré tout, l'accord des proches et respectèrent les éventuels refus. Tout passait en effet par une relation de confiance et de pudeur, dans un contexte de deuil délicat à gérer.

La loi fut réaménagée en 1994, dans le cadre des lois dites bioéthiques, et l'ancienne loi Caillavet fut amendée. Une certaine sagesse a prévalu. Le prélèvement *post mortem* s'y trouvait à nouveau conditionné par le consentement des familles [32], sauf que celui-ci peut faire l'objet d'une interprétation minimaliste. Concernant le don d'organes entre personnes vivantes, les nouvelles dispositions demeurent prudentes, limitant celui-ci aux personnes

---

31. En France, et tous organes confondus, on a greffé 2 857 personnes en 1995, 2 907 en 1996, 2 997 en 1997, 3 116 en 1998 et 3 018 en 1999. Chiffres fournis par le professeur Didier Roussin, directeur de l'Établissement français des greffes (interview à *Libération*, 22 novembre 2000).
32. Voir chapitre suivant.

liées par des liens familiaux restrictivement énumérés [33]. Il s'agissait évidemment d'empêcher toute dérive mercantile en ce domaine. La commercialisation des organes humains est d'ailleurs interdite par ladite loi et par un traité international. En théorie, le principe de la gratuité absolue demeure.

En théorie...

Dans les faits, les choses sont déjà beaucoup moins claires. Un premier exemple : il existe aujourd'hui, à travers le monde, des milliers d'établissements publics ou privés qu'on appelle les bio-banques. Leur existence est inconnue du grand public. On y stocke des collections d'échantillons d'organismes humains : tissus, cellules, organes, gamètes, etc. « La source principale des bio-banques a consisté jusqu'à présent dans la collecte de "résidus" ou "déchets" chirurgicaux ou de biopsies, c'est-à-dire la conservation de choses abandonnées car jugées sans intérêt [34]. » Or tout est en train de changer avec les progrès de la biologie génétique. Un fragment humain qui hier encore présentait peu d'intérêt direct pourra se révéler précieux après telle ou telle avancée scientifique. Précieux et rentable. Par conséquent, l'accord gratuit donné par un patient au moment du prélèvement de quelques cellules ou d'un peu de tissu peut se révéler un marché de dupe. Sans le savoir, ledit patient aura donné du « matériau » biotechnologique possiblement générateur de profit. Se trouvent ainsi ébranlées à la fois la nature du consentement et l'idée même de gratuité.

En juillet 1998, les conseillers pour l'éthique de la biotechnologie de la Commission de Bruxelles ont mis en garde cette dernière sur l'ambiguïté du statut des bio-banques. Tous les dérapages deviennent possibles, aussi bien dans un sens commercial que dans le cadre de la protection de la vie privée. A travers l'ADN, le moindre fragment humain est porteur de quantité d'informations concernant le donneur ; des informations qui ont leur prix, à tous les sens du terme. Les bio-banques, en effet, sont « de plus en plus associées à la recherche-développement technique et scientifique (RDTS) et aux intérêts économiques qui s'y rapportent [35] ». A la

---

33. La réforme des lois de bioéthique décidée en France en 2001 prévoit d'étendre au conjoint l'autorisation des dons d'organes réciproques.
34. Gilbert Hottois, *Essais de philosophie bioéthique et biopolitique*, Vrin, 1999.
35. *Ibid.*

lumière de ce qui se passe au sujet du génome, le constat ne laisse pas d'inquiéter.

Périodiquement, à l'occasion d'un fait divers ou d'une déclaration, l'opinion et les médias semblent redécouvrir avec effroi cette pratique de « stockage » d'organes humains. Ce fut le cas fin janvier 2001 en Grande-Bretagne après la remise d'un rapport officiel révélant que plus de cent mille organes divers étaient stockés dans les hôpitaux et les instituts universitaires médicaux du pays. Cela avait déjà été le cas l'année précédente lorsque avait éclaté « l'affaire Van Velsen », du nom de ce médecin néerlandais désigné comme le principal préleveur d'organes, notamment à l'occasion d'autopsies d'enfants, et à l'insu des familles. Tout porte à croire que les scandales de ce type se multiplieront.

D'autres inquiétudes se font jour au sujet de la quête d'organes au niveau planétaire. Comme on le sait, les médias et parfois même les polices occidentales évoquent sporadiquement l'hypothèse de trafics qui seraient contrôlés par des organisations mafieuses. Des cas isolés ont été décrits, mais ces informations ne sont pas totalement probantes. On sait néanmoins que certains pays totalitaires, comme la Chine, prélèvent les organes de leurs condamnés à mort pour le compte des dignitaires du régime. Le dissident chinois Harry Wu a publié dans le courant de l'année 2000 un livre dans lequel il dénonce cette pratique. Sous la forme d'une lettre adressée à Bernadette Chirac (et, à travers elle, aux gouvernements occidentaux), Harry Wu, un géologue de soixante-deux ans, qui vit réfugié aux États-Unis après dix-neuf ans de goulag chinois, soutient même que la Chine post-maoïste est devenue le centre d'un immense commerce d'organes [36]. Exemple limite mais encore isolé.

La pratique du « tourisme des organes », en revanche, est un phénomène dont la généralisation ne fait plus aucun doute. La presse médicale s'en fait régulièrement l'écho. De quoi s'agit-il ? De l'achat, par des ressortissants des pays riches du Nord, d'organes humains vendus, en désespoir de cause, par des pauvres du Sud. On sait par exemple que des centres de transplantations existent en Asie ou dans le monde arabe, et que des patients venus du

---

36. Harry Wu, *Lettre ouverte à Bernadette Chirac*, trad. de l'anglais par Marie Costa, Éd. Indigène, 2000.

Nord y sont reçus et greffés au prix fort. On a parfois trouvé sur l'internet des sites proposant de la même façon des organes humains, et plusieurs ONG se sont fait l'écho de ce scandale humanitaire d'un type nouveau.

Dans le climat de frénésie marchande qui prévaut sur toute la planète, dans la logique de chosification progressive du vivant à laquelle consentent peu à peu les démocraties, de telles pratiques ne peuvent que s'étendre et se généraliser. A la limite, comme le souligne justement Hervé Kempf, on ne voit d'ailleurs pas au nom de quelle « autre » logique on refuserait une juste rétribution des donneurs, surtout lorsqu'il s'agit de pauvres[37]. Mais en faisant cela, on accepterait *ipso facto* que le corps humain soit définitivement assimilé à une marchandise et soumis à toutes les formes possibles de tarification.

Toutes ces contradictions insurmontées entre éthique et loi du marché, ces inquiétudes récurrentes et ces dérives expliquent la tournure passionnelle que prennent chez nous certains débats comme celui – explosif – touchant au statut de l'embryon.

L'énigme de l'embryon

Le statut à donner à l'embryon durant ses premiers jours, ou semaines, est une question débattue depuis des siècles. On peut même dire que, de tout temps, elle a mobilisé prêtres et savants, pouvoirs temporels et spirituels, juristes et philosophes. Cette interrogation n'est pas le propre de la civilisation occidentale. On trouve trace de la même question – la même *énigme* – aussi bien en Orient qu'en Asie ou en Afrique. D'innombrables traités (Aristote, Descartes, etc.) ont été écrits sur ce sujet. L'embryon est-il une simple chose ? Alors, il est difficile de comprendre comment cette « chose » porte en elle toutes les virtualités d'un être humain, car « l'œuf est riche de tout l'avenir de l'organisme et contient tout en puissance, même la destinée de l'espèce[38] ». Ce « grumeau de cellules qui hier n'était pas » (pour reprendre l'expression de France

---

37. Hervé Kempf, *La Révolution biolithique, op. cit.*
38. Étienne Wolf, article « Embryologie » de l'*Encyclopaedia Universalis*, éd. 1989, cité par René Frydman, *Dieu, la médecine et l'embryon*, Odile Jacob, 1999.

Quéré) serait-il alors une *personne* méritant le statut ontologique d'être humain ? Pour user d'une terminologie ancienne, la question revient à se demander si l'embryon a une âme. Et, si oui, à partir de quel stade de son développement ?

Interrogation très ancienne, en effet, et irrésolue au cours des siècles. Aristote distinguait par exemple trois stades : l'âme *végétative*, l'âme *sensitive* et l'âme *intellective*. Chez les chrétiens, contrairement à ce qu'on croit, « la discussion a duré des siècles et dure encore. Les penseurs se sont divisés entre les tenants de l'animation précoce et les tenants de l'animation tardive. Les autorités de l'Église n'ont jamais tranché entre les deux thèses [39] ». Une divergence opposant notamment les pères grecs – comme Grégoire de Nysse –, partisans de l'animation précoce (au moment de la conception), et les pères latins partisans de l'animation tardive. Pour saint Thomas, qui s'inspire sur ce point d'Aristote, cette animation survient au bout de quarante jours pour les garçons et quatre-vingt-dix jours pour les filles. Les pères latins furent approuvés au XVIe siècle par le magistère romain.

Dès l'origine, en tout cas, ce débat sur le statut de l'embryon fut jugé d'autant plus important qu'il induisait une certaine idée de l'homme lui-même. « Les penseurs de l'Antiquité chrétienne, écrit Patrick Verspieren, percevaient bien que leurs positions sur le commencement de la vie humaine étaient indissociables d'affirmations portant sur l'homme en général, sur son unité bio-spirituelle, sur la dignité de son corps, sur sa capacité à transmettre le mal de génération en génération [40]… »

Dans le judaïsme, le Talmud retient, dans tous les cas, le délai de quarante jours avant l'animation. Pour l'islam, celle-ci survient après quarante ou cent vingt jours selon les textes. « Chez les musulmans, la "vie" en tant que telle ne commence qu'au moment où le bouton embryonnaire devient visible – c'est-à-dire selon les observations effectuées par Avicenne, après le vingt et unième jour suivant la fécondation ou, selon d'autres observateurs, à partir du trentième jour [41]. » Mais dès avant cette date la vie est sacrée – même si elle est encore « inanimée » par Dieu – et doit être respectée.

39. Olivier de Dinechin, *L'Homme de la bioéthique*, Desclée de Brouwer, 1999.
40. Patrick Verspieren, « Énigmatique embryon », *Études*, février 1996.
41. René Frydman, *Dieu, la médecine et l'embryon, op. cit.*

Or ce débat immémorial avait été mis entre parenthèses lorsque les sociétés occidentales, dans leur majorité, renoncèrent à pénaliser l'interruption volontaire de grossesse. Les adversaires de l'IVG – minoritaires – furent longtemps les seuls à soulever encore cette question, aussi bien pour l'embryon de quelques jours que pour le fœtus de quelques semaines. Aujourd'hui, le statut de l'embryon redevient une immense question. Elle alimente, mais à frais nouveaux, un rude débat. Un débat largement faussé, à gauche, par la crainte qu'il ne fasse mécaniquement resurgir la question de l'avortement.

Deux occurrences particulières, liées l'une et l'autre aux progrès de la biogénétique, expliquent ce retour fracassant. D'abord, le problème des embryons dits *surnuméraires*. Avec le développement de la procréation médicalement assistée (PMA), la fécondation *in vitro* et le diagnostic pré-implantatoire (DPI), on a créé, puis écarté quantité d'embryons inutilisés que l'on stocke en état de congélation. En 1997, la Direction de la santé estimait que les congélateurs des hôpitaux français contenaient environ cinquante mille embryons. Huit mille d'entre eux ne faisaient plus l'objet du moindre « projet parental » [42]. Sauf exception, les lois bioéthiques de 1994 interdisaient de détruire ceux qui avaient été conçus après cette date. Qu'allait-on faire, dans l'avenir, de ces « stocks vivants » ? Les conserver indéfiniment ? Les jeter ? Aucune réponse ne peut être apportée à cette question si l'on ne s'accorde pas préalablement sur le statut de ces « amas de cellules » qui sont à la fois des « personnes potentielles », selon la terminologie – ambiguë – adoptée par le Conseil consultatif national d'éthique français.

Seconde question, consécutive à la première : celle des expérimentations éventuelles, de la recherche scientifique, voire de l'instrumentalisation biogénétique sur (et de) ces embryons. Pour les scientifiques, l'embryon surnuméraire ne constitue pas seulement un précieux objet d'étude, il est aussi un matériau biologique utilisable, une sorte de machine à fabriquer des substances, tissus et portions d'organes. On distingue à ce sujet deux catégories de cellules : les cellules ES (abréviation de *embryonic stem cell*), prélevables quelques jours après la conception *in vitro*, et les cellules

---

42. Chiffres cités par Olivier Blond, *La Recherche*, n° 329, mars 2000.

EG (pour *embryonic germ cell*), que l'on ne peut prélever que sur des fœtus avortés à la huitième semaine. « Les cellules souches embryonnaires peuvent donner naissance à tous les types cellulaires d'un organisme, ou en tout cas à la plus grande partie d'entre eux. Elles pourraient donc être utilisées pour régénérer des parties entières du corps endommagées par des accidents ou par le vieillissement [43]. » On comprendra aisément l'intérêt qu'on porte aujourd'hui à ces « gisements » de vie.

Et de profits ?

Personne ou non-personne ?

C'est donc la recherche scientifique et la biotechnologie qui, ensemble, ont ramené ce dilemme sur le devant de la scène. Il est débattu aujourd'hui dans un climat d'urgence juridique et surtout industrielle qui ne favorise pas la sérénité. Ni la hauteur de vues. Sur le plan des principes, il est vrai, les positions des uns et des autres sont très éloignées. A la frange extrême de l'utilitarisme scientifique, on cite généralement le grand philosophe et bioéthicien postmoderne Tristram H. Engelhardt, dont les recherches et les positions (plutôt scientistes) ont beaucoup influencé la bioéthique américaine. Pour lui, les choses sont relativement simples car, dit-il, « la technologie a modifié notre appréciation de la condition humaine ». L'espèce humaine, ajoute-t-il, n'est pas immuable et, à long terme, elle peut parfaitement être « remodelée ». Engelhardt considère que, parmi les êtres humains, certains ne sont pas encore – ou ne sont plus – des « personnes » au plein sens du terme. Dans cette catégorie des « non-personnes », il fait entrer les nourrissons, les vieillards impotents et, bien sûr, les embryons [44]. L'utilisation de ces derniers pour la recherche ou la culture cellulaire ne lui pose donc aucun problème de principe.

Cette vision pragmatique et désacralisante du corps humain en général est relayée en Europe par certains essayistes ou philosophes très favorables aux avancées de la biotechnologie. C'est le

---

43. *La Recherche, ibid.*
44. Tristram H. Engelhardt, *The Foundation of Bioethics*, Oxford University Press, 1986.

cas du Belge Gilbert Hottois pour qui le corps est un « produit factuel et contingent [...] modifiable et opérable suivant des finalités déterminées par les hommes ». Il rejette toute idée du corps « qui serait à respecter comme tel en vertu d'une nécessité et d'une obligation onto-théologiques »[45].

A l'opposé exact de ce pragmatisme sans nuance, on peut ranger certains points de vue restrictifs, comme celui de l'Allemagne, où l'embryon est considéré comme une personne dès la fusion de l'ovule et du spermatozoïde, une personne qui ne peut donc faire l'objet d'aucune recherche ou manipulation. Position rigide, qui est aussi, comme on le sait, celle des autorités catholiques romaines. Cette doctrine a été maintes fois réaffirmée au cours des dernières décennies, notamment le 22 février 1987, par la fameuse Instruction *Donum Vitae* de la Congrégation pour la doctrine de la foi. « Le fruit de la génération humaine, dit-elle, dès le premier instant de son existence, c'est-à-dire à partir de la constitution du zygote, exige le respect inconditionnel moralement dû à l'être humain dans sa totalité corporelle et spirituelle. L'être humain doit être respecté et traité comme une personne dès sa conception, et donc dès ce moment on doit lui reconnaître les droits de la personne, parmi lesquels en premier lieu le droit inviolable de tout être humain innocent à la vie[46]. »

Cette raideur doctrinale est quotidiennement dénoncée. Elle tranche, il est vrai, avec le pragmatisme tâtonnant, circonspect, incertain, mais souvent de bonne foi, qui prévaut ailleurs. Ce contraste aboutit quelquefois à des retrouvailles paradoxales. Il arrive en effet que les adversaires les plus résolus du point de vue catholique lui concèdent le mérite de la cohérence. C'est le cas de François Dagognet, un des philosophes français contemporains les plus favorables aux diverses transgressions biogénétiques (clonage, etc.). « Rendons un sincère hommage à l'Église catholique, écrit-il : elle condamne également les trois moyens (la contraception, l'IVG et la stérilisation). En effet, ou bien on les

---

45. Gilbert Hottois, *Essais de philosophie bioéthique et biopolitique, op. cit.* On doit noter que, dans ses premiers livres, Gilbert Hottois se présentait plutôt en disciple de Gilbert Simondon et se montrait résolument critique à l'égard de la technique et des technosciences. Il semble avoir changé d'avis...
46. *Questions actuelles. Le point de vue de l'Église,* n° 13, mai-juin 2000.

accepte tous, ou bien on les récuse en bloc. Ne permettons pas au casuiste ou au moraliste habile de tolérer les uns et d'exclure les autres alors qu'ils ne font qu'un[47]. » Un gynécologue comme Claude Sureau, membre de l'Académie des sciences, fait le même constat lorsqu'il écrit : « On notera la cohérence de l'attitude catholique dans deux domaines où elle fut souvent critiquée, y compris par moi-même, la contraception et la fécondation *in vitro*. [...] Il serait fallacieux de méconnaître la réalité du problème et injuste de nier la cohérence conceptuelle d'une attitude restrictive à cet égard[48]. »

Comment justifier, en effet, que l'on protège un embryon de quelques jours en refusant qu'il fasse l'objet de recherches ou d'expériences, alors même que l'on consent à ce qu'un fœtus de plusieurs semaines soit éliminé dans le cadre de l'IVG ? La recherche sur l'embryon reviendrait-elle à instrumentaliser ce dernier d'une façon plus délibérée, plus systématique et plus scandaleuse que si l'on se contente de « l'éliminer » ? Certains s'efforcent d'argumenter à partir de ce distinguo. D'autres – et notamment l'Église – y voient une hypocrisie inacceptable.

Cela dit, entre des positions symétriques aussi opposées, c'est peu de dire que la réflexion contemporaine et les juristes cherchent désespérément une voie raisonnable qui n'entraverait pas la recherche scientifique tout en respectant le *principe d'humanité*. Qui pourrait indiquer le chemin ? On est évidemment tenté de se tourner vers la science elle-même, pour lui demander de résoudre un problème qu'elle a contribué à raviver. Force est de constater que cette attente est – et sera – vaine. D'abord, parce que les spéculations scientifiques sur les différents stades de développement du fœtus et sur les premières divisions cellulaires (blastocyte, etc.) s'apparentent, d'un point de vue éthique, à des arguties absconses. La science, en vérité, n'est pas armée pour apporter des définitions ou fixer des « seuils » qui ne relèvent pas d'observation. On a toujours tort de confondre le « descriptif » et le « prescriptif ». Un biologiste agnostique aussi averti que René Frydman est le premier à le reconnaître : « L'être de l'embryon, écrit-il, n'appartient

---

47. François Dagognet, *La Maîtrise du vivant*, Hachette, 1988.
48. Claude Sureau, « L'embryon : une entité spécifique ? », *in* Forum Diderot, *L'Embryon humain est-il humain ?*, PUF, 1996.

pas à la biologie : elle ne peut que le décrire, car il est, fondamentalement, de l'ordre de la métaphysique [49]. »

Les manipulateurs du langage

Mais la vraie raison de l'embarras des scientifiques est ailleurs. Elle est interne à la science elle-même. Au sujet de l'embryon, les progrès technoscientifiques – et les réformes juridiques qui les accompagnent – ont débouché sur une contradiction objective trop rarement évoquée. Elle est pourtant saisissante. D'un côté, par mille chemins, la science et le droit nous ont conduits vers une *personnification sans cesse plus avancée du fœtus*. L'échographie permet de le « voir » ; la génétique permet de l'identifier et, en quelque sorte, de « l'ausculter » ; globalement, la réflexion scientifique le distingue dorénavant de la mère, avec laquelle, jadis, il était peu ou prou confondu. Dans le même temps, le droit reconnaît dorénavant le fœtus comme une personne, titulaire de droits, notamment thérapeutiques. En accord avec l'idéologie des droits de l'enfant [50], une sensibilité nouvelle s'est développée, qui *vise à protéger le fœtus, au besoin contre sa propre mère*.

Comme le dit un praticien, le « fœtus-patient » a fait son apparition. Cette extraordinaire personnification du fœtus peut même aller très loin. A Atlanta (Géorgie), par exemple, une femme s'est vu imposer par voie de justice une césarienne qu'elle refusait pour des raisons religieuses. « Les médecins américains ont pu lire dans *The American Journal of Obstetrics and Gynecology* que leurs responsabilités envers le fœtus *en tant que patient* pourraient les autoriser à pratiquer la chirurgie sur une femme enceinte, même si celle-ci n'y consentait pas. Le cas d'Atlanta fera jurisprudence [51]. »

A l'opposé, le droit à l'avortement, considéré comme un acquis dans la plupart des pays développés, et maintenant la volonté de recherche sur l'embryon font de ce dernier un « objet » à la disposition de la mère dans un cas, de la science dans l'autre. La contra-

---

49. René Frydman, *Dieu, la médecine et l'embryon, op. cit.*
50. J'ai largement traité de cette question dans *La Tyrannie du plaisir*, Seuil, 1998.
51. Cité par Michèle Fellous, « Échographie, fœtus, personne », *in* Simone Novaes (dir.), *Biomédecine et Devenir de la personne*, Seuil, 1991.

diction est donc totale, insurmontable. Sauf à ruser avec le langage. C'est le plus souvent ce qu'on fait. « Analysant le discours des divers praticiens, écrit Michèle Fellous, il est paradoxal de constater que, selon la recherche poursuivie, le fœtus est qualifié de personne humaine ou que ce statut lui est dénié. [...] Certaines techniques induisent une "personnification" du fœtus tandis que d'autres le déshumanisent [52]. »

Ce recours à la ruse sémantique devient une échappatoire courante, et c'est significatif [53]. Certains biologistes, par exemple, préfèrent parler de *conceptus* pour ne pas utiliser le mot « fœtus » trop chargé de sens. D'autres ont tenté de faire prévaloir le concept de « pré-embryon », ce qui répondait à des objectifs si manifestement stratégiques que la ruse fut assez rapidement éventée. « La notion de pré-embryon (ou toute notion semblable) doit donc *répondre à des fins opérationnelles*, qui visent notamment à disposer du produit de la conception humaine au cours des quatorze premiers jours, sans devoir se poser les mêmes problèmes éthiques qu'après [54]. » Cette invention opportune du « pré-embryon » fut dénoncée jusque dans les journaux scientifiques américains. « Ceux qui sont en train d'introduire "pré-embryon" dans le vocabulaire [...] manipulent les mots pour influencer le débat éthique. L'utilisation de ruses de langage n'aide pas à le résoudre [55]. »

C'est pourtant cette ruse qui prévaut encore dans certains textes. La loi anglaise, par exemple, a fait sien ce concept menteur de « pré-embryon » pour décider qu'avant le quatorzième jour il ne s'agissait pas d'un être humain. Les autres droits occidentaux s'engagent irrésistiblement sur le même chemin du pragmatisme et de l'acrobatie langagière. C'est ce qu'a fait, en France, le Conseil constitutionnel en affirmant que le respect dû aux êtres humains ne s'appliquait pas aux embryons conçus *in vitro*, les pla-

---

52. *Ibid.*
53. Le 28 novembre 2000, le Premier ministre Lionel Jospin a voulu user de ce stratagème en proposant de remplacer l'expression « clonage non reproductif » par « transfert de cellules somatiques », afin de dédramatiser le choix – discutable – qu'il faisait d'autoriser ce dernier procédé.
54. Paolo Parisi, « Pré-embryon : concept scientifique ou notion pratique », in *Vers un antidestin. Patrimoine génétique et droits de l'humanité*, *op. cit.*
55. J. Kelly, *The Lancet*, 13 janvier 1990, cité par Marie-Angèle Hermitte, « L'embryon aléatoire », in *Le Magasin des enfants* (dir. Jacques Testard), Bourrin, 1990.

çant ainsi en dehors de la communauté des humains. On a cédé « à la demande des scientifiques, au nom du droit des malades à profiter des progrès thérapeutiques. [...] Le signal d'alerte n'a pas été entendu [56] ».

C'est encore ce pragmatisme qui a présidé, en 2001, à la réforme des lois bioéthiques françaises, destinée entre autres choses à autoriser la recherche sur l'embryon. A lui seul ce pragmatisme indécis est la preuve que l'énigme de l'embryon n'est pas résolue, loin s'en faut. Aujourd'hui comme hier, elle renvoie chacun de nous à l'écrasante responsabilité du choix. Écrasante, en effet. L'Histoire nous enseigne que le statut qu'on accorde à l'embryon reflète celui que l'on concède à l'homme. L'embryon transformé en chose ? Ce ne serait pas de bon augure. « Manquer de respect à l'embryon en raison de l'absence de ces capacités, c'est se mettre sur le chemin du manque de respect à l'"homme sans qualités"[57]. »

Telle est la question. Elle nous brûle.

Le pire de tout, la lâcheté suprême, serait de laisser aux nouveaux corsaires et financiers du « biotech » le soin d'y répondre...

---

56. Marie-Angèle Hermitte, « Pouvoirs sur la vie, pouvoirs sur la mort, le rôle du droit », in *Qu'est-ce que l'humain ?*, *op. cit.*

57. Patrick Verspieren, *in* « L'Embryon entre chose et personne humaine », colloque du Centre Rachi, novembre 1995.

Chapitre 5

L'homme réduit à ses organes ?

« Il s'agit de nouer ensemble le biologique, le
social et l'inconscient subjectif [...] c'est-à-dire
ce qui constitue l'homme comme homme et pas
uniquement comme viande vivante. »

Pierre Legendre [1]

Partons d'un constat simple, pour ne pas dire d'un lieu commun : la médecine est aujourd'hui tourmentée par sa propre technicité. Les progrès foudroyants accomplis ces dernières décennies ont insidieusement transformé la pratique médicale. Les médecins ne sont pas les derniers à s'en inquiéter. Ultra-spécialisée, lourdement appareillée, infiniment précise dans ses interventions aussi bien chimiques que chirurgicales, la médecine éclate aujourd'hui en une infinité de disciplines aussi performantes que particulières. Elle cible dorénavant son travail sur les tissus, les vaisseaux, les os, les parties du corps, les organes. Elle est aidée en cela par une technologie sans cesse plus performante – de l'imagerie médicale à l'informatique, du laser aux infrasons – qui affine jusqu'à l'infinitésimal la portée du geste thérapeutique. Sans parler de la procréation médicalement assistée (PMA) ou des prochaines thérapies géniques, qui procèdent d'une démarche encore plus technologique.

La contrepartie de cette technicité, c'est l'accent mis principalement sur les organes. Ce sont eux que l'on soigne ou que l'on « répare ». Le médecin se fait mécanicien. La personne du malade est reléguée au second plan. La nouvelle technique médicale induit une inclination pour le mesurable, le quantifiable, l'analysable. Irrésistiblement, l'examen médical s'en trouve *objectivé*. Le patient, quant à lui, disparaît derrière l'infinie complexité de son anatomie. Les paramètres qu'analysent et surveillent des machines substituent

---

1. *Le Monde*, 22 avril 1997.

à la personne souffrante une avalanche de données mathématiques. Ainsi se trouve minimisée, voire oubliée, cette dimension subjective qu'on appelait autrefois le *vécu*.

Beaucoup de praticiens sont conscients des risques qu'entraîne cet évanouissement du patient-sujet au profit d'un corps fragmenté. Cela fait même bien longtemps que cette crainte, ici et là, s'exprime. Il n'est pas si simple de la conjurer. Avec la meilleure volonté du monde, chaque médecin – fût-il non spécialiste – n'est-il pas conduit à privilégier une objectivité instrumentale au détriment d'une « écoute » qualitative ? La rigueur du diagnostic et l'efficacité des soins ne l'exigent-elles pas ? En douceur, prévient cependant un médecin, on risque de passer d'une démarche déjà trop objectivante à une pratique transformant carrément le corps du malade en *pure matière vivante*. Si tel était le cas, ajoute-t-il, « nous craignons que les médecins, en tant que corps social, n'y survivent pas et que l'ère du technicien biomédical ne soit celle de la disparition de la figure sociale du médecin[2] ».

Le succès du livre *La Maladie de Sachs*, écrit par un médecin généraliste, exprima bien l'intensité d'une certaine attente sociale à l'égard de la pratique médicale (écoute, langage, présence, humanité du dialogue), attente que frustre aujourd'hui l'évolution techniciste de la profession[3]. Cette crainte est déjà ancienne. Souvenons-nous des sempiternelles discussions d'avant-hier sur l'humanité irremplaçable du médecin de famille, progressivement supplantée par la froide compétence du spécialiste. Michel Foucault quant à lui décrivait déjà l'hôpital comme une « machine à guérir », au sein de laquelle le patient, environné d'appareils et de voyants lumineux, n'était plus qu'un assemblage d'organes à scruter. Aujourd'hui, la nouvelle *doxa* biologique et génétique rend plus redoutable qu'hier cette approche naturaliste. La biologisation de la vie transforme de fond en comble notre perception du corps humain lui-même. Que l'on songe aux différentes transplantations, greffes ou appareillages qui voient la médecine soupeser l'état fonctionnel des différentes parties du corps, perçues comme autant de « pièces » remplaçables. Cette approche nous accoutume

---

2. Dr Jean-Christophe Mino, « La biomédecine entre biologie et médecine », *Études*, mai 1998.
3. Martin Winckler, *La Maladie de Sachs*, POL, 1998.

peu à peu « à l'idée que nous sommes des "hommes cellulaires", des sortes de réceptacles d'organes [4] ».

Les psychanalystes sont évidemment les premiers à déplorer cette nouvelle myopie scientiste. « Il est banal de le constater, dit l'un d'eux, on a eu tendance à moins se préoccuper de l'individualité du malade et à le considérer plus comme un amas d'organes à réparer ou à remplacer que comme une personne avec une histoire et des sentiments [5]. » Ce n'est qu'à une date toute récente qu'on a pris conscience de la nécessité impérative d'une préparation ou d'un suivi psychologiques, avant et après certaines interventions comme la greffe ou l'ablation d'un organe. Une psychanalyste, Geneviève Delaisi de Parseval, souligne qu'il en va de même pour les interventions relevant de la procréation médicalement assistée et redoute que les médecins se contentent en la matière de proposer des « solutions techniques ». Mais l'accompagnement humanisant qu'elle réclame est encore l'exception. L'oubli du patient au profit de ses organes demeure une tendance d'autant plus lourde que la biologisation gagne l'ensemble de la médecine, psychiatrie comprise.

Un corps aux yeux troués

Il est une autre façon de mesurer cet oubli du sujet et ce désintérêt pour la nébuleuse d'affects et de données immatérielles qui, autant que ses organes, le constituent. Songeons non plus au traitement que la médecine réserve au sujet vivant, mais à la façon dont une société perçoit et traite un corps sans vie. C'est avec cette interrogation à l'esprit qu'on peut revenir, par exemple, sur la pratique du prélèvement d'organes *post mortem*. La nouvelle loi (1994) a redonné une place, on l'a dit, au consentement des familles. En revanche, *elle ne fixe pas de limite quantitative aux prélèvements*. Elle ouvre donc théoriquement la porte à un démembrement du défunt. Or, parmi quelques autres faits divers, une douloureuse procédure judiciaire – « l'affaire d'Amiens », de 1992 – est venue

---

4. Bernard Edelman, *La Personne en danger, op. cit.*
5. Jacques Hochmann, « La pensée métaphorique », *in* Jacques Hochmann, Marc Jeannerod, *Esprit, où es-tu ? Psychanalyse et neurosciences, op. cit.*

rappeler qu'on ne pouvait impunément rétrograder le corps humain, même mort, au rang de simple stock d'organes.

Un jeune cycliste de dix-huit ans, fauché en juillet 1991 par une voiture et grièvement blessé, fut transporté à l'hôpital de Dieppe, puis au CHU d'Amiens, où la mort cérébrale fut constatée. Répondant à la demande des médecins, les parents du jeune Christophe, très favorables au principe du don d'organes, acceptèrent que plusieurs prélèvements précis soient opérés sur le corps de leur fils. Ce qui fut fait. Quelques mois plus tard, à la suite d'une indiscrétion, les parents apprirent que lesdits prélèvements avaient été plus nombreux qu'annoncés, puisque « huit actes de chirurgie et deux actes non chirurgicaux ou examens » avaient été pratiqués, parmi lesquels la récupération des deux cornées. Scandalisés de ne pas avoir été préalablement informés, ils intentent une action judiciaire. Celle-ci leur permet, en 1992, de prendre la mesure exacte du dépeçage de leur fils mort. Ils découvrent que les prélèvements ont été encore plus nombreux : « Celui des yeux (et non pas seulement des cornées), mais aussi ceux de l'aorte descendante, de l'artère iliaque et fémorale droite, de deux veines saphènes et de la veine fémorale droite. Ils en retirent "une vision de cauchemar [6]". »

Arrêtons-nous à ce dernier mot : cauchemar. Il est porteur d'une leçon. Dans l'esprit des familles endeuillées, comme dans celui de tout être conscient, le corps ne peut être ramené purement et simplement au rang de matériau. Il est porteur de significations symboliques, d'une « trace » d'humanité qu'on ne peut écarter d'un revers de main. C'est la complexité de cette relation au cadavre, y compris dans une société matérialiste et laïcisée, que prenait jadis en compte la législation française en posant le principe de la *liberté des funérailles*. La loi de 1887 avait arraché à l'Église le privilège d'organiser la topographie des cimetières. Elle laisse à chacun le droit de décider ce qu'il advient de sa dépouille mortelle. C'est ce principe de souveraine liberté qu'était venue battre en brèche la loi Caillavet de 1976, en *présumant* le consentement du mort aux prélèvements sur son corps.

Au sujet du corps d'un proche parent, le magnifique principe de

---

6. J'emprunte cette analyse à Patrick Verspieren, « Les limites du tolérable. À propos des prélèvements de tissus et organes humains », *Études*, novembre 1994.

solidarité humaine qui préside au don d'organes bute donc, qu'on le veuille ou non, sur une limite infranchissable : *la représentation du corps comme « autre chose » qu'un simple conglomérat de tissus et d'organes*. Dans les années qui suivirent la loi Caillavet, comme le souligne la juriste Marie-Angèle Hermitte, « des familles signifièrent l'impossibilité d'accepter ces cadavres sans regard, vides d'organes, dépouillés de leur peau et désormais démembrés. Elles mettaient à jour le combat des qualifications : cadavre qui perpétue quelque chose de la personne morte, bien commun de la famille, matériau thérapeutique ? Elles rappelaient le principe oublié [7] ». La matérialité des choses – besoin d'organes à greffer, compatibilité des tissus ou des rhésus, technicité des prélèvements, délais de conservation, etc. – ne peut donc faire oublier l'autre aspect de *ce qui se joue* dans ce type d'affaire. Ce « quelque chose » procède du symbolique et peut-être est-il, en fin de compte, plus important que tout le reste.

Poussons un peu plus loin l'analyse. En fait, deux imaginaires, deux représentations se trouvent affrontés lorsqu'il s'agit de prélever des organes sur une personne en état de mort cérébrale. D'abord, en faveur du don, celui que nourrit l'impératif de solidarité. Y a-t-il une expression plus puissante de la solidarité humaine que ce don de chair réutilisable ? Dans ce prodigieux échange d'une personne à une autre, dans cette circulation organique réunissant les vivants et les morts, dans ce lien étrange, établi entre le corps sans vie du donneur et celui, pantelant, du receveur, quelque chose se passe qui, à l'évidence, ne relève plus de la seule médecine. Cette « mise en commun d'une souffrance » évoque quelque chose comme *la constitution d'une nouvelle communauté des humains* dont les liens seraient à la fois biologiques et symboliques.

Un chercheur à l'École des hautes études en sciences sociales, Michel Tibon-Cornillot, a écrit des pages pertinentes sur cette nouvelle configuration collective et ce « don de chair ». À ses yeux, tout cela rejoint certaines formulations chrétiennes. Il y voit même « un christianisme réalisé ». À travers le don d'organes, dit-il, se met en place « une nouvelle communauté qui, entre l'acte du don, de la réception et la présence bien réelle des parties du corps,

---

7. Marie-Angèle Hermitte, « Pouvoirs sur la vie, pouvoirs sur la mort, le rôle du droit », in *Qu'est-ce que l'humain ?*, *op. cit.*

évoque irrésistiblement la communauté ecclésiale catholique [qui] s'affirme en tant que Corps mystique, celui du Christ ressuscité dont chaque croyant constitue spirituellement *et réellement* une partie de la chair et du sang[8] ». On pourra trouver abusive ou « tirée par les cheveux » cette interprétation théologique, mais nul ne peut nier la force de l'imaginaire qui surplombe ces nouvelles solidarités biologiques. Le don d'organe est tout sauf un échange anodin.

À l'opposé de cela, c'est un autre imaginaire – contraire mais tout aussi légitime – que vient bousculer le prélèvement des organes. Cet imaginaire a partie liée avec les rapports que chaque être humain entretient avec son propre corps ou celui de ses proches. Or ces rapports sont pétris d'ambiguïté et chargés de symbolique. L'homme, en effet, ne *possède* pas son corps à proprement parler, il *est* aussi son corps. La démarche phénoménologique d'un Maurice Merleau-Ponty a mis en lumière ce paradoxe. Il explique que toute approche réductionniste du corps humain ébranle des choses beaucoup plus profondes qu'on ne le croit.

On ne peut dépecer abusivement un cadavre identifié que mille liens rattachent encore à une présence, à un souvenir, à une affection. On ne peut faire « comme si » cette dépouille n'était plus rien. Disons que *ce n'est pas si simple...* L'usage que, vivant ou mort, nous faisons du corps humain n'est d'ailleurs jamais neutre au regard du type de société que nous avons choisi d'instituer. Le grand Marcel Mauss appelait « techniques du corps » ces manières spécifiques par lesquelles nous habitons et utilisons notre corps. À travers elles se transmettent en effet des normes sociales, des valeurs partagées, une certaine idée du rapport à l'autre et à soi-même[9]. De ce point de vue, le corps n'est pas seulement matière ou organes.

---

8. Michel Tibon-Cornillot, *Les Corps transfigurés. Mécanisation du vivant et imaginaire de la biologie*, *op. cit.*

9. J'emprunte cette citation de Marcel Mauss à Simone Novaes, « Don de sang, don de sperme : motivations personnelles et sens social des dons biologiques », *in* Simone Novaes (dir.), *Biomédecine et Devenir de la personne*, *op. cit.*

Une « psychologie bétaillère »

Cette présence du symbolique dans les rapports que nous entretenons avec la chair nous renvoie à une évidence trop souvent oubliée : la personne ne se réduit pas à la matérialité fonctionnelle de son corps, ni de son cerveau, ni *a fortiori* de son génome. Un « plus » intervient dans l'identité humaine. Comme le souligne justement Dominique Bourg, l'existence personnelle n'est pas réductible à la seule individualité biologique. « Nous n'existons qu'au-dehors de nous-mêmes, qu'en raison de notre participation mutuelle à l'univers des signes et symboles, lequel univers est intrinsèquement historique[10]. »

Or ces réseaux symboliques dont procède la personne sont gravement négligés par une démarche strictement biologique. Ils le sont même, quelquefois, par la bioéthique elle-même, en dépit de sa bonne volonté humaniste. Lorsqu'elle intervient pour interdire toute commercialisation des organes humains – au prétexte qu'ils ont un caractère sacré –, la bioéthique tient un discours qui n'est pas si clair que cela. Certains estiment que la seule insistance mise à décrire le corps comme un ensemble d'organes utilisables malmène dangereusement nos repères symboliques. « Le fait d'utiliser couramment l'expression "matériaux biologiques" fait entrevoir et cautionne d'avance une représentation du corps comme ensemble de parties "construites" [...]. Cette vision minimaliste et fragmentaire du sacré contribue à voiler la représentation du corps humain comme tout indécomposable, animé par le souffle de la vie, et comme fondement premier des rapports symboliques[11]. »

Toute l'œuvre monumentale d'un grand historien du droit comme Pierre Legendre est consacrée, dans le fond, à cette immense question. Legendre n'a pas de mots assez durs pour fustiger le réductionnisme biologique, dénoncer ce qu'il appelle une « psychologie bétaillère ». Il voit même dans « l'avènement progressif de l'idée selon laquelle la vérité de la filiation serait biologique » un des fondements des totalitarismes modernes, toujours imprégnés de scien-

---

10. Dominique Bourg, *L'Homme artifice*, op. cit.
11. Marie-Dominique Perrot, Gilbert Rist, Fabrizio Sabelli, *La Mythologie programmée. L'économie des croyances dans la société moderne*, PUF, 1992.

tisme. « L'hitlérisme, ajoute-t-il, a été le triomphe de cette absurdité, l'extermination des Juifs a été l'accomplissement d'une conception chosifiée, "bouchère", de la filiation[12]. » Pour lui, les choses sont claires : aucune description ou réalité scientifique – qu'elle soit biologique ou génétique – ne peut suffire à faire de nous des sujets humains. Pour le devenir, nous devons être *institués*, c'est-à-dire inscrits dans une *histoire*, et « entrer, selon certaines conditions, dans le discours fondateur[13] ». C'est cette nécessité instituante que Legendre désigne lorsqu'il évoque le « principe généalogique », principe autour duquel il bâtit depuis des années une réflexion d'une exceptionnelle richesse.

Mais qu'est-ce à dire ? Pour Legendre, la généalogie, c'est-à-dire l'inscription dans une histoire, l'amarrage à des *fondements* et à des procédures normatives fixées par le droit (parmi lesquelles la prohibition de l'inceste), est tout simplement ce qui transforme en être humain ce qui resterait, faute de cela, une « viande vivante ». Pour reprendre sa propre expression, c'est ce qui fait que la vie est la vie. « Pour l'humain, ajoute-t-il, la vie de la *représentation* prime sur la vie animalière, et la fiction est de la partie[14]. » En d'autres termes, la biologie ou la génétique – même plus savantes et performantes que jamais – n'épuisent pas la définition de l'homme. S'en tenir à leurs discours, à leurs postulats, à leurs méthodes, c'est dissoudre le principe d'humanité et ouvrir la voie à de dangereuses régressions.

Hannah Arendt ne dit pas autre chose lorsqu'elle évoque la vie humaine comme une œuvre jamais achevée. À ses yeux, ramener l'homme à la pure animalité du vivant, à la « vitalité » de l'espèce, c'est tout simplement lui enlever les instruments de sa résistance à l'oppression[15]. Qu'est-ce que la liberté humaine sinon le privilège d'une existence « construite » et d'une primauté du symbolique ? Un autre philosophe allemand, Ernst Cassirer, contemporain de Hannah Arendt, exprimait un point de vue très voisin dans son fameux *Essai sur l'homme*. Pour lui, en effet, la société humaine se distingue de la société animale en ce qu'elle est fondée sur le

12. Pierre Legendre, *Sur la question dogmatique en Occident*, Fayard, 1999.
13. Id., *L'Inestimable Objet de la transmission. Études sur le principe généalogique en Occident. Leçons IV*, Fayard, 1985.
14. Interview à *Télérama*, 30 décembre 1998.
15. Je reprends ici une excellente analyse de Monique Castillo, « De la bioéthique à l'éthique », *Esprit*, juillet 1995.

langage, le sentiment, les productions culturelles et les formes symboliques[16].

L'importance pour l'être humain de son inscription dans une histoire est également soulignée par certains neurologues, y compris par ceux qui sont éloignés, par ailleurs, des positions de Legendre. C'est le cas, en général, des neurologues hostiles aux postulats trop mécanistes du cognitivisme[17]. On peut citer, en particulier, l'Américain Oliver Sacks. Pour s'en tenir au cerveau humain, ce dernier soutient que celui-ci est le produit d'une « histoire » personnelle et spécifique. Le fait de soigner un trouble cérébral, par conséquent, aboutit toujours à une « réorganisation psychosomatique » différente. Le neurologue ne soigne pas un corps sans histoire, pas un « organe », mais une « personne » dans sa totalité. Comme illustration de ses remarques, il cite le cas d'un de ses patients qui était à la fois migraineux et passionné de mathématiques. « Lorsque j'eus "guéri" cet homme de ses migraines, écrit Sacks, il se retrouva aussi "guéri" de ses mathématiques : la créativité avait disparu avec la pathologie, ce qui démontrait clairement qu'il fallait prendre en compte l'économie globale de la personne[18]. »

Le crime généalogique

Le sens commun comprend intuitivement la force de cette *inscription symbolique* et la nécessité d'une *institution* de l'être humain en tant que tel. La vie quotidienne de nos sociétés n'est-elle pas hantée par ces quêtes anxieuses d'une filiation, par ces recherches obstinées d'une appartenance ou d'une généalogie ? On pourrait même dire de l'individu moderne que, plus il est autonome, libéré des traditions et affranchi des disciplines collectives, plus il éprouve la nécessité de trouver sa place dans une *histoire*. La multiplication des clubs de recherches généalogiques, la nouvelle vogue de la généalogie sur l'internet, la présence obsessionnelle du thème de la filiation dans la littérature, la chanson et le cinéma contemporains sont autant de signes. Ils trahissent un manque et un

---

16. Ernst Cassirer, *Essai sur l'homme*, Minuit, 1975.
17. Voir chapitre 3.
18. Oliver Sacks, « La neurologie de l'âme », *Esprit*, juillet 1992.

vertige. Quant aux praticiens de la psychanalyse, ils confessent que cette interrogation sur l'origine et l'identité généalogique (de qui suis-je le fils ou la fille ?) a supplanté l'angoisse de la « faute » ou du « péché » au chapitre de la douleur intime.

Le principe généalogique implique en tout cas une idée de *transmission* et d'élaboration patiente, d'une génération à l'autre, de cet *humanitas* que la biologie est impuissante à saisir. C'est elle qui fait de l'être humain « autre chose » et non un simple assemblage d'organes. Nul ne découvre par lui-même les préceptes du Décalogue, écrit Paul Valadier avec un brin d'ironie, mais *il en hérite*. « Faute d'une telle rencontre hétéronome, coûteuse et même blessante pour le narcissisme, ajoute-t-il, l'individu ne parviendrait même pas à se structurer, à ordonner ses affects et à surgir à soi comme sujet relativement maître de son destin[19]. »

Les juristes, pour leur part, insistent sur l'importance des catégories comme père, mère, frère ou oncle, qui ne s'enracinent pas dans la seule parenté biologique, mais sont *instituées* par la culture. Tel est bien le paradoxe de l'individualisme contemporain : à force de se libérer des appartenances et des filiations, l'individu en vient à se dépouiller... de lui-même. Ainsi le sujet de droit donne-t-il parfois l'impression, comme le dit Bernard Edelman, de « périr de son propre triomphe[20] ». Nombre de débats contemporains sur ce qu'il est convenu d'appeler les « mœurs » (PACS, adoption, mères porteuses, procréation *in vitro*, etc.) tournent vertigineusement autour de ce douloureux paradoxe : comment émanciper davantage l'individu sans précipiter sa disparition ? Comment reconstruire un lien social défait ou une appartenance symbolique déconstruite, une généalogie humanisante, sans renoncer pour autant à l'émancipation ou à l'autonomie de soi, qui sont de vraies conquêtes ? Dès qu'on aborde l'une ou l'autre de ces questions, on mesure en tout cas la faiblesse de l'approche purement biologique. C'est d'ailleurs parce que cette contradiction est difficile à résoudre, pour ne pas dire insoluble, que ces débats sont aussi passionnels.

Qu'il nous suffise d'examiner deux problèmes en apparence éloignés, mais en réalité identiques : l'inceste et le clonage. Dans

19. Paul Valadier, *Un christianisme d'avenir. Pour une nouvelle alliance entre raison et foi*, Seuil, 1999.
20. Bernard Edelman, *La Personne en danger, op. cit.*

la prohibition de l'inceste – cet invariant anthropologique –, ce qui est visé, ce n'est pas seulement la « faute » libidineuse ou la violence morale, criminelle, exercée par un ascendant. Le crime, indiscutable, n'est pas réductible à la sexualité, au plaisir pris indûment, à l'égoïsme du jouisseur, etc. Si tel était le cas, une permissivité un peu plus poussée n'en viendrait-elle pas à bout, tôt ou tard ? (Dans la foulée de Mai 68 d'ailleurs, certains militants libertaires allèrent jusqu'à réclamer une dépénalisation de l'inceste [21].) En réalité, c'est le principe généalogique cher à Pierre Legendre qui nous permet de comprendre la vraie nature du crime en question.

Le juriste Denis Salas, coanimateur avec Antoine Garapon de l'Institut des hautes études sur la justice, qualifie significativement l'inceste de *crime généalogique*. La gravité de l'acte, explique-t-il en référence à Pierre Legendre, vient du fait qu'il abolit la logique instituante de la filiation, il falsifie le lien généalogique. Un lien qui, par essence, est *descendant*, puisqu'il s'inscrit dans la temporalité. Nous « descendons » de quelqu'un, non point seulement de façon biologique mais en héritier et comme transmetteur d'une humanité en état d'élaboration perpétuelle. Toute l'aventure humaine, depuis l'hominisation originelle, est résumée par cette image de l'emboîtage générationnel : nous venons de plus loin…

Or le père qui possède sexuellement le corps de son enfant cède à un désir inhumain, au sens le plus précis du terme. Il brise le cours du temps. Il efface la parenté. Il interdit à la victime – et à l'éventuel enfant à naître – de « prendre place dans la chaîne des générations ». L'inceste est cousin germain du génocide en ce qu'il aboutit à « détruire l'individu en détruisant son lien de parenté ». Ce qu'il violente, en somme, ce n'est pas seulement le corps de l'enfant, ou l'un de ses organes, c'est très exactement *ce qui fonde son humanité*. « Les cliniciens, note Denis Salas, montrent bien les conséquences de cette mise hors génération consécutive à une enfance plongée dans la terreur d'une famille déparentalisée : suicide, dépression grave, vie affective perturbée, bref, impossibilité de vivre dans l'une quelconque des places assignées par la parenté [22]. »

Au demeurant, Salas fait observer que le droit se montre infini-

---

21. J'ai longuement abordé ce sujet dans *La Tyrannie du plaisir*, *op. cit.*
22. Denis Salas, « L'inceste, un crime généalogique », *Esprit*, décembre 1996.

ment prudent en matière d'inceste, car il est en charge d'une mission redoutable : conjuguer la nécessité de punir avec celle de maintenir envers et contre tout le lien symbolique. Ainsi l'inceste commis par un ascendant sur un mineur est-il considéré comme un crime, alors que l'inceste entre frère et sœur, ou entre parent et ascendant majeurs, n'est pas réprimé pénalement. Le droit, en somme, s'attache à perpétuer la *fiction* du lien de filiation, dans la mesure où celui-ci fonde une identité généalogique. Il cherche à sauver un principe, même falsifié, même dénaturé. Ce qu'il punit, c'est l'usage transgressif de la parenté. Dans sa prudence précautionneuse, « le droit énonce une interprétation de l'interdit qui autorise le maintien de la filiation malgré la transgression incestueuse ».

Le désarroi du clone...

Ces quelques remarques sur l'inceste n'avaient qu'un seul but : nous aider à mieux réfléchir à la question du clonage. Tiré du grec *klôn* qui signifie « pousse », le clonage désigne, comme on le sait, la reproduction d'un être vivant (végétal, animal ou humain) à partir d'une de ses cellules insérée dans un ovule dont le noyau a été supprimé. Cette reproduction affranchie de la sexualité peut également se passer de la conjugaison mâle/femelle. Un être vivant – en tout cas femelle – peut être reproduit à l'identique sans recours à un « autre ». Il est, génétiquement, une *re-copie* du même à partir du même. Depuis l'annonce fracassante, le 27 février 1997, par l'équipe du biologiste écossais Ian Wilmutt, du premier clonage réussi de la brebis Dolly, le problème du clonage humain est à l'ordre du jour. Je ne m'attacherai pas ici aux questions touchant à sa faisabilité ou à l'avenir de son interdiction – qui, théoriquement, demeure la règle – mais au débat qu'il a déjà fait naître.

C'est peu de dire que le clonage, comme technique victorieuse et comme fantasme, obsède l'esprit du temps et alimente la *dispute* quotidienne. Les imaginations sont tellement troublées par cette hypothèse, tant de références s'en trouvent ébranlées, que la discussion est le plus souvent marquée par l'incohérence. Des points de vue s'affrontent, dont la netteté symétrique laisse songeur. Des juristes comme Mireille Delmas-Marty y voient un crime contre l'humanité[23], alors que d'autres, intellectuels ou philosophes (comme François Dagognet), l'évoquent avec une sorte d'enthousiasme « progressiste ». Dans la presse, la perspective du clonage humain est souvent évoquée sur un mode amusé. Citons à titre d'exemple la présentation d'une exposition/débat, au demeurant fort intéressante, organisée le 6 décembre 2000 à la Cité des sciences et de l'industrie. Le dépliant annonçant l'exposition, illustré par un beau visage de femme, posait la question espiègle : « Bricoler le vivant. On change de corps ou on se fait cloner ? » Citons encore cet éditorialiste de la revue médicale *Lancet* annonçant, le 9 février 2000, avec une désinvolture réjouie, que l'enfant clone était pour demain[24]. On cite parfois aussi le projet loufoque de la secte des Raëliens qui organise dès à présent un dispositif associatif destiné à cloner des humains. Va pour la facétie...

On doit convenir que le contraste des points de vue est troublant. Comment une même perspective peut-elle être tout à la fois qualifiée de crime contre l'humanité par des juristes sérieux, et d'hypothèse « amusante » par d'autres ? Ce télescopage de sens et cette incongruité des jugements sont, à eux seuls, significatifs. Il est troublant de voir à quel point ce débat récurrent est dominé par des erreurs de perspectives et de fausses frayeurs. On mettra au compte d'un fantasme immémorial cette fascination inquiète pour la gémellité absolue qu'instaure le clonage : le même, mais dupliqué ! On rejoint ici les anciennes mythologies, qui attribuent dans la plupart des cultures une valeur maléfique au redoublement du même, à l'apparition des doubles, à cet abîme du mimétique. L'anthropologie nous enseigne que le double est souvent assimilé à un monstre ; il exprime, croit-on, un dérèglement de l'ordre des choses, une indifférenciation porteuse d'on ne sait quelle menace. René Girard a beaucoup écrit sur ce thème de la gémellité diaboli-

---

23. « L'humanité, écrit-elle, paraît se trouver à l'intersection de deux axes indissociables : celui de la singularité de chaque être humain et celui de son égale appartenance à la famille humaine. Et le crime contre l'humanité se décline selon chacun des deux axes. [...] Nous pouvons nous demander si le clonage systématique d'êtres humains ne pourrait pas être interdit au même titre. » Mireille Delmas-Marty, « Quel avenir pour les droits de l'homme ? », in *Les Clés du XXIe siècle, op. cit.*
24. Cité par René Frydman, *Dieu, la médecine et l'embryon, op. cit.*

sée par les mythes, en ce qu'elle incarne un effacement de la différence, un brouillage fantasmatique de l'altérité.

En réalité, pourtant, ce n'est pas par là que pèche, si l'on peut dire, le clonage. En tant que telle, la gémellité parfaite qu'il institue n'est pas nouvelle. D'un point de vue génétique, elle est comparable à celle qui unit des jumeaux homozygotes. Or, bien qu'identiques sur le plan génétique, les jumeaux acquièrent cependant une individualité qui leur vient du culturel et non du biologique. Qu'ils partagent des accointances singulières, une proximité affective ou intellectuelle forte, n'est pas niable. Mais institués l'un *et* l'autre par une *histoire*, les jumeaux n'en sont pas moins différents. Nul ne songerait à dire aujourd'hui qu'il s'agit de monstres. La similitude génétique induite par le clonage est du même ordre. Ni plus, ni moins. Un audacieux qui déciderait, dans l'avenir, de se faire cloner ne se retrouverait pas devant un autre lui-même, mais devant un autre tout court.

C'est pour d'autres raisons que le clonage fait problème, et qui ont directement à voir avec le principe généalogique. Lorsqu'il évacue l'intervention de l'autre dans le processus de reproduction – ce n'est pas forcément le cas –, *le clonage n'est rien d'autre qu'un inceste absolu.* Il pousse jusqu'à ses limites la logique transgressive de l'inceste : nous n'avons pas de plus proche parent que nous-même ! S'autoreproduire revient à réaliser une figure parfaite de l'inceste. Le clonage met ainsi fin à la fameuse incomplétude de l'être humain qui, jusqu'à nouvel ordre, a besoin d'un autre que soi, c'est-à-dire d'une *rencontre*, pour se perpétuer. Satisfaisant obscurément un fantasme de toute-puissance, le clonage congédie cet étranger rencontré et aimé, ce partenaire inouï, ce coparent amoureux. Le clonage court-circuite la loterie fondatrice de la sexualité. À travers lui, la création d'un être à nul autre pareil, puisqu'il est le fruit aléatoire d'une *rencontre*, cède la place à un simple bouturage d'organes... Aux lieu et place de « l'événement » que représente la procréation est substituée, comme le dit justement Patrick Verspieren, la volonté égocentrique d'*inscrire dans le corps d'un futur être humain ses propres choix*[25].

---

25. Patrick Verspieren, « Le clonage humain et ses avatars », *Études*, novembre 1999.

On saisit facilement les conséquences de cette éviction de l'autre. Tout ce qu'on pouvait imputer à l'inceste en tant que crime généalogique est transposable, mot pour mot, au clonage. L'effacement de la parenté est avéré. Le brouillage de l'enchaînement des générations – ce « flot cascadant » dont parle Tertullien et en quoi Platon voyait un vrai « projet d'immortalité » – est arrêté dans son cours. Le clonage induit une reproduction *latérale*, qui – comme l'inceste – brouille toute généalogie. Certains parlent de « gémellité asynchrone » pour désigner cette hypothèse insensée : des jumeaux qui ne sont pas de la même génération. Le Comité national d'éthique français ne s'y trompe pas lorsqu'il affirme : « A la limite, serait ainsi vidée de sens l'idée même de filiation [26] ». Une psychanalyste comme Monette Vacquin décrit ainsi la parenté aberrante qui en résulte. Quels sont les liens familiaux qui, par exemple, uniraient aux siens le clone d'un homme ? « De son père, il est le fils et le frère jumeau. Il est le fils et le beau-frère de sa mère, qui est aussi sa belle-sœur. Il est à la fois le fils et le petit-fils de ses grands-parents. Le frère de son oncle. L'oncle de ses frères. Il deviendra père et grand-oncle de ses enfants. À moins que ceux-ci ne soient à leur tour clonés, auquel cas ils seront frères de leur père et de leur grand-père, et à nouveau beaux-frères de leur grand-mère [27]. »

Il est clair que toutes ces questions posées par le clonage échappent à la biologie. Ce n'est point là un problème d'organes plus ou moins bien « recopiés ». On peut légitimement se demander comment un être humain parviendrait à construire son identité dans ce jeu de miroirs labyrinthique. La temporalité de la filiation est pulvérisée. Or les psychanalystes savent déjà ce qu'il en coûte de soigner les troubles d'un enfant né de l'inceste, les névroses d'un patient incertain de sa filiation, la souffrance d'un adulte né sous X, etc. Ils sont bien placés pour imaginer – avec effroi – ce que pourrait être demain la psychanalyse d'un clone...

Pierre Legendre, quant à lui, ne mâche pas ses mots pour dénoncer la folie de cette hypothèse. « Va-t-on entraîner le droit civil vers la généralisation de l'inceste ? Qui paiera, fantasmatique-

---

26. Cité par Patrick Verspieren, *ibid.*
27. Monette Vacquin, *Main basse sur les vivants, op. cit.*

ment ? Allons-nous produire des enfants fous qui seront la monnaie avec laquelle nous réglerons la note de nos désirs de toute-puissance [28] ? »

L'assaut contre la psychanalyse

À ce stade, il faut élargir la réflexion. Les fulminations d'un Pierre Legendre contre le réductionnisme à courte vue des biologistes – ces manipulateurs de « viande vivante » – participent d'un conflit beaucoup plus dur. Et général. Un conflit qui pourrait, lui aussi, être assimilé à une guerre de religion : celui qui oppose les biosciences dans leur ensemble à la psychanalyse et à la psychiatrie traditionnelle. Au niveau le plus trivial, ce conflit s'exprime à l'occasion des différents débats concernant les mœurs ou la bioéthique. Les partisans résolus de la « grande transgression » contemporaine (biogénétique, filiation, parenté, sexualité, etc.) considèrent volontiers que le fameux principe symbolique dont Pierre Legendre se fait – avec d'autres ! – le gardien sourcilleux n'est rien d'autre que l'habillage nouveau du vieil ordre bourgeois ou chrétien de jadis. Un ordre qu'on aurait donc tort de croire immuable ou sacré.

Pour contester cet ordre, on trouve ainsi curieusement alliés des scientistes défenseurs de la biotechnologie et des militants de la permissivité post-soixante-huitarde. Tous s'accordent pour récuser l'idée d'autolimitation, de précaution ou d'interdit structurant, qu'implique la référence à un ordre symbolique. Les uns le font au nom de la liberté de la recherche, les autres au nom de la révolution des mœurs. (Comme si les deux allaient ensemble !) Le conflit, à ce stade, se présente comme éminemment politique ; il devient caricatural : ordre contre mouvement, conservation contre réforme, transgression contre morale, etc. Dans la presse, on trouve ainsi, de loin en loin, des attaques dirigées contre la psychanalyse en général et la problématique lacanienne en particulier. On y dénonce, parfois sous la plume de psychanalystes dissidents, l'anthropologie conservatrice et le « nouvel ordre familial psychanalytique ». Celui-ci ne serait que le dernier avatar d'un ordre

28. Pierre Legendre, *L'Inestimable Objet de la transmission, op. cit.*

moral honni. Jacques Lacan y est même présenté comme l'artisan d'une « captation de l'héritage paternaliste chrétien, accompagné du ralliement des messianismes politiques en mal de foi après 1968 [29] ».

De manière encore plus extrême, certains avocats de la techno-science et des biotechnologies englobent dans leur condamnation la phénoménologie elle-même, coupable d'avoir perpétué une vision trop sacralisante du corps humain. En ce sens, explique par exemple Gilbert Hottois, « la phénoménologie est la stratégie actuelle la plus subtile de l'ontologie [30] ». Or il faut savoir que, dans les milieux cognitivistes ou bioscientifiques, la moindre mention de l'ontologie, c'est-à-dire du sens, de la finalité, est aujour-d'hui considérée comme une incongruité. Ontologie comme idéa-lisme sont devenus des « gros mots ». De fait, depuis Husserl, son père fondateur, la phénoménologie s'est toujours dressée contre le dogmatisme de la technoscience, au nom d'une vérité « autre », d'une expérience vécue, indicible, que la rationalité scientifique serait incapable de saisir. Maurice Merleau-Ponty, en faisant du corps humain le siège ennobli de cette expérience vivante, en déduisait qu'il était définitivement inaccessible à la rationalité scientifique et rebelle au réductionnisme. À ses yeux, en somme, la vérité du corps échappait nécessairement aux étroites catégories de la biologie. Là encore, dans la critique adressée à la phéno-ménologie, on voit poindre une interpellation indirecte du christia-nisme. « L'approche phénoménologique, écrit Hottois, n'est pas sans résonances avec la valorisation chrétienne catholique de l'in-carnation et de son mystère aussi insaisissable que l'entrelacs ou la chair de Merleau-Ponty [31]. »

Pour des auteurs aussi résolus, les choses deviennent donc lim-pides : héritiers et prolongateurs du christianisme, la phénoméno-logie et la psychanalyse pèsent aujourd'hui abusivement sur la réflexion bioéthique. Et dans un sens restrictif. Elles seraient – avec le religieux en général – la véritable explication des réticences, des résistances humanistes, des scrupules, des inquiétudes « timorées » qui se manifestent, en Europe, face aux entreprises conquérantes

---

29. Article signé Michel Tort, *Le Monde*, 15 octobre 1999.
30. Gilbert Hottois, *Essais de philosophie bioéthique et biopolitique*, *op. cit.*
31. *Ibid.*

de la biotechnologie. Notamment dans cette volonté psychanalytique d'inscrire nécessairement la personne, au-delà de son corps, dans une généalogie et un ordre symbolique, conditions de son *humanité*.

À leur avis, ces scrupules résiduels doivent capituler devant l'impétueux dynamisme biotechnologique qui nous emporte vers une posthumanité fascinante. Jugeant tout attachement à l'ordre symbolique comme une marque de technophobie ou d'obscurantisme, ces partisans de la technoscience font, chemin faisant, l'éloge du nihilisme qui, au moins, nous autorise une absolue liberté expérimentale. Évoquant la crise actuelle de l'ontologie, du sens, Hottois écrit par exemple : « Le nihilisme qui y est associé présente beaucoup d'aspects positifs, émancipateurs, diversificateurs : créativité épanouissante de possibilités et d'espoir [32]. » On reviendra sur ce type de plaidoyers technoscientistes dont l'excès prête souvent à sourire mais qui, parfois, épouvantent [33].

Pour ce qui concerne les rapports de la biologie et de la psychanalyse, ces discours extrêmes n'ont qu'un intérêt assez marginal. D'abord parce qu'ils s'appuient sur une interprétation erronée de la psychanalyse et de l'héritage de Freud. En France, pour des raisons historiques tenant à l'influence du surréalisme ou de la phénoménologie, on tend parfois à considérer la postérité freudienne comme hostile par principe à la technique, flirtant avec la poésie et avocate de l'esprit face aux menaces scientistes. En réalité, Freud était lui-même très influencé par le darwinisme et, loin d'être hostile à la biologie, il projetait de faire de la psychanalyse l'une de ses branches [34].

Mais cette querelle idéologique, souvent grandiloquente, opposant un ordre symbolique forcément technophobe à un nihilisme forcément technophile a un autre inconvénient : elle détourne l'attention d'une confrontation plus particulière, qui met désormais aux prises les neurosciences d'un côté, la psychiatrie ou la psychologie de l'autre. Son enjeu véritable est une certaine définition de l'homme, celle qui nous occupe ici : est-il réductible ou non à ses organes ?

32. *Ibid.*
33. Voir plus loin, chapitre 9.
34. Je m'inspire ici des analyses de Jacques Hochmann et Marc Jeannerod, *Esprit, où es-tu ? Psychanalyse et neurosciences*, *op. cit.*

Plonger dans le sens

Depuis une vingtaine d'années, les neurosciences ne cessent de gagner du terrain. Sciences « dures » contre sciences « molles » : la neurologie façon Jean-Pierre Changeux juge, non sans triomphalisme, que son interprétation du fonctionnement cérébral invalide la démarche psychiatrique ou psychanalytique. Si le cerveau humain n'est rien de plus que l'interconnexion de milliards de neurones, si la réalité de son fonctionnement se ramène à un jeu complexe d'influx et d'impulsions électriques, alors la psychiatrie n'a plus d'autre issue que de devenir elle-même neuroscientifique ou purement biologique. Pour ces neurophysiologistes, il existe une continuité entre l'état neurologique et l'état mental, continuité qui est − ou sera un jour − descriptible scientifiquement. Dans cette optique, un trouble mental − névrose, psychose, paranoïa, dépression, etc. − n'est rien de plus qu'une espèce de court-circuit ou d'orage neurologique, si l'on peut dire ; en tout cas, un dysfonctionnement purement organique. Il doit être soigné, non point par le « discours » ou l'échange verbal, mais par la chimie ou la chirurgie.

On a donc vu se développer au cours des dernières décennies une psychiatrie biologique à la démarche conquérante et au verbe définitif. Elle se réclame de la rigueur scientifique et, en cela, elle est en résonance avec le discours dominant. Aux yeux de ses promoteurs, les élucubrations freudiennes sur l'inconscient, le transfert ou la libido sont des vieilleries qu'il convient de renvoyer au plus vite aux archives de l'Histoire. Le prétendu ordre symbolique ou le principe généalogique d'un Pierre Legendre relèvent, d'après eux, du même archaïsme. Cette biopsychiatrie se présente volontiers comme une figure irrécusable de la modernité. D'où, peut-être, les faveurs dont elle bénéficie dans la presse, et même dans l'enseignement ou dans la pratique hospitalière. Le psychanalyste Jacques Hochmann cite l'exemple d'un manuel célèbre, le *Diagnostic statistique des maladies mentales*, que tous les psychiatres américains utilisent désormais, et qui commence à s'imposer partout dans le monde. Or, ajoute-t-il, ce manuel, qui se réclame d'une absolue neutralité, est en réalité d'inspiration résolument scientiste[35].

On connaît jusque dans le grand public la propension de la médecine moderne à obéir consciemment ou non aux injonctions de cette thérapeutique-là. Qu'on songe à l'utilisation massive des neuroleptiques, somnifères, anxiolytiques de toutes sortes, spécialement en France ; qu'on songe également au règne de la camisole chimique et des tranquillisants dans les hôpitaux psychiatriques, règne oppressif que décrivait bien le film *Vol au-dessus d'un nid de coucou*. Les psychiatres ou psychologues se plaignent parfois de cet arraisonnement de leur discipline par une démarche neuroscientifique déshumanisante, qui tient pour négligeable ce qui constitue l'humanité de l'homme : subjectivité, histoire, langage, etc.

L'une d'elles, Françoise Parot, subodore carrément dans cet arraisonnement la mort annoncée de la psychologie. Le triomphe des neurosciences lui paraît être la forme nouvelle d'un lâche abandon à la nature au détriment de la culture. « Et c'est là, ajoute-t-elle, qu'a commencé le processus mortifère de la psychologie de laboratoire, c'est là qu'elle s'est exposée à sa propre dévoration par le bas, par la réduction[36]. » Or, dit-elle, si la science de l'humain en venait à se dissoudre ainsi dans la *nature*, cela aurait un coût que nul ne devrait minimiser. « Avec ce discours naturaliste, ajoute-t-elle, la psychologie de laboratoire nous naturalise, et même nous déshumanise. » À cette froide biopsychologie, elle oppose l'expérience quotidienne que font les cliniciens confrontés, dans la « vraie vie », au mal de vivre des gens, à la solitude, ou à ces souffrances quotidiennes sous le poids desquelles la raison vacille.

Elle évoque le bric-à-brac dont est faite cette expérience vécue des psychologues, qui sont mieux placés que quiconque pour savoir que l'homme n'est pas seulement une affaire de connexions synaptiques. Elle insiste sur la fonction humanisante et apaisante du langage, fonction qu'exercent les psychologues en charge de patients. « Ceux-là, dit-elle joliment, font prendre des bains de mots qui disent la souffrance psychique ou qui la balbutient ; selon

---

35. Jacques Hochmann, « Deux réalités », in *Esprit, où es-tu ? Psychanalyse et neurosciences, op. cit.*
36. Françoise Parot, conférence donnée le 1er avril 2000 à l'Université de tous les savoirs, partiellement publiée dans *Le Monde*, 4 avril 2000.

la formule de Heidegger, ils *plongent dans le sens*, ils ont une fonction et un devoir, ils doivent donner un sens à ces mots, à cette souffrance, c'est-à-dire l'intégrer dans une histoire personnelle ou collective, calmer en humanisant [37]. »

La plupart des psychologues ou psychanalystes, hostiles aux courtes vues de la biologie, mettent eux aussi en évidence cette importance du langage comme « instrument de l'intersubjectivité et du lien social ». Ils insistent du même coup sur l'importance de *la relation à l'autre pour la construction de la personne et le processus d'humanisation lui-même*. C'est bien la question centrale que posent au bout du compte les nouvelles techniques de procréation médicalement assistée (PMA) qui, au-delà des procédés, mettent en jeu l'identité de l'enfant à naître. Cette identité à construire n'est pas du ressort de la biologie.

Dans cette confrontation, soulignent avec justesse deux psychanalystes, tout se ramène au fond à la *définition de la vie*. Cette définition appartient-elle à la biologie ou à la psychanalyse ? En d'autres termes, la vie se ramène-t-elle à celle des organes, ou passe-t-elle nécessairement par l'identité et la subjectivité ? « Tout indique, écrivent-ils, qu'il ne suffit pas d'avoir un corps, un cerveau et des organes sexuels intacts pour être un sujet sexué et libre [38]. »

La même alternative, on le voit, resurgit irrésistiblement. Est-elle insurmontable autrement que par la défaite de l'un des deux camps ? Ce n'est pas impossible. Au lieu d'une guerre de religion exterminatrice entre ces deux approches, on peut imaginer un dialogue conciliateur entre neurosciences et psychanalyse. Plutôt qu'une injonction à choisir entre blanc et noir, entre tout et rien, entre science et idéalisme, peut-être faudrait-il plaider pour une complémentarité minimale entre les deux démarches, à condition qu'elles renoncent, toutefois, à se disputer le même territoire. C'est ce que s'efforcent de faire, dans un riche dialogue plusieurs fois cité ici, Jacques Hochmann et Marc Jeannerod. Le premier, psychanalyste, met en garde le second contre cette raideur dédaigneuse qui risque de réserver aux neurosciences et aux sciences cognitives le même destin funeste que celui du béhaviorisme

---

37. *Ibid.*
38. Christophe Dejours, Évelyne Abdoucheli, « Biologie et psychanalyse : les enjeux », in *Vers un antidestin. Patrimoine génétique et droits de l'humanité*, *op. cit.*

(comportementalisme) anglo-saxon. Ce courant, qui fut dominant dans la psychologie scientifique jusqu'aux années 50, insistait lui aussi – et non sans triomphalisme – sur l'importance des facteurs physiologiques et des interactions mécaniques avec l'environnement.

La psychanalyse se fourvoierait sans doute si elle négligeait totalement l'apport des neurosciences au profit d'une sorte de psychologisme antiscientifique. Les neurosciences, à l'inverse, si elles campaient dans la vision réductrice d'un « homme neuronal », déboucheraient vite sur une « minable psychologie de sens commun[39] ».

Le retour du roi des Aulnes

Songeant aux avancées biogénétiques, on éprouve parfois un léger vertige devant le nombre de problèmes irrésolus qui, aujourd'hui, nous renvoient à ce dialogue – possible ou non – entre deux définitions de l'homme : agencement d'organes ou conscience subjective, matériau biologique ou aboutissement d'une *histoire*? Ce sont ces problèmes-là que, en toute hâte, on demande aux divers comités éthiques d'examiner et de trancher. Comme si le sens donné à la vie humaine relevait des délibérations d'un comité, consultatif de surcroît! Problèmes irrésolus? La plupart – mais pas tous – relèvent de la procréation médicalement assistée. Citons-en quelques-uns.

Le don de gamètes (sperme ou ovule), d'abord. L'anonymat est encore la règle, mais certains couples souhaiteraient maintenant connaître l'identité du donneur (« don dirigé »). On imagine que cette présence/absence du père ou de la mère biologique « inconnu » n'irait pas sans quelques conséquences psychanalytiques.

Le transfert d'embryon *post mortem* (« l'enfant du deuil ») ensuite. Cette expression désigne la volonté de certaines veuves de concevoir un enfant du mari défunt grâce à l'implantation d'un embryon congelé dont il fut le père. Ce transfert est en principe interdit, mais certains estiment que l'interdiction doit souffrir quelques exceptions. C'est le cas du Comité d'éthique qui suggère

39. *Ibid.*

de s'aligner, à ce propos, sur la législation américaine. Là encore, on conçoit l'inquiétude des psychanalystes à propos de ces futurs enfants engendrés par un mort, indépendamment de la volonté particulière – et réaffirmée autrement que de manière générale et testamentaire – de ce dernier. Cette inquiétude est d'autant plus fondée que se développe, aux États-Unis, une pratique dont on parle encore peu en Europe : l'extraction du sperme d'un homme mourant ou déjà mort ! Ce sperme est aussitôt congelé et pourra servir à la veuve, à la maîtresse, à quiconque... Outre-Atlantique, quatorze cliniques dans onze États ont déjà procédé à ce genre de prélèvements. « C'est devenu si commun, note Jean-Jacques Salomon, que la Société américaine de médecine reproductive a mis au point un protocole intitulé "Reproductions posthumes" et c'est un "bioéthicien" du Collège de médecine de l'université de l'Illinois, le Dr Timothy Murphy, qui a trouvé le nom adéquat pour désigner ce nouveau type de pères : "Sperminator" [40]. » Non, l'inquiétude des psychanalystes n'est pas infondée.

Citons encore le statut des mères porteuses, à propos duquel certains réclament déjà qu'il soit assimilé à celui d'un prestataire de services et, en tant que tel, rémunéré et socialement reconnu. Cette banalisation/tarification éventuelle des mères porteuses fait, elle aussi, frémir les psychanalystes, les obstétriciens et les pédiatres, qui connaissent toute la richesse des échanges unissant la mère et le fœtus bien avant l'accouchement, échanges qui sont déjà l'ébauche du *lien*. Sur cet « attachement » qui naît bien avant même la naissance, des auteurs comme Boris Cyrulnik ont écrit des pages magnifiques et convaincantes [41].

Citons enfin, de façon plus générale, l'accès à la procréation médicalement assistée. Jusqu'à présent, celle-ci est exclusivement réservée aux couples inféconds. Des voix s'élèvent pour dénoncer une excessive rigidité de la règle. Ne mérite-t-elle pas d'être assouplie ? De proche en proche, on risque ainsi de faire de la PMA une pratique banale, voire une routine, ce qui parachèverait une médicalisation de la procréation, qui se verrait définitivement

---

40. Jean-Jacques Salomon, *Survivre à la science. Une certaine idée du futur*, *op. cit.*
41. Boris Cyrulnik, *Sous le signe du lien : une histoire naturelle de l'attachement*, Hachette-Pluriel, 1992 ; voir aussi Hubert Montagner, *L'Attachement et les débuts de la tendresse*, Odile Jacob, 1988.

affranchie de la sexualité et, partant, de l'amour. Ou, plus exactement, on substituerait à ce « vieux » concept de conception amoureuse celui, infiniment plus « moderne », de *projet parental*. Quant au vocable de « filiation » cher à Pierre Legendre, certains proposent déjà de le remplacer par celui de « traçabilité », emprunté à l'univers de l'agriculture et du commerce. On ne plaisante pas !

On pourrait ajouter à ces quelques cas mille autres exemples de ces « possibles » procréatifs que l'esprit du temps accueille avec un mélange d'incrédulité, d'excitation et d'anxiété. Ces « possibles » ont au moins deux caractéristiques en commun : d'abord, ils sont présentés comme solutions à une souffrance ou satisfaction d'un droit ; ensuite, leur acceptation éventuelle devrait dépendre, en effet, d'une claire définition de la vie humaine. On ne sache pas qu'aucun comité éthique, à travers le monde, soit jamais parvenu à cette clarté. Alors ? La définition de l'humain pourrait-elle être le produit d'un compromis révisable et amendable, comme le sont les motions d'un congrès radical-socialiste ? Certains pensent que oui. C'est toute la question.

Elle est d'autant plus brûlante que c'est naturellement l'enfant qui, dans la plupart des cas, est l'enjeu final de ces alchimies téméraires. L'enfant dont le destin ultérieur, l'équilibre et, au bout du compte, le bonheur seront forcément tributaires (dans des proportions qu'on ignore) des « procédures » employées. Or si la société contemporaine a fait de la défense des droits de l'enfant sa nouvelle priorité (lutte contre la pédophilie, dénonciation du travail des mineurs, protection contre les violences domestiques, etc.), elle semble paradoxalement inattentive à la *souffrance de l'enfant à naître*.

On ne s'attardera pas ici sur cette conception consumériste de l'enfant et de la procréation qui devient peu à peu la règle. L'enfant tend à faire l'objet d'une commande, assortie d'un coût et accompagnée d'options à définir et de garanties espérées. L'enfant commandé est donc instrumentalisé au départ, dans la mesure où la conformité de ses organes et de son corps doit répondre aux désirs, préférences ou même fantasmes des parents. Entre la « défense des droits de l'enfant » solennellement proclamée et cette dérive fabricatrice et consumériste, le moins qu'on puisse dire est qu'il y a contraste. Une sociologue exprime très bien cela lorsqu'elle écrit : « C'est en fait une conception consumériste des droits de la liberté qui voit le jour dans le secteur de la santé, assimilant le fœtus à un patient et à un consommateur, au nom duquel se manifesteront des défenseurs distincts de sa mère [42]... »

On peut comprendre, sur ce point, les colères d'un Jacques Testart, quand il dénonce ces procédures procréatrices dont l'objectif est de « fabriquer un enfant pour le foyer ». Il précise : « Ceux qui vantent les conceptions vétérinaires assistées par la banque de semence ont-ils pris la mesure de leur croyance misérable qui prétend réduire la filiation au liquide blanchâtre que délivre le pénis ou la seringue ? Ne voient-ils pas que le sperme, justement parce qu'il est celui du père, de l'amant de la mère, véhicule des images et des bruits qui seraient incongrus dans l'échantillon médical de semence décongelée [43] ? » De quelle cohérence symbolique ces enfants seront-ils les héritiers ? Se soucie-t-on d'écouter, par anticipation, leurs sanglots futurs ?

Pour désigner – et dénoncer – cette étrange surdité collective, le psychanalyste Pierre Babin évoque avec beaucoup de sensibilité la poésie de Goethe, *Le Roi des Aulnes*, dont il fait une troublante métaphore. Dans ce poème, souvenons-nous, l'enfant est terrifié par la nuit. Il est dans les bras du père qui chevauche au milieu des ténèbres, et il demande si les formes qui apparaissent ne sont pas celles du roi des Aulnes qui vient le prendre. Il a peur. Il veut s'arrêter. Le père répond que ce n'est rien, rien d'autre qu'un peu de brume. En d'autres termes, *il reste sourd à la plainte de l'enfant*. Il ne la prend pas au sérieux. Lorsqu'il arrive au château, il immobilise enfin son cheval mais, dans ses bras, l'enfant est mort.

Transposant aux problèmes d'aujourd'hui la symbolique de ce poème, Pierre Babin en fait le commentaire suivant. « Avec le temps, je perçois mieux les ressorts de la destruction du monde humain : un *Roi des Aulnes* généralisé, une menace permanente. » Autrement dit, nous ne pouvons rester sourds à ces plaintes obscures, à ces frayeurs diffuses, à la souffrance des enfants à naître au détriment desquels nous aurons « arraché les fils du symbolique ». Et il ajoute, comme s'il parlait d'une voix blanche : « J'ai le sentiment d'une accumulation, ici et là, d'irréparable :

---

42. Laurence Gavarini, in *Le Magasin des enfants*, op. cit.
43. Jacques Testart, *Des hommes probables. De la procréation aléatoire à la reproduction normative*, op. cit.

les dettes augmentent de tous les côtés sans que l'on puisse jamais les payer. [...] La question que j'entends le plus souvent est : "Est-ce qu'il y a quelqu'un ?", ou "Est-ce qu'il y a de la place pour moi ?" [44] »

La souffrance des origines

Assez extraordinairement, il arrive que ces deux logiques, ces deux perceptions de l'homme – paquet d'organes ou subjectivité construite – se télescopent. Et de façon si brutale que le débat verse alors dans une confusion significative. L'exemple le plus frappant en est la discussion concernant l'accouchement sous X. Cette disposition, comme on le sait, permet à une femme d'accoucher sans que soit jamais révélée, ni enregistrée, son identité. Destiné, entre autres, à limiter le nombre des avortements, ce type d'accouchement débouche évidemment sur une adoption. Le principe d'anonymat se justifie par le fait qu'on privilégiera la parenté construite (celle des parents adoptifs) et non la parenté biologique (celle de la mère anonyme).

Or l'accouchement sous X est aujourd'hui remis en cause. Il l'est au nom d'une souffrance dont on juge qu'elle était hier gravement minimisée : celle de ces enfants abandonnés par leur mère et que hante le mystère des origines. Devenus adultes – et en dépit de l'amour des parents adoptifs –, les « nés sous X » sont taraudés par l'existence de ce trou énigmatique dans leur filiation, cette opacité originelle qui leur interdit de s'inscrire dans le fameux principe généalogique. C'est au nom de ce manque, de ce vertige, que la réforme législative est envisagée. Au droit de la mère à l'anonymat, on oppose en somme le droit de l'enfant à l'identité et à la transparence générationnelle. Ladite réforme est ainsi présentée – non sans raison – comme l'une des avancées s'inscrivant dans la défense des droits de l'enfant.

Sauf que l'ambiguïté du raisonnement qu'elle présuppose devient saisissante dès qu'on examine posément l'argumentaire. Revendi-

---

44. Pierre Babin, *La Fabrique du sexe*, conversation avec Philippe Petit, Textuel, 1999.

quer en effet un « droit de connaître ses origines », évoquer la souf-france des êtres qu'un mystère originel empêche de trouver leur place comme maillon d'une chaîne généalogique, c'est mettre en avant l'ordre symbolique. Raisonnant ainsi, on reconnaît *ipso facto* toute l'importance de l'histoire d'un être dans la construction de son identité. On récuse l'idée scientiste selon laquelle cet ordre symbolique, ce principe généalogique seraient sans grande impor-tance. On refuse de réduire la vérité d'un humain à ses organes. De ce point de vue, on fait un grand pas en direction de Pierre Legendre et de la psychanalyse ; on s'éloigne résolument du « tout géné-tique » et d'une conception « bétaillère » de la filiation. Comme l'écrit Jacques Testart, hostile à l'accouchement sous X, « le besoin pour chacun de savoir d'où il vient est bien antérieur à l'imagerie moléculaire qui prétend résumer la personne aux particularités de son ADN ».

D'un autre côté, cette condamnation de l'accouchement sous X s'exprime au nom d'une *vérité biologique* qu'il s'agit d'établir. Elle postule que, à un moment ou à un autre, cette vérité biolo-gique doit l'emporter sur la vérité affective de l'adoption. En d'autres termes, on privilégie délibérément la *nature* sur la *culture*, ce qui est rigoureusement contradictoire avec l'importance accor-dée au positionnement symbolique. On s'appuie notamment sur les nouveaux procédés permettant, grâce à l'ADN, d'établir scien-tifiquement une identité et une filiation. Sensible aux arguments psychanalytiques d'un côté, on se soumet aux commandements du biologique de l'autre. Et cela, dans un même mouvement.

Les commentaires et les prises de position au sujet de cette réforme laissent clairement transparaître cette fondamentale contradiction. Avec une précipitation médiatique quelquefois cocasse, les adversaires de l'accouchement sous X se présentent en défenseurs des droits de l'homme contre la violence symbo-lique induite par ce possible anonymat. Ils s'échauffent d'autant plus qu'ils flairent derrière cette tradition de l'accouchement sous X je ne sais quelle influence religieuse coïncidant avec le rejet de l'avortement. En défendant le « droit de savoir », ils recon-naissent en somme toute l'importance du principe généalogique. Or ce même principe, ils en rejettent résolument le *diktat* lorsqu'il est question d'insémination artificielle, d'homoparenté ou – à la limite – de clonage. Prêts à toutes les transgressions à ce propos, ils fustigent la pesanteur d'un « ordre symbolique » qu'ils appellent pourtant à leur secours à propos de l'accouchement sous X. On consent à l'intrépidité manipulatrice de la biologie d'un côté (sans trop se soucier des souffrances futures) mais, d'un autre côté, on combat vigoureusement l'indifférence à l'égard du symbolique. Scientiste d'une main et d'accord avec François Dagognet pour fustiger les inhibitions « technophobes » ; psychanalyste de l'autre, et sensible à la souffrance des enfants à naître : il est moins facile que jamais de se vouloir « progressiste »[45].

L'étourderie contemporaine apparaît quelquefois en toute transparence.

---

45. Sur la dimension idéologique de ces débats, voir plus loin, chapitre 12.

Chapitre 6

L'homme en voie de disparition ?

« Apprenons à n'être que les neurones de la terre. »

Joël de Rosnay

L'humanité de l'homme – cette fragile évidence – est donc assiégée de quatre côtés à la fois. Ces quatre frontières, on l'a vu dans les chapitres précédents, sont devenues poreuses : avec l'animalité, avec la machine, avec les choses, avec le pur biologique. Simplement poreuses ou déjà obsolètes ? Ces limites qui bornaient et définissaient l'être humain, certains les jugent définitivement ruinées. À les entendre, nous devrions renoncer à les défendre. Elles sont, d'après eux, les derniers vestiges d'une « humanité éternelle » qu'il nous faut laisser derrière nous. Adieu l'individu ! La mort de l'homme, annoncée en 1966 par Michel Foucault dans *Les Mots et les Choses*[1], s'accomplirait, pour de bon, sous l'effet des technosciences, du réseau numérique, de la génétique, des sciences cognitives. L'heure sonnerait aujourd'hui d'une totale « déconstruction de la subjectivité », c'est-à-dire la fin du « moi » et le dépassement de cette modernité égocentrée qui fut inaugurée jadis par Descartes[2]. « Les traits du visage humain sont en train de s'effacer[3] », écrit Shmuel Trigano avec inquiétude.

Inquiétude ? De cet irrésistible effacement de l'homme, certains se réjouissent en invoquant les progrès de la connaissance. Sur un ton pressant, ils nous convient à l'allégresse d'une singulière aventure : celle de l'homme non plus chassé du paradis terrestre, mais

---

1. « Nous sommes si aveuglés par la récente évidence de l'homme, écrivait Michel Foucault, que nous n'avons même plus gardé dans notre souvenir le temps cependant peu reculé où existaient le monde, son ordre, les êtres humains, mais pas l'homme », *Les Mots et les Choses*, Gallimard, 1996.
2. C'est, en substance, la réflexion que fait Jean-Pierre Dupuy, « L'essor de la première cybernétique (1943-1953) », *Cahiers du CREA*, n° 7.
3. Shmuel Trigano, *Le Monothéisme est un humanisme*, *op. cit.*

définitivement « délivré » de lui-même. Gilbert Hottois est de ceux-là. « Que reste-t-il de l'homme, demande-t-il, dont on puisse assurer que cela échappe et échappera aux possibles constructeurs et reconstructeurs de la technoscience ? L'humanité n'apparaît plus comme un donné à servir et à parfaire mais comme une matière indéfiniment plastique [4]. »

Ces constats nous paraissent-ils saugrenus ? Dangereux ? Déraisonnables ? Le fait est qu'ils se multiplient depuis quelques années pour célébrer intrépidement la disparition de l'individu, disparition présentée non point comme une catastrophe mais comme une promesse eschatologique. On est frappé de découvrir, en marge du grand public, des médias et du monde politique, tant d'analyses convergentes. On est surpris qu'elles soient, jusqu'à présent, si rarement rapprochées l'une de l'autre et si peu critiquées. Elles doivent pourtant l'être. Sous couvert d'érudition technologique, beaucoup frôlent l'extravagance. Mais d'autres participent d'un antihumanisme délibéré, qui ne présage rien de bon. Ces analyses se fondent sur des savoirs différents, manipulent des rhétoriques et des langages distincts, s'ignorent parfois, mais s'emploient toutes à annoncer la même « nouvelle » : *l'homme traditionnel est en voie de disparition*. Pour clamer cet avis, les nouveaux exégètes de la technoscience usent volontiers de cet art de la prédication qu'employaient jadis les utopistes, convaincus qu'ils devaient hâter l'avènement de la cité heureuse.

Pour prédire la prochaine dissolution de l'être humain, quelques-uns s'appuient sur l'informatique et saluent l'apparition d'un cyberespace interconnectant l'humanité entière. D'autres poussent jusqu'au bout les métaphores de la génétique et substituent à l'individu, échelon « dépassé », le grouillement autonome de ses propres molécules. D'autres enfin prolongent les intuitions et les postulats cognitivistes, pour annoncer une *nouvelle synthèse* entre l'animé et l'inanimé, qui rendrait caduque l'irréductible différence humaine.

---

4. Gilbert Hottois, « Éthique et technoscience : entre humanisme et évolutionnisme », in *Science et Éthique*, Éd. de l'Université de Bruxelles, 1987.

L'homme devenu enzyme

Les premières de ces prédications technoscientifiques tournent autour d'un même concept : celui d'un cerveau planétaire, dont l'homme ne serait bientôt qu'un modeste neurone. C'est la thèse, parmi quantité d'autres, du vulgarisateur scientifique Joël de Rosnay, auteur de deux livres sur le sujet[5]. Pour ce dernier, l'appareillage cybernétique de l'homme futur et le développement d'un réseau de communication planétaire correspondent à l'apparition d'une nouvelle forme de vie : la « vie hybride ». Celle-ci, écrit-il, est « à la fois biologique, mécanique et électronique ». Autrement dit, elle conjugue et même synthétise la matière vivante et l'artefact en général, l'être humain et la machine en particulier. Elle participe de l'émergence d'un nouvel organisme planétaire, que Rosnay propose d'appeler le *cybionte* (contraction de cybernétique et de biologie). Un organisme dont les réseaux de communication et les autoroutes de l'information constitueraient le système nerveux. Immergé dans cette réalité macroscopique, l'homme de demain, qu'il suggère d'appeler *l'homme symbiotique*, sera l'équivalent d'une cellule, ni plus ni moins[6].

Si l'avènement de ce *cybionte* peuplé d'*hommes symbiotiques* est annoncé à l'échéance de deux ou trois siècles, « ce macro-organisme existe déjà à l'état primitif et vit dans sa globalité ». Pour Rosnay, nous aurions bien tort de faire la moue devant le modeste destin « cellulaire » ainsi assigné à l'être humain. Il nous faut participer au contraire à l'élaboration de ce « super organisme nourricier, vivant de la vie de ses cellules, ces neurones de la Terre que nous sommes en train de devenir ». Il voit là un projet exaltant. Ailleurs, la métaphore est encore moins flatteuse puisque, de « neurones », nous devenons « enzymes ». Il écrit en effet : « Enzymes d'une protocellule aux dimensions de la planète, nous travaillons sans plan d'ensemble, sans intention réelle, de manière chaotique, à la construction d'un organisme qui nous dépasse »[7].

---

5. Joël de Rosnay, *Le Macroscope : vers une version globale*, Seuil, 1975, et *L'Homme symbiotique. Regards sur le IIIᵉ millénaire*, Seuil, 1995.
6. Id., *L'Homme symbiotique, op. cit.*
7. *Ibid.*

Ce gigantesque organisme planétaire, à la fois cybernétique, bio-logique, sociétal, dans lequel nous sommes invités à nous fondre comme les abeilles d'une ruche, sera évidemment doté – grâce à l'interconnexion parfaite des mémoires et des « logiciels » humains – d'une intelligence collective auprès de laquelle notre entendement individuel, celui dans lequel nous sommes encore emprisonnés, semblera rétrospectivement infirme. « Des systèmes adaptés de rétroaction sociétale peuvent faire émerger une intelli-gence collective *supérieure* à celle des individus isolés [8]. » Il nous faut donc apprendre à renoncer à l'étroitesse de notre « moi ». En réalité, tout se passe comme si Rosnay prenait au pied de la lettre – mais en les positivant – les inquiétudes prémonitoires exprimées au milieu des années 60 par le grand préhistorien André Leroi-Gourhan (1911-1986), qui redoutait que l'extériorisation du corps humain par la technique transformât peu à peu chaque être humain en « cellule dépersonnalisée » d'un organisme étendu aux dimen-sions de la planète [9].

Par l'amphigouri conquérant de ses métaphores et la solennité de son propos, un tel développement pourrait prêter à sourire. Il rap-pelle, jusque dans son enthousiasme futuriste, certains *curiosa* de la littérature utopique des XVIIe et XVIIIe siècles. On pense au célèbre roman de Cyrano de Bergerac (le vrai) : *L'Autre Monde : l'histoire comique des États et Empires de la Lune* (1650), ancêtre du roma-nesque de science-fiction. Quant à cette description des forces pla-nétaires conjuguées et englobant le projet humain, elle nous renvoie à certains récits animistes ou à ces mythes mélanésiens de la « pierre sacrée » dont la puissance poétique ne fait aucun doute [10]. Quelques détails, hélas, nous inclinent dans le cas de Rosnay à ressentir une certaine inquiétude.

D'abord, parce qu'à la différence des rêveries de Cyrano de Bergerac ces prospectives ne s'affichent pas comme de la littéra-ture ou de la poésie mais revendiquent haut et fort un statut scien-

---

8. *Ibid.*
9. André Leroi-Gourhan, *Le Geste et la Parole*, t. II, *La Mémoire et les Rythmes*, Albin Michel, 1965. J'emprunte cette référence à Dominique Bourg, *L'Homme arti-fice, op. cit.*
10. Je pense à l'acuité saisissante des mythes de l'île de Tana, dans l'archipel du Vanuatu, mythes décrits et commentés par le géographe Joël Bonnemaison dans *La Dernière Île*, Arléa, 1987.

tifique. C'est ainsi qu'elles sont perçues et présentées dans les médias, ce qui est révélateur de notre rapport contemporain à la technoscience. Or, pour imagées et suggestives qu'elles soient, les prospectives de Joël de Rosnay ont comme particularité d'être résolument et absolument *a critiques*. Passant en revue, sur quatre cents pages, toutes les innovations ou expérimentations technoscientifiques de ces trente dernières années, l'auteur – sauf brèves exceptions ou protestations de principe – ne les soumet à aucun questionnement minimal. On reste dans l'effusion prédictive.

Cognitivisme, intelligence artificielle, réalité virtuelle, manipulations génétiques, appareillage cybernétique de l'être humain : tout est évoqué *sur le mode de l'approbation enthousiaste*. La démarche est à la fois sympathique et effrayante. On raisonne comme si rien de tout cela, jamais, ne posait problème ; comme s'il n'y avait plus véritablement d'histoire humaine ni de politique. On construit, de proche en proche, une description lisse et non problématique de la réalité. Une réalité purgée des conflits humains, rapports de force, dominations, injustices ou contradictions. On est dans une féerie dont l'optimisme a-idéologique est, à tous les sens du terme, désarmant. Qui aurait envie de perturber un tel ravissement ? Qui voudrait jouer les rabat-joie devant une aussi plaisante cyberbéatitude ? On tâchera de montrer pourtant, dans la deuxième partie de ce livre, que, derrière ces discours « ravis », circule – aussi – de l'*idéologie* et se dissimulent des présupposés quelquefois redoutables.

Le cyberparadis ?

Restons-en aux promesses. Cette prospective réjouie n'est pas l'apanage du seul Rosnay, pris ici seulement à titre de modeste exemple. Elle s'inscrit dans un courant de pensée relativement répandu aujourd'hui, et qui compte bien d'autres représentants. On présente quelquefois ces derniers, pour simplifier, comme les « nouveaux gourous » du cyberespace. C'est le cas de l'universitaire canadien Derrick de Kerckhove, directeur du programme McLuhan de l'université de Toronto et apôtre lyrique du

« réseau[11] ». C'est aussi le cas de Philippe Quéau, philosophe, conseiller à l'UNESCO et fondateur du salon *Imagina*. Pour lui, l'internet est une nouvelle Amérique ou une « utopie en cours de réalisation ». Comme les autres missionnaires de la « toile », il assimile volontiers l'homme à la machine, et le monde interconnecté à un cerveau collectif en cours d'émergence[12]. Le même cyber-enthousiasme est significativement partagé par d'anciens marxistes, qui n'hésitent pas à voir dans la conjugaison de la nouvelle économie et de l'internet un accomplissement – différé – de l'utopie communiste. Qu'est-ce que l'intelligence planétaire, sinon un collectivisme à visage humain, une forme de holisme réinventé? Le philosophe Dan Sperber est de ceux-là, qui se félicite de la disparition annoncée, grâce à l'internet, des « identités collectives localisées » au profit d'un nouvel internationalisme planétaire[13].

Cet optimisme est aussi celui du chercheur et informaticien Pierre Lévy, qui fut un des premiers à tenter de théoriser l'apparition d'une cyberculture, très différente des anciennes cultures humaines, individualistes et territorialisées[14]. Sur un mode à la fois plus technique, plus lyrique et plus prophétique que Joël de Rosnay, il annonce l'unification inéluctable de l'humanité sous une forme totalement imprévue jusqu'alors. Pour Pierre Lévy, cette unification planétaire n'empruntera pas la voie d'un nouvel empire ni d'une domination quelconque. Elle sera – elle est déjà – le produit d'un « processus collectif et multiforme qui pousse de partout ». C'est, dit-il, un événement providentiel parce qu'il participe d'une « expansion de la conscience »[15].

Avec une fièvre et un enthousiasme inattendus sous la plume d'un scientifique, Pierre Lévy s'enflamme en décrivant la convergence de plusieurs processus : mondialisation et déréglementation de l'économie, expansion de l'internet, généralisation des réseaux, dissolution des « territoires », montée en puissance des technosciences et des biotechnologies. « Ce mouvement s'accélère depuis

11. Derrick de Kerckhove, *L'Intelligence des réseaux*, trad. de l'anglais (Canada) par Ferry de Kerckhove, Odile Jacob, 2000.
12. Philippe Quéau, *La Planète des esprits*, Odile Jacob, 2000.
13. Voir le point de vue spécifique de Dan Sperber dans l'ouvrage écrit avec Roger-Pol Droit, *Des idées qui viennent*, Odile Jacob, 2000.
14. Pierre Lévy, *La Cyberculture*, Odile Jacob-Éd. du Conseil de l'Europe, 1997.
15. Id., *World philosophie*, Odile Jacob, 2000.

la dernière décennie du XXe siècle avec le début de l'unification politique de la planète, le succès des approches libérales, la fusion de la communauté universitaire et de l'industrie, l'explosion du cyberespace et la virtualisation de l'économie. Quelques dizaines d'années après la découverte de l'expansion de l'Univers, nous nous découvrons, avec une ivresse mêlée d'effroi, participant à l'expansion indéfinie du monde des formes au sein d'une conscience humaine hésitant encore à s'engager résolument[16]. »

Une chose frappe dans cette vision et la distingue des autres : la volonté obstinée de Pierre Lévy – qui est aussi philosophe et familier de la mystique juive – de créditer ce processus d'un contenu spirituel qu'on pourrait résumer en deux mots : réconciliation et bienveillance. Une sorte de foi habite son discours. D'où, par exemple, l'insistance avec laquelle il met en avant la capacité d'autorégulation volontaire des utilisateurs de l'internet, et la politesse en vigueur dans les *chat-rooms* (forums virtuels) : « Les participants des communautés virtuelles, écrit-il non sans naïveté, ont développé une forte morale sociale, un ensemble de lois coutumières – non écrites – qui régissent leurs relations : la "netiquette". [...] La morale implicite de la communauté virtuelle est en général celle de la réciprocité[17]. »

Mais les perspectives spirituelles offertes par le cybermonde vont bien au-delà. Pour Pierre Lévy, la fin des territoires (et des États-nations) annonce la fin des égoïsmes ; la mobilité permanente de l'homme planétarisé – qui change constamment de métier, de domicile, d'amour, de croyance – est synonyme d'absolue liberté ; la rupture des liens anciens (famille, nation, entreprise, tradition...) ouvre des espaces illimités à notre nomadisme ; la technoscience nous convie à « la création continue d'un monde en expansion indéfinie » ; le marché, qui se substitue aux anciennes régulations, « devient le principal incitateur de la créativité » ; l'argent lui-même, bientôt unifié sous la forme d'une monnaie mondiale, n'est qu'une expression de la fluidité existentielle et du « passage » libérateur. À toutes ces prédictions, Pierre Lévy en ajoute une autre : l'inéluctable disparition des frontières et une liberté d'immigration

---

16. *Ibid.*
17. Pierre Lévy, *La Cyberculture, op. cit.*

enfin totale et permanente. « Nous avançons à grands pas vers la proclamation de la confédération planétaire, s'exclame-t-il. Imaginez la fête qui s'ensuivra ! »

Tout cela, assure-t-il, concourt surtout à accélérer une « métamorphose de la conscience humaine », qui débouchera, tôt ou tard, sur cette intelligence collective présentée comme l'horizon ultime de notre histoire. Elle marquera la fin d'une conscience individuelle trop enclose sur elle-même. Cette intelligence collective naîtra non seulement de la mise en commun des capacités de réflexion humaines, mais s'appuiera sur « l'hyperdocument planétaire du Web, qui intègre progressivement la totalité des œuvres de l'esprit ». Ainsi se constituera une gigantesque « mémoire », consultable à tout moment, utilisable et mobilisable à partir de n'importe quel point de la terre. C'est à cette intelligence collective, indéfiniment créative, que Pierre Lévy nous convie de façon pressante. « Ceux qui ne participeront pas aux processus de compétition coopérative, d'échange et d'intelligence collective distribués dans le cyberespace, écrit-il, seront les "paysans" de l'ère nouvelle. Ceux qui habiteront un "pays" au lieu d'habiter la ville planétaire [18]. »

Au-delà de la sympathie qu'inspire un aussi fougueux prophétisme, on peut – et on doit – sourire devant une telle ingénuité, qui s'inscrit elle aussi dans le registre du merveilleux. Au moins Lévy a-t-il le mérite de pousser jusqu'à leur point limite les arguments habituels (mais sans « vision ») des chantres du grand marché planétaire et de la mondialisation, des avocats de l'internet civilisateur et des griots de la technoscience émancipatrice. Il nous permet d'entrevoir, en toute bonne foi, quelle sorte d'imaginaire est parfois présent derrière ces nouveaux catéchismes.

La fausse leçon de Babel

Le rêve immense et fusionnel présent dans ces prospectives ramène irrésistiblement en mémoire les analyses proposées, il y a plus d'un demi-siècle, par le paléontologue et théologien Pierre Teilhard de Chardin (1881-1955). Ce n'est d'ailleurs pas le fait du

18. Id., *World philosophie, op. cit.*

hasard si se manifeste aujourd'hui un regain de curiosité attentive à l'égard de ses écrits[19]. Les concepts d'intelligence collective et de cyberespace renvoient à ce que Teilhard appelait la « noosphère » et au mouvement d'une humanité convergeant vers un « point Oméga », correspondant à un stade de spiritualité parfaite, c'est-à-dire, dans son esprit, au royaume de Dieu. Un détail, toutefois, est trop souvent oublié : bien que mis à l'index par Rome, Teilhard n'en restait pas moins un homme de foi et un chrétien fervent. Ce n'est pas souvent le cas des prosélytes contemporains de la cyberculture.

Dans leur cas, l'imaginaire lyriquement mobilisé correspond plutôt à une version rajeunie et laïcisée du mythe de Babel, la haute tour que, selon le livre de la Genèse, les descendants de Noé tentèrent d'élever pour escalader le ciel mais que la multiplicité des langues humaines les empêcha d'achever. C'est même avec cette référence babélienne explicite qu'ici et là les choses sont parfois présentées. La dissolution de l'individualité humaine dans un *grand tout* cybernétique correspondrait au projet de Babel, cette fois victorieusement réalisé.

Or cette métaphore babélienne participant d'un optimisme inébranlable repose sur une interprétation erronée du mythe vétéro-testamentaire. Dans la Genèse, l'enseignement que veut transmettre le narrateur biblique avec le récit de Babel, ce n'est pas qu'un « bon » projet a échoué pour cause de mésentente humaine. C'est le contraire : le projet lui-même était « mauvais ». Les analyses de Shmuel Trigano, bon spécialiste de l'herméneutique juive, sont éclairantes sur ce point. Si le déluge a submergé l'humanité, explique-t-il, c'est parce que cette dernière n'avait pas su maintenir la *différenciation*, aussi bien entre elle et le monde qu'en son propre sein.

Ce que sanctionnait le déluge, c'est *la confusion et le mélange généralisé*. Ce mélange impliquait une indifférenciation entre l'homme et l'animal, aussi bien qu'entre les hommes distincts les uns des autres (« Toute créature avait perverti sa voie sur la terre », Gn 6,12) ; il impliquait également une confusion entre l'humain et

---

19. Voir, par exemple, la remarquable conférence prononcée le 13 novembre 1999 par Xavier Sallantin, lors de la session annuelle des « Amis de Teilhard de Chardin », sous le titre : « La mondialisation est-elle au service de l'homme ? »

le divin (« Les fils de Dieu se mêlaient aux filles de l'homme et leur donnaient des enfants », Gn 6,4). Or l'entreprise de Babel correspondra à une deuxième tentative de massification, tentative que l'intervention du « Dieu Un » vient sanctionner une seconde fois, *afin de sauver la différence et l'individualité irréductible de chaque être humain.* « Ces deux échecs successifs de l'humanité présentent [donc] la même caractéristique : la massification magmatique. La génération du déluge, tout comme celle de Babel, annihile les personnes, le visage individuel, le principe même de la séparation des êtres qui les fait ce qu'ils sont, distincts de la nature, du divin, de leurs semblables [20]. »

Dans cette interprétation, l'échec, voulu par Dieu, de l'entreprise babélienne est censé punir le projet lui-même et non point la multiplicité linguistique des bâtisseurs. Ce qu'il s'agit de sauver d'une indifférenciation générale, c'est tout simplement la personne humaine, son visage, son langage propre. On rejoint ici une exigence indépassable – la pluralité –, maintes fois réaffirmée, notamment par Raymond Aron, qui y voyait le gage de « l'humanité de l'homme ». La leçon implicite du récit testamentaire, c'est donc que l'unité et la fraternité de Babel *participent de l'illusion et aussi du mensonge.* Les constructeurs mythiques de la tour de Babel sont condamnés pour avoir « voulu supprimer le principe de séparation, la différenciation qui est le gage de la présence possible d'autrui et de la naissance à venir ». Ils le sont aussi pour avoir voulu s'égaler au Dieu et, en définitive, « coloniser le ciel ». Pour Trigano, « la séparation de l'humanité en langues et donc en peuples après la destruction de la tour va rétablir le projet de la création, fondé sur la multiplicité et la différenciation [21] ».

On le voit, un imaginaire chasse l'autre, et les récits de l'Ancien Testament n'ont pas forcément le sens qu'on leur prête. Il en va de même pour cette idéalisation hâtive du cyberespace, bien dans l'esprit du temps, qui fait depuis peu l'objet de critiques aussi diverses qu'argumentées [22]. Pour Philippe Breton, par exemple, loin de correspondre à l'émergence d'une convivialité planétaire, le cyberespace favorise en réalité l'efflorescence de petites communautés

---

20. Shmuel Trigano, *Le monothéisme est un humanisme*, *op. cit.*
21. *Ibid.*
22. Voir la synthèse que j'en ai donné dans *La Refondation du monde*, *op. cit.*

repliées sur elles-mêmes. La communication *via* l'ordinateur n'est qu'un ersatz de lien social, et les fameux réseaux développent surtout l'inaptitude à la rencontre directe. Quant à la transparence, nouveau dogme du réseau, elle ruine, dans son principe même, l'intériorité de l'homme, intériorité qui fonde son *humanité*[23].

Jean Baudrillard voit quant à lui dans cet avènement d'un monde unifié mais « virtuel », dans cette « fantastique entreprise collective d'abstraction du monde », l'édification d'un gigantesque *alias* (au sens informatique du terme), dans lequel viendrait se fondre et se noyer l'humanité véritable, de chair et de sang. Il décrit cette émergence comme celle d'un « énorme clone dans lequel l'espèce humaine se projette pour s'immortaliser, c'est-à-dire se reproduire du même au même et échapper enfin à l'incertitude d'une existence mortelle et sexuée[24] ». Elle correspondrait donc à une inéluctable consumption de l'homme vivant, c'est-à-dire à une déshumanisation du monde…

L'égocentrisme des particules

Dans son lyrisme cosmique, Pierre Lévy flirte cependant – et de très près – avec une tout autre version de la prétendue disparition de l'homme, disparition non plus fondée sur l'informatique, comme précédemment, mais sur la génétique. Lorsqu'il observe que « les atomes dont sont bâties nos cellules ont été forgés dans le cœur même d'étoiles peut-être mortes depuis des milliards d'années » ; lorsqu'il ajoute que « l'ADN qui commande et régule le fonctionnement de notre organisme ne possède que deux pour cent de gènes spécifiquement humains », il suggère un possible effacement de l'homme derrière la réalité immanente des particules qui le composent. Pour surprenante qu'elle soit, cette formulation n'a rien d'exceptionnel. C'est une interprétation relativement répandue que proposent aujourd'hui les adeptes de la « génétique évolutive » et les militants de la sociobiologie.

23. Philippe Breton, *Le Culte de l'Internet. Une menace pour le lien social*, La Découverte, 2000.
24. Jean Baudrillard, « L'immatériel, le cyberespace, le clone : avons-nous cessé d'être réels ? », in *Les Clés du XXIe siècle*, *op. cit.*

Pour ces ultra-darwiniens résolus, l'échelon pertinent de la sélection naturelle n'est plus l'homme en tant que tel, mais *les gènes qui l'habitent*. Autrement dit, l'être humain doit céder « la place aux gènes dont il n'est plus que l'avatar » temporaire et instrumental[25]. Ce vertige antihumaniste et cette déconstruction du sujet ne passent plus par l'infiniment grand mais par l'infiniment petit. L'idée correspond à une sorte d'anthropomorphisme inversé, tel qu'il avait été avancé dès 1945 par le Suédois G. Ostergren, qui proposait de considérer le gène comme un organisme autonome qui « se sert » de l'homme pour se perpétuer et arriver à ses fins.

Cette hypothèse échevelée est reprise et amplifiée aujourd'hui par le sociobiologiste Richard Dawkins. Pour lui, les êtres humains ne sont que des « artifices » inventés par les gènes pour se reproduire. « Nous sommes, écrit-il, des machines à survie – des robots programmés à l'aveugle pour préserver les molécules égoïstes connues sous le nom de gènes[26]. » Certes, Dawkins atténue légèrement ce que pourrait avoir d'effrayant cet antihumanisme corpusculaire en ajoutant que nous ne sommes pas « obligés » d'obéir à l'égoïsme de nos gènes (par exemple, en matière de procréation), et que nous pouvons toujours « déjouer leurs plans » pour parvenir à un « résultat auquel aucune espèce n'est jamais parvenue : devenir un individu altruiste ». Il n'empêche ! Cette brève protestation d'humanisme n'enlève rien au caractère glaçant de la démarche. Elle n'atténue pas non plus le nihilisme jubilatoire des formulations et des métaphores employées.

Cette forme de raisonnement revient à conférer aux gènes ou aux chromosomes un statut autonome, une sorte d'individualité et de liberté. Pire encore, elle présuppose que nous « fassions confiance » à ces particules élémentaires pour organiser et perpétuer la vie en dehors de tout projet conscient. Ainsi se trouvent silencieusement abolies les dernières traces de liberté et de volonté humaines. Toute proportion gardée, la démarche de ces sociobiologistes n'est pas sans analogie avec celle des économistes libé-

25. Voir l'ouvrage collectif de trois agronomes et généticiens, Pierre-Henri Gouyon, Jean-Pierre Henry et Jacques Arnould, *Les Avatars du gène. La théorie néodarwinienne de l'évolution*, Belin, 1997.
26. Richard Dawkins, *Le Gène égoïste* (1976), trad. fr. L. Ovion, Armand Collin, 1990.

raux qui nous pressent de faire confiance à l'égoïsme et à l'intérêt individuel pour abandonner la régulation de nos économies à la « main invisible » du marché. Dans sa structure, le raisonnement est le même : il privilégie l'efficacité d'un égoïsme organisateur, plutôt que le cafouillage imparfait de la volonté humaine.

Les gènes deviennent les agents affairés d'une sorte de « main invisible » biologique. Leur vibrionnant égocentrisme scelle notre destin mieux que ne pourrait le faire l'ancien humanisme. Ce parallèle saisissant entre le « chacun pour soi » des acteurs économiques et celui de nos propres gènes n'est peut-être pas dû au pur hasard. Il met en lumière une idéologie implicite fondée, dans les deux cas, sur le congédiement de l'homme au profit d'un processus sans sujet. Dans un autre de ses livres, Dawkins emploie d'ailleurs une métaphore à connotation explicitement économique, puisqu'elle renvoie à la « fonction d'utilité » chère aux économistes. Pour lui, « la fonction d'utilité de la vie, celle que la nature maximise, c'est la survie de l'ADN[27] ». Dans cet ouvrage, il compare l'évolution du vivant à « un fleuve digital », « un fleuve d'ADN » – d'où le titre choisi. De ce point de vue, les thèses de Dawkins nous en disent plus sur les présupposés de son auteur et sur l'esprit du temps que sur la réalité.

Certains commentateurs de Dawkins concèdent qu'en effet il n'est pas tout à fait anodin de prêter de l'égoïsme à un gène. Ils mettent cela au compte d'une « stratégie de la provocation » et nous invitent à ne pas nous arrêter à ce qu'elle peut avoir de choquant. Ils ajoutent – imprudemment, à mon sens – qu'au-delà de cette provocation nous devons admettre malgré tout que « les découvertes successives des biologistes ne peuvent que bousculer la conception classique du monde vivant et la confiance dans la place qu'y occupe l'humanité[28] ». On ne souscrira évidemment pas à cette argumentation. Elle supposerait que nous acceptions une fois pour toutes qu'il appartient à la science, et à elle seule, de « faire » quelque chose de l'espèce humaine, de « penser » ce qu'est l'homme et de « fixer » sa place dans l'échelle du vivant[29].

---

27. Richard Dawkins, *Le Fleuve de la vie. Qu'est-ce que l'évolution ?*, Hachette-Littérature, 1995.

28. Pierre-Henri Gouyon, Jean-Pierre Henry et Jacques Arnould, *Les Avatars du gène. La théorie néodarwinienne de l'évolution*, op. cit.

29. Voir plus loin, chapitre 12.

C'est-à-dire que nous souscrivions humblement aux postulats du scientisme.

Cette fantasmagorique individualisation des gènes proposée par Dawkins est reprise, de façon plus provocatrice encore, par certains microbiologistes, rendus autistes par l'enfermement ultra-spécialisé dans leur discipline. On citera, à titre d'exemple, l'hypothèse de Lynn Margulis et Dorion Sagan, qui décrivent les micro-organismes (microbes, bactéries, etc.) comme des « utilisateurs » de l'homme qui profitent de ce dernier pour se répandre dans l'univers. Ainsi, l'humanité, ses œuvres et ses techniques (notamment spatiales) ne seraient qu'un moyen stratégique, une sorte de vaisseau provisoire emprunté par ces agents corpusculaires pour coloniser les espaces intersidéraux. Nous serions, en somme, les instruments inconscients d'une entité vague, la biosphère, composée de particules, seuls véritables « sujets » du monde [30].

À ce stade, la description prétendument microbiologique rejoint directement les hypothèses avancées par l'écologie profonde, aux confins de la science et de la spiritualité *new age*, dans certaines de ses composantes. On pense bien sûr à *l'hypothèse Gaïa* de James Lovelock, qui décrit la terre et la biosphère comme un gigantesque être vivant dont nous ne serions qu'une composante parmi d'autres [31]. Pour la mythologie grecque, telle que le grand poète Hésiode la rapporte dans sa *Théogonie* (VIIIe siècle avant J.-C.), Gaïa personnifie la terre s'unissant à Ouranos (le ciel) pour donner naissance à six Titans et six Titanides, qui constituent la première génération des dieux du ciel et de la terre. Réinterprétant ce mythe fondateur, Lovelock désigne Gaïa, la terre, comme une créature vivante, qui souffre et se voit mutilée aujourd'hui par les entreprises humaines. Invoquer Gaïa, mère nourricière et créature blessée, c'est inviter l'homme à une nouvelle modestie écologique. Désigné comme un simple échelon dans l'organisation cosmique de la matière vivante – à mi-chemin entre les corpuscules et Gaïa –, l'homme est invité à se re-naturaliser, à se fondre dans une bio-

---

30. Lynn Margulis et Dorion Sagan, *L'Univers bactériel. Les nouveaux rapports de l'homme et de la nature*, trad. de l'anglais par Gérard Blanc et Anne de Beer, Albin Michel, 1989.
31. Voir James Lovelock, *Les Âges de Gaïa*, Robert Laffont, 1990, et *La Terre est un être vivant. L'hypothèse Gaïa*, Flammarion, 1993.

sphère qui l'englobe, à quasiment s'effacer derrière une « créature » planétaire dont les droits priment les siens. Droits des animaux, des forêts, des océans, des rochers, des lacs ou des rivières...

On ne discutera pas ici de l'antihumanisme affleurant dans les discours de la *deep ecology*, et déjà évoqué au sujet de la défense des animaux [32]. Bornons-nous à pointer ici une première et significative convergence entre scientisme et mystique *new age*, réunis ici dans une même négation du *principe d'humanité*. Il y en a d'autres...

Du « moi » souffrant au « non-soi » paisible

La rencontre entre certaines recherches neuroscientifiques et le bouddhisme constitue en effet un deuxième exemple de convergence. Celle-ci est sans doute la plus stimulante pour la réflexion, ce qui ne l'empêche pas d'être discutable dans ses implications. L'intérêt soutenu manifesté, à partir de sa discipline, par un neurobiologiste comme Francisco Varela pour la spiritualité bouddhiste en est la meilleure illustration. Par quels chemins passe-t-il ? La réponse devient claire dès lors qu'on se remet en mémoire les principaux postulats cognitivistes, auxquels adhère Varela.

La disparition de l'individualité humaine au profit d'autres réalités (corpusculaires ou neurologiques) est l'une des hypothèses avancées par les sciences cognitives. Cette déconstruction du sujet est même au centre de leur démarche. Par ce biais, elles prennent littéralement d'assaut ce territoire qu'elles avaient jusqu'à présent abandonné à la philosophie : l'esprit humain. De l'aveu même des cognitivistes, « elles vont si loin dans ce sens qu'elles nous permettent de penser l'esprit en dehors de toute référence à la notion de sujet [33] ». En d'autres termes, *l'inexistence de l'individualité humaine* est présentée comme un constat tellement « évident » qu'il rendrait caducs à la fois l'humanisme occidental et la philosophie cartésienne. Les progrès dans la connaissance du cerveau humain, alliés à une réflexion théorique nouvelle, seraient parvenus à

---

32. Voir plus haut, chapitre 2.
33. Francisco Varela, Evan Thompson, Eleanor Rosch, *L'Inscription corporelle de l'esprit. Sciences cognitives et expérience humaine*, op. cit.

« démontrer » que l'esprit est une réalité problématique, et que, dans tous les cas, l'esprit tel qu'on l'étudie dans les laboratoires est dépourvu de « soi ». *Exit* l'individu !

On cite volontiers la plaisanterie du neurobiologiste américain Daniel Dennet, qui va bien au-delà d'une simple boutade : « Vous entrez dans le cerveau par l'œil, vous remontez le nerf optique, vous tournez autour du cortex en regardant derrière chaque neurone et, avant même de vous en rendre compte, vous vous retrouvez dans la lumière du jour sur la crête d'une impulsion nerveuse motrice, vous grattant la tête et vous demandant où se trouve le soi[34]. » Derrière la tonalité pince-sans-rire du propos s'exprime une sorte d'embarras : la science d'aujourd'hui nous fait obligation de renoncer à notre moi souverain, volontariste, barricadé, au profit de réalités génétiques et neurochimiques. Nous voilà orphelins de nous-mêmes, en deuil de notre conscience, contraints de nous rallier à un nouveau *nihilisme*. On ne s'étonnera pas que ce dernier concept soit redevenu omniprésent dans la réflexion contemporaine. Contrairement à ce que l'on croit – et rabâche – trop souvent, il n'est pas seulement la conséquence d'une prétendue « fin » des idéologies ou de l'Histoire ; il n'est pas non plus le témoignage passager d'un vague pessimisme. Son enracinement est plus profond : *il s'appuie sur notre difficulté grandissante à définir ontologiquement l'humanité de l'homme.*

Or ce nihilisme aurait ceci de particulier qu'il est à la fois inéluctable et inhabitable. Inéluctable car « démontré » par la science ; inhabitable car destructeur du sens, de la finalité, de ce qu'on appelait jadis les « raisons de vivre ». Il placerait l'homme de la modernité et du désenchantement devant une contradiction majeure, une impasse existentielle que nul n'est capable de surmonter. Nous voilà écartelés entre le vide et le besoin de sens, captifs d'une situation invivable et impensable. « Notre culture est minée par le fait que nous sommes condamnés à croire en quelque chose dont nous savons que cela ne peut être vrai[35]. » Les neurosciences disent avoir définitivement dissipé l'homme, son humanité et son ancien *ego* cartésien. Elles sont ainsi devenues, par la force des choses et l'enchaînement logique de leurs découvertes, des *théories du non-soi*, mais qui ne proposent aucune alternative.

Or, si le non-soi est un concept incompréhensible pour un Occidental, il est familier pour certaines traditions, parmi lesquelles le bouddhisme. Telle est la raison essentielle – et logique – d'une convergence. Varela prend acte du caractère désespérant du nihilisme auquel nous conduisent fatalement les neurosciences. Mais une chose est de « constater » scientifiquement le non-soi, autre chose est de renoncer à cet « élan habituel » qui nous conduit à défendre notre sentiment d'exister comme conscience individuelle, comme « moi ». Le dilemme est théoriquement insoluble, sauf à se désintéresser de l'expérience humaine, travers autiste qui guette, on l'a vu, la pensée cognitiviste, et que Varela refuse pour sa part d'entériner. C'est la raison pour laquelle il se tourne, et nous presse de nous tourner, vers la sagesse orientale. À ses yeux, seul le bouddhisme nous permet d'éduquer notre expérience et de faire nôtre, *sans angoisse*, une pensée du non-soi. L'informaticien Pierre Lévy, cité plus haut, partage cette tentation asiatique et se dit prêt à renoncer à l'illusion du moi, « ce truc » qui, à ses yeux, « a perdu une partie de son utilité ».

Pour la tradition bouddhique de la voie moyenne, le « soi » n'est pas seulement une illusion, il est à l'origine même de la souffrance humaine. C'est notre acharnement à vouloir construire un sentiment d'individualité, un quant-à-soi jaloux de sa différence, qui est la cause de nos douleurs et de nos angoisses. C'est parce que l'esprit s'accroche, ou même s'agrippe, à ce faux-semblant qu'il est habité par l'angoisse. Cette illusion du soi « sert de base intellectuelle aux passions, qui sont essentiellement des liens entre un sujet et un objet extérieur, lequel est souvent aussi un sujet. Elle renforce le besoin qu'a l'individu de s'approprier les êtres et les choses, de les objectiver au lieu de les voir telles qu'elles sont en elles-mêmes, hors du champ étroit de ses désirs et de ses présupposés. Ces passions sont souvent désignées comme les trois poisons : la convoitise, la haine et l'erreur ou illusion[36] ».

Le méditant bouddhiste apprendra justement à se défaire de ces fausses attentes et de ces vaines impulsions. Il s'y emploiera en

36. Paul Magnin, « Le bouddhisme et la dépossession du Soi », *Études*, avril 1997.

passant par les deux étapes de la pratique méditative : l'apaisement ou domptage de l'esprit (en sanscrit : *shamatha*) et le développement du discernement (en sanscrit : *vipashyana*). Pour échapper au nihilisme, le méditant fait également appel à la distinction bouddhique entre « vérité relative » (*samvrti*), qui désigne l'apparence des choses, et « vérité ultime » (*paramartha*), qui est justement l'absence de fondements. Ainsi acceptera-t-il paisiblement le non-soi, ou l'absence de soi (*anâtman*). Les individus comme les choses, enseigne le Bouddha, sont dépourvus de nature propre, de substance. L'illusion d'un moi individuel, d'un principe personnel, n'est que le fruit de l'ignorance (*avidyâ*). Le méditant acceptera aussi l'impermanence, c'est-à-dire le caractère transitoire et périssable de tous les phénomènes composant notre univers.

On notera que, dans sa découverte du bouddhisme, Francisco Varela témoigne d'un enthousiasme à la limite du prosélytisme. Il n'hésite pas à écrire que la redécouverte de la tradition bouddhique par la pensée moderne est une « seconde Renaissance dans l'histoire culturelle de l'Occident », Renaissance qu'il compare à la redécouverte de la pensée grecque à la fin de la période médiévale, lors de la première Renaissance occidentale. Le non-soi paisible et l'impermanence sereine, enseignés par cette tradition méditative venue d'Orient, seraient-ils notre ultime chemin ? Telle est la question posée aujourd'hui par certains théoriciens de la déconstruction.

Les quatre erreurs

Ces trop brèves notations nous montrent que l'intérêt manifesté en Occident pour le bouddhisme n'est pas seulement l'effet d'une mode (même si celle-ci compte assurément). Quantité de facteurs – pas toujours innocents – se conjuguent pour expliquer cette nouvelle et forte tentation orientale, qui n'est pas sans rappeler celle qu'a connue l'Europe au XIXe siècle. Dans un remarquable et volumineux travail (en deux volumes distincts), fruit de plusieurs années d'enquête et fondé sur d'innombrables témoignages de « convertis », le sociologue Frédéric Lenoir a notamment tenté de recenser les motivations de ces hommes et femmes qui choisissent de « prendre refuge » (c'est l'expression consacrée) dans le bouddhisme.

On en connaît les principales motivations, au rang desquelles il faut ranger une lassitude, voire un dégoût pour le consumérisme effréné qui est devenu la règle dans les pays occidentaux, un rejet de l'économisme à tout crin, et un sentiment de frustration devant le désenchantement du monde ou l'absence de vie spirituelle. On décèle chez un nombre croissant d'Occidentaux, écrit Lenoir, le besoin « de retrouver une pensée mythique et magique dont le rationalisme moderne leur a interdit l'accès [37] ». Ils goûtent dans le bouddhisme le rejet de toute transformation collective du monde, au profit de la seule transformation de soi-même. En cela, le concept de *karma* (causalité) se substitue aux idées chrétiennes de Providence, ou au volontarisme des Lumières. De ce point de vue, le bouddhisme arrive à point nommé dans cet « immense champ de ruines utopiques et idéologiques » qu'est devenu le monde occidental [38].

À tout cela, il faut ajouter la crise incontestable que connaissent les grandes religions bibliques (christianisme et judaïsme), perçues aujourd'hui comme dogmatiques, bureaucratiques ou moralisantes à l'excès. « Les Occidentaux, qui reprochent justement aux Églises de ne plus transmettre qu'un discours dogmatique et normatif, sont particulièrement sensibles à cette voie spirituelle entièrement axée sur l'expérience individuelle. À la figure du prêtre, du pasteur ou du rabbin, qui transmet ce qu'il faut croire et ne pas croire, faire et ne pas faire – bref, du dogme et de la norme –, ils opposent la figure du maître oriental qui enseigne les modalités d'une expérience qu'il a lui-même réalisée [39]. » Avec ce dernier – le « lama-souche », selon la terminologie consacrée –, les nouveaux adeptes nouent des relations personnelles, accèdent à un échange socratique, trouvent une disponibilité attentive et une fraîcheur qu'ils disent ne plus rencontrer chez les représentants de leurs propres traditions religieuses.

Au dogme délivré d'en haut, ils préfèrent la sagesse suggérée sur un mode réconciliateur, et débarrassée, disent-ils, de toute culpabilisation. La plupart des récits individuels recueillis par Frédéric Lenoir insistent sur cette idée de douceur ou d'équanimité bouddhiste qui leur semble plus directement en phase avec la sensibilité contemporaine. D'où une bienveillance instinctive – et pas toujours

37. Frédéric Lenoir, *La Rencontre du bouddhisme et de l'Occident*, Fayard, 1999.
38. *Ibid.*
39. Frédéric Lenoir, *Le Bouddhisme en France*, Fayard, 1999.

fondée – de l'opinion et des médias à l'endroit d'une sagesse individualisée, perçue comme éminemment tolérante. « Même sans bien connaître [le bouddhisme], on reconnaît en lui les valeurs principales de la modernité : liberté laissée à chacun de suivre sa propre voie spirituelle, religion plus fondée sur l'expérience et la raison individuelle que sur une théologie dogmatique, efficacité de la pratique qui a des implications concrètes dans la vie de tous les jours, tolérance, absence de discours moral normatif, etc. »

L'attrait de l'exotisme n'est évidemment pas absent de ce nouvel élan vers l'Orient. Disons qu'au minimum il s'ajoute à tout le reste. L'image du Tibet, lieu inaccessible et inviolé, mythique « toit du monde » à l'abri des corruptions consuméristes, a incontestablement joué un rôle. Au surplus, l'agression chinoise contre le Tibet dans les années 50 et, depuis, la destruction de la culture tibétaine planifiée par Pékin ont fait de ce peuple *l'incarnation exemplaire du pays martyr, opposant à la barbarie de ses conquérants l'imperturbable douceur de ses lamas*. Tout semble se passer, aux yeux des Occidentaux, comme si les Tibétains s'étaient réfugiés dans une temporalité « autre », dans une sorte d'éternité, d'autant plus fascinante que nous nous savons, en Europe ou en Amérique du Nord, assignés au court terme de la modernité. C'est ainsi que la figure médiatique du dalaï-lama est devenue, chemin faisant, l'image inversée du pape : modestie tolérante contre « splendeur de la vérité », sage expulsé de sa terre contre majesté pontificale, sourire éternel du sage contre sourcils froncés du prélat, etc.

Toutes ces raisons qui expliquent l'attirance pour le bouddhisme sont connues et même ressassées. Elles le sont peut-être trop, à telle enseigne qu'on en néglige une autre, plus abstraite mais néanmoins essentielle : *l'adéquation supposée entre certaines « transgressions » technoscientifiques contemporaines et la tradition bouddhiste*, du moins telle que la perçoivent et la réinterprètent les Européens. La négation du concept classique d'individu, la disparition possible de l'humanité de l'homme, la ruine du moi, la dissolution du principe généalogique et le rejet de l'ordre symbolique : toutes ces occurrences qui sont vécues comme autant de *deuils*, voire comme une catastrophe mentale, par la philosophie occidentale, paraissent étrangement compatibles avec la méditation bouddhiste.

Dans l'esprit de ceux qui sont tentés d'y prendre refuge, non seulement le bouddhisme va les consoler de la perte du moi, mais il va les délivrer de cette funeste obsession. En abolissant la dualité entre le moi et le « grand tout », il les convie à la douce et paisible fluidité d'un retrait consenti. L'acceptation d'une absence de fondements, le renoncement à la fausse individualité occidentale doivent les délivrer tout à la fois de la « fatigue d'être soi », pour reprendre l'expression d'Alain Ehrenberg, et de la crainte de ne plus pouvoir l'être [40]. Le bouddhisme, en somme, récuse providentiellement les quatre erreurs censées être à la source du malaise contemporain : « Il n'y a, dit-il, ni permanence, ni durée dans la jouissance des choses et des êtres, ni principe absolu que l'on nomme un Soi, ni incomposé que l'on nomme pureté [41]. » C'est en cela que l'historien anticlérical Edgar Quinet, membre du Collège de France au XIXᵉ siècle, pouvait désigner le Bouddha comme « ce grand Christ du vide ».

Telle est aussi la raison pour laquelle ces écoles de pensée orientale, plus proches d'une sagesse que d'une religion révélée, sont perçues comme miraculeusement accordées avec la modernité. Elles semblent donner raison, si l'on peut dire, aux réflexions scientifiques les plus avancées, et guérissent de leurs propres découvertes les chercheurs, cognitivistes ou autres, qui remettent en question l'humanité de l'homme. Francisco Varela, à l'évidence, est de ceux-là.

Or, c'est sans doute ici que le bât blesse…

Un bouddhisme imaginaire

Comme tous les engouements, celui dont le bouddhisme est aujourd'hui l'objet ne va pas sans ambiguïtés ni malentendus. Ces derniers tiennent moins au contenu du bouddhisme qu'à l'interprétation qu'en donnent souvent, de bonne foi, les Occidentaux. C'est flagrant dans la vision simplificatrice colportée par les médias, simplification que les maîtres bouddhistes sont les premiers à déplorer.

40. Alain Ehrenberg, *Le Culte de la performance*, Calmann-Lévy, 1991.
41. Paul Magnin, « Le bouddhisme et la dépossession du Soi », *op. cit.*

Notons d'abord que l'extrême variété, la multiplicité des « voies » bouddhistes est le plus souvent sous-estimée ou même ignorée. Lorsqu'on présente le dalaï-lama comme une sorte d'autorité morale universelle, on oublie qu'il n'est que le maître spirituel d'une seule école, celle des « vertueux », fondée au XIVᵉ siècle par Tsong-kha-pa, et dominante au Tibet depuis le XVIIᵉ siècle. De la même façon, on minimise les profondes différences existant entre les trois principaux enseignements bouddhistes représentés en Occident : le bouddhisme ancien ou *Théravâda* (Petit Véhicule), en provenance du Sri Lanka et aujourd'hui dominant dans les pays du Sud-Est asiatique, sauf le Vietnam ; celui du *Mahâyâna* (Grand Véhicule), présent à travers diverses écoles japonaises (Zen, Nichiren, Shoshu) et vietnamienne ; celui du *Vajrayâna* (Véhicule de diamant), essentiellement représenté par les centres tibétains. Ces deux dernières écoles sont les plus actives en France, puisqu'elles comptent chacune une centaine de centres, ou même davantage.

En faisant du bouddhisme « une » sagesse universelle opposable aux diverses intolérances des religions révélées, on commet la même erreur que celui qui présenterait la tradition abrahamique (judaïsme, christianisme, islam) comme une seule et même religion. Ainsi en arrive-t-on à comparer un bouddhisme idéalisé, voire imaginaire, aux pires caricatures d'un judéo-christianisme ou d'un islam identifié à ses dérives temporelles [42]. En réalité, l'histoire du bouddhisme est elle aussi jalonnée d'affrontements crispés, de luttes et de dérapages intolérants, y compris au Tibet. « Les injustices sociales [y] étaient criantes et légitimées par la loi du karma. Les abbés des monastères se comportaient parfois comme de véritables tyrans féodaux. Les luttes de pouvoir entre lignées, écoles et monastères ont été incessantes et parfois meurtrières. Vouloir l'ignorer ou le nier ne sert en rien la cause du Tibet, comme le pensent certains disciples occidentaux [43]. »

La deuxième réinterprétation fautive concerne la prétendue scientificité, ou le rationalisme très « moderne » du bouddhisme, que l'on met en avant en gommant la part de merveilleux, voire de magie, que cette tradition recèle. C'est d'ailleurs un paradoxe inso-

---

42. J'emprunte cette remarque à Frédéric Lenoir, *Le Bouddhisme en France*, *op. cit.*
43. Frédéric Lenoir, *La Rencontre du bouddhisme et de l'Occident*, *op. cit.*

lite : alors que la magie a joué un rôle indiscutable dans l'attrait exercé par le bouddhisme sur les Occidentaux, ceux-ci ont eu tendance, aussitôt après, à oublier cette dimension, pour insister sur une prétendue modernité qui n'existe que dans leur imagination. Au demeurant, l'histoire déjà ancienne de cette grande tentation orientale a été marquée par quelques extravagances ou supercheries qui parlent à elles seules. Que l'on songe à ce goût pour l'occultisme et le paranormal partagé, au XIXe siècle, par les fondateurs de la Société théosophique, qui joua un rôle important dans le succès du bouddhisme à l'Ouest. Parmi ces premiers théosophes, l'Histoire a retenu les noms du colonel Henry Steel Olcott et de Helena Blavatsky, femme d'origine russe, née en 1831, et auteur de plusieurs ouvrages, dont *La Clef de la théosophie* (1889). Leur hostilité au christianisme n'avait d'égale que leur haine du judaïsme.

Quant aux supercheries spirituelles *et* littéraires, elles n'ont pas manqué au XXe siècle. On se souvient du récit – délirant – de Baird T. Spalding, *La Vie des maîtres*, publié dans les années 20 aux États-Unis, et vendu à des millions d'exemplaires dans plusieurs langues (dont le français). On n'a pas oublié non plus le livre de Lobsang Rampa, *Le Troisième Œil*, publié à Londres en 1956 et traduit en France l'année suivante. Ce livre, prétendument écrit par un lama, a exercé une immense influence en Europe et outre-Atlantique. Il a suscité débats fiévreux et enthousiasmes passionnés, avant qu'on ne découvre la véritable identité de son auteur : le fils d'un plombier de Plympton, dans le Devonshire : Cyril Hoskin, né le 8 avril 1910. Harcelé par les journalistes, ce dernier finira par se réfugier au Canada, où il publiera une vingtaine d'ouvrages, cette fois purement et simplement ésotériques.

Le non-soi revisité par l'individualisme

Il est d'autres erreurs commises au sujet du bouddhisme. Elles procèdent d'une réinterprétation moins pittoresque mais plus lourde de conséquences. Il faut en citer au moins deux qui nous renvoient directement au *principe d'humanité*. Évoquons d'abord la question très embarrassante du « progrès » ou de l'évolution orientée vers un « mieux ». Pour certains adeptes occidentaux du bouddhisme, l'assurance des réincarnations successives, en fonction des mérites accumulés par chacun durant sa vie terrestre, correspond à une sorte de principe évolutionniste. Certains n'hésitent pas à y voir, *mutatis mutandis*, un équivalent de notre idée occidentale du progrès. Ce principe permet en effet que le Bien soit reconnu et récompensé à mesure que se poursuit la *transmigration*, ce voyage temporel des êtres habitant leurs vies successives tout au long du grand *samsâra* (l'écoulement de la vie, le cycle des existences).

Or cette description évolutionniste du *samsâra* est purement occidentale. C'est une réinterprétation européenne du bouddhisme, directement influencée par l'idée de progrès telle qu'elle fut exprimée par les philosophes des Lumières et, bien avant eux, par le judéo-christianisme porteur de l'idée de salut ou d'espérance. Dans le bouddhisme originel, la transmigration n'implique aucune orientation ou cheminement linéaire du « moins » vers le « plus ». Le bouddhisme est une sagesse du temps courbe et non du temps droit ; sagesse qui exclut l'idée de progrès ou de volontarisme historique, du moins telle que nous l'entendons. Cette acception évolutionniste du *samsâra* fut celle des théosophes du XIXe siècle. Elle équivaut bel et bien à une occidentalisation du bouddhisme, dont la plupart des nouveaux adeptes d'aujourd'hui n'ont pas la moindre conscience.

On pourrait faire la même remarque au sujet du prétendu individualisme du bouddhisme, que l'esprit du temps assimile volontiers aux préceptes *new age* prônant le perfectionnement – ou la « réalisation » – de soi. Cette vision *zen* et californienne est elle aussi un contresens absolu. Elle est vivement critiquée par certains maîtres bouddhistes qui y voient la marque d'un incurable égocentrisme occidental. « C'est le message essentiel du bouddhisme qui est oublié, dit par exemple Droukchen rinpoché, chef de file des Droukpa Kargyu, une lignée tibétaine. Ce message essentiel, ajoute-t-il, est que, quoi que vous fassiez, vous le fassiez pour tous les êtres. La mentalité des Occidentaux les amène à ne penser qu'à eux-mêmes pour se libérer, pour obtenir la libération, parce qu'ils tendent à chercher quelque chose d'autre, comme la paix intérieure, ce qui est bon, bien sûr, mais ils ne le conçoivent que pour eux-mêmes [44]. »

---

44. *Sangha*, n° 10, octobre 1994, cité par Frédéric Lenoir, *Le Bouddhisme en France*, *op. cit.*

L'erreur devient carrément cocasse lorsqu'on évoque le bouddhisme pour justifier une permissivité opposable à la pudibonderie judéo-chrétienne. C'est oublier que l'éthique bouddhique – par exemple – condamne l'impudeur (onzième des « vingt facteurs malsains dérivés ») et recommande « la responsabilité sexuelle », c'est-à-dire le fait de « ne pas avoir de rapports sexuels sans amour ni engagement à long terme » (troisième entraînement à la pleine conscience) [45].

Ces contresens récurrents au sujet d'un bouddhisme individualiste, qui s'opposerait, de façon très moderne, à un judéo-christianisme communautaire ou holiste est un tour de passe-passe. Il permet d'accommoder à l'orientale une disposition d'esprit – le « moi d'abord ! » – qui est tout sauf orientale. Le bouddhisme, on l'a dit, n'exalte pas le « moi » mais affirme son inexistence, ce qui n'est pas la même chose. Interpréter la méditation bouddhiste comme une recette permettant d'épanouir pacifiquement son ego est une démarche pour le moins paradoxale. Dans un livre fameux, publié dans les années 70, l'Américain Harvey Cox ironisait déjà sur l'incapacité des Occidentaux à comprendre et à accepter cette « inexistence de soi », qui est au fondement même de l'enseignement du Bouddha. « Les néophytes, écrit-il, entamant à peine leur périple butent sur ce concept et finissent par y voir quelque chose qui serait le contraire de l'égoïsme ou encore de l'égotisme. Ils retrouvent ainsi un concept familier qu'on leur répète depuis l'enfance. Bien peu comprennent l'étrangeté radicale et la profondeur effrayante de l'inexistence de soi dans sa réalité nue [46]. »

En fait, cette relecture du bouddhisme à la lumière de l'individualisme occidental permet d'échapper au *double bind*, à la contradiction invivable d'une sagesse qui suggère l'abandon de l'ego à ceux-là mêmes qui se tournaient vers elle pour « réaliser » celui-ci. Ainsi réinterprété, le non-soi devient surtout l'alibi superficiel d'une démission sociale et d'un égocentrisme postmoderne. De ce point de vue, Paul Valadier n'a pas tort d'ironiser sur le bricolage intellectuel auquel se livrent certains scientifiques – parmi lesquels Francisco Varela – qui cherchent pour appuyer leurs thèses la cau-

---

45. Thich Nhat Hanh, *Changer l'avenir. Pour une vie harmonieuse*, Albin Michel, 2000.
46. Harvey Cox, *L'Appel de l'Orient*, Seuil, 1979.

tion d'« une sagesse immémoriale, qu'on réhabilite ou recycle en la parant des habits dernier cri de la postmodernité californienne [47] ».

Ni homme ni droits de l'homme ?

Ce bricolage conceptuel, cet accommodement du bouddhisme à la manière occidentale permettent surtout d'évacuer une immense question, à la fois éthique et politique. Elle tient en peu de mots : l'incompatibilité absolue entre le non-soi – celui des sciences cognitives ou celui du bouddhisme – et les droits de l'homme. Si le soi est une illusion, si l'homme en tant qu'individu est en voie de disparition, comment allons-nous fonder le respect de son intégrité ou de sa liberté ? Pour admirable qu'elle soit, la *maitri* (compassion) bouddhiste, qu'on rapproche parfois de l'*agapê* (charité) chrétienne, n'implique pas nécessairement une action active (porter secours) en faveur de l'autre. Si mon « soi » est une illusion, celui de l'autre l'est tout autant. Alors ? « Ceux qui admirent tant la compassion bouddhiste, ajoute Valadier, devraient s'interroger aussi sur les effets sociaux d'une attitude qui peut faire bon ménage avec la résignation à la misère humaine, conséquence inéluctable, après tout, du monde de l'illusion qu'il serait bien vain et sans doute inutile de faire reculer [48]. »

Cette contradiction entre la définition occidentale – mais universaliste – des droits de l'homme et le non-soi bouddhiste est encore plus difficile à résoudre qu'on l'imagine parfois. La loi du *karma*, en effet, conduit à imputer à des fautes commises dans une vie précédente l'infortune d'une situation présente ou d'un handicap physique. Mais comment, dans ces conditions, analyser l'injustice dont sont victimes les enfants du tiers monde ? Comment « faire bloc avec ceux qui proclament que ces enfants ont le droit, *inhérent à leur qualité d'être humain*, de naître dans des conditions meilleures [49] » ?

Frédéric Lenoir rapporte à ce sujet une anecdote significative, et qui fut à l'origine d'un vif débat au sein des communautés boud-

---

47. Paul Valadier, *Un christianisme d'avenir. Pour une nouvelle alliance entre raison et foi*, Seuil, 1999.
48. *Ibid.*
49. Denis Gira, « Les bouddhistes français », *Esprit*, juin 1987.

dhistes européennes. Il y a quelques années, Glen Hoddle, alors sélectionneur de l'équipe de football d'Angleterre, et converti au bouddhisme, fut licencié pour avoir affirmé que « les handicapés payaient des fautes commises dans des vies antérieures [50] ». L'émotion suscitée par cette affaire, ajoute Lenoir en substance, montre bien que les Occidentaux ont du mal, et c'est tant mieux, à accepter une conception – scientifique *ou* bouddhiste – qui contredit leur attachement aux droits de l'homme et à la justice sociale. Sauf à renoncer, en même temps qu'à l'homme, à ses droits et à sa dignité. Certains, visiblement, y sont prêts.

Au sujet du bouddhisme, la contradiction ne date d'ailleurs pas d'hier. Elle fut présente, récurrente, controversée tout au long de l'histoire des relations entre l'Occident et l'Orient. Dans le passé, la référence aux religions orientales fut parfois utilisée comme une arme contre le christianisme et le cléricalisme alors tout-puissants. C'est manifeste au XVIII\u1d49 siècle parmi les encyclopédistes, chez Diderot ou chez Voltaire, qui voient dans l'existence et l'ancienneté d'autres religions la preuve que le christianisme n'est pas détenteur exclusif de « la » vérité. C'est plus flagrant encore, au siècle suivant, chez un philosophe comme Arthur Schopenhauer (1788-1860), grand défenseur de l'hindouisme et du bouddhisme, dont l'influence sur Nietzsche sera considérable, du moins au début. C'est perceptible également chez l'historien Jules Michelet (1798-1874), très intéressé lui aussi par les leçons venues d'Orient. Pour tous ceux-là, la référence à l'Orient était censée servir l'idéal des Lumières en élargissant l'horizon de l'humanisme.

Mais l'inverse fut également vrai. Et c'est là tout le problème. Le romantisme allemand et la tradition contre-révolutionnaire française trouveront dans la pensée orientale des armes pour lutter contre l'idéologie des Lumières, ses droits de l'homme et son matérialisme. C'est en ce sens qu'on a pu parler, au XIX\u1d49 siècle déjà, d'une « Renaissance orientale » explicitement dirigée contre les Lumières. Un Friedrich von Schlegel ou un Johann Gottfried Herder, initiateurs du *Sturm und Drang* [51], ne manqueront pas d'exalter la poésie, le merveilleux, la magie et la primitivité de l'Inde millé-

---

50. Frédéric Lenoir, *Le Bouddhisme en France, op. cit.*
51. Littéralement *Tempête et Passions,* titre d'un drame de Friedrich Maximilian Klinger (1776) qui donna son nom au mouvement romantique allemand.

naire pour l'opposer au rationalisme desséchant des Lumières euro-péennes. Ils seront tentés de voir dans les *Veda*, les quatre grands récits fondateurs de l'hindouisme, un document indo-germanique. Bien avant les gourous ou les cognitivistes californiens, ils seront parmi les premiers à réinterpréter idéologiquement les religions orientales pour les besoins d'un combat. Dans la France du XIXᵉ siècle, un théoricien de l'inégalité comme Joseph Arthur, comte de Gobineau (1816-1882), puisa dans le mythe aryen et le modèle des castes une partie des arguments utilisés dans son fameux *Essai sur l'inégalité des races humaines*.

Il existe donc, depuis le début, ce qu'on pourrait appeler un « orientalisme d'extrême droite » d'inspiration antihumaniste. Lui aussi se « réincarnera » à plusieurs reprises au XXᵉ siècle, et demeure très présent [52]. Les prosélytes d'aujourd'hui donnent trop souvent l'impression de l'avoir oublié. Le fait de rappeler cette ambiguïté n'implique évidemment aucun jugement sur le boud-dhisme ou l'hindouisme en tant que tels, ni sur les neurosciences ou le cognitivisme désignés comme disciplines scientifiques.

Ce n'est pas la « sainteté du vide », la théorie du « non-soi », l'existence des gènes ou l'utilité du cyberespace qu'il s'agit de contester, mais le consentement irréfléchi à la disparition de l'homme. Un consentement d'aujourd'hui qui, très dangereuse-ment, nous renvoie aux consentements d'hier.

---

52. Je l'ai largement évoqué dans *La Refondation du monde*, *op. cit.*

Deuxième partie

LA MODERNITÉ RÉGRESSIVE

Un parfum très XIXᵉ siècle...

> « Nous ne sommes pas confrontés au danger d'une
> soumission générale de l'homme aux sciences et
> techniques, mais à celui d'une manipulation de
> certains hommes par d'autres. »
>
> Dominique Bourg[1]

Voici une bizarrerie que nous avons du mal à concevoir : l'air du temps, si moderniste, charrie aussi des parfums d'autrefois. Il y a de l'archaïsme dans la postmodernité ! La plupart des malentendus viennent de là. Entrant dans un nouveau millénaire, abasourdis d'inventions et de technologies, il nous arrive malgré tout d'y reconnaître fugitivement certains aspects du... XIXᵉ siècle. Nous n'aimons guère en parler car d'instinct nous refusons de croire que l'Histoire puisse marcher à reculons. Nous préférons célébrer la technoscience triomphante – ses promesses, ses avancées, ses étrangetés –, plutôt que d'envisager l'hypothèse d'une quelconque régression historique l'accompagnant. Nous nous grisons de prospective futuriste, de science-fiction numérisée et d'ivresses cybernétiques. Ne sommes-nous pas les enfants de l'internet, du « réseau », du digital et du nouveau monde ? L'hypothèse d'un recul historique nous embarrasse.

Nous avons tort. L'Histoire, même scientifique, n'avance jamais avec la majesté d'un fleuve. Elle sinue aussi et parfois se tord. Elle bégaie ou se replie en accordéon. Elle a ses ruses, disait Hegel. Elle roule conséquemment dans ses remous le neuf et le vieux mêlés. Autrement dit, elle peut abriter dans ses recoins ou ressauts *des morceaux de passé remis en état de marche*. Le fait est que, dans le fouillis des révolutions contemporaines, certaines rémanences nous ramènent pour de bon au XIXᵉ siècle. Celui de Dickens, de Guizot,

---

1. « Bioéthique : faut-il avoir peur ? », *Esprit*, mai 1991.

de Schopenhauer, de Gobineau ou de Camille Flammarion, prophète de « la fin du monde[2] ». Dans le bavardage contemporain, des rhétoriques et des projets apparaissent qu'on peut aisément identifier. Et situer avec précision dans l'histoire des idées.

Sur le front de la géopolitique européenne, c'est flagrant. Après 1989 et le grand naufrage communiste, nous avons vu avec incrédulité ressusciter des micronationalismes européens et des querelles frontalières d'avant ou d'immédiatement après la Grande Guerre. Le désordre des Balkans comme l'inquiétude traversant la Mitteleuropa nous renvoyaient *ipso facto* aux traités de Versailles ou de Trianon et, bien avant eux, à ces instabilités nées de l'écroulement des deux empires : l'austro-hongrois et l'ottoman. On a beaucoup répété, à l'époque, qu'aussitôt fondue la banquise communiste l'histoire ancienne, si longtemps congelée, s'était remise en mouvement. On a beaucoup écrit qu'avaient alors rejailli de dessous la glace les problèmes irrésolus d'autrefois. Nationalismes mortifères ou nouveaux « printemps des peuples » ? Il y eut débat sur ce point, et ce débat nous ramenait fort loin en arrière. Il n'est pas jusqu'à certains noms propres, jamais prononcés chez nous pendant un bon siècle, qui ne redevinrent familiers à nos oreilles d'Occidentaux : Bosnie-Herzégovine, Sarajevo, Moldavie, Tchétchénie. Cet étonnant *revival* n'était pas une mince affaire.

Sur le terrain de l'économie et du « social », le paradoxe fut tout aussi troublant. On a vu réapparaître – sous couvert de progrès – un capitalisme à l'ancienne ; celui, sans freins ni scrupules, de la révolution industrielle et d'Adolphe Thiers. Germinal fut à la mode. L'explosion fracassante des inégalités, le détricotage des lois sociales et l'affaissement de l'État-providence faisaient renaître chez nous des injustices pas si éloignées de celles que dénonçaient les Gavroches de 1871, ou Karl Marx dans son *Manifeste du parti communiste* (1848). Dans le même temps, réapparaissaient dans le paysage occidental les « grandes familles » possédantes, les milliardaires mirobolants, les empires financiers plus forts que les États, les puissances incommensurables, les logiques de maharajas ou de castes venues d'un autre temps. Comme les pauvres de

---

2. C'est le titre d'un fameux article « scientifique » de Camille Flammarion, publié en 1905 dans la revue *Je sais tout*. Dans cet article, l'astronome annonçait la possible destruction de la Terre après sa collision avec une comète.

Victor Hugo ou de Charles Dickens regardaient avec envie les vitrines des boulangeries, les pauvres d'aujourd'hui apprirent à contempler la richesse des puissants sur les écrans de télévision. Où était la différence ? Là encore, le « vieux » perçait sous le neuf.

Cette ambivalence futurisme/régression du nouveau siècle est plus singulière encore sur le terrain de la connaissance et dans les visions du monde qu'elle induit. Que l'on songe à ce nouveau cousinage très XIXᵉ siècle du scientisme et de l'irrationalité. Voilà que nous revient cette même cohabitation entre un positivisme sentencieux et un occultisme remis au goût du jour : sciences exactes et divination décomplexée, économétrie et voyantes extralucides en *prime time*. Comme au XIXᵉ siècle, l'arrogance scientiste réinvente sur son terrain la bêtise péremptoire moquée par Flaubert, tandis que l'esprit du temps réacclimate, par contrecoup, un « au-delà du réel » consolateur. Technoscience le matin, *X Files* et tables tournantes le soir… On avait oublié que les deux allaient ensemble et que *la superstition scientiste rameute tôt ou tard la superstition tout court*. Ce phénomène-là n'est pas sans rappeler la réaction romantique du XIXᵉ, lorsque trop de scientisme, déjà, menaçait de tuer la raison, et que le *sentiment* put apparaître comme un contrepoison. Un contrepoison plus dangereux que le poison… « Vers la fin du XIXᵉ siècle, écrit Giorgio Israel, on remarque une indifférence progressive vis-à-vis de la spécificité de l'homme. […] C'est bien le romantisme qui, malgré son anthropocentrisme et son intérêt obsessionnel pour l'individu, avait jeté les bases de la déchéance[3]. »

Mais il y a plus étonnant, et cette fois sur un terrain qu'on pourrait qualifier d'idéologique. Abandonné à lui-même et appliqué à l'espèce humaine, le projet technoscientifique en vient à reconstituer des modes de domination, à justifier des renoncements moraux, à fonder un antihumanisme qui sont l'écho direct d'un passé reconnaissable. Sur ce chapitre, l'étrangeté de la régression devient proprement saisissante. Colonialisme, racisme, esclavagisme, eugénisme, nihilisme : voilà que nous reviennent – sous le vernis d'un maquillage *new look* – des configurations morales, des projets ou des fausses fatalités *qui à l'évidence nous ramènent en arrière*.

Nous sommes donc immergés aujourd'hui dans un paysage

3. Giorgio Israel, *Le Jardin au noyer. Pour un nouveau rationalisme*, *op. cit.*

mental plus grumeleux, contradictoire, paradoxal qu'il n'y paraît. Le nouveau y côtoie le *déjà vu*. Le pire archaïsme y trouve place au cœur de technologies avancées ; il s'insinue parfois dans les professions de foi les plus scientifiques. Nous réapprenons une vieille évidence trop oubliée : progrès technique et progrès moral ne vont pas forcément ensemble. « Il n'y a pas de lien nécessaire entre la pertinence scientifique et la pertinence juridique ou morale [4]. » Et c'est peu dire. L'hypothèse du clonage humain ne réinvente-t-elle pas les catégories mentales de l'esclavage ? Les biotechnologies ne peuvent-elles pas favoriser une reconquête coloniale ou la génétique engendrer un racisme du troisième type ? Bien sûr que si. C'est pour cette raison que le discours contemporain sur la science manque son objet lorsqu'il use de l'injonction du tout ou rien.

Notre problème n'est pas d'accepter ou de refuser la révolution scientifique ; l'urgence du moment n'est pas d'être rigidement technophile ou sottement technophobe ; le choix à faire n'est pas entre la connaissance et l'obscurantisme. La tâche incombant à qui veut garder les yeux ouverts, c'est de *n'accepter le discours scientifique que sous bénéfice d'inventaire*. L'impératif est de garder la science sous le contrôle de la raison humaniste. La lucidité minimale consiste à débusquer la régression derrière le progrès, à pointer la capitulation idéologique sous le ralliement dévot à la technoscience, à dénoncer l'injustice déguisée en « changement ». Il s'agit, en un mot, d'être plus attentif aux ruses de l'Histoire et à celles des hommes.

C'est ce tri nécessaire entre le subi et le choisi qu'on voudrait ébaucher dans les chapitres qui suivent.

---

4. Marc Augé, in *Vers un antidestin. Patrimoine génétique et droits de l'humanité*, *op. cit.*

Chapitre 7

Figures nouvelles de l'archaïsme

> « Les notions anciennes, liées à la conception d'une
> "ontologie progressive" qui s'est exprimée dans
> les théories de l'esclavage, le droit de la conquête,
> le droit de la colonisation, pourraient, si l'on n'y
> prenait garde, retrouver un champ d'application. »
>
> Marc Augé[1]

A lire l'énorme littérature consacrée aux nouvelles révolutions technologiques, à examiner les promesses qui s'expriment et les craintes qui s'affichent, on est parfois surpris par le vocabulaire employé. Dans cette nouvelle guerre des mots, la convocation inquiète du passé est permanente. On allait écrire obsessionnelle. C'est ainsi. La terminologie choisie hésite constamment entre les lendemains qui chantent ou l'horreur qui revient. Ce contraste n'est pas dû au hasard. On peut y voir un symptôme. Il mérite d'être pris au sérieux. Des choses reviennent, en effet...

Un nouveau pacte colonial ?

Choisissons un premier mot : celui de « colonialisme ». De prime abord, il ne viendrait à l'esprit de personne d'imaginer que celui-ci soit de retour. S'il est un concept, un « péché », dont le XIXᵉ siècle se croit définitivement libéré, c'est bien celui-là. Non seulement nous sommes sortis du cycle amer des guerres coloniales et des luttes de libération, mais nous consentons peu à peu à une forme de *repentance* historique sincère. L'Amérique à propos du Vietnam, la France au sujet de l'Algérie ou du continent noir, l'Angleterre au Proche-Orient, la Russie elle-même aux marches de son ancien empire. En Europe, la génération aux commandes – les *babyboo-*

---

1. *Ibid.*

mers – est celle du remords occidental et du « sanglot de l'homme blanc ». Il n'est rien qu'elle ne récuse avec plus de force que son ancienne aventure coloniale ou son impérialisme passé. Quant au nouvel ordre mondial, que chacun évoque et que vantent rituellement les conférences internationales, il se veut exempt de tout néocolonialisme. C'est une banalité que de le rappeler.

Or, par le truchement des biotechnologies, une nouvelle pratique mondiale se met en place, qui n'est pas sans rappeler, *mutatis mutandis*, la logique coloniale d'autrefois. Le mécanisme à l'œuvre est relativement facile à démonter. Les industries biotechnologiques, on l'a dit, sont la puissance de demain. Elles représenteront d'ici quelques années un marché de plusieurs centaines de milliards de dollars, et bien plus encore dans les décennies suivantes. « Celui qui contrôlera les gènes contrôlera le XXIᵉ siècle », assure Jeremy Rifkin [2]. On dit parfois que les gènes sont « l'or vert » de l'avenir. Ces biotechnologies œuvrent aussi bien dans l'agro-alimentaire que dans la santé ou le *pharming* (élevage d'animaux de laboratoires). *Les matières premières sur lesquelles est fondée leur activité, ce n'est plus le cuivre, le fer ou le phosphate, ce sont les gènes.* Qu'il s'agisse du végétal (semences, biodiversité, etc.), de l'animal (espèces transgéniques) ou de l'humain (séquençage du génome).

Une gigantesque course aux gènes est donc engagée sur toute la planète. Elle met aux prises quelques grandes sociétés qui cherchent à s'approprier, grâce à la brevetabilité du vivant, le gène rare, la bactérie utile, la semence efficace, l'espèce animale précieuse. Ce qui participait hier encore de la belle gratuité du monde (les *res nullius* du droit romain) devient aujourd'hui privatisable. Il s'agit de se partager au plus vite ce nouvel Eldorado génétique en le quadrillant de barrières juridiques, de périmètres privatifs, d'estampillages commerciaux, etc. Or, ce que la génétique permet de confisquer, à travers par exemple une semence végétale ou une espèce animale, c'est une expérience humaine accumulée depuis des siècles.

Cette expérience, c'est celle des paysans des deux hémisphères, des éleveurs africains ou des riziculteurs asiatiques qui, de généra-

---

2. Jeremy Rifkin, « Biotechnologies : vers le meilleur des mondes ? », in *Les Clés du XXIᵉ siècle*, *op. cit.*

tion en génération, ont acquis un savoir empirique concrétisé par la sélection patiente des semences ou des espèces, dont le génome est devenu séquençable, donc brevetable et commercialisable. Cette appropriation est rendue possible par une étrangeté juridique, pour ne pas dire un racisme inconscient. Celui-ci : l'expérience accumulée des paysans du Sud ne vaut pas comme un « droit de propriété intellectuelle », alors que le travail de quelques généticiens en blouse blanche est immédiatement brevetable. Deux poids, deux mesures. En fait, les nouveaux « colonialistes » du Nord traitent la biodiversité génétique du Sud comme s'il s'agissait d'une donnée brute, d'un matériau primaire datant de l'Âge de pierre et, donc, sans valeur. À leurs yeux, la « valeur » ne commence vraiment qu'avec l'intervention technoscientifique. Ce contresens ahurissant est aussi absurde – et inique – que, par exemple, l'assimilation des Aborigènes d'Australie à des animaux par les premiers *convicts* (bagnards) venus d'Angleterre.

On pourrait ajouter que cette nouvelle injustice faite au Sud implique que l'on oublie délibérément la simple vérité historique. Comme le rappelle souvent l'Organisation mondiale contre la faim (FAO), les pays du Nord ont largement profité, pour leur propre développement, du patrimoine biologique et, donc, du savoir paysan accumulé au Sud. « L'agriculture américaine s'est construite grâce à ces ressources génétiques importées librement du monde entier, puisque la seule espèce importante originaire d'Amérique du Nord est le tournesol[3]. » En toute logique, l'Amérique devrait se sentir tenue de rembourser sa dette génétique au reste du monde. C'est le contraire qui se passe. Seul notre enthousiasme de principe pour la technoscience nous empêche de prendre la vraie mesure d'une telle injustice. Au regard de cette iniquité, les rodomontades des grands semenciers qui jurent vouloir lutter contre la faim dans le monde grâce à leurs organismes génétiquement modifiés (OGM) prêtent à sourire.

Les pays de l'ex-tiers monde commencent à comprendre quelle nouvelle dépendance les menace. Ce ne sont plus leurs matières premières qui risquent de faire l'objet d'un nouveau pacte colo-

3. Jean-Pierre Berlan et Richard C. Lewontin, « Racket sur le vivant », *Le Monde diplomatique*, décembre 1998.

nial, c'est le patrimoine immatériel de leurs gènes. Une semence agricole venant d'Afrique peut être séquencée et améliorée pour devenir *propriété* d'un grand laboratoire biotechnologique, et être revendue au prix fort – sous forme de brevet d'exploitation – au pays même d'où elle provient. C'est donc bel et bien un « bio-pillage » de nature coloniale qui est rendu possible. Les régions tropicales d'Asie, d'Afrique et d'Amérique constituent aujourd'hui d'immenses réservoirs de diversité biologique qui incitent les groupes privés du Nord à une nouvelle forme de conquête.

Si elle était poussée jusqu'à son terme – autrement dit, si les choses allaient à leur rythme –, la mise sous tutelle des pays pauvres, sous d'autres formes, n'aurait rien à envier à celle des XVIIIᵉ et XIXᵉ siècles. « Qu'en sera-t-il de tous ceux qui perdront leurs moyens de subsistance, lorsque le cacao, la vanille, les édulcorants n'auront plus rien d'exotique et se fabriqueront comme la levure et le yaourt ? Quelle sera "l'autonomie" de centaines de milliers de paysans dépendant entièrement de multinationales semencières et agrochimiques en même temps[4] ? »

Dès la fin des années 80, certains dirigeants du Sud s'en inquiétaient. A l'époque, il s'agissait surtout de semences végétales. « Une véritable politique de mainmise sur les semences s'est depuis installée, déclarait en 1987 le ministre ivoirien de la Recherche scientifique, dont "le cœur et le cerveau" se trouvent dans les pays industrialisés et qui, dans son développement, conduira le tiers monde à dépendre encore plus étroitement de l'extérieur pour son alimentation[5]. » Aujourd'hui, les semences végétales ne sont plus seules en cause. Toutes les formes de vie sont concernées.

La reconquête du monde

Bien sûr, ces formes insidieuses de colonialisme sont régulièrement évoquées dans les grandes conférences internationales, comme celle de Bratislava, en 1998, consacrée au régime des bre-

---

4. Otta Schäfer-Guigner, « Dignité de l'humain et dignité de la diversité », in *Vers un antidestin. Patrimoine génétique et droits de l'humanité, op. cit.*
5. Cité par Bakary Touré, « L'exploitation des ressources végétales des pays du Sud », in *ibid.*

vets. Elles font également l'objet d'âpres marchandages devant les institutions mondiales, comme l'Organisation mondiale du commerce (OMC), le Fonds monétaire international (FMI) ou le Programme des Nations unies pour le développement (PNUD). Devant toutes ces instances, on assure vouloir « humaniser » la mondialisation en luttant contre le néocolonialisme. Concernant la biodiversité, c'est un souci de cette nature – un principe d'équité – qui inspirait le texte signé en juin 1992 lors du Sommet de la Terre de Rio (Brésil), texte entré en vigueur le 24 décembre de l'année suivante. Mais la pesanteur des idées dominantes – dérégulation, privatisation, liberté du commerce – rend assez vaines ces tentatives et inopérantes ces déclarations généreuses. Une fois encore, on trouve conjugués les effets des trois grandes révolutions du moment (économique, numérique, génétique), conjugaison devant laquelle l'humanisme démocratique est à peu près désarmé.

Il suffit d'écouter les voix venues du Sud pour s'en convaincre. Toutes constatent – pour la dénoncer – la prégnance irrésistible des lois du marché dans la nouvelle organisation du monde. « L'idéologie de la globalisation, note avec une pointe d'ironie un universitaire argentin, signifie, en fin de compte, une privatisation du pouvoir. Celle-ci n'est guère sensible au dialogue intellectuel. Ainsi l'hypercapitalisme qui nourrit la globalisation refuse tout "révisionnisme historique" […] ; il condamne à l'ostracisme toute idée noble qui n'a pas d'appui économique [6]. » Grands perdants de la mondialisation économique [7], les pays les plus pauvres n'ont évidemment pas les moyens de résister aux nouveaux appétits « génétiques » des grandes sociétés.

Sauf à fermer leurs frontières, comme le fait partiellement l'Inde, en interdisant l'exportation des ressources génétiques – ce qui les placerait en dehors du commerce mondial –, ils n'ont parfois d'autres solutions que de se vendre au plus offrant. Ils le font bon gré mal gré. Or, en agissant ainsi sous l'empire de la nécessité, ils entérinent les principes juridiques de brevetabilité et d'appro-

6. Luis Eugenio Di Marco (université de Cordoba, Argentine), « La globalisation vue du Sud », *Projet*, n° 262, juin 2000.
7. Un rapport sur le développement humain du Programme des Nations unies pour le développement (PNUD) indiquait en 1999 que, dans soixante-dix pays, les revenus de la population ont diminué de 20 % durant les cinq dernières années.

priation définis par le Nord. Ils collaborent en quelque sorte à leur propre subordination. Ainsi se créent, en matière de brevets, des déséquilibres faramineux entre le Nord et le Sud, *le premier devenant « propriétaire » du second*. Selon des indications données en 1996 par l'Organisation mondiale de la propriété intellectuelle (OMPI), les particuliers et les firmes des pays industrialisés, tous domaines confondus, détiennent 95 % des brevets d'Afrique et 70 % de ceux d'Asie [8]. Il est difficile de ne pas reconnaître dans cette logique une forme inédite de colonisation, celle-ci n'étant plus l'œuvre des États mais du privé.

Ce néocolonialisme est particulièrement choquant lorsqu'il est le fait de l'industrie pharmaceutique. Il aboutit, grâce au droit des brevets, à priver les pays du Sud de l'accès aux médicaments de première nécessité. Ainsi a-t-on vu naître des conflits juridiques opposant certains pays pauvres d'Afrique ou d'Amérique latine (Brésil, notamment) à des firmes privées possédant un monopole sur des médicaments contre le SIDA. Ces conflits exemplaires risquent de se multiplier. Des militants américains engagés dans la lutte contre cette injustice légale ont d'ailleurs inventé un terme spécifique pour qualifier les « accapareurs » de gènes. Ils stigmatisent ce qu'ils appellent les *privateers*, terme intraduisible, qui renvoie aussi bien à la notion de « privatiseur » que de « corsaires ». L'un d'entre eux décrit en termes crus la situation nouvelle ainsi créée : « Les gens en dehors du monde développé ont vraiment besoin, pour leur agriculture et leur médecine, d'être exemptés de tous ces monopoles. Ils ont besoin d'être libres de fabriquer des médicaments sans payer de royalties aux multinationales. Ils ont besoin d'être libres de cultiver et d'élever toutes sortes de plantes et d'animaux pour l'agriculture ; et d'utiliser le génie génétique qui réponde à leurs besoins [9]. »

Cette thématique revient de plus en plus souvent – et à juste titre – dans les discussions, forums ou débats organisés lors des contre-sommets marquant la naissance d'une nouvelle citoyenneté mondiale : à Seattle en 2000 ou à Porto Alegre en 2001. Elle reviendra

8. Chiffres cités par Jean-Paul Maréchal, « La biodiversité assimilée à une marchandise », in *Manière de voir-Le Monde diplomatique*, mars-avril 2000.

9 Richard Stallman (fondateur de la Fondation pour le logiciel libre : *Free Software Foundation*), « Pirates ou biocorsaires ? », in *Multitudes*, n° 1, mars 2000.

d'autant plus que, tétanisées par la *doxa* libérale, les grandes organisations internationales (OIT, UNESCO, OMS) n'ont plus beaucoup d'argent à distribuer ni de discours libérateurs à tenir. Comme le remarque un juriste, « aujourd'hui, on se replie sur des revendications minimales qui furent celles des premiers philanthropes sociaux du XIXᵉ siècle : cantonner les épidémies, interdire le travail forcé, limiter le travail des enfants, etc. [10] ». Les innombrables organisations non gouvernementales qui agissent sur ce front réinventent donc les mobilisations anticoloniales et anti-impérialistes d'autrefois. Elles reprennent en somme le même flambeau. Les méthodes ont changé, les adversaires également, mais la protestation est de même nature.

Le problème est qu'une méfiance se développe assez logiquement au Sud. Elle rend de plus en plus difficiles à conduire les – rares – programmes internationaux qui ne procèdent pas d'une démarche mercantile mais obéissent à une volonté scientifique désintéressée. Il en va ainsi du vaste projet international visant à étudier et à protéger la diversité génétique humaine. Il s'agit d'examiner le profil génétique de dix à cent mille individus répartis dans cinq cents des cinq mille populations humaines répertoriées en fonction des différences linguistiques ou culturelles. Auprès de ces individus, des prélèvements sanguins ou cellulaires, des analyses d'ADN devraient permettre – en toute transparence – une meilleure connaissance des différentes situations génétiques et sanitaires de la planète. Or ce projet se heurte à de vives résistances locales. On peut les déplorer tout en les comprenant.

Même la promesse d'un partage des éventuels bénéfices liés à l'exploitation possible des échantillons n'a pas suffi à vaincre cette méfiance. Les populations concernées « ont le sentiment que leurs ressources génétiques seront exploitées à leur détriment, comme cela a été le cas dans le passé pour les plantes et semences que des firmes industrielles du monde occidental se sont appropriées [11] ».

Comme la mauvaise monnaie, les mauvaises intentions chassent les bonnes.

10. Alain Supiot, « La contractualisation de la société », in *Qu'est-ce que l'humain ?*, *op. cit.*
11. Charles Auffray, *Le Génome humain*, Dominos-Flammarion, 1996.

Une saga génétique en Islande

Il arrive aussi que des pays relativement riches ou des communautés humaines qui ne sont pas dans le besoin acceptent de participer collectivement à des entreprises mêlant inextricablement connaissance scientifique et appropriation commerciale. Compte tenu de la rapidité vertigineuse des avancées biotechnologiques, ces groupes le font sans savoir exactement ce qu'ils « vendent » d'eux-mêmes. Parmi les cas les plus souvent cités, il y a celui de l'Islande, engagée depuis 1998 dans l'étonnant projet *DeCode genetics*.

De quoi s'agit-il ? De profiter de l'exceptionnelle homogénéité d'une population de deux cent soixante-dix mille âmes, longtemps fermée aux influences extérieures et offrant une base de données génétiques de grand intérêt. L'initiateur du projet est un homme d'affaires américain d'origine islandaise, Karl Stefansson, longtemps professeur de neurologie à la Harvard Business School, spécialiste de la sclérose en plaques. Il s'agissait d'octroyer à un laboratoire spécialisé le droit exclusif de répertorier et d'archiver les caractéristiques génétiques et généalogiques de la population islandaise.

Ce droit a été effectivement cédé contre deux cents millions de dollars. Karl Stefansson s'était acquis, grâce à son prestige scientifique local et à sa capacité de persuasion, la collaboration d'une centaine de médecins locaux. Tout le monde n'a pas très bien compris de quoi il s'agissait et les résistances ont été faibles, cantonnées essentiellement aux représentants des Églises. L'autorisation officielle de l'*Althing* (le Parlement islandais) a été obtenue par le vote d'une loi le 17 décembre 1998. Certains journaux locaux ont bien laissé entendre que des pots-de-vin avaient pu être versés à des membres du gouvernement, mais leur protestation n'a pas eu de suite. Ainsi l'Islande a-t-elle cédé l'accès à ses gènes et à sa généalogie pour moins de mille dollars par tête d'habitant. Seul l'avenir dira ce qu'il adviendra de cet étrange marché, qu'on croirait imaginé par un auteur de science-fiction.

Les contrats de ce type se sont multipliés à la fin des années 90 et se multiplieront à l'avenir. Ainsi une firme australienne, *Autogen Ltd*, a déjà conclu un accord avec le ministre de la Santé de l'archipel océanien des Tonga, accord lui donnant des droits exclusifs sur les gènes des hommes, des femmes et des enfants de ces îles perdues entre les Fidji et les Cook. Il est vrai que Tonga, pays relativement pauvre, s'est spécialisé dans ce type de cession puisque son gouvernement avait déjà vendu sa portion d'orbite géostationnaire, et créé et loué au plus offrant des adresses internet[12].

Quantité d'autres communautés à travers le monde, du fait de leur isolement et de la « pureté » de leur patrimoine génétique, intéressent aujourd'hui les chasseurs de gènes. C'est le cas de plusieurs groupes tibétains, néo-zélandais ou autres. On voit mal comment elles résisteront à des propositions financières qui, sur le moment, paraissent aussi providentielles qu'une manne. La communauté des mormons, férue de généalogie, avait déjà consenti par exemple à faire l'objet d'une étude prospective menée par la société *Myriads Genetics*. Cet accès privilégié à la généalogie des mormons, à la base de données de l'université de l'Utah et au registre du cancer de ce même État américain a donné à *Myriads Genetics* un précieux avantage compétitif sur ses concurrents. « Cela a permis à la firme, peut-on lire dans la revue française *La Recherche*, d'obtenir un brevet sur la séquence du gène BRCA1, couvrant tous les usages industriels imaginables de ce gène. Par la suite, *Myriads Genetics* réussit à racheter une licence exclusive du brevet qui protégeait les usages de BRCA2 et était détenue par une start-up concurrente (*Oncormed*)[13]. »

Le nouvel âge du racisme ?

Si la réinvention du colonialisme est une des figures possibles de la régression, on pourrait en dire autant du racisme. Dieu sait pourtant si le discours contemporain et le « politiquement correct » médiatique ont fait – à juste titre – de ce principe discriminatoire une horreur absolue. À telle enseigne que cette hiérarchisation des hommes en fonction de leur couleur de peau ou de cheveux nous paraît non seulement scientifiquement stupide mais moralement abominable. Nous la considérons comme le comble de l'archaïsme,

---

12. Source : « Dossier spécial génétique », *Sciences et Avenir*, n° 636, février 2000.
13. Jean-Paul Gaudillière, « Le vivant à l'heure de la génomique », *La Recherche*, n° 329, mars 2000.

de la haine et de l'ignorance. En cela, nous avons évidemment raison.

Aujourd'hui, pourtant, un racisme nouveau fait son apparition dans nos sociétés. Il n'est plus fondé sur la couleur de la peau ou la forme des yeux, mais sur le profil génétique de chacun. La meilleure connaissance du génome humain, la fiabilité de plus en plus grande des tests génétiques, leur moindre coût et, donc, leur généralisation, tout cela nous accoutume à l'idée que la science permet d'établir avec une précision accrue le génotype ou le phénotype de chaque être humain[14]. Cette « identification génétique » infaillible – déjà utilisée, comme on le sait, par la police criminelle pour confondre un suspect – rend possible une relative prédiction quant aux prédispositions de chacun à telle maladie comme la fameuse chorée de Huntington ou encore le syndrome du X fragile. En d'autres termes, on peut désormais opérer une distinction – plus ou moins fondée – entre les individus dotés d'un « bon » profil génétique et ceux qui sont moins bien lotis.

Il est facile de comprendre que cette innovation redonne à l'éternel débat sur l'inégalité un tour explosif. Ainsi, il y aurait des hommes et des femmes mieux pourvus, plus résistants, moins sujets aux maladies que d'autres... On est loin des inégalités de salaire ou de patrimoine immobilier. Quand la génétique intervient pour fournir des critères d'évaluation, on n'est déjà plus sur le terrain de l'inégalité mais sur celui de la discrimination, c'est-à-dire du racisme. La question qui se pose est assez simple à formuler : comment allons-nous gérer, dans l'avenir, cette nouvelle connaissance ? Accepterons-nous d'en tirer froidement les conséquences en renonçant, une fois pour toutes, au principe d'humanité (qui exclut justement la discrimination) ? Saurons-nous au contraire apprivoiser, réglementer, discipliner cette nouvelle technologie en la plaçant sous un étroit contrôle éthique et démocratique ? Tel est le débat.

Il n'est ni abstrait ni éthéré. Il intervient d'ores et déjà dans des questions très concrètes, qui, toutes, appellent l'intervention du législateur. Au sujet de la généralisation des tests génétiques et de leur prise en compte, on cite deux terrains d'application immé-

---

14. Le *génotype* désigne ce qui est inscrit dans l'ADN et le *phénotype* ce qu'est l'état de santé d'une personne à un instant donné de son histoire, compte tenu de l'influence de facteurs extérieurs au génome.

diate : le droit des assurances et le droit du travail. Dans ces deux domaines, un vif débat oppose depuis plusieurs années les partisans du « laisser-faire » libéral aux défenseurs d'un humanisme sourcilleux. Chose extraordinaire : ce débat est rarement porté devant le grand public, c'est-à-dire médiatisé autant qu'il devrait l'être.

Prenons le droit des assurances. La question posée est simple : les tests génétiques peuvent-ils être utilisés pour évaluer plus précisément le risque à couvrir, par exemple en matière d'assurance-vie ou d'assurance-maladie ? Un assuré doté d'un « mauvais » profil génétique représentera, par définition, un risque plus lourd. En toute logique assurantielle, il doit payer une prime plus élevée. Si son phénotype est plus « mauvais » encore, l'assureur pourra refuser carrément de prendre en charge ce risque. Le caractère implacablement prédictif (ou supposé tel) de l'évaluation génétique évoque l'image d'un couperet répartissant les hommes en catégories définitives et hiérarchisées.

En théorie, les choses paraissent claires et le débat tranché en faveur de l'égalité de traitement. Cette éventuelle discrimination contreviendrait en effet aux règles limitatives maintes fois réaffirmées au sujet de la génétique. Par exemple par la Déclaration universelle de l'ONU sur les droits de l'homme et le génome humain qui stipule que « personne ne fera l'objet d'une quelconque discrimination, fondée sur ses caractéristiques génétiques » ; ou encore la Convention sur les droits de l'homme du Conseil des ministres du Conseil de l'Europe, qui condamne « toute forme de discrimination d'une personne sur la base de son héritage génétique [15] ». Devant d'aussi solennelles proclamations, la cause paraît entendue : l'utilisation discriminatoire des tests génétiques est prohibée et le restera.

Dans les faits, hélas, la situation est beaucoup plus confuse. On peut même avancer qu'au rebours des déclarations rassurantes la tendance est à la banalisation de ce nouveau racisme. L'utilisation discriminatoire du « quotient génétique [16] » est à l'ordre du jour.

---

15. Cité par Diane B. Paul, « Tests génétiques : à qui profite le débat ? », *La Recherche*, n° 329, mars 2000.
16. J'emprunte cette expression – parlante – à Gregory Benichou, *Le Chiffre de la vie. Essai philosophique sur le code génétique*, *op. cit.*

Les « *mauvais risques* » *génétiques*

Aux États-Unis, la question se pose avec une acuité particulière dans la mesure où le volontariat et l'individualisme prévalent en matière d'assurance. Il n'existe pas de couverture maladie universelle, et les projets en ce sens, qui furent avancés au début de l'« ère Clinton », ont été rapidement abandonnés. L'assurance privée et la logique commerciale demeurent la règle. Or l'utilisation des tests génétiques par les compagnies d'assurance n'est pas véritablement réglementée au niveau fédéral. Les seules lois en vigueur s'efforcent de sauvegarder la confidentialité des tests, mais sans remettre en question le rôle central du marché dans ces affaires. Pour le reste, chaque État a légiféré différemment. Dès 1997, une trentaine d'États (dont la Californie) avaient adopté des législations limitant, en théorie, le recours aux tests génétiques. Elles n'empêchaient pas les sociétés couvrant tout le territoire américain de tourner aisément ces interdictions. Dans les faits, les assureurs demandent de plus en plus souvent à leurs clients de fournir les résultats de tests génétiques avant de fixer le montant de la prime. Force est de constater que les « efforts pour faire voter des lois fédérales antidiscriminatoires ont échoué, et [que] les deux lois existantes qui concernent directement ou indirectement le problème grouillent de lacunes [17] ».

On voit donc se multiplier aux États-Unis des cas flagrants de discrimination. Et cela depuis longtemps. Dès juin 1991, une mère de famille américaine pouvait raconter dans le journal de l'association *National X Foundation* que son assureur avait résilié un contrat d'assurance-maladie après avoir appris que l'un de ses enfants était atteint du syndrome de l'X fragile. Par la suite, elle avait eu beaucoup de mal à retrouver une compagnie acceptant de la couvrir, même en excluant du contrat l'enfant trop « fragile » [18].

À ceux que scandalise une prise en compte aussi brutale de la supposée inégalité génétique, on oppose une foule d'arguments, dont certains ne sont pas négligeables. On fait valoir, par exemple,

17. Diane B. Paul, « Tests génétiques : à qui profite le débat ? », *La Recherche*, *op. cit.*
18. Exemple cité par Bertrand Jordan, *Les Imposteurs de la génétique*, *op. cit.*

la relative banalité des informations génétiques au regard de ce qui se pratique depuis toujours en matière d'assurance. Quantité de données médicales entrent en effet en ligne de compte dans l'établissement d'un contrat : maladies déjà contractées, antécédents familiaux, habitudes personnelles telles que l'usage du tabac, etc. Les données génétiques, ajoute-t-on, ne sont pas d'une nature fondamentalement différente. On ne voit pas pour quelles raisons leur prise en compte serait prohibée. Le savoir génétique, dit-on encore, est un savoir comme les autres, et il ne peut pas éternellement être mis sous le boisseau. Mieux encore, certains n'hésitent pas à affirmer que l'interdiction des tests génétiques pourrait se révéler contre-productive en compliquant, par exemple, une réforme nécessaire du système de santé.

Mais les arguments les plus fréquemment avancés se fondent sur la logique individualiste et libérale dominante. Dans la plupart des sociétés industrialisées, la tendance lourde, en effet, est à la privatisation effrénée des risques de santé, de retraite, etc. Or, dans cette perspective, la prohibition des tests génétiques conduirait *de facto* les « génétiquement bien nés » à supporter des primes comparativement trop élevées, c'est-à-dire à payer pour les autres. En outre, elle risquerait d'introduire une « asymétrie de savoir » entre les assureurs, asymétrie qui conduirait inéluctablement à la faillite les assureurs les moins bien informés. « Mais il y a plus : des compagnies pourraient utiliser le diagnostic génétique pour proposer à ceux qui s'y soumettraient et qui présenteraient des résultats négatifs des primes sensiblement réduites, ce qui serait tout gain, à la fois pour les individus en bonne santé et pour la compagnie qui les attirerait [19]. »

La même évidence s'impose donc une fois encore : ce n'est pas le savoir génétique en tant que tel qui pose problème ou mérite d'être condamné (ce serait absurde), c'est son instrumentalisation par le marché et l'idéologie individualiste qui l'accompagne. Autrement dit, c'est encore la conjugaison des trois révolutions (économique, numérique, génétique) qui se révèle porteuse de périls inédits. En théorie, la seule façon de résoudre équitablement le dilemme des tests génétiques serait *d'en revenir au principe intangible de la collectivisation des risques*, c'est-à-dire de la sécurité sociale

---

19. Gilbert Hottois, *Essais de philosophie bioéthique et biopolitique*, *op. cit.*

« à l'ancienne ». Bon nombre de spécialistes américains sont d'ailleurs partisans de cette solution et s'étonnent des hésitations – et des tentations libérales – auxquelles succombe l'Europe en matière de santé. « La plupart des experts, même aux États-Unis, admettent que l'assurance maladie universelle est la seule solution : la péréquation intégrale qu'elle met en œuvre évite de pénaliser ceux qui ont hérité de risques plus élevés que la moyenne [20]. »

Or, c'est une évolution exactement contraire qui se dessine sur le Vieux Continent.

Les déshérités du génome

En Europe, la situation est aujourd'hui passablement confuse. Certains pays comme la Grande-Bretagne, de tradition moins solidariste ou plus libérale, n'y vont pas par quatre chemins : ils acceptent sans état d'âme la discrimination génétique. À Londres, par exemple, la mise en garde d'une commission spéciale l'*Human Genetics Advisory Commission* (*HGAC*), qui réclamait un moratoire de deux ans sur l'utilisation des tests génétiques par les assureurs, a été rejetée par le gouvernement. Depuis février 1997, l'Association des assureurs britanniques a fixé comme règle d'exiger les résultats de tests génétiques avant d'établir un contrat d'assurance vie ou de couvrir certains risques à long terme. En septembre 2000, la Grande-Bretagne a même officiellement décidé de permettre aux compagnies d'assurance d'utiliser ces tests.

Cette législation, il est vrai, est plus ou moins tempérée par une pratique au cas par cas, comme en témoigne un généticien britannique. « Avant d'exiger quelque information génétique de leurs clients, les assureurs ont maintenant l'obligation d'argumenter leur demande de manière précise. Lorsqu'ils sont confrontés à cette obligation, 95 % des demandes tombent d'elles-mêmes car elles sont hors de propos [21]. » Il n'en reste pas moins que, désormais, la règle commune est résolument discriminante.

---

20. Bertrand Jordan, *Les Imposteurs de la génétique, op. cit.*
21. Témoignage d'Angus Clarke, chercheur à l'*Institut of Genetics* de Cardiff (Grande-Bretagne), *in* Caroline Glorion, *La Course folle. Des généticiens parlent, op. cit.*

En France, le contraste est frappant entre la solennité des proclamations et l'ambiguïté des textes ou des pratiques. Si l'on s'en tient aux textes, l'utilisation des tests génétiques par les assureurs est formellement interdite. La loi dite bioéthique du 29 juillet 1994 précisait que ces tests ne pouvaient être pratiqués qu'à des fins médicales ou scientifiques. Elle rendait même punissable « le fait de détourner de leurs finalités médicales ou de recherche scientifique les informations recueillies sur une personne au moyen de l'étude de ses caractéristiques génétiques ». Les compagnies d'assurance, de leur côté, avaient accepté un moratoire de cinq ans, qui a été prolongé. De son côté, le Comité national d'éthique a constamment rappelé qu'il fallait maintenir « l'actuelle interdiction légale en France de faire un tel usage des tests génétiques ». Apparemment, la France semble donc résister tant bien que mal au grand vent libéral. Pour combien de temps ?

La législation, en effet, est moins claire qu'il n'y paraît. Les contradictions que recèle le droit français des assurances frisent même l'incohérence. D'un côté, l'utilisation des tests génétiques est prohibée, mais, dans le même temps, il est fait obligation à chaque assuré d'informer son assureur de tout élément d'appréciation pouvant modifier la nature du risque, et cela sous peine d'invalidation du contrat. En clair, les tests génétiques sont interdits mais... chaque assuré doit impérativement communiquer à son assureur les résultats de ceux qu'il a subis. On ne pourrait imaginer situation plus ubuesque.

Elle l'est tellement qu'une évolution se dessinait depuis quelques années... en faveur d'un alignement pur et simple de la France sur les pratiques anglo-saxonnes. Le 25 novembre 1999, le Conseil d'État, dans son avis sur la révision des lois bioéthiques, ouvrait la porte à un tel changement. Argument employé : les discriminations génétiques ne sont pas fondamentalement différentes de celles, déjà autorisées, qui se fondent sur les antécédents familiaux : l'hypercholestérolémie, l'hypertension artérielle, etc. Pour le Conseil d'État, on ne peut interdire durablement les discriminations génétiques sans faire tomber du même coup dans l'illégalité la pratique des questionnaires de santé, courante et admise en matière d'assurance.

L'impression s'impose qu'irrésistiblement les verrous juridiques cèdent l'un après l'autre. Plusieurs facteurs de nature différente jouent dans ce sens : d'abord, la banalisation progressive des tests génétiques qui, dans un proche avenir, seront aussi facilement accessibles que n'importe quelle analyse médicale (ils le sont déjà aux États-Unis) ; ensuite, l'augmentation permanente des dépenses de santé qui compromet la viabilité de l'État-providence dans des sociétés vieillissantes ; enfin, le *lobbying* très actif des assureurs privés, qui profitent d'un climat prolibéral pour remettre en cause l'ensemble des systèmes publics de solidarité. (Que l'on songe au débat en Europe sur les retraites et les fonds de pension !) Il s'agit de savoir jusqu'où peut nous conduire un tel pragmatisme. Toutes les craintes sont permises.

En effet, le droit des assurances n'est pas le seul à être concerné ; le droit du travail l'est également. La question qui se pose, explosive entre toutes, est celle des tests génétiques à l'embauche. Peut-on accepter que, à côté des critères habituels (diplôme, ancienneté, expérience, profil personnel, analyses graphologiques, etc.), la « dotation génétique » entre en ligne de compte dans le recrutement des salariés ? Une fois encore, un fossé s'est creusé entre des proclamations vertueuses et une réalité qui l'est moins.

Aux États-Unis, on estime que 30 % des embauches sont réalisées après recherche d'informations génétiques [22]. Certes, une loi de janvier 1992 sur « les Américains affectés d'incapacité » n'autorise ces tests préalables à l'embauche que pour évaluer les aptitudes ou inaptitudes réelles et concrètes à exercer un emploi. Mais la loi est vague et la pratique de plus en plus transgressive. Une vingtaine d'États seulement ont interdit cette discrimination, mais seulement sept ont prévu des pénalités. Dans les faits, la chronique politique et judiciaire américaine commence à être nourrie de péripéties et conflits en ce domaine. L'un des derniers en date opposait, en février 2001, la Commission fédérale pour l'égalité de traitement dans le travail à une compagnie de chemin de fer, la *Burlington Northern Santa Fe Railroad* (BNSFR), soupçonnée d'avoir soumis ses salariés à des tests génétiques.

Au Danemark, pour citer un autre exemple, un accord a été conclu au printemps 2000 entre les partenaires sociaux, accord qui

---

22. Voir Dorothée Benoît Browaeys et Jean-Claude Kaplan, « La tentation de l'apartheid génétique », *Le Monde diplomatique*, mai 2000.

déclare pertinents les tests génétiques à l'embauche. En France, si l'interdiction demeure, les pressions sont fortes en faveur d'une révision de cette règle. Le biologiste Axel Kahn n'a pas tort de poser – mélancoliquement – la question : « Du jour où [les] employeurs auront à leur disposition des tests génétiques d'une valeur prédictive, d'une scientificité autrement importante que celle des procédés précités [habituels, c'est-à-dire graphologie, numérologie, etc.], pourront-ils faire autrement que de les utiliser, la pression économique internationale étant ce qu'elle est[23] ? »

Ainsi, dans le droit du travail comme en matière d'assurance, tout conspire à remettre en cause un des principes fondateurs de notre vision du monde : l'égalité des hommes devant la loi. Ce postulat, composante essentielle de la Déclaration des droits de l'homme – « Les hommes naissent libres et égaux en droit » –, procède de ce qui semblait jusqu'à présent une évidence : le *principe d'humanité*, c'est-à-dire l'appartenance pleine, entière et indiscutable de chaque homme ou femme *à une humanité commune*. Ce principe exclut évidemment toute gradation ou discrimination. Il ne saurait y avoir de sous-humanité, de demi-humanité ou d'humanité incomplète. L'humanité de l'homme, répétons-le, est un absolu, elle n'est ni partageable ni amendable. Or, au-delà des chipotages législatifs ou jurisprudentiels constatés à propos des tests génétiques, c'est cette intangibilité qui est en question.

Dans cette affaire, le manque de fermeté, de conviction ou de courage des conseilleurs ou décideurs politiques n'est pas acceptable. À ce rythme, on voit mal comment on empêchera que se généralise une discrimination génétique « globale ». Elle justifiera que l'on abandonne peu à peu à leur sort ceux que Jacques Testart appelle déjà les « déshérités du génome ». Si tel était le cas, alors, nous n'aurions combattu l'ancien racisme que pour installer à sa place un nouveau plus redoutable encore.

---

23. Axel Kahn, *Société et Révolution biologique. Pour une éthique de la responsabilité*, *op. cit.*

Le retour de « l'homme criminel »

Il est vrai que la crainte que la génétique puisse fonder de nouvelles discriminations n'est pas nouvelle. Elle s'exprima au début des années 90 lorsque fut lancé, à grands sons de trompe, le « Projet génome humain ». On assura à l'époque que cette immense aventure scientifique était comparable à la conquête spatiale. Certains redoutèrent néanmoins que ce projet ne correspondît à l'application irréfléchie d'une véritable « science des inégalités ». Ils s'étonnèrent qu'une telle entreprise pût être financée sur des fonds publics. Quoiqu'ils fussent rapidement balayés, ces craintes et ces scrupules n'étaient pas totalement infondés.

Si l'on en doute encore, il suffit d'examiner ce qui se passe aujourd'hui sur un troisième terrain juridique : celui du droit pénal. C'est sans doute là, malgré tout, que les dérives sont les plus visibles et les plus choquantes. Rappelons d'abord le contexte. Nos sociétés connaissent une pénalisation grandissante. Les termes de l'analyse sont désormais connus : à mesure que s'affaiblissent les limitations morales, que disparaissent les affiliations collectives, que sont ruinés les grands systèmes de croyance, que le lien social se défait, la « sanction pénale » apparaît comme la dernière régulation possible. Elle tend donc mécaniquement à se renforcer et à s'alourdir. Plus une société est atomisée, plus elle devient répressive[24]. Tel est le paradoxe auquel sont confrontées la plupart des démocraties modernes.

C'est aux États-Unis, comme on le sait, que cette pénalisation est à la fois la plus brutale et la plus spectaculaire. En une trentaine d'années, le taux d'incarcération a été multiplié par six ou sept. Le nombre des détenus, qui avoisinait les trois cent mille dans les années 60, a bondi à près de deux millions aujourd'hui, et la peine de mort, rétablie en 1976 par la Cour suprême, connaît un regain d'application (quatre-vingt-dix-huit exécutions en 1999, alors qu'environ quatre mille condamnés attendent actuellement leur exécution dans les couloirs de la mort). Simultanément, la doctrine pénale a évolué en se durcissant. On met aujourd'hui en avant le

---

24. J'ai longuement traité cette question dans *La Tyrannie du plaisir*, *op. cit.*

concept de « tolérance zéro ». Cette nouvelle politique, « impulsée par le maire de New York, plus communément connue outre-Atlantique sous le vocable de théorie du "carreau cassé" et consistant à faire du délit le plus mineur l'objet de sanctions pénales immédiates, élève au rang de politique sociale la criminalisation de la pauvreté et l'élimination des classes dangereuses [25] ». Ainsi, pour reprendre l'expression du sociologue Loïc Wacquant, professeur à l'université de Berkeley, « l'État-pénitence se substitue à l'État-providence [26] ». L'expression dit bien ce qu'elle veut dire.

Aux États-Unis, comme dans une moindre mesure en Europe, l'idée de dangerosité et l'exigence de sécurité l'ont peu à peu emporté sur l'ancien trinôme sanction-amendement-réinsertion. Aujourd'hui, il ne s'agit plus tellement d'amender le délinquant mais de le mettre à l'écart, de l'exclure une fois pour toutes. D'où le retour déguisé à une pratique archaïque comme celle de la relégation ; d'où surtout les effets ravageurs de ce qu'on pourrait appeler la nouvelle idéologie génétique ou le fantasme du « tout génétique ». C'est lui qui nous intéresse ici. En insistant de manière obsessionnelle sur l'importance des gènes – c'est-à-dire de l'inné, voire de l'inéluctable – dans la construction de la personnalité, *on en vient à subodorer l'existence d'une prédestination à la délinquance.* Certains observateurs font d'ailleurs remarquer que ce retour de la prédestination comme croyance est favorisé par l'empreinte laissée par le calvinisme dans les pays anglo-saxons. Il y aurait, en somme, un « gène du crime », contre lequel les anciennes bonnes volontés humanistes et rééducatives perdraient tout leur sens.

Ce prétendu chromosome du crime mobilise de façon périodique l'actualité et le discours des médias, y compris celui des plus sérieux. Dès la fin des années 60, à l'occasion d'une affaire criminelle particulièrement sordide – un certain Richard Speck avait tué neuf infirmières en une seule nuit –, on évoquait l'éventuelle présence dans l'ADN de l'assassin d'un chromosome XYY. Le criminel lui-même prétendait que ce gène l'exonérait de sa responsabilité, et les magazines *Time* et *Newsweek* avaient rivalisé de titres accrocheurs sur le thème du « criminel-né ». La littérature policière

---

25. Patricia Osganian, « Ce vent punitif qui vient d'Amérique », *Mouvements*, La Découverte, mai-juin 2000.
26. Loïc Wacquant, *Les Prisons de la misère*, Liber-Raisons d'agir, 1999.

et le cinéma ont, par la suite, brodé sur cette prétendue impulsion génétique irrépressible.

Aujourd'hui, une idée folle s'impose : les délinquants les plus dangereux sont génétiquement hors humanité et doivent donc être traités comme tels. « Plutôt que de leur infliger une peine prétendument corrective à la première incartade, la raison demande qu'on réduise d'emblée leur liberté, et ceci de façon définitive si on ne dispose pas d'un remède pour prévenir leurs méfaits. [...] Les États modernes, riches en généticiens, vont être tentés de prévenir l'expression des comportements asociaux dont l'origine est repérable dans l'ADN [27]. » Dans l'atmosphère d'obsession sécuritaire que connaissent aujourd'hui nos sociétés développées, le recours à une illusoire génétique préventive en matière de délinquance est une tentation constante. En novembre 1982, par exemple, la revue américaine *Science Digest* se demandait sérieusement si l'on ne devait pas répertorier les enfants génétiquement prédisposés à la délinquance pour les isoler du reste de la société ou les traiter médicalement [28].

Or cette catégorisation préalable des êtres humains (délinquants ou pas) par le biais de la génétique ne paraît « moderne » qu'à ceux qui ont perdu la mémoire. En fait, elle aussi *nous renvoie directement au XIXᵉ siècle*. À cette époque, sur fond d'industrialisation et d'urbanisation, les sociétés européennes ont connu une hantise des classes dangereuses. La politique criminelle avait alors trouvé dans le scientisme ambiant des arguments imparables pour justifier une mise à l'écart de ceux que l'on considérait comme des délinquants en puissance. Un nom demeure attaché à cette doctrine pénale, fondée sur l'élimination, celui de Cesar Lombroso, criminologue italien inventeur du concept de « criminel-né ». Ce concept empoisonnera littéralement la science criminelle européenne, qui mettra près d'un siècle à s'en défaire. Voici donc que les prophètes du « tout génétique » le ressuscitent aujourd'hui avec un brin d'irresponsabilité.

Le scientisme de Lombroso allait en effet beaucoup plus loin qu'on ne l'imagine. Dans son fameux traité, *L'Homme criminel*, il

---

27. Jacques Testart, *Des hommes probables. De la procréation aléatoire à la reproduction normative*, *op. cit.*
28. Cité par Dorothy Nelkin et Susan Lindee, *La Mystique de l'ADN*, *op. cit.*

ne se contentait pas d'affirmer l'existence d'une prédisposition au crime, *il allait jusqu'à refuser le statut d'humain à celui qu'il appelait le « dégénéré »*. Dans son traité, il use à ce sujet d'une rhétorique qui préfigure étrangement celle qu'utilisent aujourd'hui les généticiens les plus radicaux. Aux yeux de Lombroso, la rechute du « dégénéré » peut entraîner celui-ci jusqu'à une profondeur vertigineuse qui fait de lui l'équivalent d'un non-humain. « Ainsi, écrit Lombroso, il renouvelle intellectuellement au meilleur des cas comme dégénéré supérieur le type de l'homme primitif de l'âge de pierre brute ; au pire des cas, comme idiot, celui d'un animal largement antérieur à l'homme [29]. »

C'est précisément vers un délire antihumaniste comparable que peuvent nous reconduire, si nous n'y prenons garde, les proclamations ingénues de certains scientifiques. Ceux qui acceptent que soit peu ou prou remise en question la non-divisibilité du principe d'humanité. On pense, par exemple, aux étranges supputations d'un Tristram H. Engelhardt, pape de la bioéthique américaine, pour qui nous devrions clairement distinguer les « humains personnes » et les « humains non-personnes » (au rang desquels il range les comateux ou les séniles profonds). Il suffirait d'un petit pas pour y ranger aussi les délinquants et, pourquoi pas, les pauvres...

L'esclavage réinventé

Les pauvres ? Cette dislocation scientiste du principe d'humanité rend imaginables, en effet, des régressions historiques plus révoltantes encore que le colonialisme ou le racisme. La raison en est évidente : le concept d'humanité est relativement récent dans notre histoire et, donc, plus fragile qu'on ne le croit. C'est en son nom que furent peu à peu combattues puis abolies les inégalités et les dominations les plus extrêmes, comme, par exemple, l'esclavage. Si ce dernier ne scandalisait nullement un contemporain d'Aristote ou un citoyen de l'Empire romain, c'est parce que *le monde gréco-romain ignorait la nature universelle de l'homme,*

---

29. Cesar Lombroso, *L'Homme criminel*, cité par Anne Krams-Lifschitz, « Dégénérescence et personne, migrations d'un concept au XIXe siècle », *in* Simone Novaes (dir.), *Biomédecine et Devenir de la personne, op. cit.*

c'est-à-dire le principe d'humanité. La pensée de l'Antiquité ne percevait les êtres humains qu'au travers de catégories juridiques particulières (citoyen, père, esclave, affranchi, etc.) qui établissaient entre eux des différences de nature, excluant toute définition de l'homme « en général ». Les Romains, rappelle Bernard Edelman avec pertinence, « ignoraient eux-mêmes que l'homme était unique, à la ressemblance de Dieu. Leur polythéisme commandait nécessairement une pluralité de statuts juridiques touchant la personne humaine [30] ». Aristote, quant à lui, ne se contente pas d'affirmer l'existence d'une différence de nature entre les Grecs et les barbares, il ajoute, dans la *Politique*, que les premiers sont nés pour la liberté et les seconds pour l'esclavage.

Le monothéisme judéo-chrétien, puis l'humanisme de la Renaissance et les Lumières nous ont permis de construire le concept d'humanité, qui fonde l'égale dignité de tous les êtres humains. Que ce principe redevienne friable ou soit scientifiquement contesté, et plus rien n'empêche la structure conceptuelle de l'esclavage de resurgir parmi nous. L'erreur du scientisme, dans ce cas précis, consiste à vouloir aligner servilement l'éthique, ou même le droit, sur la science [31]. Exagération ? Crainte abusive ? Force est de constater que la référence à la figure de l'esclavage revient constamment dans les textes et débats bioéthiques contemporains, et cela à propos de sujets aussi différents que le clonage, le statut de l'embryon, la brevetabilité du vivant, etc. On retrouve cette mention inquiète sous la plume de chercheurs que nul ne peut soupçonner de la moindre hostilité à l'endroit de la science.

François Gros, par exemple, contestait vigoureusement voici plus de dix ans – et à juste titre – le concept de « pré-embryon », au motif qu'il introduisait une idée de degré, de palier, dans l'accession d'un être à l'humanité. « Cette volonté, écrivait-il, nous reconduirait en deçà de l'idée moderne d'universalité de l'homme à celle d'une humanité à degrés, sur laquelle se fondaient autrefois les théories de l'esclavage [32]. » Marie-Angèle Hermitte fait la même remarque au sujet de la reconstruction de l'homme en objet technique par le biais

---

30. Bernard Edelman, *La Personne en danger*, *op. cit.*
31. Voir plus loin, chapitre 13.
32. François Gros, in *Patrimoine génétique et droits de l'homme : livre blanc des recommandations*, colloque, Paris, 25-28 octobre 1989, Osiris, 1990.

des technosciences. « La personne est donc désormais sujet et objet, ajoute-t-elle, ce qui reconstitue la structure de l'esclavage [33]. » Patrick Verspieren évoque lui aussi une possible « réinvention de l'esclavage », mais cette fois à propos du clonage et de la programmation du génome d'un futur être humain ainsi ramené au rang de « moyen » [34]. Étienne Perrot se réfère au même concept d'esclavage pour dénoncer la chosification mercantile des gènes humains. « La conception du droit romain l'emporte désormais de plus en plus souvent, écrit-il, qui faisait entrer dans le concept de chose bien des êtres vivants, jusqu'aux enfants et aux esclaves, à la seule exception du citoyen romain [35]. »

Henri Atlan utilise spontanément la même référence à l'esclavage pour stigmatiser toute forme de planification génétique d'un être humain aboutissant à faire de lui le « moyen » d'un projet quelconque (y compris thérapeutique). « Cela reviendrait, dit-il, à l'institution d'une nouvelle forme d'esclavage et d'élevage de descendance d'esclaves où des individus seraient conditionnés dès leur naissance à être des objets de désirs explicites – et pas seulement de désirs inconscients comme c'est toujours le cas. » Quant à la signification ultime d'une telle transgression, Atlan ajoute : « C'est non seulement la personne de ces individus qui serait niée, mais la réalité de l'Humanité fondée sur la Déclaration des droits de l'homme qui volerait en éclats [36]. »

Ces convergences sont d'autant plus frappantes que les craintes qu'elles expriment ne sont pas abstraites. Le plus étonnant est même que, dans son flux quotidien, l'actualité charrie déjà des faits divers ou des « cas » limites qui les concrétisent. On enregistre d'ordinaire ces péripéties avec un vague effroi, mais sans vraiment comprendre ce qu'elles représentent. Le mot « esclavage », utilisé à tort et à travers, depuis toujours, comme celui de génocide ou de barbarie, a été trop dévalorisé pour qu'il en aille autrement. C'est fâcheux. Cela nous empêche de comprendre qu'il s'agit cette fois

33. Marie-Angèle Hermitte, « Pouvoirs sur la vie, pouvoirs sur la mort, le rôle du droit », in *Qu'est-ce que l'humain ?*, *op. cit.*, t. 2.

34. Patrick Verspieren, « Le clonage humain et ses avatars », *Études*, novembre 1999.

35. Étienne Perrot, « Les gènes et l'argent », *Études*, *op. cit.*

36. Henri Atlan, « Personne, espèce, humanité », in *Vers un antidestin. Patrimoine génétique et droits de l'humanité*, *op. cit.*

du *véritable* esclavage, celui qui établit une différence ontologique entre les êtres humains. Pour les exemples, on n'a que l'embarras du choix.

C'est ainsi qu'un biosociologue a proposé sans rire que les femmes occidentales prennent l'habitude de faire implanter leurs embryons, contre rétribution, dans le ventre des femmes du tiers monde, lesquelles joueraient ainsi le rôle de mères porteuses. Elles assumeraient, à la place des femmes plus riches et plus occupées du Nord, les inconvénients de la grossesse et les douleurs de l'accouchement. Offrir à ces femmes déshéritées quelques dizaines de milliers de francs pour chaque « portage » permettrait d'atténuer leur misère. Pour le Nord, cela aiderait à résoudre les problèmes de la dénatalité et de l'immigration : exportation d'embryons congelés et réimportation de nourrissons parfaitement adaptables et assimilables [37]. Les libéraux les plus extrémistes ne voient pas d'objection à l'instauration d'un tel commerce international.

On pourra objecter qu'il s'agit là d'un cas limite frôlant l'extravagance, mais ce n'est pas si sûr. Sur l'internet ou dans les journaux du monde entier, on trouve trace d'entreprises ou de projets de cette sorte. Durant l'été 1995, rapporte Jacques Testart, une publicité parue dans la version anglaise de la revue russe *Aeroflot* signalait que la société AIST de Saint-Pétersbourg offrait les services de femmes volontaires pour être inséminées et porter ainsi des enfants prévendus. On garantissait que la procréatrice possèderait les caractéristiques physiques désirées (couleur des yeux, etc.) et disposerait d'un quotient intellectuel dûment évalué. La société promettait en outre de régler les problèmes de visa et de transport afférents au rapatriement futur du nouveau-né, après vérification génétique de sa filiation avec le donneur-acheteur.

Ce nouveau « marché aux esclaves », inimaginable et même monstrueux, est après tout dans le droit-fil du trafic d'organes, dont la réalité, nous l'avons vu, est avérée [38]. Cette régression esclavagiste est d'autant plus significative qu'elle tire argument d'une absolutisation très « moderne » du marché. Si la règle est que, décidément, tout s'évalue et tout se vend, au nom de quoi

---

37. Cité par François Dagognet, *La Maîtrise du vivant, op. cit.*
38. Voir plus haut, chapitre 4.

interdirait-on à ces nouveaux parias de vendre non seulement leur travail ou leurs prestations sexuelles, mais aussi leur propre corps en pièces détachées ou l'hospitalité de leur ventre ? De fait, assure Gilbert Hottois, « une partie considérable de la bioéthique libérale à tendance libertarienne risque de mener à des situations où l'on ne verrait plus d'objections à ce qu'au sein du grand marché mondial un pauvre vende "librement" un rein à un riche [39] ». Le reste serait à l'avenant...

Une fois encore, ce n'est pas à la biologie génétique qu'il faut imputer d'aussi tragiques retours en arrière, mais à la conjonction des « offres » de la technoscience et du tout-marché mondialisé. C'est l'air du temps, la pensée dominante, le rejet spontané des règles et des limites au nom d'un libéralisme-libertaire inconséquent qui favorisent cet étrange objet historique que j'appelle ici la modernité régressive. La réapparition de l'esclavage *stricto sensu* grâce aux avancées technoscientifiques ne serait pas imaginable, en effet – ou serait plus vigoureusement combattue –, si les esprits n'y étaient préparés par le grand retour des inégalités dans nos sociétés. C'est parce que nous avons pris notre parti d'une « banalisation de l'injustice sociale [40] » et désappris à reconnaître le vieux sous la parure du neuf que de telles régressions sont possibles.

En lâchant prise sur le terrain des inégalités économiques et sociales, nous nous condamnons à lâcher prise sur les autres...

Une logique féodale ?

On ne se lancera pas ici dans une nouvelle analyse détaillée du projet inégalitaire porté, consciemment ou pas, par le néolibéralisme [41]. L'explosion des inégalités à l'échelle planétaire, mais aussi à l'intérieur des pays du Nord et du Sud, est une évidence maintes fois démontrée. L'atomisation sociale qui l'accompagne, dopée par l'individualisme et la soif d'autonomie, se retourne

---

39. Gilbert Hottois, *Essais de philosophie bioéthique et biopolitique*, op. cit.
40. Je reprends ici le sous-titre du livre de Christophe Dejours, *Souffrances en France. La banalisation de l'injustice sociale*, Seuil, 1998.
41. J'ai consacré – sous ce titre – un chapitre entier à cette question dans *La Refondation du monde*, op. cit.

paradoxalement contre l'individu. Ce dernier est assurément plus autonome qu'il ne l'a jamais été dans l'Histoire, mais il est en même temps précarisé, désaffilié, privé des anciennes structures collectives, ou législatives, qui lui assuraient une protection minimale.

De nombreux observateurs de la vie économique mettent en avant le lourd tribut payé par les salariés en contrepartie de cette autonomie. Les nouveaux modes de gestion de l'entreprise-réseau, qui ont remplacé les anciennes hiérarchies, sont plus souples, plus subtils. Ils n'en sont pas moins contraignants. En escamotant la visibilité du pouvoir hiérarchique, ils rendent même celui-ci plus difficile à combattre. On connaît les inconvénients de cette fausse « douceur » du nouveau management : normes individualisées, rendement à la tâche et évaluation permanente, précarité liée à la généralisation du temps partiel[42], développement exponentiel du stress, contrôle obsédant – pour ne pas dire « flicage » – de chaque salarié grâce à l'informatique, etc.

« Certes, les revenus des salariés sont sept fois plus élevés qu'au début du siècle, assure l'économiste Daniel Cohen, mais cet enrichissement, qui s'accompagne d'une responsabilisation croissante, se paie d'une usure psychique considérable. […] La vraie maladie des Temps modernes est donc plutôt la dépression, la peur de soi-même, celle de ne pas être à la hauteur, de tomber, de glisser. L'usure psychique s'est substituée à l'usure physique[43]. » L'économiste américain Robert Reich, ancien conseiller de Bill Clinton, évoque à ce sujet l'émergence d'une « classe anxieuse ». Christophe Dejours, cité plus haut, voit dans le « retour de la peur dans l'entreprise » un phénomène central. De son côté, Robert Castel, spécialiste du monde du travail, parle de la « déstabilisation des stables ». Quant à l'essayiste américain Juliet Schor, son analyse insiste sur le « sur-travail » (*overworking*) auquel sont désormais tenus les salariés américains les moins payés s'ils veulent maintenir leur pouvoir d'achat.

C'est dans ce contexte que se remettent étrangement en place les

---

42. Les salariés à temps partiel sont passés de 730 000 en 1971 (dont 601 000 femmes) à 3,7 millions en 1997 (dont 3 millions de femmes). Plus de la moitié gagnent moins de 4 300 francs par mois. Source : Pierre Veltz, *Le Nouveau Monde industriel*, Gallimard, 2000.
43. Interview au magazine *L'Express*, 20 janvier 2000.

conditions favorables à un nouveau type de féodalisme. Privatisation et déréglementation aidant, ce qui prévaut, en effet, ce n'est plus la loi abstraite et générale, mais le contrat individuel et privé. Un contrat qui organise le plus souvent une pure dépendance. Comme dans l'Europe médiévale, on troque l'assurance d'une protection – ou d'un service – contre un consentement à la subordination. Ainsi a-t-on pu comparer à l'ancienne féodalité européenne la sujétion qui lie peu à peu les paysans du monde aux grandes firmes productrices de semences non renouvelables. Les multinationales en question, profitant de l'affaiblissement des États, cherchent à se partager en autant de *fiefs* l'espace agricole mondial. Cette course à la privatisation est parfois comparée à l'irrésistible privatisation des terres communes dans l'Angleterre du XVIᵉ siècle. « Le capitalisme du XXIᵉ siècle pourrait ainsi faire retour aux rites, aux usages et aux pratiques juridiques associés à la féodalité [44]. »

Ce contexte global et ces possibles régressions justifient qu'on attache la plus grande importance aux débats contemporains sur la contractualisation de la société. Or ces débats sont trop souvent confus, évoqués au coup par coup, biaisés. Sauf exception, on les ramène volontiers à d'obscures querelles syndicales ou politiciennes [45]. Le patronat européen – notamment le MEDEF français – a fait de cette prétendue révolution libérale son cheval de bataille. À ses yeux, le mouvement général de contractualisation, qui tend à substituer le contrat à la loi, est une avancée indiscutable et un facteur de modernisation. Ce qui n'est pas tout à fait faux. La liberté de contracter, la négociation pacifique entre partenaires sociaux ne sont-elles pas préférables aux rigidités contraignantes de la loi ? N'assureraient-elles pas à la machine économique une meilleure souplesse de fonctionnement tout en offrant un surcroît de liberté à l'ensemble des acteurs sociaux ? On ne peut nier, en effet, que la prévalence du libre contrat soit *en harmonie avec l'individualisme contemporain*. La pensée néolibérale dominante fait d'ailleurs du contrat un des éléments du triptyque magique – contrat, opi-

---

44. Jean-Jacques Salomon, *Survivre à la science. Une certaine idée du futur*, *op. cit.*
45. Parmi ces exceptions, signalons l'excellent dossier « Entre la loi et le contrat », publié en février 2001 par la revue *Esprit*, avec notamment les contributions de Nicole Notat, Xavier Gaullier, Jean-Pierre Gaudin et Alain Supiot.

nion, marché – censé organiser le nouvel ordre démocratique du XXIᵉ siècle. Telle est l'antienne.

Elle n'est pas entièrement convaincante. Certes, le projet de contractualisation de la société est une thèse moins nouvelle qu'on ne le dit. Au XIXᵉ siècle, des historiens et des juristes présentaient déjà le triomphe du contrat sur le « statut » comme un gage de liberté. Sujétion d'un côté, libre adhésion de l'autre : un monde véritablement émancipé, disait-on, est celui où l'homme ne porte pas d'autres chaînes que celles qu'il s'est choisies. Dans les faits, les choses ne sont pas si simples. La vertu émancipatrice du contrat suppose en effet un contexte social et politique égalitaire, d'où seraient exclus les rapports de force trop déséquilibrés et les dominations sans recours. Faute de cela, comme l'observe le juriste Alain Supiot, le droit des contrats *devient un instrument d'assujettissement des personnes*. Adaptons à ce propos la vieille métaphore archiconnue : faut-il garantir aux renards et aux poules une égale « liberté de négociation » à l'intérieur du poulailler ? La question vaut réponse.

Or la nouvelle économie mondialisée n'est pas caractérisée, c'est le moins qu'on puisse dire, par des rapports égalitaires entre partenaires sociaux, même dans les pays, comme l'Allemagne, où les syndicats sont encore relativement puissants. L'inégalité et le déséquilibre grandissant des pouvoirs y sont plutôt la règle. Les contrats de dépendance ou les contrats dirigés qui se multiplient aujourd'hui revêtent donc assez souvent des caractéristiques particulières qui les apparentent à des liens féodaux. Contrats de plan, conventions médicales, contrats de sous-traitance : ils aboutissent à *un véritable affermage du pouvoir législatif de l'État*. Ils reviennent à placer, au nom de la liberté individuelle, le sort de l'individu entre les mains de puissances privées. Or, les lois du marché ne sont pas forcément avantageuses pour ce dernier, y compris dans le cadre de la nouvelle économie. On peut même considérer, avec le juriste Alain Supiot, spécialiste du droit du travail, qu'elles ouvrent la voie à de nouvelles formes de pouvoir sur les hommes.

« La subordination librement consentie, écrit ce dernier, est en perte de vitesse, car elle ne suffit plus à satisfaire les besoins des institutions qui rejettent le modèle pyramidal pour la structure en réseau. De facture féodale (comment ne pas penser à la vassalité ?), le réseau n'a que faire de la simple obéissance aux ordres. Il lui faut s'assujettir des personnes sans les priver de la liberté et de la responsabilité qui font l'essentiel de leur prix [46]. »

Colonialisme, inégalité, racisme, féodalisme : aucun de ces retours en arrière n'est inéluctable mais tous sont possibles. Les pages qui précèdent en témoignent. L'avenir du principe d'humanité (et celui des révolutions en cours) n'est donc pas une question scientifique. C'est une question idéologique.

---

46. Alain Supiot, « La contractualisation de la société », in *Qu'est-ce que l'humain ?*, *op. cit.*

Chapitre 8

La génétique
saisie par l'idéologie

> « Il y a toujours une idéologie scientifique avant
> une science dans le champ où la science viendra
> s'instituer ; il y a toujours une science avant une
> idéologie, dans le champ latéral que cette idéolo-
> gie vise obliquement. »
>
> Georges Canguilhem [1]

L'aventure récente de la génétique – ses découvertes inouïes, ses avancées foudroyantes – n'appartient pas seulement à l'histoire des sciences. Elle participe tout autant de l'histoire des idéologies. Pourquoi ? Parce qu'à chaque étape de son développement cette révolution génétique a engendré un discours interprétatif qui *ne procédait pas du savoir mais de la croyance, pour ne pas dire de la crédulité.* Une véritable idéologie génétique s'est construite dans les dernières décennies, avec une telle force persuasive et un tel succès médiatique qu'on parvient encore mal à la distinguer des vraies connaissances scientifiques sur lesquelles elle prétend s'appuyer. Ainsi a-t-on pris l'habitude de confondre systématiquement l'idéologie génétique avec la réalité d'une discipline ou l'état d'une recherche. Tel est désormais ce qu'on pourrait appeler le *préjugé* de l'époque.

Cette idéologie particulière, certains proposent de l'appeler l'« essentialisme génétique », voire, comme Jacques Testart, le « totalitarisme génétique ». On pourrait tout aussi bien parler de superstition, de religion ou même d'idolâtrie populaire, tant sont déraisonnables les débordements qu'elle favorise. Le triomphe immédiat de cette vulgate, saisissant phénomène d'opinion, a été facilité par la profondeur du désarroi contemporain. L'explication par les gènes, si l'on peut dire, surgissait dans un contexte de désenchantement poli-

---

1. « Qu'est-ce qu'une idéologie ? », in *Idéologie et Rationalité dans l'histoire des sciences de la vie*, Vrin, 2ᵉ éd., 1981.

tique et historique. Le reflux des grandes croyances collectives, les désillusions de tous ordres qui ont marqué la fin du XXᵉ siècle avaient creusé un vide, un manque. Voici qu'il se trouvait (partiellement) comblé par un nouveau paradigme : la programmation rigoureuse des êtres vivants, humains compris, en fonction de données inscrites dans leur ADN. On a voulu croire que cette « programmation » de nature scientifique prenait le relais des explications traditionnelles – sociologiques, économiques ou culturelles – dont la faillite semblait avérée.

Le Britannique Steven Rose, président de la *British Association for Science*, évoquait explicitement, en 1995, le rôle joué par cette déréliction dans le triomphe du génétique. « C'est une conséquence de la perte catastrophique qui a affecté le monde occidental ces dernières années. Perte de l'espoir de trouver des solutions sociales à des problèmes sociaux. Disparitions des démocraties socialistes et de la croyance. […] Les gens cherchent des solutions de rechange. Certains se tournent vers les fondamentalismes religieux. D'autres cherchent des explications d'ordre biologique[2]. » Sans qu'on y prenne garde, la génétique est ainsi devenue un système de pensée aux inclinations hégémoniques qui prétend disqualifier les systèmes de pensée antérieurs, alors même qu'il ne fait le plus souvent que substituer une métaphore à une autre.

Tout est donc parti d'une attente et d'un abus de langage. Et quel abus ! Il nous renvoie à cette fameuse remarque du philosophe autrichien Ludwig Wittgenstein (1889-1951) : « La philosophie est une lutte contre la manière dont le langage ensorcelle notre intelligence[3]. » C'est peu de dire que le langage de la biologie a ensorcelé l'intelligence de l'époque. L'image du *programme génétique*, dont les (vrais) scientifiques ne cessaient de dire qu'il s'agissait seulement d'une métaphore, a été prise au pied de la lettre. On a fait – abusivement – de cette simple image une vérité « dure ». L'opinion s'est accoutumée à des concepts aussi raides que ceux de détermination, de programmation, de prédisposition, sans plus s'interroger sur leur contenu véritable. Favorisée par les outrances médiatiques, les imprudences langagières de certains chercheurs

---

2. Cité par Hervé Ponchelet, *L'Avenir n'est pas héréditaire*, Belin, 1996.
3. Ludwig Wittgenstein, *Tractatus logico-philosophicus. Investigations philosophiques*, Gallimard, 2001.

et le grand tam-tam industriel, ladite opinion a progressivement considéré comme évidente la toute-puissance explicative de l'ADN. Cet ADN qu'à la fin des années 60, avec un brin d'exagération déjà, Jacques Monod désignait comme « l'invariant biologique fondamental ».

Ayant atteint un certain degré de consistance, cette pensée magique du « tout génétique » a résisté aux protestations de ceux, parmi les scientifiques, qui s'alarmaient d'une pareille méprise. Henri Atlan fut de ceux-là, quoiqu'il ne fût ni le seul ni même le premier. Dans une conférence prononcée à l'INRA le 28 mai 1998, il a minutieusement démonté les extrapolations inconsidérées qui ont transformé une métaphore informatique, féconde sur le plan de la méthode – celle du programme –, en un réductionnisme génétique faisant du génome humain un « fétiche » (c'est son expression). Il a également dénoncé les arrière-pensées mercantiles perceptibles derrière cette dérive. « Comme tout fétiche, celui-ci se présente déjà comme une source de profits non négligeables. [...] Autrement dit, les marchands du temple ne sont pas loin[4]. »

Comme nombre de généticiens, Atlan désignait ainsi le « tout génétique » comme une quasi-superstition, mais aussi comme un réductionnisme de nature idéologique, pour ne pas dire manipulatoire. Compte tenu des intérêts en jeu, cette croyance-là, en effet, était tout sauf innocente. Il fallait maximiser les promesses de la biotechnologie pour en tirer un meilleur profit. Les protestations d'Atlan et de ses collègues furent-elles trop peu relayées ? Contrevenaient-elles trop frontalement à l'esprit du temps ? Toujours est-il qu'elles furent peu entendues. Ni les grands médias, ni la classe politique ne rompirent vraiment avec cette étrange « pensée unique », moins souvent dénoncée que celle qui prévalait sur le terrain de l'économie. L'incroyable brouhaha médiatique qui accompagne aujourd'hui encore la moindre « annonce » ou expérimentation témoigne de la solidité du dogme. « En fait, écrit sobrement André Pichot, le principal résultat de ce tapage est idéologique, c'est la création d'un état d'esprit qui ramène tout à l'hérédité[5]. »

---

4. Henri Atlan, *La Fin du « tout génétique ». Vers de nouveaux paradigmes en biologie*, INRA-éditions, 1999.
5. André Pichot, *La Société pure. De Darwin à Hitler*, op. cit.

La quête du Graal

C'est souvent en termes religieux que s'est exprimé cet ensorcellement. Contrairement à ce qu'on pourrait imaginer, le discours génétique a été truffé de métaphores et de références religieuses. C'est au sens strict du terme qu'on a pu parler d'une « mystique de l'ADN » ou stigmatiser une « nouvelle théologie ». Les scientifiques sont en partie responsables de cette déviation. On citera notamment le cas du généticien américain Walter Gilbert, prix Nobel de l'université de Harvard pour ses travaux sur les séquences de l'ADN, qui commence rituellement ses conférences publiques sur le génome humain en brandissant un disque compact sur lequel sont gravées des séquences chromosomiques en déclarant : « Regardez, vous êtes là ! » On ne saurait imaginer gestuelle plus sottement réductrice. Dans le même esprit, « certains généticiens appellent le génome : "l'oracle de Delphes", "la machine à voyager dans le temps", ou encore "la boule de cristal médicale". Le généticien, lauréat du prix Nobel, James Watson, qui a été le premier directeur du programme américain d'étude du génome humain, déclare dans ses entretiens publics que "notre destin est inscrit dans nos gènes" [6] ».

En fait, dès le début des recherches sur le génome, les initiateurs de cette grande entreprise scientifique n'ont pas hésité à user d'analogies religieuses. En mars 1986, Walter Gilbert expliquait que ce projet de décryptage du génome était l'équivalent de la quête du Graal, cette coupe qui aurait servi à Jésus-Christ pour la Cène et dans laquelle Joseph d'Arimathie aurait recueilli le sang qui coula de son flanc percé par le centurion ; coupe dont les romans de chevalerie du XIIe siècle racontent la quête aventureuse par les chevaliers du roi Arthur. Les prix Nobel pères du séquençage se présentèrent avantageusement en nouveaux compagnons de Lancelot, partis à la recherche du nouveau Graal. L'image fut maintes fois reprise, et même rabâchée, dans un climat d'idolâtrie scientiste.

---

6. Dorothy Nelkin et Susan Lindee, *La Mystique de l'ADN*, *op. cit.* Les pages qui suivent doivent beaucoup à cette très remarquable enquête menée par deux sociologues américaines qui ont étudié la nouvelle hégémonie des représentations génétiques dans la culture de masse américaine (médias, feuilletons télévisés, films, littérature populaire, etc.). Cette enquête est aussi un minutieux travail de démystification.

La presse n'en demandait pas tant. Elle joua le jeu, notamment aux États-Unis, avec une complaisance empressée. Il est vrai que les images avaient beau être fausses, elles étaient « vendeuses ». On peut citer, parmi d'innombrables exemples, cette couverture du magazine *Time*, qui, en janvier 1994, montrait un homme les bras en croix, à la façon du Christ crucifié, et portant sur la poitrine une double hélice symbolisant l'ADN. Les gènes, invisibles et mystérieux, prenaient la place du Saint Esprit ou d'un ange gardien, capables de diriger le destin des humains à l'insu de ces derniers. La découverte et le séquençage de ce fabuleux Graal des Temps modernes devenaient ainsi une aventure proprement mystique. En tant que telle, elle s'enrobait de sacré et devenait incriticable. Certains biologistes dénoncèrent, mais en vain, ces fariboles. Ce fut le cas de Richard Lewontin qui, résolument hostile au réductionnisme génétique, se moqua à plusieurs reprises de cette « légende du Graal biologique ». « L'ADN, écrivait-il en 1993, est devenu l'objet d'un véritable fétichisme, imputable au prosélytisme ardent et évangélique des Templiers modernes, et à l'innocence naïve de leurs acolytes, les journalistes, qui ont avalé sans discrimination le catéchisme dispensé[7]. »

Cette religiosité du discours génétique va bien au-delà de l'anecdote. Elle est inhérente au réductionnisme lui-même. Dès lors qu'une explication est présentée comme décisive, exclusive des autres, elle induit forcément une idée de totalité, d'explication ultime. Or cette idée de totalité est d'essence religieuse. Dans son livre *Une brève histoire du temps*, le physicien Stephen Hawking y cède lui-même lorsqu'il explique que les scientifiques s'emploient à dévoiler « l'esprit de Dieu ». Un autre physicien, Leon Lederman, lui aussi prix Nobel, a baptisé « particule-Dieu » la particule subatomique sur laquelle il poursuit ses recherches. Le réductionnisme conduit toujours à élaborer des vulgates simplificatrices. Or c'est ce qui se passe avec l'ADN. Ce dernier est présenté comme une entité déterminante, capable de définir une fois pour toutes l'essence de l'homme. Il acquiert du même coup un statut symbolique exactement comparable à celui d'une réalité divine, ou en tout cas spiri-

---

7. Richard Lewontin, « Le rêve du génome humain », *Écologie et Politique*, 5, 125, 1993, cité par Jacques Testart, *Des hommes probables*, *op. cit.*

tuelle. Et de fait, « dans la culture de masse, la notion d'ADN fonctionne, à de nombreux égards, comme l'équivalent laïc de la conception de l'âme dans le christianisme[8] ». Quant aux généticiens, possédant le redoutable pouvoir de « lire » le langage hiéroglyphique des gènes, parole inaccessible au commun des mortels, ils deviennent les nouveaux oracles de la modernité, les augures majestueux de la technoscience.

La puissance suggestive de cette « mystique de l'ADN » est d'autant plus redoutable qu'elle se pare aujourd'hui des attributs de la connaissance. En cela, elle fait davantage penser aux religions gnostiques (du grec *gnôsis* : « connaissance ») qu'au christianisme historique. La Gnose, plus ou moins teintée d'ésotérisme oriental, fut l'une des hérésies intolérantes que le christianisme des premiers siècles s'employa à combattre. Que l'on songe au manichéisme venu de Perse, contre lequel batailla saint Augustin au Ve siècle. Même du point de vue strictement religieux, les rémanences gnostiques d'aujourd'hui constituent donc une régression. Pour le reste, cette dérive inconsciente et mystique aboutit à la résurgence, sous couvert de science, *de débats indécidables autrement qu'en termes subjectifs ou en référence à une foi*. Je songe à ceux qui opposèrent, avant et après la Réforme, les jansénistes aux jésuites ou les catholiques aux protestants, au sujet de la grâce, du libre arbitre, de la prédestination, etc. Il faut toutefois noter que, paradoxalement, la mystique du « tout génétique » privilégie aujourd'hui le concept de prédestination *contre l'idée de liberté*. « Les rôles semblent être inversés : c'est la science qui tend à suggérer l'absence de liberté, comme si, dans la dispute qui opposait Érasme à Luther sur le libre arbitre, la raison plutôt que la foi avait été du côté de la prédestination[9] ! »

Jean-Jacques Salomon, à qui j'emprunte cette remarque, ajoute que la plupart des débats bioéthiques contemporains (l'embryon est-il une personne ? Le clone serait-il un humain à part entière ?, etc.) sont l'exacte répétition de la fameuse controverse de Valladolid. Cette dernière, organisée à la demande de Charles-Quint, d'août 1550 à avril 1551, dans la chapelle du couvent dominicain de San Gregorio, à Valladolid, en Espagne, avait pour but de détermi-

---

8. Dorothy Nelkin et Susan Lindee, *La Mystique de l'ADN*, *op. cit.*
9. Jean-Jacques Salomon, *Survivre à la science*, *op. cit.*

ner si les Indiens du Nouveau Monde possédaient une âme. Elle opposa, comme on le sait, Juan Ginès de Sepúlveda, ardent disciple et traducteur d'Aristote, qui niait que les Indiens eussent une âme, au dominicain Bartolomé de Las Casas, héritier du saint Paul de *L'Épître aux Galates* – et donc ardent défenseur de l'égalité des hommes. Tout comme Charles-Quint au XVIe siècle, les gouvernants d'aujourd'hui sollicitent les « avis » des scientifiques et des sages pour trancher des controverses. En fait, ces dernières sont beaucoup plus proches de la théologie qu'ils ne le pensent.

Aux États-Unis, où la société est imprégnée tout à la fois de religiosité et d'ingéniosité commerciale, la dérive mystico-scientiste confine parfois au ridicule. L'exemple le plus couramment cité est celui du biologiste Kary Mullis, prix Nobel en 1993 et mystificateur avisé : il a fondé une entreprise destinée à fabriquer de petites cartes ou médailles contenant des fragments d'ADN clonés, appartenant à des stars du show-biz, à des athlètes en renom ou à des acteurs populaires. Mullis a ainsi réinventé le culte des reliques, fort répandu dans l'Antiquité tardive, puis dans la chrétienté médiévale. « Les jeunes, a-t-il déclaré au *New York Times*, pourraient se servir de ces médailles à la façon des reliques ou des objets totémiques, mais ils pourraient aussi apprendre un certain nombre de choses sur les gènes, en comparant les séquences de différentes stars. » Kary Mullis a réalisé à son profit la fructueuse et triple alliance de la crédulité, de la pédagogie biologique et du commerce. Tous les prix Nobel ne sont pas tombés de la dernière pluie...

À ce stade, la science ne se pare pas seulement d'une trompeuse religiosité, elle se fait religion.

Auprès de mon gène...

En dépit de tout cela, on serait tenté de dire que le dérapage mystico-scientiste de la biologie moléculaire n'est pas le phénomène le plus important. Avec la dérive proprement idéologique, on aborde une tout autre affaire. On est stupéfait de découvrir à quel point est profonde l'influence que la vulgate génétique exerce – déjà ! – sur les comportements collectifs, mais aussi sur la vision du monde largement dominante dans nos sociétés développées. Il y a là un phénomène d'opinion, un cas de psychologie collective dont on s'étonne qu'il n'ait été mieux étudié. Il mériterait de l'être comme résultat d'une spectaculaire collision entre des aspirations confuses, des tentations nouvelles, des contradictions économiques et sociales, spécifiquement liées à l'époque. Pour l'instant, c'est aux États-Unis que cette collision est la plus spectaculaire.

Dans la vie quotidienne des Américains, la tendance irrésistible, en effet, est de tout expliquer par les gènes. « Dans les journaux à grand tirage diffusés dans les supermarchés, dans les feuilletons à l'eau de rose, dans les mélodrames et les débats à la télévision, dans les journaux féminins et les livres de conseils aux parents, on invoque les gènes pour expliquer l'obésité, la criminalité, la timidité, l'aptitude à diriger, l'intelligence, les préférences politiques et les goûts vestimentaires [10]. » Sans qu'on y prenne garde, un séisme silencieux est en train de dynamiter les catégories politiques traditionnelles. Le clivage droite/gauche est remis en question par cet immense maelström symbolique. De ce point de vue, l'essentialisme génétique n'a rien à envier aux aveuglements idéologiques du passé.

Tous les secteurs de la vie sociale sont concernés. Prenons comme premier exemple l'antagonisme traditionnel entre l'aspiration à l'individualisme et la crise de la famille. L'enracinement génétique, le dévoilement de cette incontestable « origine » viennent confusément satisfaire la quête d'identité obsédante qui est le propre de nos sociétés. Aujourd'hui, les tests de paternité sont en vente libre aux États-Unis, et n'importe qui peut faire vérifier la réalité de son ascendance. « Un homme peut envoyer à un laboratoire l'un de ses cheveux et un cheveu de son fils pour obtenir la preuve qu'il est, ou qu'il n'est pas, le père de l'enfant [11]. » Même chose en Grande-Bretagne où, depuis 1998, un laboratoire spécialisé, la *DNA Testing Agency*, se charge de vérifier génétiquement les liens de filiation. Cette certitude tombée du ciel apparaît comme un substitut à l'anonymat et à la désaffiliation contemporaine. Elle est un marquage irrécusable qui corrige l'incertitude et le flou liés à l'éclatement des familles. Elle est donc perçue comme une réponse à la crise du « moi ». La vérité génétique est censée apporter une sorte

---

10. Dorothy Nelkin et Susan Lindee, *La Mystique de l'ADN, op. cit.*
11. Olivier de Dinechin, *L'Homme de la bioéthique*, Desclée de Brouwer, 1999.

de stabilité symbolique, de sécurité d'autant plus attractive qu'elle fait défaut partout ailleurs.

Cette quête génétique répond ainsi à la multiplication des familles dites recomposées, monoparentales ou même homoparentales. Elle répond également à cette situation de solitude qui tend à devenir la règle, notamment dans les milieux alternatifs. L'intensité de l'attente explique en tout cas l'inflation de livres, articles, sites de l'internet destinés à guider les individus dans leurs recherches généalogiques. Chaque année, le répertoire américain des livres disponibles, le *Books in Print*, enregistre une augmentation spectaculaire des ouvrages de cette nature, y compris ceux destinés aux enfants. La plupart d'entre eux portent des titres significatifs : *À la recherche du passé*, ou *La Grande Chasse à l'ancêtre*. Certains programmes informatiques, comme le *Constructeur d'arbre familial*, proposent des méthodes de recherche. Des petites entreprises de service se sont créées dans le même but. Cette obsession généalogique comme symptôme de désarroi identitaire gagne aujourd'hui l'Europe.

Or il faut comprendre qu'elle s'accompagne d'une réévaluation insidieuse des liens familiaux. En matière civile, par exemple, les juges américains ont tendance à faire prévaloir résolument les liens génétiques sur les liens affectifs. C'est vrai pour ce qui concerne le divorce, la garde des enfants ou les conflits entre famille adoptive et famille biologique. De plus en plus, la vérité génétique fait loi, ce qui implique un jugement de valeur sur la nature même de l'institution familiale. On note à ce sujet une remise en cause, parfois violente, de l'adoption. Cette dernière est accusée d'entretenir le flou sur l'origine, d'organiser un simulacre, de faire trop bon marché des liens biologiques. Des groupes et associations ont été créés outre-Atlantique, qui ont pour seul objectif de combattre résolument l'adoption. Dans leur enquête, Dorothy Nelkin et Susan Lindee citent les propos de la présidente d'un de ces groupes, le Mouvement pour la liberté des adoptés. « L'enfant adopté, déclare-t-elle, subit un préjudice pour lequel il n'y a pas de compensation, dans la mesure où ses liens héréditaires et les bases de son identité sont détruits. »

Les tenants du « tout génétique » en arrivent, chemin faisant, à *proposer une nouvelle définition de la famille* en mettant en avant, comme lien familial, une « communauté de gènes » ou un ADN commun. Osons dire que cette « famille moléculaire », transparente et mesurable, fait froid dans le dos. Ne serait-ce que parce qu'en s'obnubilant sur l'aspect génétique de la filiation et de l'identité, elle instaure une manière d'instance chromosomique devant laquelle comparaissent *ipso facto* les parents. Ces derniers pourront s'y voir reprocher d'avoir transmis le « mauvais gène » à leur progéniture. D'ores et déjà, la chronique judiciaire enregistre des revendications de ce type. « En révélant quelque chose qui est perçu comme une maladie honteuse, le "tribunal génétique" malmène le roman familial. [...] La culpabilité de léguer cette parcelle de malheur est omniprésente [12]. »

Cette priorité absurde accordée à la « traçabilité » génétique à propos de la parenté enchaîne les générations à un soupçon fondamental. Elle ramène le lien généalogique à un (bon ou mauvais) « portage » génétique renvoyant les liens affectifs, la transmission de repères symboliques, l'amour lui-même au rang de simagrées. Tout cela revient, en somme, à confondre la reproduction humaine avec l'élevage de bovins et à assimiler la généalogie à la sélection des espèces.

Un piège pour la gauche

L'essentialisme génétique transforme d'une autre façon encore la perception de la famille. En se fixant sur le prétendu déterminisme génétique, ce fétichisme du destin en arrive à relativiser l'utilité même de l'éducation. Si tout est décidément inscrit dans les gènes d'un enfant dès sa conception, la qualité de l'éducation familiale qu'il pourra recevoir aura moins d'importance qu'on ne l'imaginait. Un enfant paresseux, inintelligent, dissipé, voire tenté par la délinquance, le sera « à cause de ses gènes ». Les parents auraient tort d'en concevoir de la mauvaise conscience. L'échec de leur progéniture n'est pas imputable à leur maladresse, au manque d'amour ni à leur démission, mais... à ses chromosomes. Cette interprétation est d'autant mieux accueillie qu'elle délivre les parents d'un écrasant sentiment de culpabilité, notamment dans les situations d'échec scolaire.

12. Hervé Ponchelet, *L'Avenir n'est pas héréditaire*, Belin, 1996.

Alors que les théories du fameux docteur Benjamin Spock, fondées sur la psychanalyse, prévalaient dans les années 60 et 70 en matière éducative, on voit apparaître aujourd'hui une littérature destinée aux parents foncièrement différente. Elle n'est plus fondée sur la psychanalyse mais sur la biologie. Elle fait volontiers appel au déterminisme génétique pour déculpabiliser les parents en leur proposant de se résigner. Une recette chasse l'autre. Aujourd'hui, le message transmis est le suivant : vos enfants naissent largement déterminés, ils sont ce qu'ils sont, acceptez-les comme tels et ne cherchez pas à les transformer. Cette argumentation a l'avantage de coïncider avec la fameuse « idéologie des droits de l'enfant » tout en épousant le principe de tolérance absolue mis en avant par le *political correctness* (politiquement correct). À la limite, une éducation trop directive, une pédagogie trop volontariste seront présentées comme des brutalités inutiles. Mine de rien, c'est le principe éducatif lui-même qui se trouve pulvérisé.

Quelques auteurs, en général des psychologues, incarnent cette nouvelle tendance de la littérature éducative, inspirée par le fatalisme génétique. Parmi ces derniers, on cite volontiers un médecin, Peter Neubauer, et les psychologues Jerome Kagan et Sandra Scarr. Tous trois, chacun à sa façon, estiment que les parents doivent s'habituer à l'idée que les enfants naissent à la fois différents et inégaux quant à leurs capacités. Sandra Scarr tient sur ces questions un discours sans nuance. « Être élevé dans une famille plutôt que dans une autre, dit-elle, ne fait pratiquement aucune différence pour la personnalité de l'enfant et son développement intellectuel. » À ses yeux, le fait de reconnaître cela peut « aider à mettre fin à de nombreux sacrifices non nécessaires [et] alléger bien des tourments affectifs ». Disant cela, elle pense évidemment aux parents qu'il importe de réconforter en les déculpabilisant[13].

Gardons cette dernière idée en tête. Le souci d'éliminer l'idée d'une faute ou d'une responsabilité, le besoin d'être délivré d'un éventuel sentiment de culpabilité, la quête d'innocence, en somme, tout cela a beaucoup compté dans l'acceptation – *a priori* étrange dans le pays de la liberté individuelle – du déterminisme génétique par les Américains. Cela explique aussi comment la gauche démo-

13. Cité par Dorothy Nelkin et Susan Lindee, *La Mystique de l'ADN, op. cit.*

crate a pu se faire littéralement piéger par certains débats. On pense, bien sûr, à celui que provoqua, au début des années 90, la prétendue découverte d'un gène de l'homosexualité.

A l'origine de l'affaire, la publication en 1991, par le neurobio-logiste Simon LeVay, dans la très sérieuse revue *Science*, d'un article suggérant un lien de cause à effet entre le volume de l'hypo-thalamus et l'homosexualité (LeVay était lui-même *gay*). Cette hypothèse fut reprise deux années plus tard par l'équipe d'un géné-ticien, Dean Hamer, qui prétendait avoir mis au jour, chez quelques dizaines d'homosexuels, une modification structurelle identique dans la région du chromosome X. Quoique les hypothèses fussent accompagnées de nuances et de restriction, la grande presse – en Amérique et dans le reste du monde – en fit état aussitôt en parlant d'un « gène de l'homosexualité ». Un peu plus tard, Hamer vulga-risa ses travaux par le truchement d'un livre qui relança le débat [14].

Or, à la différence de ce qui se passa en Europe – où un scepti-cisme prudent accueillit l'annonce de cette pseudo-découverte –, la communauté *gay* d'outre-Atlantique, mais aussi une bonne par-tie de la gauche américaine réagirent plutôt favorablement à cette interprétation génétique. Elle avait le mérite d'éliminer toute idée de faute ou de culpabilité en matière sexuelle. Nul ne pourrait plus porter le moindre jugement sur des comportements jugés jusque-là déviants, puisque leur explication était chromosomique. La géné-tique installait en quelque sorte les *gays* et les lesbiennes dans une irréfutable légitimité. Leur inclination ne procédait pas d'un choix, elle n'était par conséquent justiciable d'aucune espèce d'apprécia-tion. C'était une donnée objective, aussi peu contestable que la couleur de la peau ou celle des yeux. La préférence sexuelle était ainsi définitivement soustraite au jugement de la morale.

À la limite, cet essentialisme génétique rendait caduc le concept même de morale. Au-delà de la sexualité, c'est l'ensemble des règles contraignantes qui étaient, croyait-on, remises en cause. Il se trouva d'ailleurs – et il se trouve encore aujourd'hui – des phi-losophes pour pousser encore plus loin le raisonnement. Pour eux, l'arrivée de l'« explication génétique » annonce tout simplement la

---

14. Notons que le même Dean Hamer a publié quelques années plus tard un autre livre, *The God Gene*, dans lequel il affirmait avoir trouvé une base génétique à... la croyance en Dieu !

fin de la morale. Comment pourrions-nous tenir les gens pour moralement critiquables si non seulement leurs préférences, mais leurs actes eux-mêmes sont prédéterminés par la structure de leur ADN ?

En première analyse, la génétique semblait ainsi voler au secours de la permissivité. Une partie de la gauche imagina donc – imprudemment – qu'elle pourrait y puiser des arguments imparables pour parachever la révolution « libérale » (au sens anglo-saxon du terme) des années 60 et 70. Or c'était un piège. Il y eut même quelque chose de pathétique dans cette démarche dictée par un impérieux souci d'innocence. En éliminant, au nom des gènes, toute idée de faute ou de responsabilité, on congédiait du même coup l'idée de liberté. C'est peu de dire qu'il s'agissait là d'un marché de dupes... Accepter le triomphe de l'inné sur le choisi, consentir à la prévalence du déterminisme sur la volonté, c'était aussi accepter une forme édulcorée de servitude. Or c'est dans ce piège que tomba une partie de la gauche américaine. C'est vers le même type de piège que nous conduit aujourd'hui le scientisme irréfléchi auquel l'Europe – à droite comme à gauche – n'est pas insensible.

Le malentendu est immense, catastrophique même. En effet, s'il est une révolution qui pourrait éventuellement se trouver parachevée par le fétichisme génétique, c'est la révolution conservatrice et ultralibérale inaugurée outre-Atlantique par les années Reagan. L'essentialisme génétique, en effet, vient combler la plupart de ses vœux.

Malheur aux perdants !

Élargissons la réflexion. La concomitance entre la crise de l'État-providence et la montée de l'idéologie génétique est flagrante. On peut penser qu'elle ne doit rien au hasard. Les économistes keynésiens sont les premiers à reconnaître que, dans un monde nouveau, dominé par l'individualisme, la biologie tend à se substituer de manière fantasmatique à l'économie politique dans la résolution des problèmes sociaux ou de santé publique. Cela paraît extravagant, mais c'est ainsi. Avec la déroute des grands projets collectifs et le soupçon jeté sur les explications sociologiques des comportements humains, le volontarisme politique s'est trouvé disqualifié. « Pour ce qui est de notre protection, nous mettons nos espoirs dans les progrès des biotechnologies, autrement plus efficaces, croyons-nous, pour lutter contre la maladie, le vieillissement, voire la mort, que l'État-providence. [...] À la limite, le domaine des idées politiques ou idéologiques se voit confiné à la sphère privée des sentiments et des croyances [15]. » Le « tout génétique » participe ainsi, en concordance avec le « tout marché », d'une délégitimation de la politique, au moins dans sa fonction redistributrice.

La simple chronologie est parlante : c'est au début des années 80, aux premières heures de la révolution conservatrice conduite par Ronald Reagan aux États-Unis, qu'on se mit à parler différemment des classes pauvres et des personnes assistées. La nouvelle administration républicaine dénonçait le coût excessif des aides publiques, voire leur inefficacité et même l'encouragement à la paresse qu'elles seraient devenues, etc. De la même façon, les théoriciens libéraux désignaient les classes urbaines défavorisées ou les mères célibataires – voire les Noirs – comme des catégories déviantes dont la réinsertion semblait problématique. À leur sujet, le langage changeait insidieusement de ton. Au lieu d'évoquer, comme par le passé, des « classes défavorisées », victimes de logiques économiques et sociales, on se mit à parler de comportements pathologiques.

En un mot, le pauvre cessait d'être un citoyen malchanceux, il devenait soit un paresseux congénital, soit un individu dont l'infériorité personnelle était génétiquement irréfutable. Les libéraux, en tout cas, récusèrent toute approche doloriste ou absolutoire de la pauvreté. Dans cette optique, plusieurs ouvrages furent publiés, à l'époque, porteurs d'une critique sévère des programmes d'assistance de l'ère démocrate et, partant, de l'État-providence lui-même. Celui du sociologue Charles Murray, *Losing Ground* (*La Défaite*), fut l'un des plus remarqués. Il entendait démontrer qu'une assistance trop généreuse accordée aux pauvres avait pour résultat mécanique d'augmenter la pauvreté. Dans la même veine, et quelques années plus tôt, le psychologue Richard Herrnstein n'hésitait pas à affirmer que l'intelligence des humains était déterminée à 80 % par les gènes. Ce discours renouait en réalité avec le darwinisme social du XIXe siècle. Sauf que, cette fois, il puisait dans l'essentialisme

---

15. André Orléan, « L'individu, le marché et l'opinion : réflexions sur le capitalisme financier », *Esprit*, novembre 2000.

génétique des arguments à prétentions scientifiques. Des arguments qui avaient l'avantage de cadrer parfaitement avec le durcissement, bientôt planétaire, du libéralisme.

« Avec le triomphe mondial d'un mode de production capitaliste auquel ne s'oppose plus aucune alternative, remarque le généticien français Bertrand Jordan, nos sociétés marchandes et individualistes tendent à dissoudre les solidarités et à se décharger de toute responsabilité dans le devenir des individus. Elles accueillent donc favorablement des théories qui attribuent le destin des personnes à leurs gènes plutôt qu'à leur éducation, leur environnement et leur condition sociale[16]. »

Il est vrai qu'au cours des décennies précédentes l'explication socio-économique de la pauvreté ou de la délinquance avait été poussée trop loin. Aux États-Unis comme en Europe, le discours victimaire de la gauche allait de pair avec une volonté de privilégier systématiquement – jusqu'à l'absurde – les facteurs explicatifs relevant de « l'acquis ». Par principe, on rejetait avec horreur toute prise en compte de « l'inné ». L'amplitude du retour de balancier fut à la mesure des exagérations passées. La tendance dominante, en tout cas, changea totalement de direction. L'appel à des considérations génétiques devint le meilleur moyen de combattre l'égalitarisme naïf de l'ancien État-providence. « Elles sont devenues une arme pour s'opposer aux mesures d'aides sociales en direction des nécessiteux ou aux programmes de rééducation dans les prisons. De telles mesures ou de tels programmes n'ont, en effet, pas de sens, si les problèmes sociaux ont pour origine les caractéristiques biologiques particulières de certains individus[17]. »

Ainsi s'imposa peu à peu *une médicalisation commode des questions sociales*. La solution à l'injustice humaine n'était plus dans la générosité ni dans la politique, elle se trouvait du côté des laboratoires. On pourrait ajouter que l'interprétation étroitement génétique des différences entre individus coïncidait avec une sensibilité désormais dominante : celle qui met en avant la compétition sans merci, la performance mesurable, la récompense du plus apte sans égards excessifs pour le perdant. Quant au faible…

---

16. Bertrand Jordan, *Les Imposteurs de la génétique, op. cit.*
17. Dorothy Nelkin et Susan Lindee, *La Mystique de l'ADN, op. cit.*

Ce nouveau climat idéologique favorisa le retour en force, en Amérique et ailleurs, d'une sociobiologie décomplexée.

Le retour de la sociobiologie ?

De quoi s'agit-il ? Laissons à l'un de ses plus ardents promoteurs, Edward O. Wilson, le soin de qualifier la sociobiologie. « Elle est définie, écrit-il, comme étant l'étude systématique de la base biologique de tout comportement social. [...] L'une des fonctions de la sociobiologie consiste donc à reformuler les fondements des sciences sociales de manière à permettre leur inclusion dans la Synthèse moderne. » Retenons le mot « synthèse », celui qu'avait choisi Wilson, grand spécialiste du comportement des fourmis, pour titrer en juin 1975 son premier gros livre, texte de sept cents pages, fondateur de la discipline : *Sociobiologie : la nouvelle synthèse* [18]. Par cette dernière expression, il définissait la nature de son projet : faire entrer les sciences humaines dans la catégorie des sciences « dures ». La « nouvelle synthèse » qu'il entreprenait faisait entrer des disciplines aussi différentes que la génétique, l'éthologie, l'écologie, la génétique des populations, la sociologie et l'anthropologie dans un mode de connaissance unifié. En réalité, il proposait d'étudier scientifiquement les comportements humains en prenant au pied de la lettre la théorie darwinienne de l'évolution.

Dans les années 70, les thèses de Wilson furent vigoureusement combattues, notamment par certains de ses collègues de l'université de Harvard, comme le généticien Richard Lewontin et le paléontologue Stephen Jay Gould, qui créèrent une association marquée à gauche : *Science for People*. Mais c'est surtout Marshall Sahlins qui, à l'époque, entreprit de réfuter minutieusement la sociobiologie, dont il dénonçait à la fois le réductionnisme, le « génétisme » intempestif et l'orientation politique caricaturalement conservatrice [19]. Pour Sahlins, il était vain de vouloir réduire l'homme à la

---

18. Edward O. Wilson, *Sociobiology : The New Synthesis*, The Bellknap Press of Harvard University Press, 1975 ; trad. fr. : *La Sociobiologie*, Le Rocher, 1987.
19. Marshall Sahlins, *The Use and Abuse of Biology. An Anthropological Critique of Sociobiology*, Ann Arbor, The University of Michigan Press, 1975 ; trad. fr. : *Critique de la sociobiologie*, 1980.

biologie. Il existe, dans le *principe d'humanité*, des logiques de liberté et un « ordre symbolique » échappant au strict déterminisme des instincts. Toute la culture humaine – à commencer par la prohibition de l'inceste – peut même être considérée comme un refus de ce déterminisme. En dépit d'une certaine adhésion de la communauté scientifique américaine (des anthropologues surtout), les résistances politiques furent vives et le débat parfois tumultueux. Le 15 février 1978, alors que Wilson donnait une conférence au Sheraton de Washington, lors de la réception annuelle de l'AAAS (Association américaine pour l'avancement de la science), un contradicteur lui arracha le micro des mains pour brandir sous son nez une croix gammée.

En France, la sociobiologie d'Edward Wilson fut introduite par le club de l'Horloge, fort éloigné de la gauche. Accueillie très favorablement par les différents courants de la Nouvelle Droite, elle fut ardemment contestée par des auteurs comme l'historien des sciences Pierre Thuillier [20]. Il est vrai qu'en prétendant démontrer que la plupart des comportements humains – y compris ceux de domination – étaient génétiquement programmés, Wilson en venait à légitimer les positions politiques les plus outrancières. De son point de vue, les comportements collectifs extrêmes – la guerre, la défense du territoire, le patriarcat sans nuances – étaient imputables aux lois biologiques commandant l'évolution des espèces. Il était donc vain de prétendre les contrecarrer au nom de valeurs humanistes.

En fait, Wilson part de l'idée – non démontrée – qu'il existe une nature humaine qui obéit forcément à des comportements réflexes sans lien direct avec une pseudo-liberté et sans référence à une quelconque morale. Pour lui, *le seul impératif éthique concevable est la survie du patrimoine génétique de l'humanité*. Or, comme le souligne un de ses adversaires, « au nom de la survie du patrimoine génétique collectif de l'humanité, on peut arriver à justifier moralement les actes des nazis, tels le viol ou le génocide [21] ». Un des partisans de la sociobiologie, Richard Dawkins, qui transpose aux gènes eux-mêmes le principe de la « lutte pour la survie [22] », abou-

---

20. Voir notamment Pierre Thuillier, *Les Biologistes vont-ils prendre le pouvoir ?*, Complexe, 1981.
21. Marcel Blanc, *Les Héritiers de Darwin. L'évolution en mutation*, Seuil, 1990.
22. Voir plus haut, chapitre 6.

tissait à la même légitimation de l'ordre établi. « La sociobiologie humaine, écrit Jean-Paul Thomas, donne ainsi un fondement biologique au conservatisme politique. Elle donne ses assises scientifiques à la défense des institutions traditionnelles, à l'anti-communisme et au néocapitalisme. [...] Elle assure que l'individualisme et le libéralisme concurrentiel sont indépassables, puisque l'éthique capitaliste du marché libre, de l'accumulation et de l'intérêt personnel est inscrite dans nos gènes [23]. »

Il faut noter toutefois que tous les sociobiologistes ne sont pas aussi rigidement conservateurs que Wilson. Pour certains d'entre eux, l'influence des gènes sur nos comportements ne doit pas être comprise comme une prédétermination absolue, mais comme seulement une *prédisposition* que la culture humaine est toujours à même de combattre ou, du moins, de civiliser. Ces théoriciens modérés ajoutent volontiers – comme Wilson lui-même – que si la sociobiologie a été instrumentalisée par l'extrême droite, c'est de manière abusive [24]. Leurs réserves et leur volonté de conciliation ne sont pas entièrement convaincantes. Les livres ultérieurs d'Edward Wilson montrèrent qu'il entendait assimiler peu ou prou le comportement humain à celui des insectes [25].

Or, seize ans après son apparition dans le champ du savoir, la sociobiologie bénéficie aujourd'hui d'un regain d'intérêt, pour ne pas dire d'une revanche. L'esprit du temps, le triomphe du marché et du néolibéralisme, l'effet de sidération provoqué par la mystique génétique, tout cela a contribué à affaiblir les résistances de la communauté politique et intellectuelle. Tout se passe comme si le scandale était oublié et que Wilson, âgé aujourd'hui de soixante-douze ans, bénéficiait d'une certaine bienveillance, y compris de la part d'une gauche orpheline, tentée à son tour par la féerie scientiste [26].

Il n'est pas sûr que ce soit une très bonne nouvelle.

23. Jean-Paul Thomas, *Les Fondements de l'eugénisme, op. cit.*
24. C'est la thèse d'un éthologue de l'université de Villetaneuse, qui parla d'un « faux procès » intenté à Wilson. Voir Pierre Jaisson, *La Fourmi et le Sociobiologiste*, Odile Jacob, 1993.
25. Voir notamment Edward O. Wilson et Charles Lumsden, *Le Feu de Prométhée : réflexion sur les origines de l'esprit*, Mazarine, 1984.
26. Dans son numéro du 12 juin 2000, le quotidien français *Libération* a publié sur une pleine page un portrait plutôt élogieux d'Edward Wilson, présenté comme un admirateur de Condorcet et des Lumières.

La Nouvelle Droite en fête

Face à ce funeste succès du « tout génétique », à propos des innombrables débats bioéthiques que les médias traitent tant bien que mal, et au coup par coup, un détail est trop souvent négligé : *la façon dont, à l'extrême droite, on applaudit sans réserve cette révolution-là.* C'est vrai, assurément, aux États-Unis, où les thèses de Dawkins comme celles de Wilson sont favorablement accueillies par les groupes extrémistes. Un des chefs de file de la Nouvelle Droite américaine, Phyllis Schlafy, y trouve des arguments pour s'opposer bec et ongles aux lois sur l'égalité des droits entre hommes et femmes. Pour lui, l'inégalité entre les sexes est fondée biologiquement. Plus à droite encore, certains groupuscules un peu folkloriques comme « Résistance des Aryens blancs » ou « Nations aryennes » invoquent couramment la génétique ou récupèrent idéologiquement les postulats évolutionnistes. « La Nature est peut-être brutale lorsqu'elle élimine les faibles, les doux, les inadaptés et les dégénérés, peut-on lire dans l'une de ces brochures, mais cela ne veut pas dire qu'elle est cruelle. Au contraire, en assurant la survie des plus forts, des plus sains, des plus compétents et des meilleurs [...], la nature accomplit sa bienfaisante mission qui est d'élaborer une espèce améliorée et un monde plus ordonné [27]. »

De la même façon, à l'origine de certains travaux sur la mesure de l'intelligence humaine, comme ceux d'Arthur J. Jensen et William Shockley (prix Nobel de physique en 1956 et partisan de la stérilisation des personnes à faible QI), on trouve une fondation très marquée à droite, le *Pioneer Fund*. Cette même fondation a financé, dans les années 80, la fameuse « étude du Minnesota », de Thomas Bouchard, sur les jumeaux et la mesure de l'intelligence, étude qui a servi de base à Richard J. Herrnstein et Charles Murray pour la rédaction de leur livre *The Bell Curv* (*La Courbe en cloche*) [28]. Richard Herrnstein était psychologue à l'université de Harvard (il est aujourd'hui décédé) et Charles Murray travaille comme sociologue

---

27. *Racial Loyalty*, n° 66, décembre 1990, cité par Dorothy Nelkin et Susan Lindee, *La Mystique de l'ADN, op. cit.*
28. J'emprunte ces références à Hervé Ponchelet, *L'Avenir n'est pas héréditaire, op. cit.*

à l'*American Enterprise Institute*. Leur gros livre de huit cent quarante-cinq pages, édité chez Free Press, à New York, aux États-Unis, en 1994, a été un best-seller et a suscité de très violentes polémiques. Il prétendait démontrer – entre autres choses – une infériorité du quotient intellectuel des Noirs et l'inutilité absolue des programmes égalitaristes, tels que la « discrimination positive » (*Affirmative Action*). Ces thèses comblaient évidemment les vœux des libéraux les plus ultras du parti républicain. C'est d'ailleurs dans le *Wall Street Journal*, quotidien new-yorkais reflétant le point de vue des milieux d'affaires, que fut publié un manifeste plutôt favorable aux thèses de Herrnstein et Murray, signé par une cinquantaine de scientifiques américains et titré *Mainstream Science on Intelligence*. Ce manifeste insistait notamment, dans son point n° 8, sur l'infériorité du QI moyen des Noirs (85) sur celui des Blancs (100).

En France, les courants néopaïens se réjouissent que puisse être comblé par la science, comme l'écrit Pierre Vial, « le fossé, entretenu par quinze siècles de christianisme, entre le corps et l'esprit ». Et Vial d'ajouter : « Le chant du monde est païen : tel est le message de la révolution du siècle prochain [29]. » Plus intéressantes – parce que plus élaborées – sont les analyses proposées par la Nouvelle Droite française, notamment dans les colonnes de ses revues *Éléments* ou *Krisis*. Les intellectuels ou militants démocrates, que l'on sent parfois vaciller devant l'injonction scientiste ou génétique, devraient examiner d'un peu plus près cette argumentation. Cet effort les aiderait à clarifier et à fortifier leurs propres convictions en la matière. On ne gagne jamais à sous-estimer l'adversaire.

Pour prendre un exemple, la revue trimestrielle *Éléments* (sous-titrée *Pour la civilisation européenne*) a publié en janvier 2000 un numéro spécial consacré à « La révolution biotechnologique ». Articles approfondis, analyses contestables mais cohérentes, l'ensemble du dossier est assez bien construit. Cela dit, les articles témoignent d'un enthousiasme sans nuances pour cette « révolution cognitive et moléculaire [30] ». L'éditorial, signé Robert de Herte, au-delà de quelques réserves sur la brevetabilité et les risques de chosification du vivant, ironise sur la « misère de l'humanisme »

29. Pierre Vial, *Pour une renaissance culturelle*, Copernic, 1979.
30. A noter que, dans un numéro ultérieur de la même revue, un lecteur se plaignait du scientisme excessif de ce dossier.

avant d'ajouter : « L'humain n'est plus aujourd'hui la solution mais le problème [31]. » Paradoxalement, les auteurs de ce dossier semblent avoir mieux compris que certains étourdis du camp opposé à quel point cette « révolution génétique » remettait totalement en cause l'humanisme et ses valeurs. Sauf que, dans leur cas, c'est pour s'en féliciter.

Une longue contribution signée Charles Champetier énumère assez intelligemment la « destruction des principaux socles de l'humanisme moderne [32] ». Parmi ces socles ou ces dogmes, il y a d'abord celui de l'égalité, qui aurait « volé en éclats » puisque, selon l'auteur, « il ne fait plus guère de doute que l'intelligence (ou la capacité cognitive en général) est largement déterminée par nos gènes ». Le raisonnement est cohérent, à un détail près : il souscrit avec un étrange empressement et sans la moindre distance critique au « tout génétique », dénonçant même au passage « le silence prudent qui entoure en France [*sic*] les travaux les plus novateurs de la génétique du comportement ».

Le même auteur prend acte du naufrage de la vision anthropomorphique qui plaçait l'homme au centre de l'univers. Après les trois grandes « humiliations » historiques infligées par Copernic, puis par Darwin et enfin par Freud à cette orgueilleuse centralité de l'homme, la révolution cognitive et moléculaire d'aujourd'hui achèverait en quelque sorte le travail. Elle ferait de l'être humain une simple « variation malléable du vivant », et de sa conscience « une forme parmi d'autres de la vie ». Quant à la notion de sujet ou de personne, l'auteur croit nécessaire de convoquer les travaux du neurobiologiste Daniel Dennet et de l'économiste Jean-Pierre Dupuy pour assurer qu'elle n'a plus beaucoup de sens. Loin de s'en alarmer, il applaudit quant à lui à cette disparition et se moque avec insistance du vieil humanisme qui « recule et se recroqueville entre les quatre murs fêlés de la morale minimale : invocation de la dignité humaine sur fond de camps de la mort ».

Pour l'auteur, il est incontestable que nous sommes en marche vers une « post-humanité », mouvement exaltant qui rend possible (et souhaitable) l'émergence d'une « nouvelle espèce humaine »

---

31. Robert de Herte, « Misère de l'humanisme », *Éléments*, n° 97, janvier 2000.
32. Charles Champetier, « Voici l'ère néobiotique », *Éléments*, *ibid.*

aux performances améliorées. « À mesure que l'homme acquiert la conscience de son espèce, écrit-il, il renforce en son sein la volonté d'en sortir. » À ses yeux, il s'ensuit que l'eugénisme ne doit plus être diabolisé mais au contraire réhabilité [33]. « À l'âge postmoderne, ajoute-t-il, ce n'est plus seulement l'État qui entreprend d'améliorer sa population par l'éducation et la santé publique, mais l'individu lui-même qui réclame le statut de sélecteur. »

Pour le reste, la plupart des scientifiques cités appartiennent à la catégorie qu'on pourrait, révérence gardée, qualifier de scientiste. Qu'il s'agisse du généticien et psychologue Hans Jürgen Eysenck, du néodarwinien Ernst Mayr (membre du comité de parrainage de la revue *Nouvelle École*) ou du cognitiviste Lee Silver. Au total, ce dossier est d'autant plus révélateur qu'il est habilement construit et informé. Il apporte involontairement la preuve qu'une idéologie passablement effrayante affleure sans cesse derrière les métaphores irréfléchies et les simplifications trop hâtives du discours génétique le plus ordinaire. Celui que mouline avec candeur l'esprit du temps et que reprennent à leur compte trop de démocrates sincères ou de socialistes imprudents.

Le malentendu génétique

L'aspect le plus extraordinaire, en effet, de cette *construction idéologique* autour du génome, c'est qu'elle intervient à contretemps. Du moins par rapport à l'état des connaissances. Le discours génétique se dogmatise, l'extrapolation s'enflamme et les idéologues s'agitent, *alors même que la science retrouve – sauf exception – un minimum de circonspection*. Il y a là un incroyable chassé-croisé, pour ne pas parler d'une extravagance. Les vrais scientifiques sont beaucoup moins péremptoires qu'on ne l'imagine quant à l'influence prétendument déterminante des gènes sur le devenir de la personne. En vérité, nous ne sommes ni des « automates de l'ADN », ni des « marionnettes génétiques » [34]. À mesure que la connaissance génétique s'approfondit, l'idée qui s'impose

33. Voir le chapitre suivant pour ce qui concerne le débat sur l'eugénisme.
34. J'emprunte ces deux expressions à Jean Cohen et Raymond Lepoutre, *Tous des mutants*, op. cit.

est au contraire celle d'une infinie complexité des interactions, notamment celles qui existent entre le génotype et l'environnement. Ce dernier mot doit être entendu au sens large. Il ne désigne pas seulement les conditions extérieures (milieu, climat, etc.), mais aussi les *conditions prénatales*, c'est-à-dire celles qui président aux relations entre un fœtus et la mère qui le porte. Ce n'est qu'un exemple, mais il est assez parlant pour être mentionné. On a pu mettre en évidence le fait que le fœtus, bien avant sa naissance, entretient avec l'organisme de sa mère un « dialogue » permanent aux effets difficilement mesurables. Autrement dit, le phénotype maternel peut exercer sur lui une influence notable quoique indirecte. « On peut parler d'environnement maternel influant sur le développement ultérieur de l'individu : son poids, sa taille et, dans le cas de mères saines, la potentialité de conduites adaptées incluant la prédictivité d'intelligence [35]. »

De la même façon, les innombrables expériences menées sur les vrais jumeaux (génétiquement identiques) ont montré que, contrairement à ce qu'on croyait naguère, ils sont soumis dès leur vie intra-utérine à des influences sensiblement différentes. « Le fœtus est séparé de l'organisme maternel par deux enveloppes : l'amnios et le chorion – et il est très rare (5 % des cas) que les deux êtres en formation partagent ces deux coquilles [36]. » À cette étonnante individualisation prénatale s'ajoutera évidemment celle qui résulte des facteurs extérieurs – relations affectives, éducation, influences culturelles, etc. – eux aussi très différenciés, y compris à l'intérieur d'une même famille. On est donc à mille lieues d'une idée de programmation génétique implacable ou d'une prédictibilité mécanique des identités humaines.

L'essentialisme génétique colporté par les médias et les discours de vulgarisation apparaît comme une simplification assez infantile de la réalité. Un chercheur de l'INSERM n'a sûrement pas tort de parler à ce propos de « génétomanie », de « fascination » ou même de « mensonges du tout génétique » [37]. Rien ni personne ne permet

---

35. Michel Yaèche, « Intelligence, gènes, environnement », *Études*, avril 1995.
36. *Ibid.*
37. Y. Ben-Ari, « La génétomanie et les mensonges du tout génétique », *INSERM Actualités*, n° 146, décembre 1996, cité par Jacques Testart, *Des hommes probables, op. cit.*

d'affirmer, loin de là, que tout dans la réalité d'une personne dépend de ses gènes, même si ces derniers jouent indubitablement un rôle. Le déterminisme chromosomique, en tout cas, est une vue de l'esprit.

Dans un autre ordre d'idées, les recherches sur le développement de l'intelligence ont permis de mieux mesurer l'extrême diversité de celle-ci. Quoi qu'en pensent les sociobiologistes les plus radicaux, nul ne peut dire quel rôle exact jouent les gènes dans la « qualité » d'une intelligence. Au demeurant, les guillemets s'imposent, car l'intelligence humaine est par définition inclassable, plurielle, difficile à cerner. Il paraît absurde d'établir une hiérarchie entre les différentes formes qu'elle peut revêtir : artistique, spéculative, imaginative, pratique, etc. Imaginer à propos de celle-ci un « quotient génétique » qui la rendrait mesurable et hiérarchisable est une démarche non pas scientifique mais idéologique. Elle pose arbitrairement les normes et impose les critères qui correspondent à son *intention*. Cette démarche n'a pas de sens. « Comme tout organisme vivant, écrivait François Jacob au début des années 80, l'être humain est génétiquement programmé, *mais il est programmé pour apprendre.* » Or, ajoute-t-il, « chez les organismes plus complexes, le programme génétique devient moins contraignant, plus "ouvert" »[38].

On peut faire les mêmes remarques au sujet des maladies et des promesses de la thérapie génique, si souvent invoquées. Le simplisme avec lequel ces questions sont le plus souvent abordées confine à l'abus de confiance. En réalité, notre savoir génétique est encore balbutiant, et son éventuelle application l'est davantage encore. Les maladies dont on peut penser qu'elles résultent du dysfonctionnement d'un seul gène – telle la chorée de Huntington ou la trisomie 21 – sont fort peu nombreuses. Le strict déterminisme génétique – si tant est qu'il existe – demeure l'exception. Souvent, plusieurs gènes entrent en ligne de compte, et selon des modalités encore incomplètement élucidées. Là encore prévaut une complexité qui rend dérisoires les explications mécanistes et permet de juger prématuré tout triomphalisme. La thérapie génique, on le

---

38. François Jacob, *Le Jeu des possibles. Essai sur la diversité du vivant*, Fayard, 1981.

verra, n'est encore qu'un projet assez lointain. On peut retenir à ce propos la jolie formule du biologiste américain Christopher Wills : « Ce n'est pas parce que l'on aura séquencé tout leur ADN que l'on pourra prétendre tout savoir sur les êtres humains pas plus que l'examen de la séquence des notes d'une sonate de Beethoven ne nous donne la capacité de l'interpréter[39]. »

Une fausse révolution ?

Dans leurs critiques du fétichisme génétique, certains scientifiques ou épistémologues vont beaucoup plus loin. D'après eux, il serait excessif de parler de révolution conceptuelle à propos des récents progrès de la biologie moléculaire. En réalité, ajoutent-ils, à mesure que se réalisait le grand projet de décryptage du génome humain, le caractère instrumental de l'entreprise se précisait et la génomique devenait « plus anodine ». C'est l'expression employée et la thèse défendue par un historien des sciences, Jean-Paul Gaudillière, chercheur à l'INSERM. Dans un long article publié dans *La Recherche*, il s'interroge sur la nature exacte de cette prétendue « révolution ». Aujourd'hui, avance-t-il, loin d'apporter les preuves d'un quelconque déterminisme génétique, la biologie devient une « science des systèmes complexes ». Autrement dit, on assiste à un retour subreptice au biologique, le terme étant entendu comme *science du vivant*, à l'opposé du réductionnisme initial de la biologie moléculaire. « Au lieu d'une correspondance stricte entre une séquence d'ADN, une protéine et une fonction ou un trait biologique, on observe ainsi des gènes éclatés, remplissant plusieurs fonctions et appartenant à des réseaux de molécules, dont la dynamique rend illusoire toute possibilité de prédiction simple[40]. »

Pour Gaudillière, une chose est certaine : la biologie moléculaire est devenue une science, voire une technologie de l'information dont les liens avec l'informatique se sont considérablement renforcés. Autrement dit, ce qui a véritablement changé entre les

---

39. Christopher Wills, *La Sagesse des gènes. Nouvelles perspectives sur l'évolution*, trad. de l'anglais par Marianne Robert, Flammarion, 1991.
40. Jean-Paul Gaudillière, « Le vivant à l'heure de la génomique », *La Recherche*, n° 329, mars 2000.

années 70 et aujourd'hui, *ce sont surtout les capacités de modéli-sation des systèmes et les capacités de stockage des données.* La « révolution » porterait plus « sur les pratiques et les modes d'organisation que sur les paradigmes et les visions du vivant ». Elle consisterait essentiellement en une explosion des savoir-faire et un essor des possibilités de manipulations – plus ou moins hasardeuses – plutôt qu'en une intelligence véritable de la vie. Pour dire les choses autrement, le savoir génétique serait en retard sur ses propres outils. Pour Gaudillière, rien ne permet, pour l'instant en tout cas, de parler d'une « nouvelle biologie ».

Pertinente ou pas, cette thèse est passablement iconoclaste au regard du discours dominant. Elle nous aide à réfléchir à cet effet d'illusion produit par l'usage de métaphores, illusion dont il était question au début de ce chapitre. L'inconvénient du discours méta-phorique, en effet, c'est qu'il peut donner l'impression d'une pensée neuve, alors qu'il se contente de *jouer sur les mots.* L'histoire des sciences est là pour nous le rappeler. Au XVIIIe siècle, le médecin et chimiste allemand Georg Ernst Stahl (1660-1734), fondateur de la théorie de l'animisme, désignait « l'âme » comme guide des lois physiques ; plus tard, les théoriciens du vitalisme parleront d'un mystérieux « principe vital » ; au XIXe siècle, des savants comme Claude Bernard attribueront le même rôle à une « force morphogé-nétique métaphysique ». Aujourd'hui, on parle d'« information génétique » en voulant se persuader qu'on a percé cette fois le secret de la vie. « Apparemment, note malicieusement André Pichot, il y a un progrès ; mais il ne faut pas regarder de trop près l'aspect phy-sique de l'explication, car on s'aperçoit assez vite qu'elle n'est pas moins "magique" que celles en vigueur dans le passé [41]. »

Qu'en déduire ? Une remarque simple : tout discours scientifique est largement contaminé – voire commandé – par l'idéologie domi-nante de l'époque où il se situe. L'illustration la plus flagrante de cette réflexion empruntée au philosophe et historien des sciences Georges Canguilhem [42] (1904-1995), c'est sans aucun doute cet étrange retour de l'eugénisme à l'aube du nouveau siècle.

41. André Pichot, « Hérédité et évolution (l'inné et l'acquis en biologie) », *Esprit*, juin 1996.
42. « Qu'est-ce qu'une idéologie ? », in *Idéologie et Rationalité dans l'histoire des sciences de la vie, op. cit.*

Chapitre 9

L'eugénisme remaquillé

> « Ce courant positif et eugéniste aux États-Unis
> au début du siècle était porté par des hommes
> libéraux et progressistes. Tout cela s'est terminé
> par un véritable désastre, l'une des pires erreurs
> de la culture humaine. »
>
> Marie-Claire King [1]

Personne n'aurait imaginé, voici seulement vingt ans, que ce mot-là reviendrait si spectaculairement dans l'actualité. On pensait qu'il était rejeté dans les ténèbres de l'Histoire, au moins depuis la défaite des nazis qui en avaient fait, comme on le sait, un triste usage. L'eugénisme n'était plus qu'un substantif que l'on associait spontanément – comme l'antisémitisme ou le racisme – à un mal absolu et historiquement daté. Or voilà qu'il revient en force dans le débat contemporain. À la tribune des parlements, dans les colonnes des journaux, dans les studios de télévision ou de radio, l'eugénisme est à nouveau convoqué. Les uns brandissent le mot comme un épouvantail pour dénoncer par avance toute témérité biotechnologique, les autres n'hésitent pas à réclamer sa réhabilitation – au moins sous sa forme « positive » et « démocratique ». Une chose est sûre : « Depuis une dizaine d'années, l'eugénisme est [re]devenu un sujet d'actualité. Du très sérieux colloque "Génétique, procréation et droit", tenu à Paris, en 1985, aux couvertures accrocheuses des magazines, en passant par les polémiques médiatisées des généticiens, l'eugénisme apparaît de plus en plus comme le revers des progrès de la biologie et de la médecine [2]. »

Ces allusions permanentes, ces pugilats médiatiques ont un effet de brouillage désastreux, car notre mémoire collective est pour le

---

1. Professeur de génétique et de médecine à l'université de l'État de Washington, citée par Caroline Glorion, *La Course folle. Des généticiens parlent, op. cit.*
2. Anne Carol, *Histoire de l'eugénisme en France. Les médecins et la procréation. XIXᵉ-XXᵉ siècle*, Seuil, 1995.

moins défaillante. Pire encore : dès qu'on examine d'un peu plus près les tenants et aboutissants historiques de cette question, on découvre que, au-delà de son association hâtive au nazisme, *l'eugénisme a fait l'objet d'un extraordinaire non-dit.* Tout se passe comme si les sociétés occidentales avaient délibérément perdu la mémoire à son sujet. La violence des polémiques d'aujourd'hui s'explique en partie par ce refoulement qui date d'un demi-siècle. En vérité, à cause de l'épouvante suscitée par le procès de Nuremberg et la découverte de l'eugénisme exterminateur des nazis, les démocraties victorieuses ont cédé à ce qu'il faut bien appeler une amnésie volontaire. Elles ont oublié qu'avant son instrumentalisation criminelle par le régime hitlérien, au milieu des années 30, le projet eugéniste avait été approuvé par la communauté scientifique et *assez largement mis en pratique par des sociétés indiscutablement démocratiques* comme les pays scandinaves ou les États-Unis : stérilisation des « anormaux », restrictions au mariage, volonté affichée d'améliorer l'espèce humaine, etc.

Sur cet étrange consentement qui dura plusieurs décennies, on ne s'est jamais véritablement interrogé. Aujourd'hui, les universitaires ou les chercheurs d'outre-Atlantique sont les premiers à reconnaître que l'occultation ahurissante de ce passé a été telle que l'Américain moyen tombe littéralement des nues lorsqu'on lui rappelle que – comme on le verra plus loin – les premières de toutes les lois eugénistes ont été promulguées au début du XXe siècle par certains États américains comme l'Indiana (en 1907). Oubli, méconnaissance, absence de réflexion historique : c'est dans ce contexte que ce « projet » refait aujourd'hui son apparition. Cette réapparition de l'eugénisme est d'autant plus redoutable que nos sociétés ont perdu les références et oublié les arguments qui leur permettraient d'exercer en toute connaissance de cause leur esprit critique. Tout cela rend nécessaire et pour tout dire assez passionnante une remise à plat de cette immense affaire.

Le grand retour ?

Un préalable : pour ce qui concerne le retour en force du projet eugéniste dans le paysage contemporain, aucun doute n'est plus permis, même si l'interdiction rigoureuse de cette pratique demeure inscrite, par exemple, dans la loi française[3]. Il y a d'abord, année après année, une addition de déclarations qu'on est en droit de juger stupéfiantes. Derrière les propos de certains scientifiques de renom, on voit réapparaître des logiques sélectives, des remises en cause du principe d'humanité, des frénésies scientistes qui renouent bel et bien avec l'eugénisme du passé. C'est-à-dire avec la volonté d'*appliquer à l'espèce humaine les techniques de sélection, d'élimination ou de manipulation biologique que les éleveurs appliquent traditionnellement aux espèces animales*. On citera à titre d'exemple la remarque incroyable faite en 1962 par le prix Nobel Francis Crick, codécouvreur avec Jim Watson de la structure hélicoïdale de l'ADN : « Aucun enfant nouveau-né ne devrait être reconnu humain avant d'avoir passé un certain nombre de tests portant sur sa dotation génétique […]. S'il ne réussit pas ces tests, il perd son droit à la vie[4]. » Le même Francis Crick n'hésita pas à suggérer une autre fois que l'on instaure un « permis » d'enfanter, afin de limiter les capacités reproductives des « parents qui ne seraient pas très convenables sur le plan génétique[5] ».

Son compagnon de recherche Jim Watson n'est pas en reste en matière d'antihumanisme, si l'on en croit les confidences faites par lui au généticien Axel Kahn. Participant à un colloque scientifique, Watson souffla à son collègue : « J'ai entendu que l'on parlait ici des droits de l'homme, mais je ne vois pas pourquoi l'homme aurait des droits particuliers. Si l'homme a des droits, pourquoi la petite souris, le nématode et le poulet n'auraient-ils pas de droits ? […] Si l'homme a des droits, ce sont ceux liés à sa puissance. » À propos de cette thématique renvoyant directement au scientisme eugéniste du XIXe siècle, Watson ajouta qu'il ne pourrait jamais dire cela aux États-Unis sous peine de se faire « écharper[6] ». Si les exemples de

---

3. Article 16-4 du Code civil : « Toute pratique eugénique tendant à l'organisation de la sélection des personnes est interdite. » Article 511-1 du Code pénal : « Le fait de mettre en œuvre une pratique eugénique tendant à l'organisation de la sélection des personnes est puni de vingt ans de réclusion criminelle. »
4. Cité par Pierre Thuillier, « La tentation de l'eugénisme », *La Recherche*, n° 155, mai 1984.
5. Cité par Daniel J. Kevles, *Au nom de l'eugénisme*, PUF, 1995.
6. Cité par Axel Kahn, *Société et Révolution biologique. Pour une éthique de la responsabilité, op. cit.*

Crick et Watson sont à eux seuls emblématiques, c'est parce que les deux prix Nobel sont considérés – à juste titre – comme les pères fondateurs du génie génétique. De ce fait, ils sont rarement critiqués.

Mais ils ne sont pas les seuls, loin s'en faut, à parler ainsi. On remplirait des pages entières d'un bêtisier avec des petites phrases comparables. Exemple plus concret : Jacques Testart rapporte que, lors d'un symposium réunissant en mars 1998 des sommités de la génétique, fut très sérieusement envisagée l'hypothèse d'une thérapie génétique germinale, « c'est-à-dire de la modification de l'embryon dès le stade de la fécondation ». Une telle modification, que l'on justifie – comme dans le passé – par le louable souci de limiter la souffrance, correspond au projet d'« améliorer l'espèce humaine », qui fut, dès l'origine, au cœur de la démarche eugéniste. (Le régime nazi lui-même justifiait son programme eugéniste en affirmant qu'il était un « acte d'amour du prochain et de prévoyance pour les générations futures [7] ».) Or, comme le note opportunément Jacques Testart, cette « amélioration de la qualité de l'homme » avait été très officiellement présentée comme une « mission nécessaire », en 1950, par la Société américaine de fertilité, lors de la création de la revue *Fertility and Sterility* [8]. Cinq ans après la défaite nazie ! Étrange retour...

À côté des déclarations, il y a les faits. Ils ne sont pas moins troublants. Certains États ont d'ores et déjà intégré à leur législation des dispositions clairement eugénistes. C'est le cas de la Chine. Non seulement les publications scientifiques de ce pays se réfèrent constamment à Francis Galton, cousin de Charles Darwin et père de l'eugénisme, mais une loi de 1995, dite « Loi sur la santé maternelle et infantile », sacrifie à la logique de sélection humaine. Elle interdit le mariage à certains sujets atteints de (supposées) maladies mentales et impose à d'autres une stérilisation définitive. Dans les provinces chinoises, des législations plus contraignantes encore ont été promulguées depuis 1988. « Dans la province de Gansu, par exemple, les "crétins", les "idiots", les "imbéciles" (non définis en termes médicaux) n'ont le droit de se marier que s'ils sont stérilisés [9]. »

7. Cité par André Pichot, *L'Eugénisme ou les généticiens saisis par la philanthropie*, Nathan, 1994.
8. Jacques Testart, *Des hommes probables, op. cit.*
9. Cité par Caroline Glorion, *La Course folle. Des généticiens parlent, op. cit.*

Certains généticiens chinois dénoncent une autre pratique eugéniste, devenue courante dans leur pays : la sélection par le sexe, c'est-à-dire l'avortement programmé ou même l'infanticide des bébés de sexe féminin, dans un pays où le nombre d'enfants par famille est sévèrement limité. Cette pratique sélective peut déboucher – ou débouche déjà ! – sur *une élimination, après examen génétique, des fœtus les moins bien dotés*, ceux qui ne sont pas pourvus de ce que la presse chinoise (comme d'autres) appelle ridiculement le « gène de l'intelligence ». « Qui arrêtera ceux qui voudront faire disparaître des êtres dépourvus de ces gènes-là ou, tout simplement, jugés comme des êtres inférieurs ? [...] Notre responsabilité de scientifiques exige que nous prenions garde à ces dérives [10]. »

La Chine n'est pas le seul pays à renouer avec l'eugénisme. Au Japon, la loi énumère une longue liste de maladies justifiant la stérilisation de ceux qui en sont atteints. En Inde, on recourt massivement à l'échographie ou à l'amniocentèse pour déterminer le sexe de l'enfant *in utero* et procéder, le cas échéant, à un avortement sélectif. Cette élimination des filles est déjà assez largement pratiquée pour avoir une incidence mesurable sur la démographie : le « sexe ratio » moyen en Inde est déjà tombé à 929 filles pour 1 000 garçons. Dans l'État de l'Uttar Pradesh, il n'est plus que de 882 pour 1 000 [11].

À Chypre, dans les Émirats arabes unis et en Arabie Saoudite, assure un généticien, des centres de *family balancing* (équilibre familial) ont été créés ces dernières années. Ils sont spécialisés dans le diagnostic pré-implantatoire (DPI) permettant de déterminer le sexe de l'embryon et, donc, de favoriser l'implantation d'embryons mâles. « Dans l'islam, l'avortement n'est pas toléré, cette technique est donc bienvenue [...] pour permettre à des familles d'avoir la certitude d'assurer une descendance mâle [12]... »

On trouverait sans peine d'autres pays et d'autres exemples.

---

10. Chen Zhu, généticien de Shanghai, responsable du programme HUGO en Chine, *ibid.*
11. Chiffres cités par Hervé Ponchelet, *L'Avenir n'est pas héréditaire, op. cit.*
12. Arnold Munnich (INSERM), *in* Caroline Glorion, *La Course folle. Des généticiens parlent, op. cit.*

Modelage et remodelage de l'homme

Mais le retour à l'eugénisme, chez nous, prend aussi des formes plus élaborées. Ainsi un véritable débat idéologique s'est-il engagé depuis une dizaine d'années à propos de ce « projet ». Il n'a pas encore d'écho – ou peu – dans l'opinion publique et dans les médias. Il demeure le plus souvent cantonné à des cercles restreints, des revues ou quelques livres. Au-delà des violences verbales qui s'y mêlent, ces discussions ont le mérite d'en revenir peu à peu au fond des choses[13]. On discute, cette fois, des principes fondateurs de l'eugénisme. La plus significative, la plus longue, la plus riche de ces querelles est celle qui oppose depuis 1989 l'essayiste Pierre-André Taguieff au biologiste Jacques Testart[14] et à quelques autres.

Il est impossible de rapporter ici ce long débat dans tous ses développements, argumentations et rebondissements polémiques. On peut néanmoins en résumer les grandes lignes. Pour Pierre-André Taguieff, l'eugénisme fait aujourd'hui l'objet d'une excessive « phobie idéologique ». Cette dernière est imputable au poids de l'histoire récente (le nazisme), mais elle doit être dépassée si l'on veut sortir d'une crispation d'« essence religieuse ». Assurant plaider pour la science, le progrès et l'optimisme historique, Taguieff estime qu'on doit écarter toute sacralisation d'une prétendue nature humaine. Il refuse donc de considérer le génome humain comme immuable et intouchable. Mieux encore, il voit dans l'interdiction de toute intervention sur ledit génome le noyau dur d'une religiosité archaïque. « L'affirmation de l'intouchabilité du génome humain, écrit-il, n'est pas seulement une position morale, elle indique une méthode de salut. Celle que l'on rencontre dans le naturalisme mys-

---

13. Voir plus haut, chapitre 1.
14. Concernant ce débat précis, on a consulté les articles et livres suivants : de Pierre-André Taguieff, « L'eugénisme, objet de phobie idéologique », *Esprit*, novembre 1989 ; « Retour sur l'eugénisme. Question de définition » (réponse à Jacques Testart), *Esprit*, mars-avril 1994 ; « Sur l'eugénisme : du fantasme au débat », *Pouvoirs*, n° 56, 1991 ; « Améliorer l'homme ? L'eugénisme et ses ennemis », *Raison présente*, 1993 ; de Jacques Testart, « Les risques de la purification génique : question à Pierre-André Taguieff », *Esprit*, février 1994 ; *Le Désir du gène*, François Bourrin-Julliard, 1992.

tique professé par ceux qui veulent absolument "préserver le mystère de l'œuf"[15]. »

Récusant toute référence à des normes ou valeurs de nature ontologique, morale ou transcendantale, il pense que nous devons renouer sans complexe (mais pas sans précaution) avec le projet d'amélioration génétique de l'homme. « La question de l'autotransformation volontaire de l'humain, assure-t-il, se pose dans l'espace qu'ouvre aujourd'hui la technoscience. » Pour lui, ce projet de « déconstruction/reconstruction » de l'espèce humaine participe de la démarche médicale elle-même et, plus largement, de l'aspiration au progrès. « L'idéal médical, ajoute-t-il, contient l'idéal d'un remodelage indéfini de la nature de l'homme, n'excluant nullement l'intervention sur le génome[16]. » Prenant l'exemple de l'enfant mal formé, il juge qu'on ne doit pas se laisser enfermer dans le « douloureux dilemme : ne pas avoir d'enfants/avoir un ou plusieurs enfants gravement handicapé[s] ». À ses yeux, il est donc parfaitement légitime d'utiliser les nouveaux moyens de la biotechnologie et d'accepter le principe d'interventions génétiques germinales. Outre le fait de prévenir une souffrance à venir, ces interventions nous permettraient, écrit-il, de « léguer à nos descendants un patrimoine génétique dénué, dans la mesure du possible, des gènes défectueux »[17].

Pour Taguieff, seule une crispation de nature obscurantiste ou fondamentaliste conduit certains à refuser systématiquement un remodelage de cette nature. Ce refus serait catastrophique et même coupable. « Refuser une telle intervention [sur le génome], écrit-il, c'est "respecter" la transmission fatale des fléaux héréditaires, c'est se rendre coupable de la répétition indéfinie des souffrances humaines, alors même qu'il serait possible d'y remédier partiellement[18]. » C'est au nom d'une fidélité à l'héritage agnostique et même antimétaphysique des Lumières que Taguieff plaide pour un retour mesuré à l'eugénisme, à condition qu'il soit « positif » et « démocratique ». En d'autres termes, il ne doit pas aboutir à l'élimination d'êtres vivants ni être imposé par un pouvoir autoritaire.

---

15. Pierre-André Taguieff, « Retour sur l'eugénisme. Question de définition », *Esprit, op. cit.*
16. *Ibid.*
17. *Ibid.*
18. *Ibid.*

Il faut noter que cette vision « transgressive » est partagée en France par certains scientifiques comme le généticien Daniel Cohen, le docteur Bernard Debré, étrange prosélyte des manipulations sans limite[19], ou le philosophe François Dagognet. Elle est parfois assortie – comme c'était le cas dans le passé – d'une allégresse claironnante et d'un hymne au progrès. Étant entendu que, sur fond de désillusion politique ou philosophique, l'idée de progrès est désormais rabattue tout entière sur la seule technoscience, dernière « frontière » vers laquelle nous sommes invités à marcher.

L'idéologie du bonheur

À cette argumentation, le biologiste Jacques Testart oppose un désaveu absolu et même un effroi indigné. Il voit dans tout cela un nouveau rêve de toute-puissance, un rêve scientiste. « Quelle humanité, demande-t-il, prévoient donc ceux qui refusent de définir l'humanité[20] ? » Il s'alarme qu'on puisse envisager par exemple une « chiquenaude génétique » qui rendrait les humains… moins agressifs[21]. Il proteste contre le projet, avancé par un spécialiste de la médecine fœtale, qui consisterait à instiller dans chaque œuf ou embryon un gène de résistance au SIDA. Il refuse, en somme, et vigoureusement, que l'on accepte non seulement de « corriger des individus déficients », mais aussi de modifier l'espèce elle-même, « en lui conférant des propriétés nouvelles qu'aucun homme n'aurait jamais possédées »[22].

Affichant pour ce qui le concerne un agnosticisme résolu, il s'insurge d'autre part contre l'utilisation obsessionnelle par Taguieff de métaphores antireligieuses dans le but de pourfendre haineusement les adversaires de l'eugénisme. À ses yeux, un tel langage imprécatoire revient à assimiler au religieux – et au pire ! – la moindre sensibilité à l'humanité de l'homme, la moindre inquiétude devant le « destin froid que nous promet le culte du progrès ».

19. Bernard Debré, *La Grande Transgression*, Michel Lafon, 2001.
20. *Le Nouvel Observateur*, 16 mars 1997.
21. Jacques Testart fait ici allusion à une interview de Daniel Cohen dans l'hebdomadaire *Télérama*, 13 octobre 1993.
22. Jacques Testart, « Les risques de la purification génique : questions à Pierre-André Taguieff », *Esprit*, *op. cit.*

Cette assimilation lui paraît d'ailleurs absurde puisque ceux qui critiquent le triomphalisme de la technoscience *le font précisément parce qu'ils y voient la marque d'une religiosité scientiste*. « Pourquoi, écrit-il, faut-il que ceux qui tirent la sonnette d'alarme soient traités d'"obscurantistes", "imprécateurs", "ennemis du progrès", "millénaristes", etc., par ceux qui font comme si ce qui se passe ne méritait pas la qualification d'inouï[23] ? »

Concernant le caractère prétendument démocratique du nouvel eugénisme, qui le distinguerait des abominations autoritaires d'autrefois, Testart et bien d'autres ont beau jeu d'invoquer la force persuasive des normes sociales en vigueur dans n'importe quelle société contemporaine. Prétendre que la décision concernant telle ou telle intervention génétique appartiendrait démocratiquement aux intéressés ou à leur famille est une vue de l'esprit. Ou un mensonge. C'est ignorer délibérément le poids énorme des conformismes, la pression sociale qui pousse chacun à se plier aux modèles en vigueur à un moment donné. Cette pression, comme on le sait, est plus forte que jamais dans les sociétés occidentales. Celles-ci, largement gouvernées par les médias, l'opinion et le mimétisme social, sont beaucoup moins libres qu'elles ne le croient. Si des normes génétiques ou un quelconque souci d'« amélioration de l'espèce » venaient à prévaloir, ce nouvel eugénisme prendrait *de facto* un caractère contraignant.

On voit mal comment la puissance coercitive des modèles sociaux qui est évidente sur des terrains comme la mode, la diététique ou le langage ne triompherait pas en matière d'eugénisme, réduisant à peu de chose la prétendue liberté de choix. Cette contrainte s'exercerait simplement d'une façon plus sournoise. « Les États ont renoncé aux mesures autoritaires et générales mais ils laissent de plus en plus aux individus et aux médecins qui les conseillent de décider de l'avenir d'un enfant à naître en fonction des chances qu'il a d'être génétiquement normal. On veut bien croire que tout racisme a disparu de cet eugénisme nouveau [...]. En mettant les choses au mieux, nous avons remplacé les vieilles idéologies nationalistes par une idéologie du bonheur[24]. »

---

23. *Ibid.*
24. Jacques Roger, préface à *L'Histoire de la génétique*, actes du colloque publiés en 1990 aux éditions ARPEM, cité par François Roussel, « L'eugénisme : analyse terminée, analyse interminable », *Esprit*, juin 1996.

Ainsi résumé à grands traits, ce débat Taguieff-Testart est doublement intéressant. D'abord, parce qu'il rassemble les arguments et données théoriques qui sont confusément évoqués à propos des questions concrètes posées par les biotechnologies ; ensuite, parce qu'il reproduit presque mot pour mot les querelles du XIXᵉ siècle [25]. C'est donc à un nécessaire retour en arrière que ce débat nous convie. Pour affronter loyalement les dilemmes et interrogations eugénistes d'aujourd'hui, on ne peut faire l'économie d'un voyage, à reculons, dans le temps. Et quel voyage !

De la stérilisation à l'extermination

La première étape, bien sûr, c'est le plus proche passé : l'abomination nazie. Sans détailler par le menu ce lugubre foisonnement d'expériences et d'horreurs, on peut tenter de répondre à trois questions simples au sujet de l'eugénisme hitlérien : quels crimes précis ? quels arguments justificateurs ? quelle source d'inspiration ?

Sur le premier point, on note évidemment une progressivité chronologique assez terrifiante. La première loi eugéniste promulguée par le régime nazi est celle du 14 juillet 1933. Elle stipule que « quiconque est affecté d'une maladie héréditaire peut être stérilisé par une intervention chirurgicale si, après diagnostic médical, il existe une forte probabilité que ses descendants soient affectés de graves maladies héréditaires du corps ou de l'esprit ». Cette première loi, on doit le dire, ne choque guère la communauté scientifique internationale de l'époque. Elle n'est pas très différente, il est vrai, des lois déjà en vigueur aux États-Unis, en Suisse, en Scandinavie. (La république de Weimar envisageait d'ailleurs des lois comparables.)

Une seconde loi, en date du 18 octobre 1933, étend les interdictions eugénistes au mariage. Aucun mariage ne peut être conclu : 1) si l'un des deux fiancés souffre d'une maladie contagieuse qui pourrait mettre gravement en danger la santé du conjoint ou des descendants ; 2) si l'un des deux fiancés est interdit ou provisoirement sous tutelle ; 3) si l'un des deux fiancés, sans être interdit, souffre d'une maladie mentale, pouvant laisser craindre que le

---

25. Voir plus haut, chapitre 1.

mariage ne soit indésirable pour la communauté nationale ; 4) si l'un des deux fiancés souffre d'une des maladies héréditaires prévues par la loi du 14 juillet 1933[26].

D'une loi à l'autre, un premier durcissement est déjà perceptible. L'allusion à un mariage qui serait « indésirable pour la communauté nationale » témoigne déjà d'une claire priorité accordée à des considérations holistes – l'intérêt du groupe, de la nation – plutôt qu'au respect de la liberté individuelle. Mais c'est seulement six ans plus tard, en 1939-1940, que, la guerre aidant, Hitler décide de passer de la « sélection » eugéniste à l'élimination pure et simple des malades mentaux. C'est-à-dire au crime de masse. Au tout début des années 40 est ainsi mis en œuvre le programme d'euthanasie (*Euthanasie Programm für unheilbaren Kranken*) qui va durer quinze mois, jusqu'en août 1942. C'est en octobre 1939 que Hitler signera un décret autorisant ce programme, qui sera baptisé « T. 4 », le centre administratif chargé de le mettre en œuvre étant logé à Berlin, 4 Tiergatenstrasse.

Le nom d'une petite cité du Wurtemberg, Grafeneck, reste lié à cette affaire. C'est là que se trouve le principal établissement spécialisé, chargé de recevoir chaque jour une soixantaine de personnes (de six à quatre-vingt-treize ans) désignées comme malades mentaux incurables. Après une visite médicale, leur sort était scellé. Ils étaient condamnés à ce qu'un euphémisme de l'époque appelait la « mort par grâce » (*Gnadentod*). Le plus souvent, les malades étaient tués dans les vingt-quatre heures dans une chambre à gaz fonctionnant à l'oxyde de carbone. Auparavant, on leur administrait une dose de deux centimètres cubes de Morphium-Scopolamine.

Il existait d'autres établissements du même type, notamment à Hadamer (dans la Hesse), ou à Hartheim (près de Linz). Les malades y étaient éliminés par administration de Luminal, Véronal et Morphium. Selon les informations recueillies lors du procès de Nuremberg, on estime qu'environ soixante mille personnes ont été tuées de cette façon. Dans certains cas, les meurtres « euthanasiques » ainsi programmés furent étendus aux vieillards séniles, aux impotents et même aux individus considérés comme asociaux.

---

26. J'emprunte cette référence à Giorgio Agamben, *Home Sacer. Le pouvoir souverain et la vie nue*, Seuil, 1997.

Après 1942, le programme fut arrêté, mais seulement sous cette forme « active », si l'on peut dire. Après cette date « en pleine guerre totale, on laissa volontairement mourir de faim cent vingt mille autres aliénés, chose qui se pratiqua aussi dans la France de Vichy[27] ». Mais l'élimination des malades mentaux ne fut qu'une facette de l'eugénisme nazi. Au chapitre de l'eugénisme « positif », fondé sur la volonté – déraisonnable – d'améliorer l'espèce humaine, il faut citer l'expérience du *Lebensborn* (source de vie). Organisée par Himmler dès le 12 décembre 1935, cette entreprise visait à « produire » autoritairement des enfants « aryens » par le biais d'une sélection des parents, en fonction de certains critères physiques et mentaux. On organisait en quelque sorte des centres de production d'enfants, destinés à représenter l'archétype parfait de l'Aryen futur. Une fois nés, ces enfants recevaient une éducation spéciale, sous contrôle étroit de l'administration nazie. Le *Lebensborn* compta jusqu'à huit maternités spéciales et six foyers pour enfants « parfaits ». Selon André Pichot, quatre-vingt-douze mille enfants seraient passés par ces institutions, parmi lesquels quatre-vingt mille avaient été enlevés à leur famille et douze mille y étaient nés après avoir été « programmés »[28].

Quant aux expérimentations réalisées dans les camps, elles ne peuvent être cataloguées comme relevant directement de l'eugénisme. Il n'empêche qu'elles firent intervenir malgré tout des catégories mentales et s'accompagnèrent d'un discours scientifique assez proche des propagandes eugénistes ayant cours dans certains pays démocratiques. Ainsi, on a pu écrire – pour le condamner, certes – que Joseph Mengele avait fait d'Auschwitz-Birkenau « le plus grand laboratoire génétique du monde ». De la même façon, le statut symbolique qu'on assignait, dans les camps, aux *Versuchepersonen* (cobayes humains) faisait d'eux des hommes incomplètement humains. Il introduisait une idée de degrés, d'étapes, à l'intérieur même du concept d'*humanité*.

Ajoutons que ces expériences étaient menées non seulement au nom du progrès scientifique, mais dans le but proclamé d'éviter à d'autres hommes certaines souffrances ou la mort. Elles s'abri-

---

27. Benoît Massin, « Le nazisme et la science », *La Recherche*, n° 227, décembre 1990.
28. André Pichot, *La Société pure. De Darwin à Hitler*, *op. cit.*

taient donc, elles aussi, derrière un alibi « humaniste ». On peut citer les expériences sur le sauvetage des aviateurs en haute altitude menées par le docteur Roscher (en 1941). Des cobayes (choisis parmi des délinquants) étaient installés dans une chambre à compression, à Dachau. Ils y étaient soumis à une atmosphère reconstituée, correspondant à diverses altitudes. Beaucoup en mourraient. D'autres étaient immergés dans des baignoires d'eau glacée, dans le but de tester la capacité de survie d'un pilote s'abîmant en mer. D'autres expériences d'ingestion forcée devaient permettre de mesurer la « potabilité » de l'eau de mer. Ces expériences-là furent notamment menées parmi les détenus tziganes, marqués du triangle noir. Elles étaient conduites par les professeurs Schröder, Becker-Freyting et Bergblök. L'un des médecins nazis inculpés à Nuremberg, le professeur Rose, avait conduit quant à lui des expérimentations destinées à tester le vaccin de la fièvre pétéchiale (peste) et provoqué la mort d'une centaine de *Versuchepersonen* [29].

Une « biologie appliquée »

Avec le recul, l'aspect le plus troublant de cette entreprise eugéniste ou « expérimentale », ce sont les justifications avancées par les théoriciens nazis. Celles de Hitler lui-même d'abord : dans *Mein Kampf* (publié en 1924), il formulait déjà des remarques justifiant à l'avance sa future politique eugéniste. « La nature ne s'attache pas tant à la conservation de l'être, écrivait-il par exemple, qu'à la croissance de sa descendance, support de l'espèce. » Dans un autre passage du même livre, il ajoutait : « L'instinct de conservation de l'espèce est la première cause de formation de communautés humaines. » À ses yeux, la conséquence de ces prétendues évidences tenait en une phrase : « Le sacrifice de l'existence individuelle est nécessaire pour assurer la conservation de la race » [30].

29. Cité par Giorgio Agamben, *Home Sacer. Le pouvoir souverain et la vie nue*, *op. cit.*
30. Cité par Pierre Thuillier, « Les expérimentations nazies sur l'hypothermie », *La Recherche*, n° 227, décembre 1990.

Délire exterminateur en plus, on retrouve dans ces quelques phrases les traces d'un ultra-darwinisme social assez répandu dans les milieux scientifiques occidentaux depuis le début du XXᵉ siècle. Chez un dignitaire nazi comme Rudolf Hess, la référence aux « promesses » du scientisme biologique est encore plus explicite. « Le national-socialisme, affirmait-il en 1934, n'est rien d'autre que de la biologie appliquée. » On trouve aussi mentionné sous la plume de certains eugénistes allemands l'idée – qui resurgit tragiquement aujourd'hui – d'une « vie indigne d'être vécue ». Au demeurant, l'eugénisme allemand est désigné à l'époque par l'expression très ambiguë de *Rassenhygiene* (hygiène raciale).

Allons plus loin sur ce chapitre des justifications. En 1942, l'Institut allemand de Paris publia un petit livre, *État et Santé*, destiné à défendre la politique eugéniste du Reich. On y trouve des réflexions et des arguments propres à faire sursauter tout lecteur de bonne foi. Pourquoi ? Parce qu'il s'agit de concepts et de postulats qu'on retrouve parfois – presque mot pour mot – sous la plume des partisans les plus résolus des manipulations biotechnologiques d'aujourd'hui. Les auteurs de ce fascicule évoquent par exemple la nécessité d'une gestion « économique » rationnelle du « capital vivant » et du « corps biologique » de la nation allemande. « Nous nous approchons de plus en plus d'une synthèse logique de la biologie et de l'économie [...] la politique devra être en mesure de réaliser toujours plus étroitement cette synthèse qui n'en est encore aujourd'hui qu'à ses débuts [...]. De même que l'économiste et le commerçant sont responsables de l'économie des valeurs matérielles, de même le médecin est responsable de l'économie des valeurs humaines. [...] Il est indispensable que le médecin collabore à une économie humaine rationalisée, qu'il voie dans l'état de santé de la population la condition du profit économique [31]. »

Qu'on ne s'imagine surtout pas que les signataires de ces observations sont des idéologues nazis illuminés. Parmi eux, on compte d'éminents scientifiques allemands comme Eugen Fischer ou Ottmar von Verschuer. Au demeurant, la première théorisation de l'eugénisme germanique, qui remonte aux années 1910 et 1920,

---

31. Cité par Giorgio Agamben, *Home Sacer. Le pouvoir souverain et la vie nue*, *op. cit.*

s'inscrit le plus normalement du monde dans le cadre de la nouvelle génétique humaine occidentale. « La plupart des grands généticiens allemands – et l'Allemagne était alors à l'avant-garde de la recherche, avec les pays anglo-saxons – sont en même temps eugénistes : Erwin Baur, Carl Correns, Richard Goldschmidt, Heinrich Poll, etc. (Les deux derniers scientifiques étant juifs, ils durent émigrer après 1933, l'un aux États-Unis, l'autre en Suède [32]). » Dès la Première Guerre mondiale, en Allemagne – bien avant le nazisme –, la Société d'eugénisme regroupe la quasi-totalité des biologistes du pays.

L'euthanasie elle-même fut évoquée comme hypothèse envisageable bien avant l'arrivée de Hitler au pouvoir, et par des scientifiques reconnus, comme Karl Binding, spécialiste de droit pénal, et Alfred Hoche, professeur de médecine et d'éthique médicale (!). Tous deux cosignèrent, en 1920, un pamphlet favorable à l'euthanasie : *Die Freigabe der Vernichtung lebensuweeten Lebens* (*L'Autorisation de supprimer la vie indigne d'être vécue*). Quant à l'argumentation cyniquement économique – les handicapés « coûtent cher » à la collectivité –, elle prendra de l'importance après les deux grandes crises économiques : celle de 1923 et celle de 1929. « L'État s'intéressa de plus en plus aux arguments des eugénistes sur le coût social et financier colossal des maladies héréditaires, des aliénés, des criminels et des alcooliques pour la collectivité [33]. » Certains ultralibéraux d'aujourd'hui ne raisonnent pas différemment.

Concernant Adolf Hitler, les historiens croient savoir que, dès l'année 1923, alors qu'il était emprisonné à Landsberg à la suite de son coup d'État manqué, il avait lu un célèbre manuel sur l'hérédité humaine et l'eugénisme : celui d'Erwin Baur, Eugen Fischer et Fritz Lenz, *Menschliche Erblehre und Rassenhygiene*. Or cet ouvrage, publié pour la première fois en 1921, avait acquis une notoriété internationale qui lui avait valu d'être traduit en anglais en 1931. Il était devenu le livre de référence sur l'hérédité humaine aux États-Unis et en Angleterre, aussi bien qu'en Allemagne [34].

32. Benoît Massin, « Le nazisme et la science », *La Recherche, op. cit.*
33. *Ibid.*
34. *Ibid.*

Le non-dit de Nuremberg

Que conclure de ces quelques rappels ? Que ce n'est pas l'eugénisme nazi à proprement parler qui rompait avec les convictions de l'époque, mais – si l'on ose dire – la dimension exterminatrice que l'hitlérisme lui « ajouta » vers la fin des années 30. Jusqu'alors, il n'avait pas soulevé de véritable émotion dans la communauté scientifique. Ni en Allemagne ni au-dehors. Cela paraît incroyable, mais c'est ainsi. En 1934, lors de la promulgation des premières lois sur la stérilisation, on considéra que ces textes correspondaient à peu près à ce qui se pratiquait déjà en Amérique du Nord, en Suisse ou ailleurs. En Allemagne même, comme le souligne André Pichot, « il n'y eut guère que l'Église catholique pour apporter une protestation institutionnelle (notamment *via* l'évêque de Münster, Mgr Clemens August von Galen, qui condamna ces stérilisations eugénistes dans une déclaration pastorale du 29 janvier 1934 ». (Sans doute jugeat-on – déjà – que cette réaction était inspirée par l'« obscurantisme religieux » !) Le même évêque – auquel les Allemands d'aujourd'hui rendent fréquemment hommage – aura le courage, en août 1941, de dénoncer en chaire la politique d'élimination des handicapés mentaux. Il le fit en des termes qui méritent d'être rappelés : « Malheur aux hommes, malheur au peuple allemand, si on transgresse impunément le Commandement de Dieu "Tu ne dois pas tuer", que le Seigneur a jeté du mont Sinaï dans le tonnerre et les éclairs, et que Dieu notre Créateur inscrivit à l'origine dans la conscience des hommes. » Il n'en resta pas à cette déclaration mais porta plainte pour meurtre et obtint la fermeture de ces centres de gazage.

Il faut signaler aussi la protestation d'Emmanuel Levinas. Dès 1934, dans *Quelques réflexions sur la philosophie de l'hitlérisme*, il fut un des rares intellectuels à comprendre qu'une certaine conception ontologique de l'homme était en jeu dans cette affaire. Pour le reste, et jusqu'à la fin des années 30, l'eugénisme allemand sembla s'inscrire dans le cadre d'une logique scientiste assez répandue en Occident. Ni les milieux scientifiques, ni même les organisations médicales occidentales ne crurent bon de s'indigner. Pire encore, en 1939, le prix Nobel de physiologie Hermann J. Muller (1890-1967), eugéniste convaincu et « homme de gauche », avait fait publier dans la revue *Nature* un « Manifeste des généticiens », *signé par vingt-deux scientifiques de haut niveau*. Dans ce texte délirant, on expliquait que le devoir des femmes était de se faire inséminer artificiellement par du sperme d'hommes « supérieurs ». Muller, après la guerre, persista dans son credo eugéniste, alors même que la plupart des biologistes, horrifiés par la barbarie nazie, s'en étaient détournés. Il fut le premier à recommander, en 1950, la création d'une « banque de sperme », création qui sera réalisée vingt ans plus tard par le milliardaire américain Robert Graham [35].

Immédiatement après la défaite nazie, lors de l'ouverture du procès de Nuremberg, un trouble étrange, une gêne indicible prévalurent donc chez les vainqueurs. D'où la relative mansuétude du fameux tribunal international à l'endroit des médecins nazis. Quelques responsables du programme d'euthanasie furent jugés : le docteur Conti, ministre de la Santé publique, s'est suicidé. D'autres, comme Karl Brandt et Victor Brack, ont été condamnés à mort et pendus en 1948. Un petit nombre de médecins furent poursuivis et parfois condamnés à mort. Mais la plupart de ces peines furent rapidement commuées. Pour le reste, nombreux furent les responsables qui n'ont jamais été inquiétés, les archives des cliniques et des centres d'euthanasie ayant été détruites. Ce ne fut pas la seule raison. Comme le souligne André Pichot, « il ne semble pas que la question ait vraiment passionné les foules, il n'y eut en tout cas guère de curiosité. La plupart des victimes étaient allemandes, elles étaient malades, handicapées, anormales, etc. On ne leur accordait pas beaucoup de valeur, et on avait des choses plus importantes à faire [36] ».

C'est peu de dire qu'au sujet de l'eugénisme un immense nondit accompagna donc et suivit les délibérations de Nuremberg. Il est vrai que plusieurs des accusés allemands ne manquèrent pas d'invoquer les expériences comparables menées, avant eux, par des pays démocratiques. Certains d'entre eux rappelèrent, par exemple, qu'en 1928 huit cents détenus avaient été contaminés aux États-Unis par le plasmodium de la malaria dans le cadre d'une recherche contre le paludisme. De la même façon, des expé-

---

35. Cité par Marcel Blanc, *Les Héritiers de Darwin. L'évolution en mutation*, *op. cit.*
36. André Pichot, *La Société pure. De Darwin à Hitler*, *op. cit.*

riences sur la culture du bacille du béribéri sur des condamnés à mort avaient été pratiquées, avant la guerre, par le docteur Strong à Manille.

Cet embarras extrême explique pourquoi, dans les années d'après guerre, *on se dispensa d'une véritable réflexion sur l'eugénisme nazi et sur l'eugénisme en général.* On préféra soit banaliser le premier, soit n'y voir qu'un avatar du racisme hitlérien, dépourvu de toute implication scientifique. On s'efforça en somme de « sauver » l'eugénisme en le distinguant de son instrumentalisation criminelle par les nazis. Comme l'observe une historienne spécialisée, cette séparation commode entre l'eugénisme « science gonflée de généreux espoirs » et sa mise en œuvre criminelle par le régime hitlérien procédait d'un souci de démédicaliser hâtivement l'expérience nazie. Plus étonnant encore : la Déclaration universelle des droits de l'homme de 1948 ne contient aucune mention ni condamnation de ce « projet ». Et pour cause ! On venait de donner le prix Nobel à l'un de ses théoriciens, Hermann Muller. En 1946, on avait même nommé à la tête de l'UNESCO le généticien Julian Huxley, qui avait été un des plus ardents propagandistes de l'eugénisme…

Autrement dit, les médecins et scientifiques occidentaux d'après guerre refusent de remettre en cause la validité du projet eugénique. « Ils se contentent désormais soit d'éviter le sujet – la littérature eugéniste d'après guerre est beaucoup plus pauvre que celle des années 1920 et 1930 –, soit, quand ils l'abordent, de se placer exclusivement sur un terrain théorique ou prédictionnel, comme si l'eugénisme n'avait pas déjà une pratique ou une histoire [37]. » C'est ainsi que s'installa massivement dans l'opinion, dès la fin de la guerre, ce qu'on pourrait appeler une *conscience confuse.* En tant que vocable évocateur, le mot eugénisme fut associé au nazisme, et donc au mal. En revanche, se maintint pendant plusieurs décennies un refus d'analyser le *projet* eugéniste à proprement parler, ses sources lointaines, ses liens avec une certaine interprétation du darwinisme, etc.

Ce refus collectif eut deux conséquences graves : d'abord on oublia ce qu'avait été la puissance extraordinaire du mouvement

---

37. Anne Carol, *Histoire de l'eugénisme en France. Les médecins et la procréation. XIXᵉ-XXᵉ siècles*, Seuil, 1995.

eugéniste anglo-saxon du début du XXe siècle, ensuite on se trouva désarmé lorsqu'il effectua un retour en force vers la fin des années 60.

Une religion civique américaine

Puissance extraordinaire ? Avec le recul, la lecture de certains rappels historiques laisse littéralement sans voix. Dans les années 20, aux États-Unis, l'eugénisme n'est pas seulement un programme défendu par la communauté scientifique, il est devenu une religion civique, avec ses fêtes populaires et ses prosélytes enflammés. En 1920, dans l'État du Kansas, par exemple, lors d'une foire-exposition bon enfant, on adjure le public qui se presse parmi les stands de respecter les règles de l'eugénisme avant de se marier. Un tableau présente ingénument une liste de « traits humains indésirables », qu'on se doit d'éliminer grâce à une reproduction sélective : faiblesse d'esprit, épilepsie, alcoolisme et même... tendance à la pauvreté. Lors d'une autre exposition populaire du même type, une affiche demande sur un ton patriotique : « Combien de temps, nous autres Américains, continuerons-nous à surveiller de près le pedigree de nos porcs, poulets et bétail, tout en laissant *la transmission du patrimoine héréditaire de nos enfants* dépendre du hasard ou d'aveugles sentiments ? »

Pour encourager les « bons » Américains à pratiquer cette sélection reproductrice, on organise même des concours qui, avec le recul, nous semblent hallucinants. « Lors du Premier Congrès national sur l'amélioration de la race, organisé en janvier 1914, à Battle Creek, dans le Michigan, se tint une série de "concours en matière de perfection physique et mentale" qui attira l'attention du pays tout entier. Ces concours avaient pour but d'identifier les "meilleurs bébés" et les "parfaits écoliers", au moyen de mesures physiques et de tests mentaux [38]. » Sans vergogne, lors de ces innombrables manifestations civiques et eugénistes, on prend parfois pour cibles les femmes pauvres susceptibles de procréer et on les adjure de ne pas le faire. Des personnalités célèbres de l'époque prêtent volon-

---

38. Dorothy Nelkin et Susan Lindee, *La Mystique de l'ADN*, *op. cit.*

tiers leur concours à ces campagnes, notamment l'agronome Luther Burbank, l'inventeur du téléphone Alexander Graham Bell, le président de l'université de Stanford David Starr Jordan ou l'entrepreneur John Kellog.

Religion civique, l'eugénisme est aussi une science officielle dont la domination est écrasante. En 1924, une bibliographie consacrée à l'eugénisme recense pas moins de sept mille cinq cents titres d'ouvrages et articles militants, dont certains à connotations ouvertement racistes [39]. Une puissante institution scientifique incarne alors, aux États-Unis, l'idéologie eugéniste : la *Station for the Experimental Study of Evolution* de Cold Spring Harbor (Long Island, New York). (Elle existe encore aujourd'hui et fut dirigée récemment par James Watson et Francis Crick.) Ajoutons que deux grandes fondations américaines apportent leur concours financier aux campagnes eugénistes : l'Institution Carnegie et la Fondation Rockefeller. La littérature d'époque n'est pas en reste, qui brode sur le thème de l'hérédité dangereuse et de la dégénérescence. Elle présente l'eugénisme comme le moyen d'éviter à l'humanité de faire naufrage dans la maladie et l'avilissement. « En résumé, observe André Pichot, pour résoudre les problèmes sociaux des années 30, il fallait utiliser la science, et spécialement la biologie, afin de rationaliser l'humanité et gérer les ressources humaines, sur le modèle de ce qu'avait fait Frederick Winslow Taylor pour rationaliser le travail industriel. »

Sur le plan législatif, entre 1907 et 1935, une trentaine d'États américains ont adopté des lois imposant la stérilisation aux épileptiques, débiles mentaux internés dans des institutions publiques, individus condamnés pour des crimes sexuels, etc. L'Indiana, puis la Californie semblent les plus actifs en ce domaine. « En 1935, écrit Pierre Thuillier, le total des stérilisations s'élèvera à 21 539, dont plus de la moitié en Californie [40]. » Bien entendu, cet enthousiasme américain fait école dans le reste du monde. Quelques provinces du Canada adopteront ainsi des lois comparables visant les malades mentaux, bientôt suivies par le canton de Vaud, en Suisse

39. S. J. Holmes, *A Bibliography of Eugenics*, University of California Publications, in *Zoology 25*, University of California Press, Berkeley, 1924, cité par André Pichot, *La Société pure. De Darwin à Hitler*, op. cit.
40. Pierre Thuillier, *La Recherche*, mai 1984.

(1928), puis par le Danemark, la Suède et la Norvège. En Scandinavie, on pratiquait encore les stérilisations dans les années 70...

Il faut noter que cette diffusion de l'eugénisme est surtout spectaculaire dans les pays anglo-saxons, de tradition protestante, et beaucoup moins dans les pays marqués par le catholicisme. La plupart des observateurs, dont le généticien Axel Kahn, imputent – en partie – cette différence à des raisons théologiques. Dans une optique protestante, la notion de prédestination permet une acceptation – fataliste – de la sélection eugéniste. Pour les catholiques, au contraire, chaque homme demeure responsable de son salut et de l'usage qu'il fait de sa liberté. Par conséquent, l'idée que des hommes puissent être génétiquement inférieurs à d'autres n'a pas de sens d'un point de vue catholique. « De fait, note Axel Kahn, il n'y a quasiment pas eu de pratiques eugénistes dans les pays catholiques européens, fussent-ils fascistes [41]. » En 1930, un des rares textes condamnant solennellement l'eugénisme sous toutes ses formes fut une encyclique romaine, celle de Pie XI, *Casti connubi*, qui condamnait aussi – abusivement – la contraception et l'avortement.

Concernant la France, peu sensible à l'eugénisme – sauf à travers quelques théoriciens isolés, comme Alexis Carrel et Charles Richet [42] –, un autre facteur a joué, sur lequel on reviendra : une tradition scientifique beaucoup plus marquée par l'influence de Jean-Baptiste Lamarck (1744-1829), théoricien du *transformisme* des espèces, que par celle de Charles Darwin (1809-1882), fondateur de la théorie de *l'évolution*. Il faut noter toutefois, à titre d'exceptions, certains délires « scientifiques », comme celui du docteur Binet-Sanglé. Dans le livre de ce « savant fou », *Le Haras humain*, paru en 1918, on proposait tout simplement « d'encourager le suicide des mauvais générateurs et, à cet effet, de créer un institut d'euthanasie où les dégénérés, fatigués de la vie, seront anesthésiés à mort à l'aide du protoxyde d'azote ou gaz hilarant [43] ».

Une chose est sûre, aux États-Unis l'eugénisme constituera une idéologie dominante jusqu'à la fin des années 30. Seul son dévoie-

41. Axel Kahn, *Société et Révolution biologique. Pour une éthique de la responsabilité*, *op. cit.*
42. On évoquera le cas de Georges Vacher de Lapouge (1854-1936) au chapitre suivant.
43. Cité par Anne Carol, *Histoire de l'eugénisme en France. Les médecins et la procréation. XIXᵉ-XXᵉ siècle*, *op. cit.*

ment par les nazis conduira la plupart des scientifiques américains (mais pas tous) à s'en détacher précipitamment, et même à remettre ses fondements théoriques en question. Pendant les deux décennies d'après guerre, une puissante réaction humaniste, sociale démocrate, « de gauche », l'emporta. L'eugénisme n'eut plus guère droit de cité dans les années 50 et 60. Pour interpréter l'évolution humaine et les disparités entre individus, *on fit prévaloir l'acquis plutôt que l'inné*. « Les thèses fondées sur le déterminisme biologique, qui avaient caractérisé la littérature eugéniste, furent [alors] remplacées par des explications basées sur le déterminisme culturel [44]. »

Dans les milieux scientifiques, cependant, les idées eugénistes continuaient de circuler. Elles retrouvèrent – et spectaculairement – une forte audience à la faveur de la biologie moléculaire. L'occultation durable du passé sous l'effet des crimes nazis se retourna même paradoxalement en leur faveur. Des généticiens comme Victor McKusik expliquèrent, dès le milieu des années 60, que seules « les conceptions racistes du régime national-socialiste avaient perverti l'eugénisme ». Débarrassé de tout « racisme », ce dernier méritait donc d'être aujourd'hui réhabilité [45]. De nombreux scientifiques se mirent à soutenir que le progrès des connaissances sur l'hérédité humaine devrait permettre d'appliquer, cette fois, une politique eugéniste « adéquate » [46].

Tout allait-il recommencer ?

Un « nouvel eugénisme » ?

Cette expression de « nouvel eugénisme » a été revendiqué, dès 1969, par un biologiste américain de renom, Robert Sinsheimer. Dans son esprit, ce nouvel eugénisme n'a plus rien à voir avec « l'ancien », qui s'efforçait seulement de favoriser la naissance des plus aptes au détriment des moins aptes. Cette fois, il s'agit d'aller beaucoup plus loin, grâce aux possibilités offertes par la génétique. On peut en effet, grâce aux nouvelles techniques de dépis-

---

44. Dorothy Nelkin et Susan Lindee, *La Mystique de l'ADN, op. cit.*
45. Ce sera, en France, comme on l'a vu, l'argumentation de Pierre-André Taguieff.
46. *Ibid.*

tage, empêcher l'implantation d'un embryon jugé défectueux ou porteur d'une anomalie chromosomique. Il devient même possible de créer des gènes nouveaux et, donc, des fonctions biologiques nouvelles. On peut envisager sérieusement, comme l'avance le sociobiologiste Edward Wilson, de « changer la nature de l'espèce humaine ».

Pour l'améliorer ? C'est toute la question.

Dans le discours courant que relaient les médias, les généticiens n'en sont pas encore là. Ils mettent en avant la nécessité de dépister dès le stade embryonnaire certaines maladies génétiques comme la trisomie 21, l'hémophilie, la maladie de Tay-Sachs, ou certaines malformations physiques graves. Le « tri », qui permettrait ensuite – à la demande des parents – d'écarter ces embryons problématiques, ne saurait être, en effet, assimilé à l'eugénisme traditionnel. Sauf à déraper dans la pure polémique, ce qui est trop souvent le cas pour ceux qui invoquent l'hitlérisme à tort et à travers. Au demeurant, le dépistage de la trisomie 21 par le dosage des « marqueurs sériques maternels », suivi éventuellement d'une amniocentèse et de l'établissement du caryotype de l'embryon, a été officialisé, en France, par un arrêté ministériel du 23 janvier 1997. Il est même remboursé par la Sécurité sociale. Les juristes préalablement consultés avaient fait valoir à l'époque que l'extension prévisible du diagnostic prénatal, éventuellement suivi d'interruption de grossesse, « ne constituait pas une pratique eugénique », à condition que la décision soit laissée « à la responsabilité des personnes » [47].

Ne revenons pas sur cette prétendue liberté de choix, dont on sait qu'elle est moins évidente qu'on ne l'imagine. (Ce choix est conditionné non seulement par le poids des modèles sociaux évoqués plus haut, mais aussi par d'éventuelles considérations financières, ou lié à ce qu'on pourrait appeler « l'environnement psychologique ».) Ce qui fait malgré tout problème, dans cette pratique sélective, *c'est qu'elle réintroduit obligatoirement un concept redoutable entre tous : celui de « normes » ou de « normalité ».* Quoi qu'on fasse, quelles que soient les précautions de langage prises, cette idée de « normes » bourdonne à nouveau dans l'air du temps comme une vilaine musique. Tous les débats bioéthiques

47. Cité par Patrick Verspieren, « Eugénisme ? », *Études*, juin 1997.

contemporains réactivent cette hypothèse aussi discutable qu'explosive d'une prétendue normalité humaine.

Question discutable, en effet... Entre le pathologique et le normal, où se situe la frontière ? Est-il seulement admissible d'envisager une *norme* à propos de l'espèce humaine ? Qui peut, dans ce cas, s'arroger le droit de la définir ? Même si l'on s'en défend, ne fait-on pas naître dans l'esprit des futurs parents – par le biais du DPI sélectif – ce fantasme du « bébé parfait » ? Un fantasme d'autant plus fort que, comme le remarque le professeur René Frydman, les parents faisant moins d'enfants que par le passé, ils sont d'autant plus tentés de demander un « enfant sans défaut »[48]. Or peut-on accepter, même du bout des lèvres, cette idée de normalité *sans porter atteinte à la dignité des personnes handicapées, celles qui souffrent autant du regard porté sur elles par la société que de leur handicap proprement dit ?* Peut-on décider qu'une vie est « indigne d'être vécue » sans se rendre coupable d'un véritable déni d'humanité[49] ? Ces questions sont à nouveau devant nous.

Elles sont graves. Elles sont cruciales.

Un pédiatre exprimait à ce propos une angoisse et une colère qui méritent d'être assez longuement rapportées. « Voulons-nous réellement, écrivait-il, une société ouverte aux petits, aux "sans grades" et aux "dégradés" ? Avons-nous conscience de l'ambiguïté de nos choix ? Nous affichons une compassion envers les personnes souffrant de handicaps, de maladies génétiques, et nous les soutenons, y compris matériellement, dans des manifestations médiatiques spectaculaires du type "Téléthon" [...] et, simultanément, nous demandons aux médecins de se dépenser sans compter pour essayer de dépister ces mêmes personnes avant leur naissance ; nous leur demandons en somme de nous aider à leur éviter de naître. [...] Où se situe la frontière tolérable de la "sélection" ? Qui sommes-nous prêts à intégrer à notre société, tout en lui reconnaissant le droit à la différence ? Qui sommes-nous autorisés à rejeter et par qui sommes-nous autorisés à le faire ? En quels domaines autorisons-nous "l'autre" à juger de nos propres infirmités et des choix qu'elles pourraient justifier[50] ? »

48. René Frydman, *Dieu, la médecine et l'embryon, op. cit.*
49. J'emprunte cette expression à Olivier de Dinechin, *L'Homme de la bioéthique, op. cit.*
50. Bruno Jeandidier, *Études*, juin 1997.

Un concept totalitaire : la normalité

Rien n'est plus urgent, en vérité, que de *déconstruire ce concept totalitaire de « normalité »*, que la génétique réintroduit aujourd'hui, comme en contrebande, dans nos sociétés démocratiques. Certains le font – efficacement – par le biais de l'humour et de l'absurde. « Les plus rares esprits ne furent-ils pas des tarés héréditaires ou malades ? Voilà les épileptiques : Pétrarque, Flaubert, Dostoïevski ; les tuberculeux, à la liste interminable, mais avec Molière en tête ; ceux que l'on appellera les déments : Auguste Comte, Swift, Poe ; ceux qui eurent à souffrir des atteintes de l'insidieux tréponème mâle appelé "pallidus" : Maupassant, Baudelaire, Nietzsche. Oublie-t-on le syphilitique et lépreux Gauguin, le difforme Toulouse-Lautrec, Beethoven le sourd ainsi que les tuberculeux comme Schubert et Chopin [51] ? »

Le généticien Bertrand Jordan, quant à lui, a raison de rappeler que « l'anormalité génétique » est parfois le socle sur lequel se construit une personne, un créateur, un talent. Il se demande si la culture et l'art eux-mêmes ne pourraient pas s'interpréter, précisément, comme une victoire de l'*humanité de l'homme* sur l'animal souffrant *qu'il est aussi*. Le génotype, dit-il, n'est rien de plus qu'une « donne » initiale à partir de laquelle l'individu se construira. Il cite le pianiste Michel Petrucciani ou le scientifique génial Stephen Hawking, tous deux atteints de graves déformations physiques et que des eugénistes conséquents auraient, à coup sûr, empêché de naître [52].

Un généticien israélien, Gidéon Bach, chef du département de génétique humaine à l'hôpital Hadassah, à Jérusalem, raconte de son côté avoir été bouleversé par le témoignage d'un de ses étudiants. Alors qu'il évoquait dans l'un de ses cours – avec un enthousiasme irréfléchi – les nouveaux diagnostics permettant de dépister le gène de l'hémophilie sur un embryon, cet étudiant lui avait rétorqué, la mine sombre : « Je suis hémophile. Heureusement qu'à l'époque où ma mère était enceinte ces tests n'existaient pas, car sinon je ne serais peut-être pas en vie aujourd'hui [53]. »

Quant à la trisomie 21 (le mongolisme), sans nier qu'il soit légitime

---

51. Julien Teppe, *Apologie pour l'anormal ou Manifeste du dolorisme*, Vrin, 1973, cité par Gregory Benichou, *Le Chiffre de la vie, op. cit.*
52. Bertrand Jordan, *Les Imposteurs de la génétique, op. cit.*
53. Cité par Caroline Glorion, *La Course folle. Des généticiens parlent, op. cit.*

de vouloir la combattre, on ne peut s'empêcher de citer à son sujet cette lumineuse remarque d'un médecin spécialisé : « Notre désinvolture, le mot n'est pas trop fort, face aux mongoliens et à d'autres, n'est pas liée à la qualité de leur vie, ils sont heureux bien souvent, mais à la gêne que provoque leur présence [54]. » En d'autres termes, c'est surtout à nous, à notre absence de compassion, à notre égoïsme que la trisomie pose problème. Au point de nous faire oublier l'essentiel. Une bonne spécialiste comme Anne Fagot-Largeault a raison d'observer que ce n'est certes pas le génome en tant que tel qui est « sacré » mais bien les valeurs liées à l'idée que nous nous faisons de l'humanité, valeurs de liberté et d'égalité [55]. Des valeurs qui excluent l'impérialisme – l'horreur morale – d'une « norme ».

On peut aussi contester le concept d'anormalité *au nom de la génétique elle-même*. On découvre aujourd'hui que certaines anomalies génétiques prédisposent, assurément, à certaines maladies, *mais qu'elles protègent en même temps d'autres maladies*. C'est le cas de l'allèle déterminant la maladie de Tay-Sachs (frappant surtout les juifs ashkénazes) à l'état homozygote mais favorisant la résistance à la tuberculose à l'état hétérozygote. C'est aussi le cas de l'anémie falciforme, maladie du sang, assez fréquente en Afrique, qui résulte de la présence d'un allèle anormal du gène de la globine. Or, chez les hétérozygotes, cet allèle anormal de la globine associé à l'allèle normal permet une meilleure résistance au paludisme [56]. Cela signifie en clair que seule une contestable précipitation technoscientiste permet de désigner avec certitude une prétendue anormalité. Rien ne dit en effet qu'un futur progrès de la connaissance ne nous fournira pas à son sujet un éclairage imprévu.

En réalité, sauf à entériner les théories racistes ou inégalitaristes, on doit convenir que *le concept de normes n'a aucune signification scientifique*. Il se rapporte à l'état particulier d'une culture, au poids d'une idéologie. Comme l'écrivait Georges Canguilhem, c'est un concept « polémique » et non scientifique [57]. C'est aussi

---

54. Claude Sureau, « L'embryon : une entité spécifique ? », *in* Forum Diderot, *L'embryon humain est-il humain ?*, *op. cit.*

55. Anne Fagot-Largeault, « Respect du patrimoine génétique et respect de la personne », *Esprit*, mai 1991.

56. Exemples cités par Marcel Blanc, *Les Héritiers de Darwin. L'évolution en mutation*, Seuil, 1990.

57. Georges Canguilhem, *Le Normal et le Pathologique*, PUF, 1966.

ce qu'exprime le grand juriste et exégète biblique Raphaël Drai lorsqu'il déclare qu'une anomalie physique ou génétique « ne devient à proprement parler anormale qu'à partir de sa projection affective et sociale, qu'en étant rapportée à une vision globale, médico-sociale de la norme [58] ».

On est troublé par ce paradoxe : alors même que nos sociétés démocratiques s'enorgueillissent de respecter toutes les différences, alors qu'elles multiplient – légitimement et difficilement – les précautions de langage pour ne pas blesser les êtres « différents » (mal-voyant et non aveugle, personne de petite taille au lieu de nain, mal-entendant au lieu de sourd, etc.), elles laissent revenir en force sur le terrain de la biologie la terrifiante idée de « normalité ». Tout se passe en somme comme si, *à peine éteint quelque part, l'incendie barbare renaissait ailleurs.* Tout se passe comme si nous comptions confusément sur la génétique pour nous débarrasser du souci d'accepter l'autre. Et de l'aimer.

Une infatigable « ânerie »

Le projet, plus drastique encore, de « transformer l'espèce humaine » est exprimé quant à lui avec une irresponsabilité consternante. Entre mille exemples, citons la suggestion – purement théorique, certes – avancée par les deux essayistes Frank Magnard et Nicolas Tenzer. On pourrait imaginer, écrivent-ils, de modifier le génome de toute une population donnée pour lui permettre de résister à une éventuelle disparition de la couche d'ozone [59]. D'autres imaginent un homme génétiquement modifié et devenu insensible aux radiations nucléaires. D'autres encore songent à améliorer, grâce à une manipulation germinale, les capacités musculaires des humains, etc. En bref, l'eugénisme de science-fiction devient une mode médiatique, passablement brouillonne, racoleuse et pour tout dire très sotte.

Pourquoi sotte ? Parce qu'elle repose sur une argumentation scientifique largement erronée. C'est la connaissance scientifique elle-même qui est venue invalider la plupart des postulats sur lesquels

58. Raphaël Drai, « Réinventer la démocratie ? », in *Vers un antidestin. Patrimoine génétique et droits de l'humanité*, *op. cit.*
59. Frank Magnard et Nicolas Tenzer, *Le Spermatozoïde hors la loi : de la bioéthique à la biopolitique*, Calmann-Lévy, 1991.

table l'eugénisme. Aujourd'hui, n'importe quel élève de terminale sait très bien que la transmission des caractères, d'une génération à l'autre, obéit à des lois plus complexes : celles mises en évidence par Gregor Mendel (1822-1884). On a également appris à distinguer entre génotype et phénotype, c'est-à-dire à relativiser l'importance des gènes au regard de l'influence du milieu. « Pour le dire vite, observe Jean-Paul Thomas, l'eugénisme fut autrefois une idéologie scientifique, il n'est plus aujourd'hui qu'une ânerie [60]. »

La fréquence des maladies génétiques, quant à elle, obéit à des règles connues sous le nom de « loi de Hardy-Weinberg ». Cette loi rend dérisoire la prétention d'améliorer le patrimoine génétique de l'humanité. Chaque génération est porteuse d'un certain nombre de mutations spontanées, et tout homme est porteur de gènes « défectueux ». Quant à vouloir améliorer l'espèce humaine par un système de sélection et de stérilisation, on sait depuis longtemps que c'est une chimère. Citant des travaux effectués dès les années 30, René Frydman rappelle que, pour faire passer de un pour cent à un pour mille la fréquence des « mauvais » gènes, il faudrait appliquer des mesures strictes de stérilisation pendant... vingt-deux générations ! L'Histoire a démontré l'inanité de certaines terreurs très répandues au XIXe siècle, comme celle de « dégénérescence », qui obsédait littéralement les eugénistes de l'époque.

Cela signifie qu'à l'instar du concept d'humanité *l'eugénisme n'est rien d'autre qu'une idéologie.* Disons plus exactement qu'il se fonde sur une interprétation subjective et manipulatrice du darwinisme. Cela rend d'autant plus énigmatique la réapparition délirante de cette idéologie au seuil du IIIe millénaire. Pourquoi resurgit-elle aujourd'hui ? Comment interpréter ce symptôme idéologique ? Ces questions nous invitent à remonter un peu plus loin dans l'Histoire. Quelle fut l'origine historique et politique d'un fantasme dont nous savons qu'il est virtuellement meurtrier et qu'il survit à tous les démentis ? De quelle alchimie singulière entre science et idéologie, de quel « entrelacement de l'idéologique et du scientifique [61] », fut-il, au milieu du XIXe siècle, l'extravagant produit ?

Pour tenter de répondre à ces questions, c'est vers Charles Darwin lui-même qu'il faut se tourner.

60. Jean-Paul Thomas, *Les Fondements de l'eugénisme, op. cit.*
61. *Ibid.*

Chapitre 10

Un mauvais usage
de Darwin

> « Quant à nous, hommes civilisés, nous faisons au contraire tous nos efforts pour arrêter la marche de l'élimination : nous construisons des hôpitaux pour les idiots, les infirmes et les malades ; nous faisons des lois pour venir en aide aux indigents ; nos médecins déploient toute leur science pour prolonger autant que possible la vie de chacun. »
>
> Charles Darwin [1]

C'est un cas d'école, un exemple parfait ! Quiconque chercherait un moyen d'illustrer l'entrelacement subtil entre la science et l'idéologie ; quiconque voudrait montrer comment une hypothèse scientifique peut se trouver détournée de sa vérité initiale, saisie par les fantasmes d'une époque et transformée – pour un siècle et demi – en injonction simpliste devrait s'intéresser au « cas » Darwin. Il est peu de malentendus aussi saisissants que celui-ci. On aurait du mal à trouver, dans l'histoire des idées et des sciences, une instrumentalisation *idéologique* aussi flagrante que celle dont Darwin fit – et fait encore – l'objet.

Elle l'est plus encore si l'on veut bien réaliser qu'une bonne part des malentendus et des débats contemporains lui est peu ou prou rattachée. Commencé dès l'origine, le mauvais usage de Darwin – c'est-à-dire le contresens orienté au sujet de ses thèses – dure encore. Cent cinquante ans après... Cette querelle du darwinisme oppose toujours, en effet, les exégètes intempestifs de la théorie de l'évolution à ceux qui s'efforcent, livre après livre, de rétablir la vérité scientifique [2]. Et historique. Examinée d'un peu plus près,

---

1. Charles Darwin, *La Descendance de l'homme et la sélection sexuelle*, 2 vol., Complexe, 1981.
2. Je pense notamment au philosophe français Patrick Tort, qui, depuis vingt ans, consacre infatigablement l'essentiel de son travail et de sa vie à rétablir au sujet de Darwin ce qu'il considère comme la vérité.

cette révolution introduite par Darwin dans l'histoire des sciences prend ainsi l'allure d'un véritable roman policier et politique, dont la principale caractéristique est que, cent quarante-deux ans après, il n'est toujours pas achevé.

Le grand malentendu

C'est le 24 novembre 1859 que paraît en Angleterre le fameux livre du naturaliste et biologiste Charles Darwin, *L'Origine des espèces*. Son succès est immédiat. Darwin n'est pas le savant persécuté et quasi dissident qu'on évoque parfois. Le premier tirage de mille deux cent cinquante exemplaires est épuisé en moins d'une journée, ce qui est considérable pour l'époque. Il sera bientôt traduit en plusieurs langues, et notamment en français. On est alors, à Paris, sous le Second Empire.

Qu'écrit exactement Darwin? Que l'homme descend du singe? Pas du tout! Ce premier ouvrage ne traite que des espèces animales, et Darwin n'évoquera la question des êtres humains – assez brièvement d'ailleurs – que douze ans plus tard, dans un autre livre, *La Descendance de l'homme et la sélection sexuelle* (1871). En réalité, après de longues investigations sur des espèces fossiles, et plusieurs voyages, dont l'un – célèbre – dans l'archipel des Galapagos, Darwin soutient que la diversification des espèces trouve son origine non point dans une quelconque volonté divine, mais dans un mécanisme de sélection des plus aptes à la survie.

Cette hypothèse est neuve mais, d'un certain point de vue, elle n'apparaît pas si extravagante. Un demi-siècle avant Darwin, Jean-Baptiste Lamarck, dans sa *Philosophie zoologique*, avait déjà rompu avec le fixisme, ou l'immuabilité des espèces, qui était surtout défendu par le grand paléontologue Georges Cuvier (1769-1832) et faisait figure de dogme. Lamarck échafaudait lui aussi une théorie de l'évolution aboutissant à l'idée d'une « transformation » des espèces sous l'influence de l'environnement, transformation conduisant des êtres vivants les plus simples aux animaux les plus élaborés. Cette même théorie était d'ailleurs prônée par Erasmus Darwin, grand-père de Charles. Lamarck soutenait surtout – ce qui sera scientifiquement invalidé – que *les caractères acquis devenaient héréditaires*.

Pour lui, les « transformations » infinitésimales d'un animal sous la pression de la nécessité se transmettaient ainsi à sa descendance, organisant une lente évolution de l'espèce. L'exemple rabâché était celui de la girafe dont l'allongement du cou répondait certainement à la nécessité de brouter les branches les plus hautes.

Mais Lamarck lui-même n'innovait pas lui non plus. On trouve des formulations bien plus anciennes encore de la thèse évolutionniste. Citons à titre d'exemple celles de Benoît de Maillet (1656-1738) qui, dans un livre publié sous pseudonyme, affirmait déjà que tous les animaux terrestres étaient issus des poissons, au grand dam de Voltaire dont on connaît l'exclamation : « Cela est fort beau, mais j'ai du mal à croire que je descends d'une morue ! »

Alors ? Darwin fait-il scandale en 1859 en récusant *ipso facto* l'intervention divine et le récit biblique de la Création ? Dans une certaine mesure, c'est incontestable. Darwin, avec un brin de provocation, n'hésitait pas à appeler la sélection naturelle « ma divinité ». La querelle du darwinisme, dans ce qu'elle aura de plus pittoresque, recoupera assez largement celle du cléricalisme et de l'anticléricalisme, qui prend un tour très vif au XIXᵉ siècle. Mais il faut néanmoins savoir que Lamarck lui-même – qui était vaguement « déiste » – avait été soutenu par l'Église après avoir été combattu par elle. On jugeait, en effet, qu'il n'était pas absurde d'imaginer que le principe de l'évolution lui-même eût été voulu par Dieu. Dans cette optique, le récit biblique de la Création était simplement incomplet. Rien n'empêchait de concevoir pareil accommodement au sujet de Darwin.

Au demeurant, l'athéisme militant a déformé, sur ce point, la pensée de Charles Darwin lui-même. À la différence de son cousin Francis Galton, et comme le rappelle inlassablement Stephen Jay Gould, « Charles Darwin *n'invoqua jamais l'évolution pour encourager l'athéisme*, il ne soutenait pas qu'aucune conception de Dieu ne pouvait cadrer avec la structure de la Nature, […] jamais il n'affirma que le fait de l'évolution impliquait la non-existence de Dieu[3] ». On en veut pour preuve la lettre très explicite qu'il adressa à son ami Huxley, après que ce dernier eut perdu sa fille : « Je ne nie

---

3. Stephen Jay Gould, *Et Dieu dit : "Que Darwin soit !"*, préface de Dominique Lecourt, trad. fr., Seuil, 2000.

pas, je n'affirme pas non plus l'immortalité de l'homme. Je ne vois aucune raison d'y croire, mais par ailleurs je n'ai aucun moyen de la réfuter[4]. »

Est-ce donc la référence au singe, présenté comme notre ancêtre dans *La Descendance de l'homme et la sélection sexuelle*, qui explique finalement l'intensité formidable de la querelle ? Au-delà de quelques polémiques menées notamment par l'irascible évêque anglican d'Oxford, Samuel Wilberforce, ce n'est pas évident. Disons que c'est surtout ce que la légende et le sens commun ont retenu – à tort – du darwinisme. En réalité, Darwin n'était pas le premier à intégrer l'espèce humaine dans l'ordre animal. Le grand naturaliste suédois Carl von Linné (1707-1778) l'avait fait avant lui, malgré les réticences de l'Église et sans pour autant abjurer sa foi. On pourrait en dire autant du naturaliste Georges Louis Leclerc, comte de Buffon, auteur d'une monumentale *Histoire naturelle* en quarante-quatre volumes (1744). Buffon suggérait lui aussi (un siècle avant Darwin !) que l'homme et le singe appartenaient à la même famille d'origine. Il ajoutait même que l'homme n'était sans doute qu'un « singe dégénéré ».

Alors ? Reprenons notre question initiale : sur quel point précis au juste et pour quelle raison s'organise très brutalement autour du grand Darwin cette « querelle » dont nous avons écrit qu'elle durait encore aujourd'hui ? La réponse est claire : la mention véritablement explosive contenue dans les écrits de Darwin tient en quatre petits mots : *survie du plus apte*. C'est à partir de ces quatre mots que va s'élaborer une version très politique du « darwinisme social », version qui sera elle-même la matrice des délires eugénistes ultérieurs. C'est cette version qui falsifie aussitôt la théorie de l'évolution en la présentant comme une lutte sans merci, qui permettrait – légitimement ! – au plus fort de l'emporter sur le plus faible. Dans le monde animal, comme dans la vie sociale. C'est elle aussi qui accrédite l'idée d'une évolution *logiquement orientée vers le « mieux »*, ce que Darwin se gardait de faire. Or, assez curieusement, cette formule *survie du plus apte*, Darwin n'en est pas l'inventeur. Il l'a empruntée – pour l'inclure dans la cinquième édition de *L'Origine des espèces* – à un philosophe et sociologue très marqué à droite, grand défenseur du capitalisme naissant : Herbert Spencer (1820-1903). Quant à Francis Galton, cousin de Darwin, qui théorisera l'eugénisme – jusqu'à inventer le mot *eugenics* –, c'est sur cette interprétation « spencérisée », c'est-à-dire outrageusement idéologique du darwinisme, qu'il s'appuiera. Le mot lui-même, que Galton introduit en 1883, est construit à partir du grec *eu* (bon) et *genos* (naissance). Il désigne une volonté d'améliorer l'humanité en favorisant les « bonnes naissances » et en décourageant les « mauvaises ».

Dès l'origine, il y a bel et bien un tour de passe-passe théorique. L'historien de l'eugénisme Jean-Paul Thomas parle quant à lui d'un « phagocytage » idéologique de Darwin par Spencer, Galton et leurs épigones. Pour comprendre la nature et la portée de ce rapt, il faut s'arrêter un moment à l'esprit du temps. Quels sont les principaux préjugés, obsessions, fantasmes qui circulent dans cette Europe du milieu du XIXe siècle ?

Les fantasmes de l'esprit bourgeois

On a du mal à comprendre aujourd'hui la violence et la force persuasive des préjugés composant ce que Michel Foucault appellera « l'esprit bourgeois » de l'époque. Cette période de l'Histoire voit naître et se renforcer un capitalisme sans compassion, fraîchement issu de la révolution industrielle. La bourgeoisie commerçante et entrepreneuriale qui a supplanté l'aristocratie est soucieuse de moralité et de pudibonderie [5]. Elle est également fascinée par la science sur laquelle elle table pour asseoir sa légitimité de classe instruite. En France, trois quarts de siècle après la Révolution, après deux restaurations monarchiques et deux empires napoléoniens, la désillusion est générale au sujet des Lumières et de l'optimisme historique. Que l'on songe au tableau désenchanté de l'époque qu'a dressé Alfred de Musset dans *La Confession d'un enfant du siècle* (1836).

Les promesses de la science, c'est à peu près tout ce qu'il reste du grand enthousiasme des Lumières. C'est sur la science qu'on fait

---

5. J'ai longuement décrit cet aspect de « l'esprit bourgeois » dans *La Tyrannie du plaisir*, *op. cit.*

fond désormais. D'où, par exemple, cette insensible « biologisation » de la société entraînée par les découvertes de Louis Pasteur (1822-1895). Ce dernier n'invente pas seulement un vaccin contre la rage en même temps qu'il met en évidence le rôle pathogène des microbes et des germes, il fonde aussi une vision médicalisée du volontarisme social : vaccinations obligatoires, législation sanitaire, déclaration des maladies contagieuses, etc. « Le pastorisme n'était pas seulement une technique biomédicale, c'était aussi une technique "sociale". Il ouvrait la possibilité d'agir sur la société autrement que par la politique, le droit et l'économie *stricto sensu*. Et cela passait par la "biologisation" de cette société[6]. » Au milieu du XIXe siècle, on attend confusément de la médecine et de la biologie qu'elles résolvent les problèmes sociaux que la politique échoue visiblement à régler. C'est la première composante de l'esprit bourgeois.

La seconde, c'est une crainte obsessionnelle des « classes dangereuses ». Qu'il s'agisse de la littérature, du droit pénal, de la médecine, de la politique, tous les discours et projets de réformes de l'époque portent la trace de cette terreur sociale. L'Europe bourgeoise de la révolution industrielle se sent submergée par ces milliers de déracinés urbains, ces nouveaux pauvres qui colonisent les villes et qu'on soupçonne de propager l'alcoolisme, la criminalité, l'insécurité. La classe dominante redoute par-dessus tout une prolifération de ces « classes dangereuses » à qui elle prête une capacité de procréation déraisonnable. (« Ils se reproduisent comme des lapins... ») Pour ce qui concerne sa propre descendance, elle se sent menacée par un irrésistible déclin démographique, et se ralliera, à cause de cela, à un « natalisme » militant qu'illustre assez bien le roman de Zola, *Fécondité*. Surtout après la défaite de Sedan, en 1870. Le fantasme le plus répandu à l'époque était bien celui-là : « La prolifération d'enfants issus de classes inférieures risquait de faire "pulluler les médiocres", et de détériorer les qualités héréditaires de la population[7]. »

Cette obsession démographique explique la faveur dont bénéficie, par exemple, l'œuvre d'un Thomas Robert Malthus, économiste britannique qui a publié son *Essai sur le principe de population* en

---

6. André Pichot, *La Société pure. De Darwin à Hitler*, op. cit.
7. Bertrand Jordan, *Les Imposteurs de la génétique*, op. cit.

1798. Dans ce livre, Malthus se montrait intraitable à l'endroit des plus pauvres. En témoigne cette phrase, qu'il fera disparaître des éditions ultérieures de son texte : « Un homme qui est né dans un monde déjà occupé, s'il ne peut obtenir de ses parents la subsistance, et si la société n'a pas besoin de son travail, n'a aucun droit de réclamer la plus petite portion de nourriture, et en fait il est de trop. » Ajoutons que la bourgeoisie de l'époque – qui n'a pas de « quartier de noblesse » ni d'ascendance prestigieuse à faire valoir – *a érigé le mérite individuel au rang de valeur suprême.* C'est au nom de cette méritocratie qu'elle jugera parfaitement logique que le meilleur (le plus fort) soit récompensé, et l'incapable (le plus faible) sanctionné, voire éliminé.

À propos de cet *inégalitarisme décomplexé* qui est la pensée dominante de l'époque, il faut aussi rappeler que ce XIXe siècle de l'Angleterre victorienne et de la France louis-philipparde est aussi celui de la conquête coloniale. Or cette dernière alimente et fortifie un racisme tranquille dont Arthur de Gobineau et Georges Vacher de Lapouge ne sont pas, loin s'en faut, les seuls propagandistes. Ce racisme, cette certitude que tous les humains ne méritent pas la même considération sont en réalité omniprésents dans l'esprit du temps. Darwin lui-même n'y échappe pas. Quand il publiera *La Descendance de l'homme et la sélection sexuelle*, il ajoutera qu'il « préférait descendre d'un gentil singe plutôt que des horribles sauvages qu'il avait vus lors de son voyage en Amérique du Sud[8] ».

Le troisième fantasme de l'époque est encore plus prégnant que les autres. L'esprit bourgeois qui fera fête aux théories de Darwin est habité en effet par un vertige récurrent : *celui de la dégénérescence.* Le pullulement des classes dangereuses, la propagation de l'alcoolisme et de la syphilis, l'obsession – sociale et scientiste – de *l'hérédité*, la conviction défendue par le criminologue Lombroso que les assassins sont « nés pour tuer », tout cela concourt à faire de la dégénérescence une des obsessions de l'époque. « La noble race française, peut-on lire dans certains bulletins scientifiques, race jadis puissante, virilement épanouie et joyeuse, semble vouloir se condamner elle-même à la diminution des naissances, à voir se

---

8. Cité par André Pichot, « Hérédité et évolution. L'inné et l'acquis en biologie », *Esprit*, juin 1996.

rapetisser la taille des hommes, s'étriquer leur poitrine, se fuseler leurs bras, s'affaiblir leur regard et fléchir toutes les énergies qui font les nations fortes et prospères [9]. »

Cet irrémédiable déclin physique, on l'attribue bien entendu à la débauche d'un petit peuple miné par la syphilis, à l'alcoolisme fruste des mendiants, à l'absence d'hygiène des classes laborieuses qui justifie des mesures sanitaires drastiques, etc. Le thème a été savamment théorisé, entre autres, par Bénédict-Auguste Morel, auteur d'un *Traité des dégénérescences dans l'espèce humaine*. Ce traité se réclame de la psychopathologie et exercera une influence durable et catastrophique sur la psychiatrie européenne. Il est publié en 1857, soit deux ans avant celui de Darwin. Le détail chronologique n'est pas anodin.

Les élucubrations de Morel feront, pendant des décennies, quantité d'émules. Toute une littérature « scientifique » brodera inlassablement sur cette crainte de la dégénérescence et du « rapetissement » (alors même que les statistiques de l'époque prouvent, au contraire, que les Français grandissent !). En 1888, un certain Charles Féré, auteur de *Dégénérescence et Criminalité*, attribue à l'oisiveté la décadence de l'espèce humaine et la délinquance urbaine. « Les impotents, les aliénés, criminels ou décadents de tout ordre, écrit-il, doivent être considérés comme des déchets de l'adaptation, des invalides de la civilisation. […] La société doit, si elle ne veut pas précipiter sa propre décadence, se prémunir indistinctement contre eux et les mettre hors d'état de nuire [10]. » En 1884, un pamphlet rédigé en allemand et signé Max Nordau, *Dégénérescence : fin de siècle et mysticisme*, dénonce quant à lui la décadence inéluctable des artistes [11]. Abondamment repris et développé par les romanciers et littérateurs européens, le concept illustre à lui seul cette quasi-certitude, majoritairement partagée : une société est menacée dans sa propre existence si elle laisse proliférer en son sein – ne serait-ce que par altruisme – les plus faibles. Ou les moins aptes. On sait par exemple que cette hantise fournira à Émile Zola

---

9. Cité par Anne Carol, *Histoire de l'eugénisme en France. Les médecins et la procréation. XIXᵉ-XXᵉ siècle*, op. cit.

10. *Ibid.*

11. Ce pamphlet, traduit de l'allemand en 1896 par Auguste Dietrich, a été réédité sous forme de *reprint* par Slatkine en 1998.

l'argument principal d'un autre roman : *Le Docteur Pascal* (1892). Résumons-nous. Scientisme sans nuance, méritocratie sentencieuse, dureté sociale, crainte panique des classes dangereuses, obsession du déclin biologique : c'est dans ce contexte qu'apparaissent les écrits de Darwin. C'est peu de dire qu'ils tombent bien.

Accepter la cruauté ou la combattre ?

À l'origine, lorsqu'il évoque la « survie des plus aptes » en usant d'une expression empruntée à Herbert Spencer, Darwin – qui a donc introduit un concept sociologique dans la biologie – ne désigne pas forcément les moins doués ou les moins méritants. D'abord parce que, on l'a vu, dans *L'Origine des espèces*, il ne traite que des animaux : à leur sujet, ces expressions subjectives n'auraient aucun sens. Ensuite parce que l'aptitude dont il est question se réfère à une plus ou moins grande réactivité à un environnement donné. Elle n'implique en elle-même aucune idée de hiérarchie ni de supériorité. Chez Darwin, il n'est pas non plus question de « lutte » des animaux entre eux pour la survie. La nature se contente d'éliminer les moins aptes, laissant ainsi la place aux plus aptes qui, seuls, se reproduiront, entraînant ainsi l'évolution de l'espèce.

C'est le premier malentendu. Il est de taille. Herbert Spencer et Francis Galton, co-inventeurs du « darwinisme social », transformeront la portée du principe évolutionniste de Darwin *en l'interprétant en termes de hiérarchie et de lutte*. En outre, ils en font une lecture étroitement anthropocentrée. Ils croient trouver dans la théorie de l'évolution une caution scientifique à leur propre vision du monde. Elle leur permettra, dans un premier temps, de justifier la cruauté sociale et l'égoïsme « organisateur » du capitalisme naissant. Plus tard, l'historien américain Richard Hofstadter sera encore plus outrancier, puisqu'il puisera dans le darwinisme social « les arguments adéquats pour justifier l'accumulation capitaliste de richesse et pour s'opposer à la mise en place de programmes d'aides publiques aux déshérités [12] ».

12. J'emprunte cette notation à Pierre-Henri Gouyon, Jean-Pierre Henry et Jacques Arnould, *Les Avatars du gène*, *op. cit.*

Le deuxième malentendu concerne, pourrait-on dire, l'adjectif « naturelle » que l'on accole au substantif « sélection ». Au fond, c'est peut-être là le point central de la querelle. Une question se pose en effet. En la qualifiant de « naturelle », veut-on dire que la sélection obéit à une nécessité biologique ou cosmique qu'on ne saurait contrarier sans risques ? Autrement dit, la nature a-t-elle « raison » de sélectionner les plus aptes, de sorte que les espèces animales comme l'espèce humaine se trouvent mécaniquement protégées de la dégénérescence ? S'il en est ainsi, *alors on doit reconnaître que l'humanisme et le judéo-christianisme sont des aberrations dangereuses.* En protégeant les faibles, en secourant les indigents, en soignant les malades, en nourrissant les affamés, ils contreviennent aux lois, dures mais nécessaires, de la sélection naturelle. Nietzsche, on s'en doute, sera convoqué en renfort...

D'un point de vue idéologique, la question subséquente est facile à formuler : s'il est démontré que la nature sélectionne les plus aptes pour assurer l'évolution des espèces, les hommes doivent-ils consentir à cette cruauté ou bien tenter de la combattre ? Et, s'ils la combattent au nom de l'altruisme, ne mettent-ils pas, à terme, en péril la *qualité* de l'espèce humaine ? Tous les débats sur le darwinisme et sur l'eugénisme vont tourner autour de ces deux questions. Si les défenseurs du darwinisme social et de l'eugénisme expriment le plus souvent une haine viscérale du judéochristianisme, *c'est d'abord pour cette raison.* Ils y décèlent une volonté – à leurs yeux irresponsable – de protéger les faibles, quitte à mettre en péril l'espèce tout entière.

Cet anti-judéo-christianisme sera porté à l'incandescence, et même au délire, par le premier des « darwiniens sociaux » français : par exemple le bibliothécaire talentueux et raciste de Montpellier, Georges Vacher de Lapouge – qui fut aussi l'introducteur du terme « eugénique » dans la langue française –, dans son livre *Les Sélections sociales* (1896). Dans d'autres livres, il s'en prendra avec une violence inouïe au christianisme. « L'influence du christianisme, écrit-il, non pas en raison des dogmes, mais surtout de la morale dangereuse de cette religion, a puissamment agi pour réduire les peuples à l'infériorité[13]. » Dans un autre texte, en contre-révolutionnaire

---

13. Georges Vacher de Lapouge, *L'Aryen, son rôle social*, Paris, Fontemoing, 1896.

convaincu, il accusera la Révolution française et l'humanisme des Lumières d'être, sur ce point, les continuateurs du christianisme. Il invitera donc ses lecteurs à rejeter leur message. « À la formule célèbre qui résume le christianisme laïcisé de la Révolution : Liberté, Égalité, Fraternité – nous répondrons : Déterminisme, Inégalité, Sélection[14] ! »

Le plus étonnant, c'est que ce darwinisme social sans état d'âme ne correspond pas du tout à la position de Darwin. Dans *La Descendance de l'homme*, il soutient au contraire que l'altruisme, qui nous pousse à contrecarrer la sélection naturelle, est légitime. Il voit même dans la progression des qualités morales « la partie la plus élevée de la nature humaine ». Or cette « partie élevée » est elle-même un produit direct de l'évolution. Autrement dit, le point ultime de l'évolution, c'est *la capacité et le désir qu'ont acquis les hommes de désobéir à celle-ci*. De manière indirecte, Darwin définit ainsi assez bien ce que l'on a appelé tout au long de ce livre le *principe d'humanité*.

Certains propos de Darwin sont sans ambiguïté. « Chez les sauvages, écrit-il, les individus faibles de corps ou d'esprit sont promptement éliminés ; et les survivants se font promptement remarquer par leur vigoureux état de santé. Quant à nous, hommes civilisés, nous faisons au contraire tous nos efforts pour arrêter la marche de l'élimination : nous construisons des hôpitaux pour les idiots, les infirmes et les malades ; nous faisons des lois pour venir en aide aux indigents ; nos médecins déploient toute leur science pour prolonger autant que possible la vie de chacun. On a raison de croire que la vaccination a préservé des milliers d'individus qui, faibles de constitution, auraient autrefois succombé à la variole. »

Dans un autre passage du même livre, il est tout aussi net. Il suit ce qu'on pourrait appeler un raisonnement en trois temps. 1) Nous, humains, sommes naturellement habités par la compassion. « Notre intérêt de sympathie nous pousse à secourir les malheureux, écrit-il ; la compassion est un des produits accidentels de cet instinct que nous avons acquis dans le principe au même titre que les autres instincts sociaux dont il fait partie. » 2) Nous devons obéir à cette

---

14. Id., Préface à sa traduction d'Ernst Haeckel, *Le Monisme, lien entre la religion et la science*, Paris, Schleicher, 1897.

compassion, quelles qu'en soient les conséquences. « Nous ne saurions restreindre notre sympathie, écrit-il, en admettant même que l'inflexible raison nous en fît une loi, sans porter préjudice à la plus noble partie de notre nature. » 3) Si cet altruisme a des effets néfastes sur l'évolution de l'espèce humaine, nous devons en prendre notre parti. « Nous devons donc subir sans nous plaindre, écrit-il, les effets incontestablement mauvais qui résultent de la persistance et de la propagation des êtres débiles »[15].

Pour dire les choses autrement, Darwin semble bien soutenir que *l'homme civilisé doit accepter les conséquences anti-eugéniques de ses comportements, et même s'en glorifier.* Cette naissance de l'homme à la *solidarité* définit au fond la civilisation elle-même. Hélas, ce n'est pas ainsi que les « darwiniens » de l'époque liront ses livres.

Naissance d'un délire

Nous voilà placés devant une étrangeté historique. Si le darwinisme enflamme littéralement le XIXe siècle, *c'est en grande partie pour de mauvaises raisons.* Je veux dire que ce succès n'est pas le fruit de sa pertinence scientifique, laquelle sera assez largement invalidée lorsqu'on redécouvrira à la fin du siècle les travaux de Gregor Mendel sur l'hérédité. Le succès de scandale du darwinisme doit beaucoup à l'interprétation erronée qu'en font les « darwiniens sociaux ». Il tient aussi à la conjonction d'une idéologie et d'un climat historique. « C'est la parfaite adéquation de ces théories sociodarwiniennes à l'esprit de l'époque qui explique leur prolifération et leur succès. Et c'est ce succès du darwinisme social qui a permis celui du darwinisme biologique, malgré tous ses défauts[16]. »

Il faut reconnaître, à la décharge de Darwin, que le malentendu sur ses thèses est largement favorisé, en France, par un détail éditorial assez inexplicable. Lorsque la version française de *L'Origine des espèces* paraît, cette traduction est précédée d'une invraisemblable préface de sa traductrice, Clémence Royer. Ce texte, d'une violence insensée, faussera irrémédiablement le regard que les pre-

---

15. Charles Darwin, *La Descendance de l'homme et la sélection sexuelle*, op. cit.
16. André Pichot, *La Société pure. De Darwin à Hitler*, op. cit.

miers lecteurs porteront sur l'œuvre elle-même. On a du mal à comprendre comment Darwin a pu accepter que son livre fût ainsi précédé d'une diatribe féroce contre le christianisme en particulier, la démocratie et l'humanisme en général. On a soutenu qu'il fut très embarrassé par cette préface d'une *pasionaria* à l'esprit visiblement dérangé.

Qu'on en juge. « La loi de sélection naturelle, appliquée à l'humanité, écrit Clémence Royer, fait voir avec surprise, avec douleur, combien jusqu'ici ont été fausses nos lois politiques et civiles, de même que notre morale religieuse [...]. Je veux parler de cette charité imprudente et aveugle pour les êtres mal constitués où notre ère chrétienne a toujours cherché l'idéal de la vertu sociale et que la démocratie voudrait transformer en une source de solidarité obligatoire, bien que sa conséquence la plus directe soit d'aggraver et de multiplier dans la race humaine les maux auxquels elle prétend porter remède. »

Reste à savoir comment, dans l'optique évidente d'une telle préface, on va mettre l'œuvre de Darwin au service de l'eugénisme le plus brutal, puis d'un racisme haineux. Sur le premier point, le rôle agissant de Francis Galton, on l'a dit, est déterminant. Cousin de Darwin, ce « grand bourgeois de la science [17] » est un passionné de mécanique, de météorologie et de voyage. Il ne croit pas, c'est le moins qu'on puisse dire, à l'égalité des hommes. Galton pense que les inégalités entre les êtres humains sont tellement profondes et irréductibles qu'elles correspondent quasiment à des « races » différentes. Il a même puisé dans les théories d'un mathématicien de l'époque, Karl Pearson, féru de « biométrie » et passionné par les lois de l'hérédité, l'outil scientifique qui *lui permet de théoriser sa vision inégalitariste de l'espèce humaine*. (Cet outil, c'est le concept de « corrélation », que Pearson substitue à celui de « cause ».) Pearson est convaincu que les inégalités entre les hommes sont héréditaires. Il juge donc parfaitement absurdes toutes mesures sociales ou éducatives visant à les corriger.

Si la voie sociale ou politique est inefficace pour améliorer l'espèce humaine, reste la voie biologique. Très schématiquement résumé, c'est ainsi que raisonne Galton. Ayant lu *L'Origine des*

17. J'emprunte cette formule à Pierre Thuillier, « Galton, un grand bourgeois de la science », *La Recherche*, mai 1975.

espèces, il en tire la conviction que les capacités physiques et intellectuelles des hommes eux-mêmes sont déterminées par l'hérédité et non par le milieu ou l'éducation. Si l'on veut agir sur elles (pour les améliorer), *c'est donc sur l'hérédité elle-même qu'il faut agir*. Voilà posées les bases initiales sur lesquelles reposera, pendant plus d'un siècle, le projet eugéniste. Chez Galton – comme chez les autres « darwiniens sociaux » –, la connotation antichrétienne est omniprésente. « Le projet de Galton est d'imiter la nature à l'égard de l'espèce humaine, *de faire sortir la société de l'âge du christianisme* pour la faire entrer dans un âge post-darwinien, celui de la "bonne naissance" et de l'amélioration dirigée, autrement dit l'âge de l'eugénique [18]. »

Dans cette perspective, il va créer (en 1907) la Société d'éducation eugénique, qui publiera la *Revue d'eugénique* (*Eugenic Review*). Il est donc tout à fait pertinent d'écrire, comme le fait Jean-Paul Thomas, qu'à ses débuts l'eugénisme « est une idéologie scientifique greffée sur le darwinisme » ou, plus exactement, sur « une lecture tendancieuse de Darwin » [19].

Postérité d'une folie

Avec le recul que nous donne le siècle écoulé, on mesure aujourd'hui à quel point la plupart des fantasmes ayant accompagné la naissance du darwinisme social et de l'eugénisme continueront d'irriguer, décennie après décennie, certains délires eugénistes et racistes du XXᵉ siècle. Phobie de la dégénérescence, haine du judéo-christianisme [20], élitisme méprisant, perception inégalitaire de la condition humaine, scientisme comminatoire, obsession de l'hérédité et de l'« hygiène généalogique », etc. On retrouvera, d'un auteur à l'autre, les traces d'une même *substance idéologique*, comme les spéléologues reconstituent le parcours d'une eau souterraine en repérant la fluorescéine qui la teintait au départ. Dans

18. Pierre-Henri Gouyon, Jean-Pierre Henry et Jacques Arnould, *Les Avatars du gène*, *op. cit.*
19. Jean-Paul Thomas, *Les Fondements de l'eugénisme*, *op. cit.*
20. Violemment opposé au judéo-christianisme, Galton voulait faire de l'eugénisme le « dogme religieux du futur ».

l'histoire des idées contemporaines – et aujourd'hui encore –, les composantes de l'eugénisme et du racialisme originels sont immédiatement reconnaissables. Y compris chez des auteurs qui furent en même temps de grands savants et dont, à ce titre, la notoriété a été peu discutée.

C'est le cas d'Ernst Haeckel (1834-1919), éminent biologiste allemand, antichrétien déchaîné, dont les ouvrages furent abondamment traduits et touchèrent des centaines de milliers de lecteurs. Un des plus célèbres, *Les Énigmes de l'univers* (1903), fut un best-seller international. Or Haeckel, qui fut l'un des plus ardents vulgarisateurs de Darwin, tirait argument des thèses de ce dernier pour classer de façon hiérarchique les races humaines, les Noirs étant bien entendu présentés comme les plus proches du singe dans la chaîne de l'évolution. Cette obsession du singe !

C'est aussi le cas du sociologue Ludwig Gumplowicz (1838-1939) qui, bien avant les nazis, propose une interprétation de l'Histoire fondée sur la lutte des races. C'est à l'issue d'une démarche résolument scientiste et au nom d'une nécessaire « naturalisation », ou même « biologisation », de la société qu'il légitime l'affrontement sans merci des différentes races humaines. Le livre qu'il publie en 1883 porte d'ailleurs un titre sans équivoque : *Der Rassenkampf* (*La Lutte des races*). On pourrait tout aussi bien citer l'exemple – plus ambigu, il est vrai – du pasteur luthérien Johann Gottfried Herder, un des meilleurs représentants du romantisme allemand, dressé contre les Lumières. S'il récuse toute confusion entre l'espèce humaine et les animaux, Herder n'en professe pas moins un racisme sans nuance. « Près du singe, écrit-il sans sourciller, la nature plaça le nègre [21]. » Encore le singe...

En France, l'exemple d'Alexis Carrel est le plus souvent cité. Excellent médecin, prix Nobel en 1912 pour ses travaux de chirurgie vasculaire et de culture des tissus, spécialiste des transplantations et des greffes, Carrel fut également un de ces auteurs fêtés par la presse, reçus dans les salons et courtisés par les éditeurs, comme le sont aujourd'hui quelques chercheurs très médiatisés. Il est vrai que son principal livre, *L'Homme, cet inconnu*, se vendra à trois

---

21. Johann Gottfried Herder, *Idées sur la philosophie de l'histoire de l'humanité*, Presses-Pocket, 1991.

cent trente-trois mille exemplaires entre 1935 et 1942. Il fut un temps où chaque famille française moyennement cultivée se devait d'avoir « le » Carrel dans sa bibliothèque [22].

Or, en matière d'eugénisme et de racisme, les écrits de Carrel nous paraissent rétrospectivement odieux. En réalité, ils ne font que reprendre, sur un mode vaguement pontifiant, tous les thèmes et fantasmes pseudo-darwiniens énumérés plus haut. Plaidant pour l'eugénisme, Carrel écrit par exemple : « L'eugénisme demande le sacrifice de beaucoup d'individus. Cette nécessité semble être l'expression d'une loi naturelle. Beaucoup d'êtres vivants sont sacrifiés à chaque instant par la nature à d'autres êtres vivants. [...] Le concept de sacrifice, de sa nécessité sociale absolue, doit être introduit dans l'esprit de l'homme moderne [23]. »

Dans un autre passage du même livre, Carrel recommande l'utilisation « d'un établissement euthanasique pourvu de gaz approprié » pour se débarrasser des fous, des assassins d'enfants ou même des voleurs à main armée [24]. Comme on s'en doute, Carrel approuvera explicitement les mesures euthanasiques prises par le régime nazi. Il le fera lors de la publication, dès 1935, de l'édition allemande de son livre. Dans cette édition, il fait ajouter à son texte le paragraphe suivant : « Le gouvernement allemand a pris des mesures énergiques contre la propagation des individus défectueux, des malades mentaux et des criminels. La solution idéale serait la suppression de chacun de ces individus aussitôt qu'il s'est montré dangereux [25]. »

« On va me traiter de monstre »

Mais Carrel ne fut pas le seul, en France, à théoriser les mêmes délires. Il faut citer, parmi d'autres, le cas du médecin Charles Richet, car ce dernier bénéficie, au début du siècle, d'une notoriété comparable. Spécialiste de l'anaphylaxie, membre très en vue de l'Académie de médecine, prix Nobel lui aussi (en 1913), c'est éga-

---

22. Je reprends ici les analyses de Laurent Mucchielli, « Utopie élitiste et mythe biologique : l'eugénisme d'Alexis Carrel », *Esprit*, décembre 1997.

23. Alexis Carrel, *L'Homme, cet inconnu*, Plon, 1943, p. 365.

24. *Ibid.*, p. 388.

25. Cité par Laurent Mucchielli, « Utopie élitiste et mythe biologique : l'eugénisme d'Alexis Carrel », *Esprit*, *op. cit.*

lement un mondain qui fréquente assidûment le salon de la comtesse de Noailles. Pour utiliser une expression d'aujourd'hui, il est une figure du Tout-Paris. Or c'est aussi un redoutable eugéniste. Dans son « maître livre », *La Sélection humaine*, écrit en 1912 mais publié seulement en 1919, au sortir de la Grande Guerre, il réclame résolument la « suppression des anormaux ». Et dans les termes suivants : « En proposant cette suppression des anormaux, je vais assurément heurter la sensiblerie de notre époque. On va me traiter de monstre, parce que je préfère les enfants sains aux enfants tarés et que je ne vois aucune nécessité sociale à conserver ces enfants tarés [26]. »

Citons enfin, concernant la France, le cas d'un autre médecin, darwiniste convaincu, Charles Binet-Sanglé, cité plus haut. Spécialiste des maladies nerveuses, lui aussi est non seulement un anticlérical acharné mais un antichrétien prétendument « nietzschéen ». (Du moins se présente-t-il ainsi puisqu'il est l'auteur d'un livre à prétention scientifique, dans lequel il entend démontrer la « folie de Jésus ».) Il publiera, en pleine guerre de 1914-1918, son fameux essai sur *Le Haras humain*, dans lequel, comme on l'a vu, il affirme tout de go vouloir « encourager le suicide des mauvais générateurs [27] ».

Cette pittoresque recension n'aurait qu'un intérêt historique si elle ne provoquait en nous un étrange malaise. Pourquoi ? Parce que l'outrance mise à part, des modes de raisonnement assez comparables sont à nouveau perceptibles aujourd'hui, comme on l'a montré au chapitre précédent. Ils sont plus précautionneux dans la formulation, usent d'un langage moins fleuri et moins « naïf » que celui d'avant guerre, mais certains des nouveaux discours biotechnologiques, tout auréolés du prestige de la rationalité scientifique, *n'en reposent pas moins sur les mêmes fondements*. Ou les mêmes illusions : volonté de s'en remettre à la science pour résoudre des problèmes d'essence politique ; dédain de principe pour toute autre approche de l'homme (qu'elle soit religieuse, philosophique ou morale) ; consentement aux nouvelles logiques inégalitaires, qui sont cette fois celles du néolibéralisme ; éloge convenu de la « transgression » technoscientifique ; réhabilitation insidieuse du

---

26. Cité par Anne Carol, *Histoire de l'eugénisme en France. Les médecins et la procréation. XIXᵉ-XXᵉ siècle, op. cit.*
27. *Ibid.*

darwinisme social qu'on tend parfois à présenter – comme au XIXe siècle – comme l'état normal d'une société.

Concernant la sélection darwinienne ainsi perçue et la tentation eugéniste qui en découlait, on est d'ailleurs surpris de retrouver, chez ceux qui plaident aujourd'hui pour l'amélioration génétique de l'humanité – c'est-à-dire le nouvel eugénisme –, des arguments fort en vogue au XIXe siècle. Par exemple, celui qui consiste à rappeler qu'un tel projet, dans son principe, est plus ancien qu'on ne le croit puisque les philosophes grecs ou latins de l'Antiquité en faisaient déjà état. C'est la réflexion que fait couramment François Dagognet. « Platon, rappelle-t-il, dès *la République* […] avait organisé le système familial ainsi que les unions conjugales, en vue de sauver la Cité (la biopolitique). Il tenait à exclure les enfants déformés, ou trop lâches ou trop violents : le tisserand royal veillait donc à corriger les tempéraments extrêmes [28]. » Dans le livre V de *La République*, Platon encourage en effet les unions entre « hommes et femmes d'élite » et recommande qu'on détruise les enfants moins réussis « si l'on veut que le troupeau atteigne à la plus haute perfection ».

De la même façon, le doux et sage Sénèque n'hésitait pas à justifier « l'exposition » (c'est-à-dire l'élimination) des enfants contrefaits ou simplement non souhaités [29]. Ajoutons qu'on trouve trace de sélection volontaire chez bien d'autres auteurs, notamment à la Renaissance. Citons la fameuse *Utopia* (1516) de Thomas More, dans laquelle on envisage de perfectionner l'espèce humaine en contrôlant socialement la reproduction.

Étrange raisonnement, en vérité, que celui qui invoque les barbaries d'hier pour justifier celles de demain ! La référence à Platon ou à Sénèque pourrait tout aussi bien servir à réhabiliter les jeux du cirque (qu'ils approuvaient). On pourrait aussi convoquer Aristote pour affirmer que les « barbares » de l'extérieur (mettons les jeunes immigrés de nos banlieues) ne sont décidément pas des humains à part entière. Les thuriféraires les plus ardents du progrès scientifique sont parfois ceux qui semblent douter qu'il puisse exis-

---

28. François Dagognet, *La Maîtrise du vivant, op. cit.*
29. Les juifs comme les chrétiens étaient horrifiés par cette pratique de l'infanticide. C'est le premier empereur chrétien, Constantin, qui édictera en 319 une loi prévoyant la peine de mort contre l'infanticide, sanction qui sera étendue, en 374, à l'exposition des nouveau-nés.

ter – aussi – un *processus civilisateur*, c'est-à-dire un progrès moral inscrit dans l'Histoire.

Une chose est sûre : tous ces discours, qu'ils soient d'hier ou d'aujourd'hui, se réclament de Darwin. Hélas, si Charles Darwin est à nouveau sollicité par l'esprit du temps, ce n'est pas le « vrai » pourrait-on dire. C'est encore et toujours celui – imaginaire – du « darwinisme social » confisqué et récrit par Herbert Spencer ou Francis Galton.

Néo- et ultra-darwinisme

A ce stade, il faut apporter toutefois un correctif d'importance : le darwinisme au sens strict du terme est mort depuis longtemps. D'un point de vue scientifique, il a été invalidé dès le début du XXe siècle par une meilleure connaissance des mécanismes de l'hérédité, mécanismes dont Charles Darwin n'avait aucune idée lorsqu'il échafaudait sa théorie de l'évolution. En 1900, le botaniste hollandais Hugo De Vries (1848-1935) redécouvre – avec quelques autres – les fameuses « lois » établies trente-cinq ans plus tôt par le moine morave Gregor Mendel, lois curieusement « oubliées » par la communauté scientifique du XIXe siècle. En fait, Mendel avait mis en évidence ce que tout écolier apprend aujourd'hui dans le secondaire : les caractères héréditaires ne se transmettent pas mécaniquement. Communiqués à un descendant, ils peuvent être dominants ou récessifs, c'est-à-dire sauter une ou plusieurs générations. Pour être plus précis, Mendel « est le premier à considérer les caractères héréditaires comme des entités transmises indépendamment les unes des autres, qui ne sont influencées ni par l'hybridation, ni par l'environnement [30] ».

En tant que telle, l'hypothèse de Darwin n'a donc plus aucun sens. Si son héritage survit malgré tout, c'est *au prix d'une reformulation à la lumière de la génétique*, et sous une nouvelle appellation : on parlera désormais de néodarwinisme. Comme vérité scientifique universelle, c'est bien ce néodarwinisme qui s'imposa peu à peu. Il bénéficia pour cela, au cours du XXe siècle, du renfort

---

30. Pierre-Henri Gouyon, Jean-Pierre Henry et Jacques Arnould, *Les Avatars du gène, op. cit.*

d'autres disciplines, comme la biologie ou la paléontologie qui confirmèrent la thèse évolutionniste. À juste titre, on a pu dire que le néodarwinisme, carrefour de plusieurs disciplines, devenait une « théorie synthétique de l'évolution ». Hormis quelques sectes américaines prônant contre vents et marées le « créationnisme », cette théorie de l'évolution sera universellement admise, y compris par le Vatican depuis l'encyclique *Humani Generis* de 1950.

Cela ne veut pas dire que les débats proprement scientifiques autour de cette théorie ont cessé. Ils continuent, mais portent désormais sur des points assez techniques, auxquels le grand public demeure peu sensible. On s'interroge par exemple sur la question de savoir si *toutes* les caractéristiques d'un être humain ou seulement *certaines d'entre elles* procèdent de l'adaptation. On qualifie d'ultra-darwiniens ceux qui, à l'instar du biologiste américain George C. William ou du britannique William Hamilton, penchent pour la première hypothèse. On s'interroge également – et c'est peut-être le plus important – sur le rôle du *hasard* dans l'évolution, un rôle négligé par Darwin et que met en avant un généticien comme le Japonais Motoo Kimura.

Pour l'essentiel, cependant, la discussion contemporaine autour de Darwin *est désormais politique et idéologique*. C'est dans cette perspective qu'il faut considérer – et apprécier – les efforts des « darwiniens de gauche » pour arracher en quelque sorte la théorie de l'évolution à ses exégètes manipulateurs. Deux spécialistes doivent être cités : le philosophe Patrick Tort, auteur d'innombrables textes de réhabilitation de Darwin, et le paléontologue américain Stephen Jay Gould. Prenant éloquemment la défense de Darwin, Patrick Tort explique que ce dernier n'accepta une « connivence lointaine » – mais fatale – avec Herbert Spencer que dans le cadre d'une « lutte commune contre l'establishment scientifique anglais, conservateur et antitransformiste [31] ». On ne développera pas ici l'argumentation minutieuse de Tort, si passionnément dévoué à la mémoire de Darwin, et depuis si longtemps, qu'il commence quelquefois ses conférences

---

31. Voir notamment Patrick Tort, *Spencer et l'évolutionnisme philosophique*, PUF, « Que sais-je ? », 1996. Voir également Patrick Tort, « Sur le matérialisme darwinien en éthique », *L'Inactuel*, printemps 1996. Plus récemment, le même Patrick Tort a préfacé une réédition de Darwin, *La Filiation de l'homme et la sélection liée au sexe*, Institut Charles Darwin International-Éditions Syllepse, 2000.

par la boutade suivante, qu'on pourra juger un peu narcissique : « Je dois beaucoup à Darwin et Darwin me doit beaucoup [32]. »

Contentons-nous de formuler deux remarques d'inégale importance. D'abord, en dépit de l'éloquence sympathique des « darwiniens de gauche », tous les spécialistes ne sont pas convaincus de « l'innocence » idéologique de Darwin. Albert Jacquard, par exemple, en doute fortement et tient pour acquis que, malgré tout, « Darwin fut bien un darwiniste social [33] ». Il est vrai qu'on trouve sous la plume du grand savant des notations assez éloignées de l'humanisme scientifique que ses infatigables défenseurs lui prêtent. Par exemple, ces lignes, extraites de *La Descendance de l'homme* : « Je ne crains pas, malgré Bischoff et Wagner, malgré J. Müller même, de dire que les microcéphales, les idiots de naissance, constituent une série d'états de transition entre l'homme et les singes, série aussi complète qu'on peut le désirer. » On trouve aussi chez Darwin des remarques qui vont clairement dans le sens de l'eugénisme prôné par son cousin Galton. Celle-ci, par exemple : « Les membres de l'un et l'autre sexe devraient s'abstenir de se marier en cas d'infériorité marquée du corps et de l'esprit. »

André Pichot semble partager le scepticisme d'Albert Jacquard au sujet de « l'humanisme » de Darwin. Il rappelle d'ailleurs qu'à l'époque Marx et Engels furent très critiques à l'endroit du darwinisme, en qui ils voyaient une simple application à la nature de préjugés de l'Angleterre victorienne. Engels était sans doute le plus violent des deux si l'on en juge par ces lignes : « Toute la doctrine darwiniste de la lutte pour la vie n'est que la transposition pure et simple, du domaine social dans la nature vivante, de la doctrine de Hobbes : *bellum omnium contra omnes* et de la thèse de la concurrence chère aux économistes bourgeois, associée à la théorie malthusienne de la population [34]. » Il est vrai que Marx et Engels, eux aussi, paraissent se référer à une interprétation fautive (et « spencérisée ») du darwinisme.

On peut considérer, en fin de compte, que ce procès idéologique posthume de Darwin est proprement impossible à conclure. Il fait

---

32. Conférence de Patrick Tort devant l'association Génétique et liberté, 8 avril 1995.
33. Cité par Marcel Blanc, *Les Héritiers de Darwin. L'évolution en mutation, op. cit.*
34. Friedrich Engels, lettre à Lavrov du 12 septembre 1917, cité par André Pichot, *La Société pure. De Darwin à Hitler, op. cit.*

irrésistiblement penser à celui dont Nietzsche fait et fera indéfiniment l'objet. Comme pour Nietzsche, en effet, on trouve dans les écrits de Darwin, moins cohérents sur ce point qu'on ne l'imagine, de quoi alimenter les deux points de vue affrontés. Affaire d'opinion.

La seconde remarque qu'inspire le combat des « darwiniens de gauche » touche sans doute à quelque chose de beaucoup plus fondamental. Il leur semble acquis en effet que, aux yeux de Darwin, l'humanisme, l'altruisme, la volonté « anti-eugéniste » de résister aux duretés de l'évolution *sont eux-mêmes des produits de l'évolution*. Autrement dit, c'est la sélection naturelle et l'évolution des espèces qui auraient abouti à cet ultime point d'arrivée : un homme doué d'humanité et soucieux d'éthique. Le principe d'humanité serait en quelque sorte la résultante finale d'un processus évolutif d'essence biologique.

En d'autres termes, ce que nous appelons « morale », « altruisme », « civilisation » ne serait rien d'autre qu'une composante de la sélection elle-même. L'éthique trouverait ainsi sa source non point dans une quelconque transcendance, une ontologie ou un héritage religieux, mais *dans la biologie elle-même*. Raisonnant ainsi, les « darwiniens de gauche » professent paradoxalement *l'interprétation de Darwin la plus scientiste qui se puisse concevoir*. Ils reprennent à leur compte des thèses sur l'origine purement biologique de la morale, thèses dont André Pichot a montré qu'elles étaient déjà, au XIXᵉ siècle, défendues par des auteurs comme Thomas Henry Huxley ou Alfred R. Wallace. « L'altruisme évolutionniste, écrit-il sans indulgence, était la source d'une morale pseudo-naturaliste, qui permettait de réconcilier la loi de la jungle et l'idéologie du bon sauvage. Appliqué à la société humaine, il l'animalise en la biologisant [35]. »

Or ces thèses sont aujourd'hui reprises, sous une autre forme, par certains sociobiologistes comme Richard Dawkins. Défendues également – et avec véhémence – par des auteurs comme Jean-Pierre Changeux, elles bénéficient d'un regain de faveur de la part des médias. Tout se passe, en somme, comme si cette défense « progressiste » de Darwin nous renvoyait immanquablement au débat sur les limites du scientisme lui-même. Une fois encore, Darwin tombe bien.

35. André Pichot, *La Société pure De Darwin à Hitler*, *op. cit.*

Troisième partie

SI LA VIE
EST RÉSISTANCE[1]...

« N'attendez rien du XXIe siècle. C'est le XXIe siècle
qui attend tout de vous. »

Gabriel García Márquez [2]

---

1. J'emprunte ce titre – en le paraphrasant – à l'historienne des sciences Isabelle
Stengers, auteur d'un court article introductif à un texte d'une militante américaine
anti-OMC et intitulé « Si la vie devient résistance », revue *Multitudes*, mars 2000.
2. Allocution au forum de l'UNESCO et de la Banque interaméricaine de développement, à Paris, 8 mars 1999.

Chapitre 11

Peut-on renoncer à penser ?

> « Pouvons-nous trouver là notre repos ? Pouvons-nous vivre dans ce monde dont l'événement historique n'est rien d'autre qu'un enchaînement incessant d'élans illusoires et d'amères déceptions ? »
>
> Edmund Husserl [1]

Humanité assiégée, modernité régressive, figures anciennes de la barbarie se faufilant au milieu des fracas modernistes : nous percevons peut-être mieux, à ce stade, la gravité des éboulements qui menacent. Et surtout leur profondeur. Oui, c'est bien dans les tréfonds peu accessibles que rôde et chemine aujourd'hui une « douce catastrophe ». Cet effritement progressif, cet évidement insidieux du principe d'humanité, nous aimerions en conjurer le risque. Quelque chose en nous tressaille et se cabre. Une anxiété nous habite, dont nous ne savons pas tirer parti. Résister ? Certes, mais comment ? Reprendre l'Histoire à bras le corps, entrer en dissidence ou même en résistance, monter sur le front des idées ? Bien sûr. Nous y sommes prêts. Mais, ce front, où est-il ? S'il est clair que nous refusons « l'abandonnement au fil de l'eau, la canonisation de l'état des choses, la capitulation sans condition devant la Puissance [2] » ; si nous sommes prêts à prendre notre place aux créneaux, nous cherchons encore – comme à tâtons – le chemin qui conduit aux remparts. Si un ennemi menace, d'où viendra-t-il au juste ? Avec quelles armes faudra-t-il l'affronter ?

Étrange moment historique ! Un fourmillement d'inquiétudes, de colères et de refus habite nos sociétés, mais la plupart demeurent inarticulés. Ou bien sont tus. (Misère nouvelle de la politique, qui

---

1. Edmund Husserl, *La Crise des sciences européennes et la phénoménologie transcendantale*, trad. de l'allemand et préfacé par Gérard Granet, Gallimard, 1989.
2. Alain Finkielkraut, « Le mythe du XXIᵉ siècle », *in* Dominique Bourg et Jean-Michel Besnier (dir.), *Peut-on encore croire au progrès ?*, PUF, 2000.

ne sait plus prendre tout cela en compte !) Nos angoisses muettes font penser à cette prescience mystérieuse qui fige parfois les troupeaux – têtes dressées – avertis d'on ne sait quel danger. Au-delà des bavardages de surface et des agitations boulimiques, une crainte de même nature nous hante. Elle est au-dedans de chacun, obscure. Faute de mieux, chacun suit machinalement son voisin au jour le jour, mais nul ne sait où va ce dernier. Nous devenons foule... Ce pauvre colin-maillard devient même planétaire, puisque « le monde entier suit l'Occident, et [que] l'Occident ne va nulle part[3] ».

Un « crépuscule » de l'humanité

J'ai placé une phrase d'Edmund Husserl (1859-1938) en tête de ce chapitre, parce qu'elle témoignait, me semble-t-il, d'une angoisse pareillement indécise. Une angoisse datée. Ces lignes ont été écrites en 1935. Au soir de sa vie, le vieux philosophe allemand qu'alarme la conjugaison barbare du stalinisme et du nazisme « se demande avec anxiété si les contre-philosophies (*die Unphiloso-phien*), comme il les désigne, l'emporteront sur les philosophies qui luttent pour réaliser le véritable sens de la philosophie : l'effectuation de l'humanité des hommes[4] ». Sans pouvoir prédire ce qu'il adviendra, il pressent que l'Europe, puis le reste du monde pourraient fort bien sombrer dans le relativisme et le nihilisme. Il est étreint par cette même angoisse qui avait conduit, en 1919, le poète expressionniste Kurt Pinkus à titrer *Menschheitsdämmerung* (crépuscule de l'humanité, déshumanisation) un recueil de poésies[5]. Crépuscule de l'humanité ? Au sens littéral du terme, c'est à nouveau la question, en effet. « Aujourd'hui, confessent Francisco Varela et ses amis avant de nous convier au renoncement bouddhiste, le nihilisme est un problème tangible non seulement pour la culture occidentale, mais pour la planète tout entière[6]. »

Oh, certes, aucun totalitarisme guerrier n'est à nos portes. Nous

3. Maurice Bellet, *L'Europe au-delà d'elle-même*, Desclée de Brouwer, 1996.
4. Antoine Vergote, *Modernité et Christianisme*, Cerf, 1999.
5. Cité par Gianni Vattimo, *La Fin de la modernité. Nihilisme et herméneutique dans la culture postmoderne*, trad. de l'italien par Charles Alunni, Seuil, 1987.
6. Francisco Varela, Evan Thompson, Eleanor Rosch, *L'Inscription corporelle de l'esprit. Sciences cognitives et expérience humaine*, op. cit.

n'apercevons plus, au-delà de l'horizon, ni divisions blindées ni missiles en ordre de bataille. Quant aux sous-marins nucléaires de l'ex-Armée rouge, ils rouillent doucement dans le port glacé de Mourmansk. Le spectre de la guerre totale s'est éloigné. La possible catastrophe a changé de nature, tous les chapitres qui précèdent en témoignent. Pour l'humanité de l'homme, le risque n'est plus d'être fracassée par de belliqueuses violences mais d'être dissoute *de facto* dans la douce quiétude des laboratoires ou des universités. Ces périmètres studieux sont à des années-lumière de la vie ordinaire ; ces conclaves scientifiques sont étrangers – et sourds – au modeste affairement dans lequel se débattent encore nos contemporains. (Pour ne rien dire de l'aboulie pathétique qui piège la démocratie de plus en plus réduite à gérer « l'insignifiance », comme le disait Cornélius Castoriadis.) À elle seule, cette distance déjà creusée entre la réflexion contemporaine la plus avancée et l'expérience ordinaire justifie qu'on s'inquiète. Ce divorce entre vie et pensée, nous ne savons pas comment y remédier, ni même comment l'interpréter.

À propos d'étrangeté, on songe à ces paisibles campus d'outre-Atlantique où voisinent les départements du cognitivisme et les fiefs universitaires de la « déconstruction », les uns et les autres attelés à dissoudre savamment « l'idée de personne humaine », en récusant avec un haussement d'épaules toute ontologie, toute idée de fondements, tout questionnement métaphysique. Fiévreux travail de l'intelligence, mais ambivalence mortifère d'une recherche coupée de la vie... Que nous prépare-t-on au juste en ces laboratoires théoriques ? Ceux qui y travaillent sur les concepts en ont-ils seulement idée ? Entre ces lieux étranges et le quotidien réel de nos sociétés, un vide abyssal s'élargit qui suggère, en effet, l'idée qu'une barbarie douce est peut-être en marche, là-bas. Mais se bat-on contre des laboratoires ? Bien sûr que non. Songe-t-on à empêcher les « avancées » de la connaissance ? Assurément pas. Imagine-t-on de céder durablement à la « technophobie » ou de diaboliser la science ? Pas davantage. La crispation antiscientifique ne nous paraît ni concevable ni raisonnable.

Alors, nous nous sentons perplexes et même *désemparés*. Un philosophe, Jacques Derrida, confesse lui-même qu'il partage cette hésitation de la volonté et avoue sans biaiser sa propre perplexité. « Tous les éléments de cette mutation en cours me font peur et en même temps me paraissent devoir être salués et affirmés. [...] Je suis attaché aux formes existantes ou héritées de la condition humaine, du corps de l'homme, de ce qui lui est proche, de son rapport au politique, aux signes, au livre, au vivant, et en même temps je ne veux pas dire non à tout ce qui vient de l'avenir[7]. »

L'hypothèse d'une « douce catastrophe » n'est pourtant pas une simple vue de l'esprit, ni une peur injustifiée.

Avec cette nouvelle crise des fondements, avec cette remise en question de la personne humaine, c'est la *capacité de penser* qui est lentement déconstruite, ou en tout cas *l'existence d'une pensée non réductible au calcul*. Mais alors ? Devrons-nous renoncer demain à penser nos vies ? Faudra-t-il cesser de bâtir des projets politiques, de philosopher, d'espérer, de croire, d'agir en pleine conscience ? Hier encore, ces questions eussent semblé ridicules. Elles ne le sont plus. Le vide qui se creuse dans les tréfonds *se ramène bien à un congé imprudemment donné à la conscience humaine*. « Les sciences cognitives, se demande par exemple Jean-Pierre Dupuy, ne sont-elles pas en train de parachever cette entreprise de désillusionnement et de démystification en nous démontrant que là où nous croyions sentir le souffle de l'esprit, il n'y a que des réseaux de neurones mis à feu comme un vulgaire circuit électrique[8] ? »

Le cognitivisme n'est d'ailleurs qu'une des mâchoires de ce piège étrange dans lequel est prise aujourd'hui l'humanité de l'homme. On connaît les autres : boulimie dévastatrice du marché, intrépidité manipulatrice des biosciences, irréalité cannibale de l'espace numérique. Ces révolutions diverses se conjuguent, se recombinent, se mélangent pour substituer au projet humain *un enchaînement de causalités mécaniques qui n'a plus que faire de l'homme ancien*. Ni, peut-être, de l'homme tout court. Ce « processus sans sujet », comme l'appelait Jacques Ellul, fonctionne déjà à plein, s'autoproduisant mécaniquement dans l'anonymat de la technique et la tyrannie de la marchandise. « Une telle "vision", note Stanislas Breton,

---

7. Jacques Derrida, *Sur parole. Instantanés philosophiques*, France-Culture/L'Aube, 1999.
8. Jean-Pierre Dupuy, *Les savants croient-ils en leurs théories ? Une lecture philosophique des sciences cognitives*, INRA-éditions, 2001.

impose l'idée toute naturelle d'un système sécrété par une société comme le corps étranger qui annihile toute liberté, personnelle et civique. L'énorme substance aurait dévoré tout ce qui renvoie au nom d'homme : raison de vivre, angoisse, symbolisation, etc.[9]. »

La pensée elle-même, en vérité, est en proie à un prurit d'auto-destruction. Un fade nihilisme triomphe, qu'il faut regarder en face. Mais ce nihilisme est totalement différent de ceux que l'Histoire a déjà connus. Il est nouveau parce que directement « opérationnel ». Un siècle et demi après Nietzsche ou Schopenhauer, *il s'est donné les moyens de son discours.* Récuser l'humanisme ? Déconstruire l'homme ? Autant de projets plusieurs fois agités dans le passé, mais qui prennent désormais consistance. Congédier l'humain ? Soit, nous dit-on aujourd'hui, passons donc au laboratoire ! Adieu grimoires subversifs du XIXe siècle ! Adieu postures littéraires et provocations ! Adieu désenchantement fin de siècle qui n'engageait à rien ! *Si la pensée moderne tire aujourd'hui sur l'humanité de l'homme, c'est à balles réelles.* Ce possible désastre, on conviendra qu'il est urgent d'y mieux réfléchir.

La postmodernité prise au mot

Dans l'ordre de la pensée, on perçoit deux contradictions « terrorisantes » qu'on voudrait – sinon analyser par le menu – du moins désigner ici le plus clairement possible. Ces deux contradictions pourraient être ainsi énoncées : 1) la postmodernité des années 70 est maintenant *prise au mot* ; 2) l'humanisme, tel que le critiquait Heidegger, entreprend désormais de s'autodévorer. Si ces deux contradictions ont une certaine consistance – ce que je crois vraiment –, alors la faille vers laquelle nous marchons est plus profonde que prévue.

Que la postmodernité soit prise au mot, c'est ce que suggère avec pertinence Jean-Pierre Dupuy, mais sans tirer toutes les conséquences de son intuition. Citant les travaux déjà anciens de Gilles Deleuze, Jacques Derrida, Michel Foucault ou Jean-François Lyotard (les « déconstructionnistes » français), il nous rappelle qu'il s'agissait pour eux de prophétiser la disparition de l'homme au pro-

9. Stanislas Breton, « La technique entre nature et culture », *Esprit*, novembre 1997.

fit du « structurel » ou du « mécanique ». Ou, du moins, comme l'écrit le philosophe « déconstructionniste » Gianni Vattimo, d'imposer au sujet humain « une cure d'amaigrissement[10] ». L'un des ouvrages de Jean-François Lyotard, publié en 1984, s'assignait explicitement pour tâche de « rendre la philosophie inhumaine[11] ». Il prenait, en quelque sorte, à rebours et même à contre-pied la fameuse phrase de Jean-Paul Sartre dont toute l'œuvre ressortissait encore à l'humanisme traditionnel : « L'inhumain, c'est le mécanique », écrivait-il. Or c'est cette remarque, cette protestation de principe que la postmodernité a voulu inverser. « Pour faire plus fort que Heidegger, note Dupuy au sujet des penseurs postmodernes, c'est l'inhumain que l'on se mit à revendiquer avec éclat : l'inhumain donc le mécanique[12]. »

Or cette pensée de la déconstruction prenant acte abstraitement (frivolement ?) de la disparition de l'homme se trouva satisfaite – au-delà même de ses hypothèses – par la cybernétique naissante, puis par toutes les biosciences qui lui firent cortège jusqu'à aujourd'hui. Mécanique ? Structures ? Automatismes ? Qu'à cela ne tienne ! L'assimilation de l'homme à un ordinateur, puis la réduction du vivant à une simple combinaison moléculaire vinrent *accoucher* en quelque sorte cette pensée de son antihumanisme théorique. Non seulement accoucher, mais mettre en pratique. Pour de bon. *Comme si, à tous les théoriciens de la mort de l'homme, la technoscience avait fini par répondre : chiche !*

Il y a dans cet accomplissement non programmé du nihilisme postmoderne quelque chose de troublant. On peut y réagir de deux façons opposées ; en tirer deux conclusions contraires. Soit le considérer comme une vérification expérimentale et y consentir vaille que vaille – on conclura alors que l'homme était décidément de trop, que son *humanité* n'était qu'une hypothèse non nécessaire, etc. Mais on peut juger, à l'inverse, qu'une pensée humaine qui prépare ainsi, puis organise sa propre disparition n'appartient tout simplement pas à la catégorie du raisonnable, *qu'elle est rétrospectivement invalidée par ses propres conclusions*. Peut-être même ridiculisée par l'Histoire en marche…

---

10. Gianni Vattimo, *La Fin de la modernité, op. cit.*
11 Jean-François Lyotard, *Tombeau de l'intellectuel*, Galilée, 1984.
12. Jean-Pierre Dupuy, « L'esprit mécanisé par lui-même », *Le Débat, op. cit.*

On aura compris que c'est à la deuxième interprétation – « idéaliste » – que l'on adhère ici en connaissance de cause. Si une réflexion technoscientifique devient à ce point réductionniste qu'elle « découvre » que l'humanité de l'homme n'existe pas ; si elle échoue à définir le concept de vie ; si elle conclut à l'inexistence de la « personne » ; si elle abat la frontière entre l'homme et l'animal ou la machine : alors, n'est-ce pas de son propre échec qu'il faudrait parler ?

Toute proportion gardée – et seulement à titre d'analogie commode –, on pourrait effectuer le même raisonnement au sujet de l'hégémonie nouvelle du marché, c'est-à-dire du versant économique de la « révolution globale » telle que nous l'avons définie au début de ce livre. Les avocats les plus résolus du tout-marché, les libéraux extrémistes qui théorisent depuis Mandeville ou Adam Smith la capacité régulatrice de l'offre et de la demande sont placés aujourd'hui devant un dilemme imprévu. Comme on l'a vu dans les chapitres précédents, c'est dorénavant l'homme lui-même (ses organes, ses gènes, ses tissus, son statut, sa pensée) qui se voit *saisi* par le marché, instrumentalisé et chosifié par lui.

Autrement dit, cette pure *mécanique* du marché (la « main invisible » d'Adam Smith) est dorénavant capable de cannibaliser jusqu'à l'humanité de l'homme. On l'a vu à propos des biotechnologies. Elle retourne, en quelque sorte, ses forces contre son promoteur pour le dévorer. Point limite et folie vérifiée ! Mais la possible réification de l'humain par ce « processus sans sujet » ne rend-elle pas indéfendable la validité *globale* de ce dernier ? Ne fait-elle pas la démonstration *a contrario* qu'une prévalence du marché ne saurait être sans limites ? Qu'il existe un au-delà et un en deçà de la rationalité marchande ? Un en deçà et un au-delà qu'il s'agirait de penser et de définir plus loyalement qu'on ne le fait d'ordinaire. Il y a urgence. On peut d'ailleurs penser que, dans un proche avenir, ce sont les débordements redoutables du *biotech* qui conduiront – inévitablement – nos sociétés à réviser à la baisse le credo néolibéral. Sa redoutable naïveté se trouvera démontrée et disqualifiée *per absurdum*.

On tient le pari. Il est gagné d'avance.

307

L'humanisme anthropophage

Mais le deuxième paradoxe est encore plus parlant, pour ne pas dire *sidérant*. Il concerne ce qu'on pourrait définir comme la « nouvelle querelle de l'humanisme ». Sa description exige un détour préalable – et très sommaire – par la fameuse *Lettre sur l'humanisme* de Martin Heidegger[13]. Pour Heidegger, le désenchantement du monde, son asservissement par la technique, l'assujettissement de l'*humanitas* à la rationalité marchande ne sont pas des atteintes portées à l'humanisme, mais *l'aboutissement de l'humanisme lui-même*. C'est-à-dire du projet d'artificialisation complète de la nature par la culture humaine, d'un arraisonnement du naturel par le culturel, d'une volonté de maîtrise absolue du réel par la rationalité humaine. Cette volonté, la grande rupture des Lumières en fut, au XVIIIᵉ siècle, le point de départ prometteur, et l'utopie communiste en devint, au XXᵉ, la radicalisation criminelle.

Pour Heidegger, la science, la technique, la technoscience ne constituent donc en rien un naufrage de l'humanisme traditionnel, mais tout au contraire son étrange triomphe. « Par là même, note Bernard Edelman se référant à Heidegger, l'humanisme révèle sa véritable nature : une alliance coupable de la philosophie et de la science, qui a réduit la philosophie à une pensée technique[14]. » L'humanisme n'aurait eu d'autre fin que d'asservir la nature à la rationalité et celle-ci à la technique. Toute l'œuvre de Heidegger peut s'interpréter comme une critique en règle de cet humanisme dévoué à la « facticité », tournant dramatiquement le dos à la nature, désenchantant le monde et finissant par priver peu à peu l'être humain de tout principe d'identité, de toute *humanitas*.

Jusqu'à présent, la querelle de l'humanisme inaugurée par Heidegger se ramenait peu ou prou à cette opposition, c'est-à-dire à un procès intenté aux Lumières. Aux yeux des défenseurs de l'humanisme, cette critique d'inspiration heideggerienne était à la fois dangereuse et infondée. Dangereuse car elle pouvait déboucher sur un post-romantisme fondé sur l'émotion et l'exaltation

---

13. Martin Heidegger, *Lettre sur l'humanisme*, Aubier-Montaigne, 1957.
14. Bernard Edelman, *La Personne en danger*, *op. cit.*

« vitaliste » d'une nature réenchantée. (Le nazisme – auquel Heidegger succomba d'ailleurs – ne fut-il pas une des incarnations possibles de cet antihumanisme ?) Mais cette critique des Lumières leur semblait surtout infondée. À leurs yeux, en effet, l'humanisme était parfaitement capable de *trouver en son propre sein* de quoi résister aux atteintes portées contre l'humanité de l'homme. Le problème des Lumières, ce n'était pas d'avoir existé mais d'avoir été trahi[15]. Ce fut, entre autres, la position de l'école de Francfort et de Theodor W. Adorno en particulier. Un courant de pensée qu'on ne cite pas ici par hasard, comme on le verra.

Or voilà que la classique querelle de l'humanisme qui tournait autour de Heidegger et de l'héritage des Lumières *change brutalement de nature et de signification*. Pourquoi ? Parce que cette fois le point d'aboutissement de la rationalité humaniste n'est autre que le génie génétique, les biotechnologies, le cognitivisme, etc. Autrement dit, l'humanisme des Lumières débouche *in fine* sur une folle victoire contre... lui-même. Ce n'est plus la nature qu'il est en mesure d'asservir en la désenchantant, c'est le sujet lui-même. L'héritier de l'humanisme n'est donc plus cet homme rationnel, ce conquérant pressé de soumettre le monde à l'empire de sa *raison*. Le voilà réduit à une petite chose aléatoire qui n'est plus au centre du monde, à une « fiction » fragile que sa propre science est désormais capable de déconstruire.

On conviendra qu'il y a là, en effet, une « énigme en forme de paradoxe » (Dupuy). Parachevant sa maîtrise totale du réel, l'homme devient possesseur et manipulateur de lui-même. Autrement dit, *il triomphe en s'abolissant comme personne* ; il se donne d'inimaginables moyens de maîtrise mais en dissolvant du même coup sa propre « conscience ». D'où un effet de stupeur dans l'ordre de la pensée et une contradiction difficilement surmontable. Tout se passe comme si le bel avion des Lumières continuait de voler mais sans pilote pour fixer la route, ni passagers humains pour en débattre... Dupuy définit bien cet amer syllogisme.

« Les technologies de l'esprit, écrit-il, ouvrent un continent à ce point immense que l'homme va devoir les normer s'il veut leur

---

15. C'est ce thème que j'avais tenté de traiter dans *La Trahison des Lumières*, Seuil, 1995.

donner sens et finalité. Il faudra alors que le sujet humain recoure à un surcroît de volonté et de conscience pour déterminer, non pas ce qu'il peut faire, mais bien ce qu'il *doit* faire. Il y faudra une éthique non moins exigeante que celle qui, aujourd'hui, se met lentement en place pour contenir le rythme et les dérives des biotechnologies. Qui dit "éthique", "conscience", "volonté" ne dit-il pas le triomphe du sujet?» Or cette «conscience», ce «sujet», les sciences modernes ne finissent pas d'en clamer l'évanouissement. Pour dire les choses autrement, il semble plus urgent que jamais de penser – et de penser subjectivement – et cela au moment précis où, nous dit-on, se dissout le sujet et disparaissent les «fondements» qui structuraient sa pensée. L'humanisme triomphe ainsi en s'euthanasiant, et cela avec les armes qu'il a lui-même forgées.

On peut citer ici le constat doux amer d'un chercheur américain. «La science est extraordinaire quand il s'agit de détruire les réponses métaphysiques, mais elle est incapable de leur apporter des substituts. La science déracine les fondements sans procurer de solution de remplacement. Que nous le voulions ou non, la science nous a placés dans une situation consistant à vivre sans fondements[16].»

Peut-on encore penser – et même vivre – dans ces conditions?

« Que le savoir avance, que la vie périsse ! »

On doit garder tout cela présent à l'esprit pour évoquer ce qu'on pourrait appeler un fait divers philosophique. Je veux parler de la fameuse «affaire Sloterdijk», survenue en septembre 1999 en Allemagne. Au-delà des péripéties médiatiques et des arrière-pensées des protagonistes, cette aigre polémique fut l'expression exemplaire de ce que j'appelle ici la «nouvelle querelle de l'humanisme». De quoi s'agit-il? D'une conférence donnée à Bâle, puis à Helmau, par Peter Sloterdijk, cinquante-quatre ans, professeur à l'École supérieure des arts appliqués de Karlsruhe, et à la Kunstakademie de Vienne. Cette conférence, intitulée «Règles

16. Hilary Putnam, *The Many Faces of Realism*, LaSalle (Illinois), Open Court, 1987, cité par Francisco Varela, Evan Thompson, Eleanor Rosch, *L'Inscription corporelle de l'esprit. Sciences cognitives et expérience humaine*, *op. cit.*

pour le parc humain », se veut un commentaire – critique – de la *Lettre sur l'humanisme* de Martin Heidegger [17].

L'auteur, qui se définit lui-même comme « simplement nietzschéen », se dit également héritier des philosophes français de la déconstruction (Foucault, Deleuze, etc.). Dans sa conférence, Sloterdijk *prend acte de la faillite de l'humanisme*. Évoquant la nécessité d'admettre une nouvelle vérité scientifique qui fait de « l'être humain l'éleveur de l'être humain » et consentant à « la domestication de l'homme par l'homme », il aborde la question de la génétique moderne. Pour lui, il n'est pas impossible que cette « évolution à long terme mène à une réforme génétique des propriétés de l'espèce ». L'homme doit donc accepter ce nouveau pouvoir sur lui-même, y compris « un passage du fatalisme des naissances à la naissance optionnelle et à la sélection prénatale ». Il récuse en tout cas l'idée que, devant ce pouvoir nouveau qui lui est donné, l'homme puisse s'en remettre à une instance supérieure, qu'il s'agisse de Dieu, du hasard, etc.

Sur le fond, cette réflexion est délibérément paradoxale. Comme critique de l'humanisme, elle se situe bien dans la postérité de Heidegger – à qui est reconnu le mérite de poser la vraie question sur l'essence de l'homme –, mais elle veut en être, tout en même temps, une critique ou un « dépassement ». Sur la forme, l'utilisation de certains mots comme « parc humain » ou « élevage » (*Zähmung*) va déclencher en Allemagne une tempête dont la violence sera parfois mal comprise au-dehors. Toutes opinions confondues, les Allemands éprouvent en effet à l'endroit des questions touchant de près ou de loin à l'eugénisme une « nervosité » assez légitime [18]. Les propos de Peter Sloterdijk seront donc très mal reçus outre-Rhin.

Ils le seront d'autant plus mal que c'est le philosophe Jürgen Habermas, autorité morale peu contestée, grand défenseur de l'humanisme et très influent auprès des médias, qui va déclencher la polémique. Dans une lettre adressée à l'un de ses « disciples », Thomas Assheuer, journaliste au quotidien *Die Welt* de Hambourg,

17. Peter Sloterdijk, *Règles pour le parc humain*, trad. fr. Olivier Mannoni, Mille et une nuits, 2000.
18. Je ne suis pas d'accord sur ce point avec Bruno Latour qui, au sujet de cette affaire Sloterdijk et à la suite d'Henri Atlan, juge cette « nervosité » allemande « excessive ». Voir Bruno Latour, « Biopouvoir et vie publique », *Multitudes*, mars 2000.

il suggère à ce dernier de s'en prendre aux propos « authentiquement fascistes » de Sloterdijk[19]. Ce que fera Assheuer, lançant une des plus violentes querelles idéologiques des dix dernières années.

Pour sa défense, Sloterdijk dénoncera le « conformisme médiatique » allemand et « la montée d'une néoscolastique qui normalise la quasi-totalité de la production académique[20] ». Sur le fond, il revendiquera crânement sa filiation avec le Nietzsche « dur » de la critique métaphysique. Celui qui, ajoutera-t-il, « formulait en deux phrases le champ de bataille pour les vérités "inhumaines". D'abord : *Nous avons l'art pour ne pas crever par la vérité* ; et puis : *Que le savoir avance, que la vie périsse !* ».

Au-delà des effets de scandales, des provocations et contre-provocations, la question qu'entendait poser Sloterdijk est bien celle du statut de la réflexion philosophique. Doit-elle consentir à formuler des pensées « inhumaines » ou faut-il considérer que, faisant cela, elle témoignerait de son propre échec ? En bon nietzschéen et sur le mode du questionnement, Sloterdijk choisit en réalité le premier terme de l'alternative. « Sachant que l'on peut penser des choses proprement invivables, faudra-t-il pour autant renoncer à l'aventure de la pensée parce que le plus grand nombre des "vérités dures" ne sont pas assimilables par les êtres humains, *par tous les êtres humains* tels qu'ils sont ? En déduira-t-on que la vie devrait à tout prix s'efforcer d'éviter les vérités qui lui sont "extérieures"[21] ? » Il est clair qu'à ses yeux la réponse va de soi. Confrontés à la nouvelle mise en question de l'homme par les technosciences, nous devons accepter, dit-il, de formuler des « questions invivables », quitte à « penser froid ».

Cette invitation à « penser froid » n'est jamais qu'une autre formulation par Sloterdijk du concept nietzschéen de surhomme (*Übermensch*), qui désigne non point, comme on le croit parfois, un géant dominateur et carnassier, mais *l'individu capable de prendre sur lui l'absence de fondements* ; l'homme assez fort pour, dans un monde d'indétermination et de pluralité culturelle, « choi-

---

19. Habermas se défendra d'abord d'être intervenu, mais sa lettre à Thomas Assheuer sera publiée le 16 septembre 1999 par la *Frankfurter Allgemeine Zeitung*.
20. Peter Sloterdijk, « Vivre chaud et penser froid » (entretien avec Éric Alliez), *Multitudes*, mars 2000.
21. *Ibid.*

sir lui-même son masque », comme l'écrit Nietzsche dans ses *Considérations inactuelles*.

En complément d'explication, Sloterdijk évoquera d'ailleurs son propre itinéraire intellectuel qui l'a ramené vers Nietzsche. D'abord « élevé dans la foi hégélienne, dans le "principe Espérance", dans le confort de la pensée téléologique et la nécessité de l'impératif catégorique, dans le happy-endisme de la philosophie de l'Histoire, dans le messianisme », il en est venu à rompre, dira-t-il, avec cet humanisme défendu par l'École de Francfort. « Je me suis tout à fait éloigné de l'archipel de la dialectique, ajoutera-t-il, de la phénoménologie, de la pensée politico-néomessianique francfortoise... pour pénétrer dans un tout autre espace dont je reconnais à présent qu'il se confond avec le champ de la création conceptuelle ouvert par Nietzsche [22]. »

Les choses devenaient plus claires. Peut-être trop.

Un nouveau genre humain ?

Pourquoi le seraient-elles trop ? Parce qu'une référence à Nietzsche, à l'antimétaphysique, à la « pensée froide » peut passer pour une frivolité esthétisante dès qu'on la rapporte aux questions *réelles* posées aujourd'hui par la technoscience et notamment les biotechnologies. On pourrait même faire reproche à Sloterdijk d'être *insuffisamment renseigné* sur le caractère opérationnel des nouveaux défis que la technoscience adresse à la philosophie elle-même. Nietzsche, né en 1844, écrivait à la fin du XIXe siècle, au moment même où – comme nous l'avons montré [23] – le projet eugéniste, la volonté d'améliorer en la transformant l'espèce humaine, le « désarrimage » ontologique de l'humanité étaient assez couramment acceptés. Au demeurant, Nietzsche ne fut pas insensible, loin de là, ni au darwinisme, ni à la pensée biologisante de son époque. On trouve dans sa *Généalogie de la morale* des notations « évolutionnistes » suggérant que la morale humaine était peut-être issue, au moins partiellement, d'enchaînements biologiques.

22. *Ibid.*
23. Voir plus haut, chapitre 10.

Or, depuis Nietzsche, non seulement toutes ces hypothèses et tous ces projets ont été soumis à l'épreuve de l'Histoire (les Allemands sont bien placés pour s'en souvenir !), mais le pouvoir démiurgique conquis par l'homme a pris une ampleur sans équivalent. Tout le problème est là. Affirmant raisonner aujourd'hui en « nietzschéen », Peter Sloterdijk fait encore usage, en réalité, des catégories mentales, des références et des données scientifiques du XIXe siècle. Aujourd'hui, le problème n'est plus de savoir si la philosophie a le droit de formuler des vérités invivables ou inhumaines. Il faut se demander, de façon plus abrupte : la pensée philosophique garde-t-elle encore une pertinence ? Ou, pour dire les choses autrement : la philosophie *est-elle encore capable de penser la science ?* On comprend qu'il s'agit là d'une tout autre affaire.

Reprenons ces choses plus posément. Il n'en est pas de plus essentielles.

Au premier niveau de l'analyse, nous l'avons dit, les avocats intrépides de la révolution biolithique affirment que *l'espèce humaine est devenue un concept révisable*, pour ne pas dire caduc. C'est ce qu'exprime par exemple Tristram H. Engelhardt lorsqu'il écrit sans sourciller : « À long terme [...], il n'y a pas de raison de penser qu'une seule espèce sortira de la nôtre. Il pourrait y avoir autant d'espèces qu'il y aura d'opportunités invitant à remodeler substantiellement la nature humaine dans des environnements nouveaux, ou des raisons de refuser de s'y engager [24]. »

Cette même idée est vulgarisée, avec moins de précautions et plus d'esbroufe, par l'essayiste américain Francis Fukuyama, qui s'était déjà rendu célèbre en avançant l'hypothèse contestable – et même assez risible – de la « fin de l'Histoire ». Même s'il n'est pas pris au sérieux dans les milieux universitaires, Fukuyama appartient à cette catégorie de manipulateurs de symboles dont les écrits reflètent assez bien l'esprit du temps. Y compris pour le pire. Or, durant l'été 1999 – partageant visiblement, au même moment, la sensibilité de Sloterdijk –, Fukuyama annonçait dans la revue *National Interest* rien de moins que *l'avènement prévisible d'une nouvelle espèce humaine.* « À l'avenir, écrivait-il, la biotechnologie sera

---

24. Tristram H. Engelhardt, *The Foundation of Bioethics*, Oxford University Press, 1997, cité par Gilbert Hottois, *Essais de philosophie bioéthique et biopolitique*, *op. cit.*

capable d'accomplir ce que les anciens idéologues ont maladroitement tenté de réaliser : l'enfantement d'un nouveau genre humain [25]. »

Réagissant à cette étrange convergence entre les deux provocateurs, allemand et américain, le philosophe français Dominique Lecourt n'avait sûrement pas tort de s'exclamer avec plus d'amertume que d'ironie : « À lire ces lignes, qui, par-dessus l'Atlantique, se font étrangement écho, avouons que l'on n'est guère enclin à saluer une hypothétique fin de l'histoire. On s'inquiète plutôt d'assister ainsi à l'éternel retour des fictions meurtrières qui ont contribué à ensanglanter le XXe siècle. Puissent les scientifiques et les philosophes renouer l'indispensable alliance qui permettra de repousser ces fictions dans les ténèbres [26] ! »

Et pourtant ! Déjà très inquiétante en elle-même, cette hypothèse d'un genre humain indéfiniment remodelable devient plus effrayante encore si l'on veut bien considérer l'hypothèse subséquente qu'elle induit. En effet, si la nature humaine est considérée comme révisable, alors on doit admettre que *le statut de la pensée* l'est aussi. Non seulement son statut, mais sa légitimité et la pertinence de ces objections éventuelles face à la technique. D'où une nouvelle manière de formuler la même interrogation : peut-on renoncer à penser ? On comprend bien que la question n'a plus du tout le sens (celui d'un « droit à penser ») que lui donne Sloterdijk. Elle doit s'interpréter de la façon suivante : la pensée humaine garde-t-elle un sens ?

Misère de l'homme spéculaire

Cette question paraît étrange. Elle ne l'est plus vraiment si l'on se place dans la logique de certaines réflexions contemporaines, notamment celles qui professent le « relativisme ». Né en 1931, le philosophe américain Richard Rorty, qui fut professeur à Princeton puis en Virginie, en est un bon exemple. Continuateur, entre autres, de Ludwig Wittgenstein, Rorty use d'une métaphore fondatrice qui fait de l'homme un simple « miroir » de la nature. C'est le reflet en lui de la nature qui fait naître des « pseudo-évidences spé-

25. *National Interest*, n° 56, été 1999 ; trad. fr. : *Le Monde des débats*, n° 5, juillet-août 1999.
26. Magazine *Euréka*, n° 53, mars 2000.

culaires » (du latin *speculum*, miroir) qu'il prend naïvement pour des réalités. Notre croyance en « quelque chose comme l'esprit » ou notre perception de la philosophie comme « théorie de la connaissance » font partie de ces pseudo-évidences.

Cette conception traditionnelle de la philosophie prévaut depuis le XVIIᵉ siècle, depuis Locke et Descartes. C'est encore dans cette perspective idéaliste que s'inscrivait Kant et les néokantiens du XIXᵉ siècle. Ainsi conçue, écrit Rorty, « la "philosophie" était devenue, pour les intellectuels, un substitut de la religion. C'était le domaine de la culture où l'on touchait le fond des choses, où l'on pouvait se forger le langage et les convictions qui permettaient à un intellectuel d'expliquer et de justifier son activité *en tant* qu'intellectuel et ainsi de donner un sens à sa vie [27] ».

Or, pour Rorty, cette forme de pensée n'a plus ni pertinence ni légitimité. Il faut aujourd'hui – comme Nietzsche ou William James l'avaient pressenti – renoncer à « fonder » la culture humaine ou à « enraciner » les prétendues vérités dans l'ontologie, la métaphysique ou *a fortiori* la religion. L'homme contemporain doit même aller plus loin en renonçant à l'idée qu'il puisse y avoir « des réponses objectivement vraies ou fausses aux questions que nous nous posons [28] ». Il est vrai que Rorty refuse la « vieille et fallacieuse notion métaphysique » selon laquelle il existerait entre les humains et les « êtres non humains » une différence d'essence. Ce relativisme accepté entraîne évidemment une nouvelle et fondamentale modestie de la pensée philosophique, un pragmatisme prudent, notamment dans ses rapports à la science. En effet, assure Rorty, « il se peut très bien que la créativité humaine se tarisse bientôt, et qu'à l'avenir ce soit le monde non humain qui échappe à notre entreprise conceptuelle [29] ».

Une chose frappe à la lecture de cette réflexion. Même si ces textes contiennent peu de références argumentées à la « révolution globale » (économique, informatique, génétique) décrite tout au long de ce livre – il semble que le philosophe s'intéresse peu à

27. Richard Rorty, *Philosophy and the Mirror of the Nature*, Princeton University Press, 1979 ; trad. fr. Thierry Marchaisse, sous le titre *L'Homme spéculaire*, Seuil, 1990.
28. *Ibid.*
29. *Ibid.*

l'économie –, un tel relativisme se révèle parfaitement compatible avec les nouvelles formes d'hégémonies technico-scientifiques et marchandes. On pourrait même dire, sans excès polémiques, qu'il leur ouvre ingénument la voie. Volontairement ou pas, son point de vue contribue à *désarmer la pensée* en rendant illégitime ou infondée toute forme de résistance. Résister au nom de quoi ? Si l'on récuse l'idée de fondement, alors on doit accepter un consubstantiel *flottement* de l'intelligence humaine. Cette dernière, par définition, devient ductile, révisable, problématique. Elle est offerte et par avance consentante aux transgressions dont la technoscience est désormais porteuse. Elle n'a rien à leur opposer, sinon sa propre capacité d'adaptation et, à la rigueur, une « conversation » contradictoire, forme éminemment bienveillante d'échange entre les hommes.

On souscrirait volontiers à cette sympathique équanimité s'il n'existait des projets technoscientifiques à combattre et des hégémonies à contenir. Il est d'ailleurs significatif que Rorty accepte difficilement une remise en cause militante du scientisme. Pour autant qu'il juge concevable, à la limite, une certaine forme de résistance, alors il s'en remet au goût des hommes pour l'oisiveté et la « flânerie dans les bibliothèques ». La fantaisie naturelle des humains, leur goût du bonheur et leur propension à l'école buissonnière, tout cela devrait suffire à protéger contre un impérialisme technoscientifique trop comminatoire. Voilà bien une résistance réduite *a minima*...

De la résistance au ralliement

Pour mieux saisir l'ambivalence d'une telle désactivation de la pensée critique dès lors qu'elle renonce à tout fondement, on peut se tourner vers d'autres auteurs dont les analyses, au bout du compte, confortent celle de Rorty. Sans travailler forcément dans le même champ de connaissances, sans viser les mêmes objectifs, des réflexions peuvent en effet converger objectivement, conspirer au même résultat : une capitulation plus ou moins avouée devant la technique et l'économie. Ainsi, de proche en proche, d'un auteur à l'autre, se forge un pragmatisme sans cesse plus accommodant.

317

Citons d'abord un philosophe français dont l'œuvre, publiée dans les années 50 et 60, retrouve aujourd'hui une actualité particulière. On veut parler de Gilbert Simondon, analyste perspicace des rapports entre l'individu et la technique. Dans un livre majeur, *Du mode d'existence des objets techniques*, publié en 1958[30], Simondon développe l'essentiel d'une analyse souvent reprise aujourd'hui. Assez curieusement, cette réflexion sur la technique est à peu près contemporaine de celle du sociologue et théologien protestant Jacques Ellul, *La Technique ou l'Enjeu du siècle* (1954). Une différence irréductible sépare cependant les deux points de vue. Ellul décrit le phénomène technicien comme une forme nouvelle de domination, il y voit l'entrée dans un univers porteur d'une logique spécifique, fondée sur le primat de la rationalité marchande. C'est un nihilisme en marche auquel il s'agit d'opposer notre liberté d'homme. À cause de cette volonté de résistance, on a pu mettre en parallèle – parfois de manière abusive – l'œuvre d'Ellul et celle de Heidegger[31].

Face à la technoscience, Simondon raisonne d'une tout autre manière. Pour lui, il n'est plus question de « résister », en opposant à la technique un principe d'humanité, de foi ou d'espérance. Simondon, au contraire, veut mettre en évidence *l'inadéquation* de la pensée « traditionnelle ». Pour lui, la culture philosophique et littéraire telle qu'on l'enseigne dans les années 50 n'est tout simplement plus capable de prendre en compte et d'analyser correctement la technoscience. L'urgence, dit-il, n'est donc pas de combattre ou de contrôler la technique *mais d'élaborer une nouvelle culture*, de jeter les bases d'une nouvelle pensée dotée d'une *autre* capacité de symbolisation. Faute de cela, on devra se résigner à cette schizophrénie funeste séparant la culture classique de la réalité technoscientifique. On acceptera, en fait, que coexistent d'un côté une culture traditionnelle, fière de son antériorité historique et sûre d'être encore capable de « symboliser », et, de l'autre, un processus technoscientifique ivre de sa nouvelle puissance mais dépourvu de « pensée ». La nouvelle culture technoscientifique,

---

30. Ce livre a été réédité en 1989 par Aubier.
31. C'est ce que fait par exemple Dominique Bourg dans *L'Homme artifice* (*op. cit.*), en commettant, me semble-t-il, un contresens : l'oubli de toute la dimension théologique de l'œuvre d'Ellul, dimension axée sur le thème de l'Espérance.

universelle et rationnelle, que Simondon appelle de ses vœux, devrait permettre au contraire de combler ce fossé. Elle servirait d'interface, de liant, de principe réconciliateur entre technoscience et philosophie.

Stimulante et originale à plus d'un titre, la réflexion de Simondon repose néanmoins sur un postulat critiquable : une adhésion de principe à la logique technoscientifique. Pour lui, indiscutablement, la technique est « bonne » en soi puisqu'elle n'est jamais qu'une cristallisation de la pensée humaine. Elle est d'ailleurs, par essence, universaliste et libératrice. C'est elle qui fait éclater les particularismes, les préjugés, les identités ou les intolérances du passé. C'est elle qui remet en question les symbolisations normatives d'autrefois et libère l'homme contemporain des anciennes sujétions ou assignations collectives. Plutôt que de combattre la technique, la philosophie doit donc se mettre résolument à son école, pour ne pas dire à son diapason. Certes, explique Simondon, il ne s'agit pas de simplement « recopier » ou « transposer » l'universalité de la technique dans le champ de la pensée. Le pur recopiage n'aurait aucun sens. C'est plutôt de *greffe* qu'il faudrait parler. Pour qualifier cette dernière, il propose un néologisme : l'adjectif « transduite » (contraction de « transposée » et de « traduite »). De son point de vue, l'universalité émancipatrice de la technique, la visée œcuménique de la technoscience doivent être « transduites », de sorte que puisse être élaborée une nouvelle culture technoscientifique digne de ce nom.

La démarche est à l'opposé de celle d'Ellul. Là où Ellul prône la résistance critique, Simondon propose au bout du compte le ralliement et même le syncrétisme. Là où Ellul se méfie du « processus sans sujet » incarné par la technoscience, Simondon fait l'éloge de l'universalisme technoscientifique. Il l'oppose même à l'archaïsme et au particularisme territorialisé de la culture traditionnelle. Là où Ellul campe sur un principe de transcendance, Simondon sacrifie à un relativisme intégral. Il assigne *ipso facto* à la philosophie un *devoir d'adaptation*, plus raisonnable à ses yeux que toute démarche critique ou toute résistance cambrée.

Élaborée voici un demi-siècle, une telle démarche était déjà critiquable en son temps. Elle devient potentiellement catastrophique aujourd'hui, dans un contexte technoscientifique transformé. Entre-temps, en effet, c'est peu de dire que la technoscience a changé de nature...

Place aux « technoscients » !

Pour cette raison, il est intéressant d'examiner ce qu'écrivent maintenant certains disciples de Gilbert Simondon. Ne serait-ce que pour comprendre à quelles visions échevelées peut conduire un acquiescement trop empressé à la technoscience. Choisi parmi d'autres, le cas du Belge Gilbert Hottois est intéressant à plus d'un titre. Professeur de philosophie contemporaine à l'université de Bruxelles, Hottois est l'auteur d'une douzaine d'ouvrages sur le langage, la technoscience et l'éthique. Plus révélateur (ou plus dis-cutable), il est membre du Comité consultatif de bioéthique de Belgique et du groupe de conseillers pour l'éthique des sciences et des nouvelles technologies auprès de l'Union européenne. D'abord proche de Jacques Ellul dans sa critique de la technique – du moins si l'on en croit ses premiers livres [32] –, il semble s'être rallié à un optimisme technoscientifique militant, tout à fait dans la ligne de Simondon, dont il revendique d'ailleurs l'héritage.

Les analyses que propose maintenant Hottois, la terminologie qu'il utilise, les références qu'il convoque méritent beaucoup d'at-tention. Pas seulement pour elles-mêmes mais parce qu'elles syn-thétisent utilement un relativisme philosophique de plus en plus répandu dans les milieux concernés par les biotechnologies. Dans un premier temps, Hottois déclare consentir de bonne grâce au nihilisme contemporain dans lequel il voit plus d'avantages que d'inconvénients. Il rejette, en somme, toute quête de fondements ou d'ontologie. « Nous sommes dans un monde, écrit-il, où l'onto-logie, la métaphysique, le fondamentalisme et toutes les notions phares qui en relèvent – tels que Dieu, la vérité, l'être, la nature, l'essence, la valeur en soi, etc. – sont en crise, et nous estimons que cette crise n'est pas *le* mal. Le nihilisme qui s'y associe pré-

---

32. Je pense notamment à son ouvrage déjà ancien, *Le Signe et la Technique*, Aubier, 1984.

sente beaucoup d'aspects positifs, émancipateurs, diversificateurs : créativité épanouissante de possibilités et d'espoir [33]. »

Gilbert Hottois, comme beaucoup d'avocats des biotechnologies, ne parle plus véritablement de « technique » ou de « phénomène technicien », comme le faisaient Ellul ou Simondon. Il use d'un sigle beaucoup mieux accordé à l'époque : la RDTS (recherche et développement techno-scientifique) et fait de ce concept le moteur véritable de l'histoire humaine. Les cultures humaines en général (histoire, arts, philosophie, morale, etc.) ne sont rien d'autre, explique-t-il, que des entreprises de symbolisation ou de « codage » d'une réalité mouvante. Tous les concepts qui accompagnent cette symbolisation ont par conséquent un caractère relatif, y compris celui d'humanité ou d'individu. Ils sont évolutifs, révisables, etc. Prétendre fixer un de ces concepts, le sacraliser, en somme, participe d'une démarche conservatrice, voire technophobe. Cela revient à vouloir imposer une symbolisation particulière (occidentale) à la terre entière et, donc, participe d'une forme sournoise de néocolonialisme.

Le cœur du changement symbolique permanent, c'est bien la RDTS : recherche et développement techno-scientifique. Or ce changement, il s'agit non point de le limiter ou de le contraindre, mais de l'accompagner en tâchant de « refabriquer » au fur et à mesure une symbolisation nouvelle qui lui corresponde. Face à la technoscience, c'est donc une attitude « d'accompagnement » et non de critique que recommande Hottois. Il va même plus loin en assurant qu'un tel accompagnement n'a de sens que s'il part d'une *adhésion initiale*. « Pour réussir cet accompagnement, écrit-il, il faut d'abord croire en la positivité de la RDTS, et non pas la dénoncer à cause des graves problèmes auxquels elle est associée, de partis pris conservateurs ou réactionnaires en faveur des "vraies" valeurs onto-théologiquement fixées du passé [34]. »

Hottois prend acte, en vérité, de l'impuissance de la philosophie qui ne serait plus capable de « symboliser », c'est-à-dire de coder, l'univers technoscientifique. La philosophie serait condamnée soit à ressasser indéfiniment les mêmes textes du passé, se ramenant ainsi à de très byzantines exégèses coupées du réel, soit à s'abandonner à

---

33. Gilbert Hottois, *Essais de philosophie bioéthique et biopolitique*, *op. cit.*
34. *Ibid.*

la pure gratuité sémantique. Hottois ironise au passage sur l'échec de la pensée contemporaine (notamment celle des déconstructionnistes), réduite à de purs jeux de langage, au sens où l'entendait Wittgenstein. « Le mal, écrit-il, c'est la crise aiguë de l'instrument salvateur – le logos ou le verbe ; son incapacité à articuler encore d'une manière satisfaisante l'être-au-monde technoscientifique [35]. »

On ne saurait mieux définir la nouvelle impuissance de la pensée. Mais la conclusion qu'il en tire fait sursauter.

Pour Hottois, les choses sont claires : à la place de la philosophie défaillante, il faut installer la fameuse RDTS, c'est-à-dire la technoscience alliée au marché. On n'est plus dans le cadre d'un ralliement façon Simondon, mais dans *l'éviction pure et simple de la pensée, au profit de la rationalité marchande*. L'essayiste belge ne fait pas mystère de son intention. Pour lui, le monde contemporain est dominé par les deux grands *opérateurs majeurs* que sont l'argent et la technique. C'est sous leur pression qu'est progressivement détruite l'ontologie, tandis que sont « dé-symbolisées » valeurs et croyances. Comme le notait déjà Gilles Deleuze, le marché et la technique sont devenus des « instruments de déliaison symbolique, ontologique et axiologique qui mettent tout ce qui est donné ou produit à disposition libre ». C'est la fonction « décodante-recodante » du marché, dont Hottois croit devoir se féliciter car elle est gage d'universalité et de changement. En réalité, derrière l'amphigouri du langage, cela revient à accepter avec empressement que le marché et la technique *pensent à notre place*.

Dans cette optique – et dans le cadre d'une « civilisation contemporaine en voie de mondialisation », comme l'écrit Hottois –, ce ne sont plus les philosophes, les moralistes, les politiques qui mènent le jeu, mais bien les acteurs technoscientifiques – il les appelle les « technoscients » – dont il faut « accompagner » et non contrecarrer les entreprises. Ce sont eux qui « inventent et produisent désormais d'une manière dominante l'avenir ». Nous voilà invités à la prosternation.

L'histoire humaine revisitée par Hottois n'est plus qu'un maelström où la réalité est déconstruite et reconstruite indéfiniment, sous la seule impulsion de la technique et du marché. Il n'y a que des vérités éphémères, des valeurs révisables, des points de vue

---

35. *Ibid.*

transitoires. « Les ordres et hiérarchies symboliques, écrit-il, sur-gissent dans l'espace chaotique de la mobilisation mercantile uni-verselle, l'influencent un temps et localement, mais ils ne peuvent le structurer durablement et le stabiliser globalement. La puissance ou la liberté ou le désir d'échanger et de changer ne reconnaissent aucune limite [36]. »

C'est sur ces deux derniers mots qu'il faut s'arrêter car ils ne sont pas anodins : « aucune limite ». Si l'on veut bien mettre de côté ce que peut avoir d'extravagant cette transe joyeuse d'un phi-losophe devant la RDTS, nouvelle et fascinante idole, on doit convenir que le *refus des limites* est le vrai point d'achoppement d'une telle analyse. Ce refus des limites touche en effet tous les domaines et consent à ce que soit désarticulé ce que j'appelle d'un chapitre à l'autre le principe d'humanité. Évoquant les concepts de personne humaine, de conscience et de sujet, Hottois admet sans difficulté qu'il s'agit là de définitions « ouvertes » et révi-sables. « Les technosciences, écrit-il, ouvrent sur une transcen-dance *opératoire* de l'espèce : elles permettent de dépasser effecti-vement des limites naturelles associées à la condition humaine [37]. »

Nous y sommes ! « Dans une sphère [ainsi] dominée par la ratio-nalité instrumentale, on observe une sorte de légitimité circulaire : le succès étant l'unique finalité, cette fin justifie tous les moyens qui donnent le succès. Les moyens deviennent la raison des fins. Après que la science a servi à délivrer de l'idéologie, elle s'est constituée elle-même en idéologie. Elle est devenue l'idéologie qui se passe d'idéologie [38]. »

Qui se passe même de pensée… Telle est, présentée sans fard ni prudence par Hottois et bien d'autres, la nouvelle *doxa* qui préside aujourd'hui à la révolution biotechnologique. Tout en saluant le mérite de ceux qui l'expriment aussi crûment en « vendant la mèche », on est en droit de juger effarante une reddition aussi empressée de l'intelligence critique.

Et de s'y refuser décidément.

36. *Ibid.*
37. *Ibid.*
38. Monique Castillo, « De la bioéthique à l'éthique », *Esprit, op. cit.*

Chapitre 12

L'injonction scientiste

> « La science cherche le mouvement perpétuel.
> Elle l'a trouvé : c'est elle-même. »
>
> Victor Hugo [1]

Un mot vient à l'esprit : celui d'injonction. Devant des reculades aussi embarrassées de la pensée ; devant ces consentements à l'hégémonie conquérante de la technoscience, on dirait parfois qu'une étrange entreprise d'intimidation est à l'œuvre. On nous enjoint d'adhérer aux vérités révélées ; on nous adjure de renoncer aux « illusions » du passé ; on nous presse de ne pas entraver la marche triomphale du savoir ni, par conséquent, les progrès techniques ou médicaux qu'elle autorise, même au nom du bon sens ou de la morale. Une critique, une objection, un questionnement sont-ils formulés ? Alors s'élèveront mille protestations. On fustigera la technophobie ou le refus du savoir. On ironisera sur la « bouffonnerie de l'idéalisme » en quête de fondements, comme n'hésite pas à le faire – avec quelle hauteur ! – un défenseur du cognitivisme [2].

D'autres prendront davantage de précautions verbales mais n'en penseront pas moins. Oh, ces soupirs navrés et ces apitoiements entendus devant « l'ignorance » ! Le discours technoscientifique est bien devenu opinion dominante, seul et dernier catéchisme admissible. Son pouvoir symbolique est sans précédent. Les médias y succombent. Les politiques aussi, dans leur terreur d'être en retard d'une transgression ou à la remorque d'une audace. Qui n'adhère pas sans réserve s'exclut aussitôt – croit-on – du cercle des esprits éclairés. C'est un vieux et classique chantage, mais qui retrouve aujourd'hui une vigueur qu'il avait perdue après la période d'hystérie positiviste du XIXᵉ siècle (celle de Bouvard et Pécuchet !). « Il

---

1. *L'Art et la Science.*
2. John Haugeland, *L'Esprit dans la machine*, Odile Jacob, 1989.

y a actuellement, écrit un informaticien, une nouvelle flambée du scientisme telle qu'on l'a connue à la fin du siècle dernier avec un certain nombre de gens, qui, avec leurs travaux scientifiques sous le bras, essaient de prendre une position apologétique ; ils veulent à tout prix démontrer quelque chose dans un domaine qui relève d'une croyance [3]. »

La raideur nouvelle de cette injonction laisse songeur. Ainsi, de la belle et forte démarche scientifique, on serait passé insensiblement au commandement sermonneur ; ainsi à la raison modeste, tâtonnante, critique, libératrice – celle que nous avons reçue des philosophes grecs [4] –, on préférerait une scolastique comminatoire : convertis-toi au progrès !

La « nouvelle frontière »

Qu'est-il donc arrivé à la science ? À quelles extrémités dogmatiques est parvenue aujourd'hui une raison ainsi manifestement fourvoyée ? De quelle manière et pourquoi a-t-elle dérivé aussi loin de ses propres principes de circonspection et d'ouverture ? C'est à ces questions qu'il faut tenter de répondre maintenant. Cette désastreuse coagulation de la technoscience en idéologie, cette rétrogradation de la connaissance au rang de vulgate hégémonique doit en effet être « dépiautée ». Il ne suffit pas d'écrire – même si c'est évident – que la science est devenue *idéologie*, reste à savoir pourquoi et comment. On ne peut pas non plus se contenter d'observer que, dominée aujourd'hui par les logiques du marché et instrumentalisée par la course au profit, la technoscience a partiellement rompu avec la raison raisonnable. L'arraisonnement mercantile est évident, mais il n'explique pas, à lui seul, l'étrange fascination qu'exerce aujourd'hui cette *doxa* technoscientifique sur les meilleurs esprits. D'autres logiques sont forcément à l'œuvre, d'autres ressorts jouent. Lesquels ?

Il faut revenir ici sur une idée évoquée plusieurs fois dans ce livre, mais qu'on présentera sous une forme plus paradoxale : celle de la

---

3. *Jacques Arsac, un informaticien*, Entretiens avec Jacques Vauthier, Beauchesne, 1989.
4. Voir le chapitre sur la raison dans *La Refondation du monde, op. cit.*

technoscience comme *dernier horizon de la pensée*. Le fait est que la démarche scientifique, et elle seule, a survécu aux grands naufrages idéologiques du XXᵉ siècle. La déroute meurtrière des nationalismes, l'échec du communisme, la défaite de l'impérialisme « civilisateur », l'exténuation de l'eschatologie historique a laissé au bout du compte la technoscience seule en piste. La voici victorieuse par élimination. Elle incarne l'ultime espérance imaginable. Contrairement à ce qu'on dit parfois, ce n'est pas parce qu'elle a imposé ses « lumières » que les idéologies ont capitulé, c'est tout le contraire. *Les faillites idéologiques, par contrecoup, ont haussé la technoscience au-dessus d'elle-même.* Elle est perçue désormais comme un messianisme de substitution. Elle est devenue l'idéologie par défaut. En désespoir de cause, c'est à elle qu'on a confié toutes les attentes et utopies qui habitent naturellement l'esprit des hommes : la connaissance parfaite, la divination (la « prédictibilité » génétique), la métamorphose magique (les manipulations), la transformation prométhéenne du monde, etc.

Aux humains redevenus « sérieux », la technoscience apparaît donc, on l'a dit, comme la *nouvelle frontière*, le dernier horizon, la seule formulation possible de l'espérance contemporaine. Elle est dépositaire d'une pathétique attente. « Pris de malaise, assaillis de désillusions, c'est vers la science que nous nous tournons. […] On vient chercher auprès d'elle toutes sortes de cautions, de solutions, de certificats, de bénédictions, d'espoirs. On ne veut rien penser qu'elle n'autorise à penser ; on ne veut rien décider qu'elle ne couvre de son parapluie et on compte sur ses progrès pour devenir aptes à maîtriser la maîtrise qu'elle nous permet d'avoir sur les choses [5]. »

Cette idée de la science considérée comme une frontière qu'il s'agit de reculer sans cesse un peu plus loin fut d'ailleurs formulée, très explicitement, dès la fin de la Seconde Guerre mondiale. « Tous les pays industrialisés ont alors développé leurs ressources scientifiques et techniques – le nombre et la qualité des chercheurs, des laboratoires, des institutions d'enseignement supérieur – en s'inspirant, de près ou de loin, des conclusions du rapport *Science : the Endless Frontier* (*La Science, frontière sans limite*) publié en

---

5. Michel Lacroix, « L'idée de progrès et la dialectique du mal et du bien », *in* Dominique Bourg et Jean-Michel Besnier (dir.), *Peut-on encore croire au progrès ?*, *op. cit.*

1945 par Vannevar Bush, conseiller du président des États-Unis[6]. »

Messianisme de remplacement, dernière utopie en état de marche, la technoscience s'est ainsi chargée de toutes les demandes qu'on adressait hier à la politique, à la religion, à l'Histoire. Elle a repris à son compte les deux composantes primaires (comme on le dit d'une couleur) de toute idéologie messianique : l'optimisme et la promesse. Pour ce qui concerne l'optimisme, c'est peu de dire qu'il affleure dans tout discours scientifique. Il en est devenu le passage obligé. Il est l'annonce inlassable d'un « mieux » à venir, d'une souffrance soulagée, d'une vie meilleure. « Cet appétit de confiance habite encore l'idéal progressiste : la science est supposée contenir en elle-même une rationalisation des choix et une sélection automatique du meilleur choix[7]. » À l'annonce utopique d'un meilleur monde, il préfère celle d'un « meilleur corps » ou d'une « meilleure santé », mais la mythologie est de même nature[8].

On comprend mieux l'attitude spontanément scientiste de la gauche occidentale. Cette dernière porte encore le deuil de son ancien optimisme historique : changer la vie, rompre avec l'exploitation, etc. Elle a tendance à reporter ses attentes et son « progressisme » sur la technoscience. Elle est tentée de pousser les feux de la recherche scientifique, quitte à passer outre l'objection éthique. Les choix faits au début des années 2000 par les équipes social-démocrates d'Europe et d'Amérique en témoignent. Bill Clinton aux États-Unis, Lionel Jospin en France, Tony Blair en Grande-Bretagne ont donné tous les trois l'impression qu'ils accueillaient plus favorablement que jamais – et souvent à la hâte – les demandes venues des milieux scientifiques et des acteurs de la biotechnologie, que ce soit à propos du clonage dit thérapeutique ou de l'expérimentation sur l'embryon. Il s'agissait de faire assaut d'optimisme et de progressisme, mais cette fois sur un autre terrain : celui de la technoscience.

6. Jean-Jacques Salomon, *Survivre à la science. Une certaine idée du futur*, op. cit.

7. Monique Castillo, « De la bioéthique à l'éthique », *Esprit*, op. cit.

8. J'emprunte cette image à Marie-Dominique Perrot, Gilbert Rist, Fabrizio Sabelli, *La Mythologie programmée. L'économie des croyances dans la société moderne*, PUF-Économie en liberté, 1992.

« *Avenir radieux* »
et « *lendemains qui chantent* »

La *promesse*, quant à elle, s'est gonflée de toutes les désillusions politiques passées, comme si l'on demandait confusément à la science de pourvoir à leur remplacement. Elle seule prend désormais en charge le projet d'amélioration du monde, c'est-à-dire l'idée de progrès. C'est ainsi qu'il faut interpréter, par exemple, ces envolées assignant à la technoscience – et à elle seule – la tâche de vaincre la faim dans l'hémisphère Sud, d'y éradiquer les maladies, d'y apporter un surcroît de bonheur. Qu'il s'agisse des thérapies géniques, des OGM ou des médicaments nouveaux, on fait assaut d'altruisme pour justifier toutes les expérimentations. Chemin faisant, on gomme une partie de la réalité au profit d'une promesse largement exagérée[9]. C'est ainsi qu'un discours scientifique « s'idéologise ».

En réalité, les malheurs de l'hémisphère Sud viennent surtout de l'inégale répartition des richesses et non de leur manque. Leur solution est politique avant d'être technoscientifique. En second lieu, on voit mal comment ce souci philanthropique (dans le cas des semenciers, par exemple) pourrait coexister avec la course planétaire au profit qui demeure la règle. Comment les effets du génie génétique ou de l'informatique à haut débit pourraient-ils bénéficier aux pauvres insolvables du Sud ? Même chose pour la médecine. La plupart des affections mortelles, endémiques dans ces pays, sont parfaitement guérissables (oreillons, rougeole, etc.). Ce qui manque, c'est un minimum d'équité dans la répartition des moyens et des médicaments. On retombe, après transposition, sur une configuration sémantique bien connue : le prétendu souci philanthropique sert surtout à conforter une idéologie, en l'occurrence technoscientifique. Cette dernière, soit dit en passant, s'accommode très bien de l'égoïsme des pays du Nord qui, dans le même temps, ont réduit chaque année un peu plus le montant de leurs aides destinées au Sud.

Plus troublant encore : puisque la « promesse » est au cœur de

---

9. Un sondage d'opinion – atterrant – publié en France par la SOFRES en novembre 2000 montrait significativement que les Français faisaient désormais plus confiance aux scientifiques (53 %) qu'aux hommes politiques (4 %) ou aux intellectuels et philosophes (19 %).

ce nouveau catéchisme, celle-ci est abusivement surévaluée. Comme dans toute démarche idéologique, on promet infiniment plus qu'on ne pourra tenir. Il y a là un quasi-mensonge, voire une manipulation des esprits. C'est surtout vrai à propos de la thérapie génique. Le Sud, cette fois, n'est pas seul concerné. Nos sociétés développées elles aussi sont les victimes consentantes de cette affabulation récidivante.

Certes, la génétique ouvre à la médecine des horizons nouveaux qu'il serait absurde d'ignorer. Des quatre mille maladies dues à l'absence ou au dysfonctionnement d'un ou de plusieurs gènes, certaines seront peut-être vaincues un jour ou l'autre par ce moyen : la myopathie de Duchenne, la mucoviscidose, l'anémie falciforme, le syndrome de l'enfant-bulle, la chorée de Huntington, etc. Quelques résultats, très limités, ont été obtenus. Il n'empêche que le contraste est grand entre l'annonce déclamatoire, obsédante, imprudente de ces futures « victoires » et l'état véritable des recherches. Si des résultats sont à attendre, ce n'est pas pour demain. « "Des gènes pour guérir" ? Le fond de cette formule est juste, reconnaît un chercheur, la découverte des gènes débouchera à terme sur de nouveaux traitements, notamment par thérapie génique, mais à une échéance qui se mesure en années, sinon en décennies. Ce n'est pas toujours ce que le public a compris[10]. »

Fort curieusement, d'ailleurs, au milieu des années 90, alors que ce mirobolant prophétisme redoublait d'intensité, une « relative déprime[11] » envahissait les laboratoires. Les médias n'en ont guère parlé. On s'y rendait compte que, pour la thérapie génique, le chemin à parcourir serait plus long et plus aléatoire que prévu. Aux États-Unis, un rapport officiel, rendu public le 7 décembre 1995, enfonça le clou. Commandé par Harold Varnus, directeur du *National Institute of Health* américain, il était l'œuvre d'un comité d'experts indépendants. Or ce « rapport Varnus » dressait un tableau très critique des recherches menées – souvent dans la précipitation et le désordre –, mais, surtout, il reprochait aux chercheurs et aux laboratoires privés d'avoir « survendu » (*oversold*) à leurs actionnaires ou sponsors les résultats de leurs travaux.

10. Bertrand Jordan, *Les Imposteurs de la génétique*, *op. cit.*
11. *Ibid.*

Les experts mobilisés par Harold Varnus mettaient en évidence un effet d'emballement du discours technoscientifique, en grande partie explicable par une compétition économique et boursière acharnée. Tous les créateurs de sociétés, tous les chercheurs pressés de rentabiliser leurs découvertes en faisant appel aux investisseurs sont naturellement portés à embellir les résultats de leurs travaux. Chacun s'efforce également d'occuper le terrain au milieu d'une frénétique bousculade qui tranche avec l'idée qu'on se faisait jusqu'alors de la recherche scientifique. Les généticiens les plus lucides ne sont pas les derniers à s'en alarmer. Ainsi ce chercheur britannique, qui reconnaît que les sociétés de biotechnologies créées dans la hâte commencent à comprendre que le délai sera beaucoup plus long et le fameux « retour sur investissement » bien plus incertain. « Il y a donc là, ajoute-t-il, un danger évident de développement de ce que j'appellerais des "sociétés cow-boys", qui vont lancer à grand renfort de marketing et de publicité des produits qui n'apporteront aucun bénéfice à la santé des gens. Il faut protéger l'opinion publique en général des pièges commerciaux, qui proposeraient des tests miracles qui n'ont en réalité aucun intérêt [12]. »

Il s'est produit, au sujet des biotechnologies, un « effet *start-up* » assez comparable à l'extravagante ivresse boursière qui a salué la naissance de la « nouvelle économie ». Cette ivresse fut suivie, comme on le sait, d'une dégringolade brutale. Elle marquait, au sens propre du terme, la sortie d'un rêve éveillé. Il pourrait bien en aller de même avec la ruée vers les biotechnologies et la « course aux gènes ». Sans compter qu'aux États-Unis l'enthousiasme initial suscité par la thérapie génique a aussi conduit les laboratoires et les médecins à commettre ce qu'il faut bien considérer comme de graves imprudences. Après la mort d'un jeune patient, Jesse Gelsinger, en septembre 1999 (décès qui ne fut rendu public que six mois plus tard), la thérapie génique a été placée sous haute surveillance. On s'est alors rendu compte qu'une grande opacité avait entouré le début de cette « course folle » à l'expérimentation. Six cent cinquante-deux « incidents » ont été signalés dans les mois qui ont suivi la mise en pratique, aux États-Unis, de règles plus strictes.

12. Angus Clarke, généticien à l'*Institut of Genetics* de Cardiff (Grande-Bretagne), *in* Caroline Glorion, *La Course folle. Des généticiens parlent, op. cit.*

Aujourd'hui, nombreux sont les chercheurs à dénoncer ces thérapies géniques expérimentées à la va-vite et dont les résultats sont le plus souvent négatifs. Ils demandent l'application d'un moratoire. Il en va de même en France. Le professeur Marc Peschanski, neurobiologiste et directeur de l'unité 421 de l'INSERM, reconnaissait en décembre 1999 que le bilan des essais de thérapie génique était très sombre. À cette date, quatre cents essais impliquant plus de trois mille malades avaient été pratiqués, sans résultats bénéfiques, à une ou deux exceptions près. Il dénonçait la mercantilisation déraisonnable de la recherche par des sociétés de biotechnologies dont l'objectif est « de faire du brevet de façon à devenir très chères et à être rachetées par de grosses boîtes pharmaceutiques[13] ».

Cet exemple de la thérapie génique illustre une réalité plus générale : le gonflement systématique de la « promesse » par les nouveaux acteurs et les idéologues de la technoscience. À ce stade, les prédictions offertes à la crédulité des foules et à la jobardise des médias ne sont pas très éloignées des rhétoriques politiques qui, jadis, annonçaient des *lendemains qui chantent*, garantissaient un *avenir radieux* en invoquant une future *société communiste idéale*. Un seul détail change : ce n'est plus la société parfaite qu'on annonce, c'est la santé parfaite[14]. La dérive est pourtant la même et la mystification comparable. Les sacrifices demandés le sont également. C'est au nom de cet avenir radieux qu'on recommande aux humanistes, aux philosophes, aux sceptiques de rengainer leurs objections morales ; c'est dans cette optique qu'on demande aux juristes d'adapter toute affaire cessante la législation, aux politiques de taire leurs scrupules, aux psychanalystes d'oublier leurs inquiétudes, aux croyants d'accepter les transgressions, au grand public de révérer les « savants », etc.

C'est aussi pour cela qu'on qualifiera d'antiscientifiques ou d'attardés impénitents ceux qui veulent résister tant bien que mal à l'intensité hypnotisante de la prédication.

---

13. Interview à *Libération*, 3 décembre 1999.
14. Voir Lucien Sfez, *La Santé parfaite. Critique d'une nouvelle utopie*, Seuil, 1995.

Un nouveau clergé ?

Prédication, retenons ce dernier mot. L'injonction technoscientifique d'aujourd'hui, renouant avec le scientisme d'avant-hier, est
en réalité imprégnée de croyances, de partis pris, de préjugés invisibles, de dogmes, de cléricalisme. C'est de manière abusive que
cette nouvelle gnose se présente comme résolument rationnelle et
même rationaliste ; c'est à tort qu'elle revendique pour son argumentaire le statut de « vérité ». Toutes les idéologies, toutes les
religions gnostiques agissent ainsi. Elles s'avancent affublées du
masque de la Connaissance. Elles morigènent l'incroyant qualifié
d'ignorant et rameutent les foules au nom d'une même prétention
à la certitude. Les totalitarismes, eux aussi, procédaient ainsi. Ils
n'admettaient pas le *dissensus*. Rien de nouveau sous le soleil...

Une conclusion s'impose néanmoins : quand la science se trans-
mue ainsi en orthodoxie, quand la raison véritable abdique devant
le scientisme, alors *il faut soumettre ce dernier à une critique rai-
sonnée*. Pour dire les choses autrement, il n'y a pas lieu de lui
opposer je ne sais quel catastrophisme sentimental, refus mystique
ou recours à l'irrationnel. Devant une technoscience devenue religion, on doit simplement mieux affûter les armes de la raison critique. Entrer en dissidence, ce n'est pas renoncer à la démarche
raisonnable mais refuser au contraire son dévoiement. S'il faut
résister au scientisme, c'est au nom de la raison retrouvée. Une
raison consciente de ses limites et attachée, en cela, à sa *modestie*
originelle. Le physicien Jean-Marc Lévy-Leblond, dans un récent
recueil de chroniques, formule très bien cette exigence lorsqu'il
écrit : « Il importe donc, pour être fidèle à l'esprit même de la
science, de soumettre à l'examen critique ses propres énoncés et
de porter en son sein le fer du paradoxe[15]. »

Ajoutons que cette dérive, toujours possible, de la science est un
phénomène classiquement dénoncé depuis longtemps. L'origine
de l'expression « superstition scientifique » est attribuée au philosophe et homme politique italien Antonio Gramsci (1891-1937).
Des penseurs aussi différents que Jürgen Habermas, Georges Can-

15. Jean-Marc Lévy-Leblond, *Impasciences*, Bayard, 2000.

guilhem, Karl Popper ont stigmatisé, en leur temps, cette « illusion tyrannique et pernicieuse », pour reprendre la formule proposée par Friedrich von Hayek dans un texte injustement oublié [16]. Plus récemment, un essayiste comme Pierre Thuillier a bien mis en évidence la forme incontestablement religieuse de nombreuses structures, mentalités et institutions scientifiques contemporaines [17].

Georges Steiner lui-même expliquait jadis comment certaines pensées à prétentions scientifiques (le marxisme, l'anthropologie structuraliste, etc.) étaient en réalité des *théologies de rechange*, c'est-à-dire des « mythologies rationnelles qui s'attribuent un statut normatif et scientifique ». Elles avaient leurs tables de la loi, s'enfermaient dans un langage hermétique, pourfendaient les pensées rivales en les considérant comme autant d'hérésies et encourageaient la création de véritables « Églises scientifiques », servies par un clergé intraitable [18].

Ce raidissement religieux de la démarche scientifique entraîne des conséquences qui sont trop rarement soulignées. Elles concernent le statut social du chercheur ou du scientifique. Ce statut symbolique a récemment connu une véritable métamorphose. Qu'il s'agisse du médecin, du biologiste, de l'informaticien, du physicien, le « savant » se voit dorénavant investi (parfois à son corps défendant) d'une mission exorbitante. C'est à lui que l'opinion s'adresse lorsqu'elle est en quête de vérité ou d'espérance. Il est promu au rôle de prêtre laïc, de thaumaturge (faiseur de miracles), de moraliste, d'aruspice (devin), etc. On lui demande d'arbitrer des querelles, de fixer des règles, de produire du sens, alors que ce n'est ni son rôle ni sa compétence. « Aujourd'hui, le problème n'est pas que les scientifiques et les techniciens n'ont pas assez de pouvoir, mais plutôt, à l'inverse, qu'ils exercent une influence démesurée dans notre société [19]. »

Dans les médias, on invitera volontiers un prix Nobel – quel que soit son domaine de recherche – pour l'entendre disserter sur la morale publique ou le sens de la vie. La société médiatique et politique se défausse sur le savant (comme sur le juge) d'une respon-

---

16. Friedrich von Hayek, *Scientisme et Sciences sociales. Essai sur le mauvais usage de la raison*, Plon, 1986.
17. Pierre Thuillier, *Les Savoirs ventriloques*, Seuil, 1983.
18. Georges Steiner, *La Culture contre l'homme*, Seuil, 1973.
19. Peter Kemp, *L'Irremplaçable. Une éthique de la technique*, *op. cit.*

sabilité qu'elle renonce peureusement à assumer. Il en résulte une surreprésentation du point de vue de la science (ou de la techno-science), au détriment de ce qu'on pourrait appeler la *délibération démocratique*. Certains scientifiques refusent loyalement de jouer ainsi à contre-emploi. D'autres s'y prêtent en succombant aux délices du pouvoir ou de la notoriété. Dans tous les cas, le rapport qu'une société entretient avec le savoir et la raison s'en trouve totalement changé, et faussé. Si la science devient une religion, alors il lui faut des prêtres. Voilà donc les scientifiques symboliquement regroupés au sein d'un véritable clergé, qui organise, au jour le jour, un nouveau cléricalisme.

Le cas des médecins est l'un des plus intéressants. Dans les mille et un cas de figure relevant de la procréation médicalement assistée (diagnostic pré-implantatoire, interruption thérapeutique de grossesse, etc.), le médecin devra trancher des dilemmes qui ne sont pas simplement thérapeutiques mais font intervenir des considérations morales et même ontologiques. Le statut du praticien se rapproche alors *ipso facto* de celui du prêtre et, dans l'urgence, se substitue souvent à lui. « Les progrès du diagnostic prénatal, note une juriste, placeront de plus en plus souvent les médecins devant des problèmes de choix particulièrement à fortes connotations éthiques, auxquels les règles de déontologie n'apporteront pas forcément de réponse : indépendamment de tout procès d'intention fait aux médecins, il n'est pas évident qu'on doive leur laisser la responsabilité exclusive de ces choix [20]. » La plupart des médecins remplissent avec scrupule et probité cette mission difficile. Il n'en reste pas moins que, faisant cela, ils s'avancent bien au-delà des frontières qui marquent, en théorie, les limites de leurs compétences.

De la même façon, on peut s'étonner de l'influence hégémonique qu'exercent les scientifiques en général et les médecins en particulier au sein des divers comités ou commissions consultatives. Cela ne signifie pas qu'ils soient soupçonnables, ou indignes de confiance, mais simplement que leurs analyses – particulières, fragmentaires, spécialisées – s'en trouvent indûment privilégiées, au détriment des autres éclairages possibles d'une même question.

---

20. Danièle Lochak, « Diagnostic prénatal : le difficile passage de l'éthique au droit », in *Vers un antidestin. Patrimoine génétique et droits de l'humanité, op. cit.*

Au moment de la préparation du vote des lois dites bioéthiques en 1994, puis de leur révision en 2000 et 2001, ce sont les médecins et les biologistes qui, pour l'essentiel, ont fait prévaloir leurs préférences et imposé leur déontologie. Les autres instances (religieuses, philosophiques, psychanalytiques, etc.) étant relativement désarmées devant la nouveauté absolue des problèmes. C'est donc une vision médicalisée, scientifique, des choses qui s'est trouvée inscrite dans la loi.

Il n'est pas sûr que ce déséquilibre soit sans danger. La parcellisation extrême du savoir, la spécialisation grandissante des chercheurs ne les préparent certainement pas à régler des questions politiques ou sociales, au sens fort du terme. « Nucléaire, biotechnologies, environnement, les problèmes aujourd'hui sont d'une complexité qui dépasse très largement l'expertise spécialisée : nous devons en définitive nous prononcer en (relative) méconnaissance de cause. Le meilleur service que les chercheurs peuvent rendre aujourd'hui à la démocratie n'est-il pas alors d'assumer et d'énoncer les limites de leurs compétences, afin de renvoyer le débat à la sphère du politique et la responsabilité aux citoyens [21] ? »

C'est un scientifique qui parle, et on ne saurait mieux dire.

Le retour des savants fous

Et puis, pourquoi le dissimuler, l'actualité nous incite quelquefois à hausser le ton. S'il y a des chercheurs circonspects et probes, il existe aussi des savants fous. Aujourd'hui, ils sont même plus nombreux qu'on ne le croit. Fascinés que nous sommes par l'hégémonie technoscientifique, nous avons désappris à les reconnaître et à les contrôler. Nous laissons à peu près sans réplique leurs discours, et sans contrôle véritable leurs entreprises. Nos sociétés sont plus désarmées encore devant leur folie que ne l'étaient les sociétés traditionnelles devant celle des théologiens désaxés ou des illuminés colporteurs d'illusions. Quelque chose de grave, à n'en pas douter, est en train de se passer.

Comment évoquer ce péril sans verser dans la polémique ou ali-

---

21. Jean-Marc Lévy-Leblond, *Impasciences, op. cit.*

menter le catastrophisme ? Sans doute en pesant ses mots. Chaque époque, en vérité, a connu ses savants fous. Cette occurrence n'est pas nouvelle et, au demeurant, elle n'a pas empêché la connaissance scientifique de progresser. L'histoire des sciences regorge en tout cas d'inventeurs pittoresques, de chercheurs possédés par une idée fixe, de faux génies échevelés et de Cosinus grandiloquents. Mais elle garde aussi le souvenir, hélas, d'élucubrations scientifiques beaucoup moins anodines, qui ont servi d'alibis à des politiques funestes. L'exemple de l'eugénisme – approuvé et recommandé à l'époque, on l'a vu, par une bonne partie de la communauté scientifique – est là pour nous rappeler cette évidence ; celui du racisme follement « démontré », au XIXᵉ siècle, par des savants sûrs de leur science, n'est pas moins éloquent. On pourrait aussi bien citer l'étouffante pudibonderie des XVIIIᵉ et XIXᵉ siècles (et notamment la diabolisation fantasmatique de la masturbation) qui trouva sa source – on l'oublie souvent – dans un scientisme médical majoritairement partagé[22]. On pourrait énumérer de la sorte une longue liste de folies auxquelles des scientifiques apportèrent la caution de leur savoir.

Pourquoi donc cette traditionnelle question du savant fou se pose-t-elle aujourd'hui en termes nouveaux ? Parce qu'elle se nourrit d'une dévotion empressée à la technoscience, qui disqualifie les autres formes de pensée et les autres modes de décision. Elle tire parti d'une hégémonie positiviste plus affirmée encore qu'elle ne l'était à la fin du XIXᵉ siècle. Ce n'est pas tout. Avec l'accélération des découvertes, à cause de la pression industrielle, marchande et médiatique, nos sociétés sont lancées dans une véritable chevauchée technoscientifique que plus personne n'est en mesure de contrôler. Le marché règne, la technoscience triomphe, alors une curieuse ébriété a saisi l'univers de la recherche. « Le vertige du succès ressenti par des biologistes qui ont, dans les dernières années, réalisé tant de tentatives incertaines et néanmoins fructueuses, note Axel Kahn, les conduit à aller implacablement de l'avant, chaque obstacle franchi les conduisant à relever un nouveau défi : de plus en plus fort... de plus en plus fou[23] ? »

22. J'ai traité de cette question du scientisme comme composante essentielle du « puritanisme bourgeois » dans *La Tyrannie du plaisir*, *op. cit.*
23. *Le Monde*, 16 mars 1999.

Certains généticiens dénoncent eux-mêmes la « course folle » dans laquelle la recherche est engagée. Monique Castillo, quant à elle, stigmatise (à juste titre) « l'affirmation quasi nietzschéenne d'une puissance inouïe, démiurgique, jamais expérimentée jusqu'alors. Le témoignage heureux d'une liberté qui donne le pouvoir ou l'espérance de pouvoir surmonter ce que la condition humaine a pu vivre comme angoisse ou déréliction [24] ». C'est parce que la démarche technoscientifique est aujourd'hui sans frein ni contrepoids, c'est parce qu'elle se trouve en quelque sorte propulsée par la conjugaison du marché et du scientisme hégémonique que la « folie » de certains chercheurs prend un tour plus inquiétant. Le type anthropologique du « savant fou » prolifère, mais dans un climat de sidération admirative qui fortifie son propre délire.

Reflet plus ou moins fidèle de l'opinion, les médias, en effet, ne sont pas loin de s'extasier à demi-mot devant les annonces mirobolantes – et souvent effarantes – dont ils tiennent la chronique. Tel biologiste italien annonce son intention de cloner coûte que coûte des humains. Tel chercheur prédit la généralisation des « naissances virginales » (sans intervention des ovocytes de l'autre sexe). Une essayiste britannique, Shulamith Firestone, assure que la mise au point d'un utérus artificiel contribuerait à... la libération de la femme. L'hypothèse est aussitôt reprise par un scientiste français qui, faisant fi des liens fondamentaux qui s'établissent entre le fœtus et sa mère, s'enthousiasme à l'idée qu'« un jour, on pourra mener à son terme, *in vitro*, la gestation et obtenir audehors ce qui ne s'opère que dedans [25] ». D'autres biologistes envisagent sans hésiter de promouvoir un système de parenté multiple (*sic*) en combinant « une maternité substitutive aux technologies modernes de reproduction, de sorte qu'un enfant peut désormais avoir jusqu'à cinq parents [...] : la productrice de l'ovocyte (la donneuse), le producteur de semence (le donneur), la mère porteuse, la mère sociale, le père social [26] ».

Sur le même ton, le généticien Daniel Cohen manifeste dans ses écrits une jubilation génétique qui ne laisse pas d'inquiéter. « On

24. Monique Castillo, « De la bioéthique à l'éthique », *Esprit, op. cit.*
25. François Dagognet, *Corps réfléchis*, Odile Jacob, 1990.
26. Peter Kemp, *L'Irremplaçable. Une éthique de la technique, op. cit.*

va bien s'amuser », écrit-il au sujet des possibles interventions sur les gènes, en revendiquant haut et fort le droit de changer l'espèce. D'autres chercheurs ne sont pas en reste, qui (sans doute par irréflexion) claironnent ici et là leur volonté de « transgresser » tous les « tabous » bioéthiques, désignés comme autant de vestiges d'une morale dépassée. Fort curieusement, la loi punit les propos invitant à la discrimination raciale, mais elle épargne ceux qui remettent « seulement » en cause... l'humanité de l'homme.

Cette liste, on s'en doute, pourrait être allongée à l'infini. Le plus troublant, c'est moins la nature de ces délires que la réaction qu'ils suscitent dans l'opinion. Celle-ci a rarement été aussi ambivalente. Elle oscille entre l'ébahissement candide et la frayeur déraisonnable. On dirait parfois que la dévotion à la technoscience et son rejet absolu sont les deux faces d'une même médaille, les deux expressions d'un même déboussolement. L'esprit du temps est ainsi ballotté. Durant les trente dernières années, des catastrophes technoscientifiques sont venues, de loin en loin, ébranler sa confiance : des pollutions à la dioxine de Seveso, en Italie, en 1976, à l'accident nucléaire de Three Mile Island, près de Harrisburg (États-Unis) le 28 mars 1979 ; du désastre de Bhopal, en Inde (1984), à celui de Tchernobyl, en Ukraine (1986), la liste est longue. Plus récemment, des cafouillages bio-industriels comme l'épizootie de fièvre aphteuse ou la crise dite de la « vache folle » (encéphalopathie spongiforme bovine) ont alimenté de grandes peurs collectives et réactivé la vieille rhétorique présentant les scientifiques comme des apprentis sorciers.

Cette inquiétude qui revient en force conduit à mettre en cause l'exaltation abusive des revues scientifiques elles-mêmes, accusées de sacrifier sans vergogne à la « promesse », c'est-à-dire à l'intoxication des esprits. C'est ce que soulignait par exemple un article paru fin 1999 dans le *Washington Post*, sous la signature de Daniel S. Greenberg. « On peut avoir l'impression, en parcourant les revues scientifiques, écrivait-il, que les vénérables valeurs de véracité et de franchise tombent peu à peu en désuétude dans une économie qui transforme rapidement la science en source de profit [27]. »

Étrangement, cependant, cet effroi sporadique – parce qu'il est

---

27. Article repris dans *Courrier international*, 13-19 janvier 2000.

plus émotif que raisonné – coexiste toujours avec une attente, une espérance confuse dans les pouvoirs illimités de la technoscience. Or passer d'un sentiment extrême à un autre, ce n'est pas véritablement *réfléchir*. C'est donc sur le statut épistémologique de la technoscience et sur la pertinence des discours réductionnistes qu'il faut prolonger une réflexion à la fois historique et politique.

L'idéologie de l'expertise

Historique ? Nous devrions mieux nous souvenir que la science procède toujours par erreurs et révisions successives. Rien, par conséquent, ne devrait autoriser quiconque à opposer ses prétendues certitudes à la subjectivité des « opinions » et des « croyances ». Ce qui était vrai jadis l'est encore plus aujourd'hui, puisque les sciences dures sont gagnées à leur tour par le concept de *probabilité* ainsi défini par le chercheur belge d'origine russe Ilya Prigogine, prix Nobel de chimie en 1977. « Nous allons, écrit-il, d'un monde de certitudes à un monde de probabilités. Nous devons trouver la voie étroite entre un déterminisme aliénant et un univers qui serait régi par le hasard et, dès lors, inaccessible à notre raison. [...] Nous arrivons, aujourd'hui, à un concept différent de la réalité, à la conception d'un monde en construction [28]. »

En théorie, les leçons de l'Histoire devraient dissuader les scientifiques de céder au dogmatisme ou au réductionnisme. La science elle aussi s'est souvent trompée. Elle a dû abandonner des hypothèses présentées comme définitives et réviser des théories mises à mal par les progrès du savoir. Faut-il citer l'exemple de la fameuse thèse de la « génération spontanée », selon laquelle le principe de vie apparaît spontanément, surgi de nulle part ? Cette idée nous paraît aujourd'hui relever de la superstition, voire de la pensée magique. Or elle fut considérée pendant des siècles comme une certitude scientifique, athée de surcroît parce qu'elle rendait inutile l'intervention d'un Dieu. Au milieu du XIXe siècle – et jusqu'aux découvertes de Louis Pasteur en 1862 sur la vie microbienne –, la

---

28. Ilya Prigogine, « Flèche du temps et fin des certitudes », in *Les Clés du XXIe siècle*, *op. cit.*

communauté scientifique la soutenait encore. Il se trouvait des chercheurs pour en faire la démonstration expérimentale. « En 1859, un savant français, Félix Pouchet, publie un ouvrage de sept cents pages où il se propose de démontrer la justesse de sa théorie de la génération spontanée. Il ne se contente pas de faire la synthèse des idées les plus avancées, mais apporte à l'appui de cette synthèse une masse considérable de résultats expérimentaux [29]. »

Rien ne nous interdit de penser qu'il en ira de même pour des affirmations scientifiques présentées aujourd'hui comme certaines et véritables. On pourrait dresser un tableau amusant des mille et une théories scientifiques apparues au cours du XXe siècle et qui toutes « expliquaient », après Darwin ou contre lui, l'évolution des espèces. Les auteurs précités, qui sont eux-mêmes généticiens, en énumèrent quelques-unes avec une pointe d'ironie : le psycholamarckisme d'August Pauly (1905), l'entéléchie de Hans Driesch, l'ologenèse de Daniele Rosa (1909), le holisme de Smuts (1916), l'aristogenèse d'Henry Fairfield Osborn, la nomogenèse de Lev Semenovich Berg (1922), l'allogenèse de Labbé (1924), la conception organimisque de Ludwig von Bertalanffy (1928) et l'apogenèse de Ptsibram (1929).

Sans doute en ont-ils oublié dans leur pittoresque inventaire...

Que doit-on conclure de ces rappels ? Que l'orgueil scientiste est toujours infondé. Que l'idéologie de l'expertise, selon laquelle la prétendue connaissance scientifique d'un dossier peut suffire à fonder une décision, est une dangereuse illusion – à laquelle cède trop souvent le pouvoir politique. Certaines des catastrophes énumérées plus haut en furent la conséquence directe. Or cette idéologie de l'expertise n'est autre que la traduction pratique d'un scientisme sûr de lui. « L'idéologie de l'expertise est fausse, souligne justement Peter Kemp, pour autant qu'elle veut faire croire que le progrès technique n'est qu'une question de connaissances et d'intelligence, c'est-à-dire qu'elle ne consiste qu'à organiser l'économie, l'industrie et la société dans leur ensemble selon les directives de ceux qui ont la meilleure compréhension des questions techniques. [...] En un mot, elle veut nous faire croire que les

29. Pierre-Henri Gouyon, Jean-Pierre Henry, Jacques Arnould, *Les Avatars du gène*, *op. cit.*

"faits" scientifiques et techniques fournis par les experts constituent le fondement suffisant de nos décisions [30]. »

Des prix Nobel au secours de Hitler

Mais la nécessaire réflexion sur le statut des scientifiques et celui de la technoscience comporte un versant plus directement politique. Lorsqu'on présente la science comme une garantie contre l'obscurantisme, un moyen de faire triompher la raison, un antidote à la bêtise idéologique ou religieuse, on falsifie l'Histoire. Dans la réalité, la science, représentée par la communauté des savants et chercheurs, ne s'est guère montrée plus perspicace en matière politique que les autres formes de pensée. Non seulement elle s'est fourvoyée avec les grands totalitarismes du siècle, mais elle les a souvent servis avec zèle et enthousiasme. Cela ne veut pas dire que la démarche scientifique soit, par essence, totalitaire, ni que les scientifiques soient moins avisés que les autres hommes. La question posée est celle des *fondements* d'une attitude morale, d'un refus de la barbarie, d'une volonté de résistance. Les exemples tirés de l'histoire récente nous montrent que l'esprit scientifique ne trouve pas *en lui-même* de quoi fonder une clairvoyance minimale.

Lorsqu'un savant, membre d'un comité d'éthique, s'oppose au clonage humain, il ne le fait pas au nom de la science elle-même mais d'un « autre chose », qui n'est pas d'ordre scientifique. De la même façon, lorsque des scientifiques – assez rares, il est vrai – protestèrent contre l'eugénisme dans les années 30, contre l'usage de l'arme nucléaire au Japon dans les années 40, contre l'emploi des défoliants chimiques durant la guerre du Vietnam dans les années 60, *ce n'est pas dans leurs disciplines respectives qu'ils trouvèrent de quoi justifier leur engagement.* Au sujet de Hiroshima et Nagasaki, une réflexion de Robert Oppenheimer définit bien cette impuissance de la science à produire une attitude morale. « À l'époque, cet aveu de mauvaise conscience avait choqué la grande majorité des scientifiques qui considéraient que, la décision de lancer les bombes ne leur appartenant pas, ils n'avaient pas à en assu-

---

30. Peter Kemp, *L'Irremplaçable. Une éthique de la technique*, op. cit

mer la moindre responsabilité : ce n'était tout simplement pas "professionnel" que d'exprimer des scrupules [31]. »

On doit comprendre qu'il est tout simplement irresponsable de « s'en remettre à la science » pour fixer le cap, définir un projet de société, trancher les dilemmes humanistes, prôner toutes les transgressions, améliorer le sort de l'humanité, régler les questions sociales ou en finir avec la faim dans le monde. Il est plus irresponsable encore de confier à cette entité fumeuse que Gilbert Hottois appelle la RDTS (recherche et développement technico-scientifique) le soin de penser à notre place, au nom de je ne sais quelle « transcendance opératoire [32] ». Sauf à réinventer, au profit de la technoscience, la figure historique de l'intellectuel « compagnon de route » ou « idiot utile » d'un système qui tôt ou tard se passera de lui. Raisonner ainsi, céder à cette *doxa*, c'est non seulement perdre la tête, c'est aussi perdre la mémoire. Beaucoup de nos intellectuels, aujourd'hui, sont devenus sans s'en rendre compte ces nouveaux « compagnons de route ». Agir ainsi, c'est oublier qu'il y a eu, dans un proche passé, une science stalinienne, une science nazie, etc. C'est oublier que ces deux totalitarismes se réclamaient de la science et, en cela, se voulaient progressistes. Prenons le cas du nazisme. Il est troublant.

Aujourd'hui, répétons-le, il est de bon ton d'ironiser en France – dans les milieux scientifiques – sur l'extrême sensibilité des Allemands aux questions touchant de près ou de loin à l'eugénisme. Cette hypersensibilité est parfois à la source d'incidents révélateurs. Lorsque le Parlement européen eut à se prononcer sur le projet *Génome humain* présenté par la Commission de Bruxelles, les représentants des Verts allemands exigèrent de nombreuses modifications, notamment dans l'intitulé du projet. Celui-ci était intitulé « Médecine prédictive : analyse du génome humain ». Le rapporteur allemand, membre du parti des Verts, protesta contre la connotation eugéniste de la formulation et réclama qu'on prît soin d'éviter, dans le texte, toute distinction entre normal et anormal, viable ou non viable, etc. Toutes ces formules, à ses yeux, renvoyaient trop explicitement aux délires nazis du passé.

---

31. Cité par Jean-Jacques Salomon, *Survivre à la science, op. cit.*
32. Voir sur ce point le chapitre précédent.

Cette hypersensibilité allemande explique aussi que, par exemple, l'institut Max-Planck de Berlin – qui a succédé après la guerre à la société Kaiser-Wilhelm qui gérait un institut pour la génétique humaine et l'eugénisme – n'a pas voulu, pendant longtemps, s'impliquer dans la génétique moderne. Il a fallu attendre 1994 pour qu'y fût créé un département de génétique humaine, encore fallait-il que ses responsables fussent non allemands [33]. Or on peut juger que les Allemands ont d'excellentes raisons de garder – mieux que nous – la mémoire du proche passé. Cela ne veut pas dire que toute recherche génétique, toute thérapie génique ou toute procréation médicalement assistée doivent être forcément assimilées à l'eugénisme hitlérien. Ce serait ridicule. En revanche, il est difficile d'oublier, lorsqu'on est allemand, l'incroyable compromission de la communauté scientifique avec le nazisme.

Prenons un indicateur simple : l'attitude face à l'hitlérisme des savants allemands titulaires d'un prix Nobel scientifique. Dans les années 30, l'Allemagne en comptait un peu moins de quarante. Une partie d'entre eux étaient juifs et durent s'expatrier. Il y eut au total vingt départs volontaires. Nombre de ceux qui restèrent décidèrent d'apporter leur concours au régime, parfois avec enthousiasme. Ce fut le cas du chimiste Carl Bosch, qui travailla pour l'IG Farben – entreprise qui fut condamnée après la guerre pour avoir utilisé des déportés – et mit au point un ersatz de carburant. Ce fut également le choix du physicien Werner Heisenberg, qui collabora à la bombe atomique, et du biochimiste Adolf Butenandt, spécialiste en hormones de reproduction, qui fut – directement ou indirectement – impliqué dans le programme eugéniste. À ces trois noms, il faut ajouter ceux des prix Nobel de chimie Heinrich Wieland (1927), Hans Fischer (1930), Friedrich Bergius (1931), Richard Kuhn (1938), Otto Hahn (1944). Tous ces éminents savants devinrent les serviteurs zélés du régime national-socialiste.

Les rappels ci-dessus ne concernent que les prix Nobel et visent essentiellement les chimistes. En réalité, cette dérive concerna l'ensemble de la communauté scientifique allemande, notamment à propos de l'eugénisme dans sa version exterminatrice. « La plu-

---

33. Je me fonde ici sur le témoignage du généticien allemand, Hans Hilger Ropers, *in* Caroline Glorion, *La Course folle. Des généticiens parlent*, *op. cit.*

part des anthropologues, biologistes et généticiens apportèrent spontanément leur soutien au nouveau régime. Les rares cas de résistance ou de divergence furent vite réglés. En matière d'eugénisme, Muckermann, trop catholique, dut laisser sa place à Lenz à l'Institut Kaiser-Wilhelm de Berlin. Il y a plus troublant encore : quarante-cinq pour cent des médecins, soit *le plus fort taux de tous les groupes socioprofessionnels*, étaient membres du NSDAP (le parti national-socialiste), des SA ou des SS[34]. »

Le régime nazi insistait sur sa volonté de donner à la science et à la technique allemande tous les moyens nécessaires. Son rejet explicite de l'héritage des Lumières ne l'empêchait pas de témoigner d'un attachement à l'essor scientifique, technique et industriel du pays. Les nazis se présentaient comme les grands défenseurs de la science. Une formule de Goebbels résumait fort bien cette alliance paradoxale du romantisme antihumaniste et du scientisme le plus intrépide : *Eine stählerne Romantik*, un romantisme d'acier[35].

La leçon à tirer de ces quelques remarques est claire (ou devrait l'être) : ni les scientifiques ni la technoscience ne constituent une garantie automatique contre la barbarie. La révérence contemporaine à leur endroit procède de l'amnésie. Au nom de quoi les chercheurs et savants d'aujourd'hui seraient-ils d'une essence différente ? Au nom de quoi ces derniers, au bout du compte, seraient-ils obligatoirement détenteurs de la vérité démocratique et représentants exclusifs du progrès ? Au nom de quoi bénéficieraient-ils, sans autre procès, d'une légitimité qu'on a retirée au prêtre, au moraliste, au philosophe et, en dernière analyse, au politique ?

Grandeur et misère de la bioéthique

Soucieux de contrôler tant bien que mal la « course folle » de la technoscience, la plupart des gouvernements démocratiques se sont dotés de comités consultatifs, chargés d'examiner les questions éthiques (c'est-à-dire morales) posées par les avancées de la recherche. Il s'agissait, grâce à cette réflexion préalable, de trouver

34. Benoît Massin, « Le nazisme et la science », *La Recherche, op. cit.*
35. J'emprunte cette référence à Dominique Bourg, *L'Homme artifice, op. cit.*

un sage équilibre entre l'excès de hâte et l'immobilisme. Il s'agissait aussi de modifier, le cas échéant, la législation, mais avec discernement, en confrontant les considérations purement scientifiques à des points de vue exprimés par des « sages » censés représenter la diversité des sensibilités et traditions d'un pays. Dans l'absolu, on voulait ainsi échapper tout à la fois à la *tyrannie de l'incompétence* et à la *technocratie de l'expertise*[36]. En France, c'est le 23 février 1983 – deux ans après la naissance du premier bébé éprouvette – que fut institué un Comité consultatif national d'éthique (CCNE) de trente-neuf membres. Plusieurs autres pays du Vieux Continent, ainsi que la Communauté européenne en tant que telle, mirent sur pied, par la suite, des institutions comparables.

Or, après dix-huit années de fonctionnement, force est de constater que l'efficacité de ces procédures consultatives est contestable. On ne veut pas dire que les membres de ces divers comités ne remplissent pas leur mission (difficile) avec conscience et probité. Ils le font en général avec assiduité et rigueur, quelquefois même avec une abnégation et une minutie qui forcent le respect[37]. Il n'empêche que des critiques s'élèvent aujourd'hui, qui mettent en cause l'efficacité de ces comités dont le vrai rôle serait surtout *d'accoutumer l'opinion à des transgressions qu'on finit tôt ou tard par entériner* après les avoir condamnées. Reprenant une formule désormais consacrée, une essayiste comme Nadine Fresco n'hésite pas à les considérer comme de simples « jardins d'acclimatation » de ce qui est « encore inacceptable » dans les innovations scientifiques[38]. Ils serviraient, en somme, à préparer le terrain à des capitulations morales, tout en dédouanant le pouvoir politique.

Le généticien Axel Kahn juge quant à lui « excellente » cette critique et assure qu'il faudrait « absolument éviter cela[39] ». La juriste Marie-Angèle Hermitte est tout aussi sévère. Contestant la

---

36. Je reprends ici l'excellente formulation proposée par Peter Kemp, *L'Irremplaçable. Une éthique de la technique, op. cit.*

37. Citons l'admirable travail de France Quéré dans le domaine bioéthique, travail dont témoignent deux livres posthumes, récemment publiés : *Conscience et Neuroscience* et *L'Homme maître de l'homme*, Bayard, 2001.

38. Voir Henri Atlan, Marc Augé, Mireille Delmas-Marty, Roger-Pol Droit, Nadine Fresco, *Le Clonage humain*, Seuil, 2000.

39. Témoignage recueilli par Caroline Glorion, *La Course folle. Des généticiens parlent, op. cit.*

proportion excessive de scientifiques au sein de ces comités, elle ajoute qu'« ils n'ont pas d'aptitude particulière à représenter le public ou l'intérêt général. S'ils ont une vocation à expliquer le développement scientifique, ajoute-t-elle, on ne voit pas quelle est leur légitimité pour aboutir à des recommandations "éthiques"[40] ». Cette mission ambiguë – consistant non pas à contrôler la fuite en avant de la technoscience mais simplement à « acclimater les esprits » – est d'ailleurs ouvertement revendiquée par certains chercheurs peu soucieux d'éthique véritable. Ainsi, dans le numéro de mars 1997 de la revue *Nature*, un généticien n'hésitait pas à écrire : « Le public n'a pas peur du progrès mais de la rapidité du progrès [...]. Le travail des comités d'éthique est d'agir comme un frein, pour ralentir l'application de la technologie à une vitesse acceptable par le public[41]. »

D'autres critiques vont plus loin, remettant en question le terme même de bioéthique, dont la fonction serait de conjuguer symboliquement – et abusivement – deux logiques différentes : celle de la science biologique et celle de la « conduite à tenir », de sorte que les deux « s'articulent l'un[e] à l'autre, se parasitent l'un[e] l'autre et conjuguent leur force imaginaire et leur légitimité respectives ». La bioéthique en général et les comités du même nom en particulier participeraient donc ainsi d'une « ruse » objective et faussement réconciliatrice. La bioéthique, en effet, ferait « communiquer deux univers contradictoires : celui, *mythique*, du sacré d'humanité et celui, *programmé*, des biotechnologies. [...] Elle [offrirait] une caution respectable aux aventures de la recherche et des applications biotechnologiques [et fournirait] un aval ambivalent mais efficace à la poursuite du programme de la maîtrise du vivant[42] ».

---

40. Marie-Angèle Hermitte, « Pouvoirs sur la vie, pouvoirs sur la mort, le rôle du droit », in *Qu'est-ce que l'humain ?*, *op. cit.*, t. 2.

41. Cité par Jacques Testart, *Des hommes probables*, *op. cit.*

42. Marie-Dominique Perrot, Gilbert Rist, Fabrizio Sabelli, *La Mythologie programmée*, *op. cit.*

Le « moins disant éthique »

Le fait est que, depuis leur création, lesdits comités ont surtout été amenés à entériner – ou à prendre acte – des transgressions, des édulcorations successives de principes ou interdits qui, peu de temps auparavant, avaient été solennellement proclamés. Il en va ainsi de l'utilisation de l'embryon à des fins expérimentales, de la brevetabilité du vivant, du clonage dit thérapeutique[43], etc. Plus généralement, les différents moratoires ou pauses dans la recherche qui furent proposés ou décrétés n'ont été que de courte durée. Citons le moratoire sur les manipulations biologiques, réclamé en 1977 par certains scientifiques ; citons encore la pause dans les recherches sur les embryons congelés, dits surnuméraires, qui avait été recommandée en 1986 par le CCNE mais ne fut guère respectée. Certains « seuils » éthiques avaient été d'ailleurs préalablement franchis sans véritables discussions publiques, à mesure que s'instauraient des pratiques vite banalisées : la « réduction » des embryons et leur congélation, l'anonymat dans le don de gamètes, le don d'ovocytes, le diagnostic pré-implantatoire[44], etc.

Le caractère systématique de ces reculades éthiques a conduit, en France, plusieurs experts ayant participé, en 1994, à l'élaboration des premières lois dites de bioéthique à dire leur inquiétude, voire leur indignation. C'est le cas du professeur Jean-François Mattei. Aujourd'hui, il s'insurge contre l'assouplissement *de facto* ou même l'abandon des conditions strictes qui avaient été posées à la pratique du diagnostic prénatal : dépistage des seules maladies graves et incurables, certitude du risque dépisté, etc. « Il suffit maintenant qu'il y ait un risque de 10 % ou 20 % de déclenchement d'une maladie pour qu'une grossesse soit interrompue. L'abandon de ces critères a été de plus accompagné de deux dérives : une dérive eugénique et une dérive normative[45]. »

---

43. Intervenant le 28 octobre 2000 devant le Comité consultatif national d'éthique, le Premier ministre Lionel Jospin a donné son aval à ce possible « clonage thérapeutique », suggérant simplement qu'on utilise une autre expression que « clonage » pour le désigner.
44. Monette Vacquin, *Main basse sur les vivants, op. cit.*
45. Magazine *Euréka*, novembre 1996.

Cet irrésistible assouplissement des interdits, ces adaptations successives de la législation, qui sont vécus par certains comme autant de redditions, résultent de l'influence de plusieurs facteurs. Il y a d'abord, incontestablement, la crainte de freiner une avancée technoscientifique capable de soulager des souffrances ou de mieux guérir les hommes. C'est ce qu'on pourrait appeler la force persuasive de la « promesse ». L'impératif industriel pèse également très lourd, même s'il est moins souvent évoqué. Aucun pays n'acceptera de prendre du retard dans la course aux biotechnologies, même si c'est pour de bonnes raisons. Avec l'ouverture des frontières et le jeu de la concurrence internationale, *le pays le moins regardant en matière d'éthique bénéficie d'une sorte de « prime industrielle » et d'avantage comparatif* qui font des envieux.

Observons d'ailleurs que, chaque fois qu'il s'agit de faire accepter à l'opinion un nouvel assouplissement de la loi, on invoque l'existence, à l'étranger, de législations plus libérales. Ainsi la course à l'innovation aboutit-elle, dans les faits, à un alignement de tous sur le « moins disant éthique ». Tout se passe, à la limite, comme si l'absence de règles finissait par s'imposer à tous... La logique est discutable, mais il est bien difficile d'y résister. Après coup, d'ailleurs, on fera jouer la rhétorique du « vous voyez bien » : on citera quelques innovations qui hier encore faisaient scandale et sont aujourd'hui communément acceptées en ajoutant qu'on avait raison d'avancer. Ainsi la « course folle » finit-elle par se justifier... au nom des impératifs de la course elle-même !

Comme le note sans indulgence Jean-Jacques Salomon, « le Comité national de bioéthique, dont les membres sont majoritairement des biologistes et des médecins, ressemble à ces commissions de prêtres qui décidaient au Moyen Âge des conditions dans lesquelles les couples doivent (ou ne doivent pas) faire l'amour. [...] Théologique ici, scientifique là, le débat est l'occasion de formuler des avis dont la légitimité n'est jamais que celle des convictions d'évaluateurs qui sont en fait pleinement juges et parties [46] ».

Insensiblement s'impose en tout cas l'idée d'une sorte de sens de l'Histoire en matière technoscientifique. Il paraît finalement aller de soi que les avancées de la recherche passent nécessaire-

---

46. Jean-Jacques Salomon, *Survivre à la science, op. cit.*

ment par une révision à la baisse des principes éthiques ou moraux. On considère que le progrès a besoin d'un « désenchantement éthique (obtenu par la désaffection de la question du sens) pour asseoir un nouvel optimisme [47] ». Peu ou prou, l'esprit du temps obéit – sans même s'en rendre compte – à la plus redoutable des injonctions.

La nouvelle quadrature du cercle

À la décharge des comités d'éthique, il faut noter qu'on leur demande quotidiennement de résoudre la quadrature du cercle. Dans des collectivités individualistes et fragmentées comme le sont les sociétés modernes, il n'existe plus de point de vue surplombant. Nous devons prendre notre parti du pluralisme des idées, des croyances, des cultures et des valeurs. (C'est en tout cas l'idée que l'on se fait couramment de la modernité [48].) Chargés de formuler des « avis », lesdits comités doivent donc *faire de l'un avec du multiple*. Ils ont pour mission de dégager un consensus minimal entre des représentants de disciplines, croyances, religions dont les opinions ne coïncident pas. On conviendra qu'ainsi comprise la mission est difficile. C'est pour cette raison que les textes et recommandations de ces comités paraissent souvent gouvernés par une casuistique alambiquée, dilués dans une technicité sémantique qui les rend peu utilisables. Les formulations y sont parfois bien plus obscures que ne l'étaient, jadis, les encycliques romaines. On ménage vaille que vaille la chèvre et le chou. On énonce des principes avec d'autant plus de solennité qu'on introduira aussitôt après quantité d'exceptions. On cherche, en somme, avec minutie et application, à marier l'eau et le feu, à conjuguer la transgression et la « limite », la liberté d'expérimentation et le principe d'humanité (auquel on ne manque jamais de rendre, rhétoriquement, un pieux hommage).

Un bon exemple en fut fourni par le fameux avis n° 8 du CCNE sur le statut de l'embryon, avis contre lequel protestèrent, à l'époque,

---

47. Monique Castillo, « De la bioéthique à l'éthique », *Esprit, op. cit.*
48. On peut soutenir, au contraire, qu'au-delà des particularités culturelles qui doivent être scrupuleusement respectées il existe bel et bien un corpus de valeurs universelles sur lesquelles on ne devrait pas transiger. C'est l'analyse que je tentais de développer et d'approfondir dans *La Refondation du monde, op. cit.*

deux membres du comité, parmi lesquels la théologienne France Quéré, indignée par un discours « qui dérive vers une matérialité aberrante ». Cet avis commence par affirmer avec force l'éminente dignité de l'embryon qui, « dès la fécondation, appartient à l'ordre de l'être et non de l'avoir, de la personne et non de la chose ou de l'animal » et qui « devrait être éthiquement considéré comme un sujet en puissance, comme une altérité ». Dans la suite du texte, cependant, il est écrit : « Le Comité a élaboré une déontologie fondée sur différentes attitudes ; […] c'est ainsi que peut être tolérée la destruction d'embryons surnuméraires […] Il en va de même de la congélation d'embryons. L'instrumentalisation de l'embryon qui en résulte est un moindre mal [49]. »

Il serait pourtant injuste d'ironiser sur un embarras aussi criant. On voit mal comment ces comités, pluralistes et composites, pourraient s'exprimer autrement que sous la forme de compromis laborieux et de modération pragmatique, analogues à ces motions de congrès qui n'expriment plus rien à force de compromis. En leur sein, deux catégories de points de vue s'affrontent à armes très inégales. D'un côté, les « humanistes », dont les convictions se rattachent à des traditions ou des confessions très diverses ; de l'autre, le bloc beaucoup plus monolithique d'une communauté scientifique surtout pressée de faire avancer la recherche. Or, « dans la mesure où la pensée scientiste contemporaine est dominée par des visions réductionnistes et matérialistes intégrales, elle ne peut rien dire sur des questions comme la vie, la conscience, la subjectivité, la liberté. Tout ce qu'elle peut faire est d'en déclarer la totale réductibilité à des processus matériels [50] ».

On voit mal, dans ces conditions, comment les biologistes ou généticiens dont on sollicite un avis éthique *auraient quelque chose de particulier à dire sur le plan de l'éthique*. Le philosophe des sciences à qui j'emprunte cette remarque a raison d'ajouter que cette nouvelle dérive scientiste propre à l'époque, cette insidieuse trahison des Lumières par certains scientifiques – y compris parmi ceux qui sont membres des comités d'éthique – a pour résultat d'abandonner aux seules religions la capacité de résistance à « l'in-

49. J'emprunte cet exemple à Gregory Benichou, *Le Chiffre de la Vie. Essai philosophique sur le code génétique, op. cit.*
50. Giorgio Israel, *Le Jardin au noyer. Pour un nouveau rationalisme, op. cit.*

jonction », au risque de susciter, par contrecoup, un raidissement de ces dernières. Mais peut-on se résigner à voir renaître de ses cendres cet affrontement indécidable entre des religions tradition-nelles sur la défensive et une nouvelle gnose technoscientifique pressée de prendre la place ? Accepter cela, ce serait favoriser un peu plus encore cet étrange retour vers les « disputes » du XIXe siècle, notamment celle qui consistait à opposer théâtralement la science et la religion.

Certains scientifiques, plus portés que d'autres à sacrifier au scientisme, sont tentés de le faire à nouveau. On les voit ressusci-ter une rhétorique de combat dirigée contre l'ontologie en général et le religieux en particulier. Or ces disputes devraient être consi-dérées comme trop datées et trop manichéennes pour être prises au sérieux. Elles ont surtout pour résultat d'éluder les questions essentielles. Lesquelles ? Celles que formule très bien Dominique Bourg lorsqu'il écrit avec une simplicité bienvenue : « Devons-nous élever la connaissance scientifique à la dignité de valeur suprême ? Nous appuyer sur les sciences pour fonder nos juge-ments moraux et édifier nos lois ? [...] La réponse est négative. Jamais au contraire la nécessité d'inscrire les pratiques techno-scientifiques à l'intérieur des limites du droit et de la morale n'a été aussi grande. »

Reste à savoir sur quelle autre perception du monde pourraient bien s'appuyer le droit et la morale...

Chapitre 13

L'alliance retrouvée

« L'Homme est le seul animal qui distingue l'eau plate de l'eau bénite. »

L. A. White [1]

Chercher la voie, rompre l'enfermement scientiste, retrouver un chemin vers l'humanité de l'homme... La gravité des défis que nous avons à relever rend décidément risibles les querelles politiques traditionnelles (« J'ai raison, tu as tort... »), les postures cambrées ou les ratiocinations sentencieuses. Nous savons maintenant que les questions posées aux hommes et aux femmes d'aujourd'hui *sont situées bien au-delà de la dispute ordinaire*. Elles exigent de nous un de ces efforts de probité réflexive qu'on réserve ordinairement aux cas d'urgence. Il y a urgence...

Reprenons posément les deux questions par lesquelles s'achevait le chapitre précédent. Peut-on s'appuyer sur les sciences pour fonder nos jugements moraux et édifier nos lois ? Si ce n'est pas le cas, alors à quelle « autre » instance pouvons-nous adosser nos principes et nos textes ? Sur quoi pouvons-nous asseoir le principe d'humanité ? La clarté de cette formulation (empruntée à Dominique Bourg) a un avantage : elle disqualifie par avance tout recours à je ne sais quelle ébriété mystique ou ésotérique. Il serait vain, en effet, d'opposer à la superstition scientiste son image inversée. Il serait sot de laisser, par excès de réactivité, notre entendement se dissoudre dans une molle irrationalité empruntée aux langueurs *new age* ou à n'importe quelle autre effusion vague. Pas question de fuir la modernité dans l'extase flapie ou l'onirisme brumeux !

Quant au sempiternel « retour du religieux », partout chroniqué dans les gazettes, Dieu et tous ses saints nous en préservent ! On se

---

1. L. A. White, *The Evolution of Culture*, New York, McGraw Hill, 1959, cité par Alain Froment, « Origine et diversité des hommes », *Études*, novembre 2000.

dispensera, au terme de ce livre, d'une frémissante évocation de l'Au-delà, avec passage obligé par une citation – apocryphe – d'André Malraux sur la spiritualité du prochain siècle, etc. Cette religiosité-là, avec ses prophètes pâmés et ses chapeaux pointus, est en général bien pire que le désenchantement qu'elle prétend combattre. Elle fait fond sur l'ignorance, congédie peureusement les Lumières, pose un bâillon sur la parole, psalmodie à l'aveuglette et – dans le pire des cas – ouvre la voie aux intégrismes massacreurs. Elle fait surtout penser à cette idolâtrie craintive que Paul de Tarse dénonçait chez les Athéniens lorsqu'il leur reprochait d'être « trop religieux » (Ac 17,22). S'il est bien question, plus loin, du religieux, ce ne sera pas de celui-ci, qui fait douter de l'intelligence humaine.

Alors ?

Une origine biologique de la morale ?

Alors, s'il s'agit de fonder pour de bon nos principes et nos lois en remettant à distance la bigoterie scientiste, il faut d'abord *accoucher cette dernière de l'arrière-pensée qui l'habite*. Il faut écouter jusqu'au bout et très attentivement ce qu'elle nous chuchote à mi-voix. Ceci : nos croyances, nos convictions, nos « valeurs » ne sont peut-être rien d'autre que les produits de la machinerie biologique. Ce que nous prenons pour de la spiritualité, de l'éthique ou du libre choix n'est peut-être, après tout, que le fruit de connexions neuronales particulières. L'altruisme, le besoin de justice, le respect des plus faibles, le goût de l'avenir : tout cela serait l'aboutissement purement physiologique de l'évolution néodarwinienne. Nous serions progressivement sélectionnés ainsi. Ni plus ni moins. Vivre sans ontologie ni métaphysique consisterait à s'en remettre tout simplement à ces logiques biologiques, en rejetant toute « fable » idéaliste, spiritualiste ou religieuse. Cette idée est à l'arrière-plan des mille et un présupposés technoscientistes que nous avons évoqués dans les chapitres précédents.

Eh bien, soit ! Examinons la chose.

Cette position réductrice, nous l'avons dit, c'est celle des « darwiniens de gauche », soucieux de promouvoir une morale strictement matérialiste[2]. Avant eux, elle avait déjà été formulée par des auteurs du XIXᵉ comme Herbert Spencer, Thomas Henry Huxley (en 1862) ou Alfred R. Wallace (en 1864). Ce dernier influencera d'ailleurs Darwin lui-même qui, en 1871, citera explicitement le texte de Wallace dans le chapitre v de *La Descendance de l'homme et la sélection sexuelle*. A la fin du XIXᵉ siècle et au début du XXᵉ, cette volonté de « naturaliser » l'altruisme et l'entraide sociale – pour les arracher à tout enracinement religieux – sera réactualisée par l'anarchiste russe Pierre Kropotkine, auteur de *La Morale anarchiste*, ou par le Français Jean-Louis de Lanessan, auteur de *La Lutte pour l'existence et l'association pour la lutte* (1881). Dans tous les cas, on défend une conception purement utilitariste de la morale : celle-ci est née et se développe parce qu'elle est utile à l'espèce. Par la suite, « ce féerique altruisme darwinien [deviendra] un poncif de la sociologie biologique, et il [sera] périodiquement repris (ou réinventé) dans le cadre de supposées éthiques évolutionnistes[3] ».

Poncif ou pas, une telle interprétation « biologisante » des origines de la morale retrouve aujourd'hui un regain de vigueur avec le succès des neurosciences. Le sociobiologiste Edward O. Wilson, par exemple, reformule cette thèse lorsqu'il écrit sans émoi apparent : « Quand on conçoit l'altruisme comme le mécanisme par lequel l'ADN se multiplie à travers un réseau de parents, la spiritualité devient un expédient darwinien supplémentaire favorisant l'aptitude[4]. » Le « père » du premier bébé éprouvette du monde (1978), Robert G. Edwards, défend la même idée, mais avec plus de brutalité. Participant, en 1970, à Londres, à un colloque sur la responsabilité sociale des scientifiques, il n'hésitait pas à affirmer qu'en matière d'éthique dans le domaine de la reproduction « il valait mieux se baser sur la théorie de l'évolution des espèces plutôt que sur les vieilles notions morales tirées des religions[5] ».

Plus récemment, des chercheurs comme Richard Dawkins ou Jean-Pierre Changeux ont défendu cette même hypothèse d'une

---

2. Voir plus haut, chapitre 10.
3. André Pichot, *La Société pure. De Darwin à Hitler*, *op. cit.*
4. Edward O. Wilson, *La Sociobiologie*, *op. cit.*
5. Rapporté par Marcel Blanc, *Les Héritiers de Darwin. L'évolution en mutation*, *op. cit.*

origine purement génétique ou neuronale des valeurs morales. Cette hypothèse « biologisante » concernant l'éthique a même fait l'objet, en 1991 à Paris, d'un très sérieux colloque international, tenu à la Fondation pour la recherche scientifique, sous la présidence de Jean-Pierre Changeux. Les actes de ce colloque ont été publiés deux ans plus tard[6]. En 1998, dans un article de la revue *Nature*, les Américains Martin A. Nowak et Karl Sigmund allaient plus loin et proposaient carrément un modèle mathématique, utilisable sur ordinateur et permettant, selon eux, de mieux rendre compte des sources biologiques de l'altruisme. Il s'agissait de « montrer qu'un comportement altruiste peut présenter une valeur sélective supérieure à celle d'un comportement égoïste, qu'il peut donc constituer un avantage héréditaire conservé par l'évolution[7] ».

Dans un livre original et provoquant, le Français Dan Sperber renouvelle aujourd'hui cette tentative de naturalisation de l'éthique, en l'étendant aux mécanismes de la pensée. Déclarant adopter le point de vue « militant » d'un « matérialiste minimaliste », il propose de considérer les représentations sociales non plus comme des « représentations collectives » au statut ontologique indéfini (au sens où l'entendait Émile Durkheim), mais comme de simples « représentations mentales », c'est-à-dire des configurations neuronales particulières, capables de se diffuser de proche en proche sur un mode épidémiologique. Nos idées, nos convictions seraient un peu comme des agencements cérébraux – des logiciels vivants – qui se propageraient par imitation et contagion. « Les représentations mentales, écrit-il, sont des états cérébraux décrits en termes fonctionnels, et ce sont les interactions matérielles entre cerveaux et environnement qui expliquent la distribution de ces représentations[8]. »

La « mémoire de chaque homme »

Cette tentative extrême pour bâtir une éthique strictement matérialiste et neurobiologique a donné lieu à une riche polémique entre

---

6. Jean-Pierre Changeux (dir.), « Fondements naturels de l'éthique », Odile Jacob, 1993.
7. Cité par André Pichot, *La Société pure. De Darwin à Hitler*, *op. cit.*
8. Dan Sperber, *La Contagion des idées*, Odile Jacob, 1996.

Dan Sperber et Lucien Scubla[9]. Ce dernier, chercheur au CNRS et professeur à l'École polytechnique, ironisait courtoisement sur le réductionnisme « militant » qu'implique une telle ambition. (Et d'ailleurs, demandait-il, peut-il exister une démarche scientifique « militante », alors que la science, par définition, exclut tout *a priori* de ce genre ?) « Croire que l'on peut restituer les institutions et les cultures tout entières en partant des représentations ou mieux encore des micromécanismes cérébraux qui leur correspondent, ajoutait Scubla, me paraît aussi téméraire que de vouloir utiliser un microscope électronique ou même un microscope optique pour décrire la structure du système solaire ou l'anatomie d'un vertébré. Jamais on ne retrouvera ainsi les systèmes de parenté, les rites funéraires, les techniques et les langues. »

Sans céder à l'esprit polémique, on peut légitimement considérer que ces diverses tentatives de biologisation des valeurs (et donc du principe d'humanité), resurgissant de loin en loin sous des formes différentes, n'ont pas de véritable pertinence. Voici plus de vingt ans, le grand spécialiste de la Kabbale, Gershom Scholem, dénonçait déjà « la frivolité philosophique avec laquelle nombre de biologistes tentent de ramener les catégories morales à des catégories biologiques ». Cette tentative, ajoutait-il, « est une des caractéristiques les plus sombres de notre époque mais ne saurait nous leurrer sur le caractère désespéré d'une telle entreprise[10] ».

Ceux des scientifiques qui conservent une distance minimale à l'égard du scientisme sont les premiers à en convenir. Henri Atlan est de ceux-là. Pour lui, il ne fait aucun doute que notre vie sociale et notre vie intérieure sont les produits de notre expérience de « sujets intentionnels », les fruits de traditions, mythes, récits et croyances, qui ne sont pas réductibles à la biologie. « Les sciences et les techniques, ajoute-t-il, non seulement ne permettent pas de fonder des normes du bien et du mal éventuellement universelles, mais créent de toutes pièces des problèmes éthiques, sociaux et juridiques sans fournir les moyens de les résoudre. Nous sommes

---

9. Id., « Les sciences cognitives, les sciences sociales et le matérialisme », et Lucien Scubla, « Sciences cognitives, matérialisme et anthropologie », in *Introduction aux sciences cognitives, op. cit.*

10. Gershom Scholem, *Fidélité et Utopie : essais sur le judaïsme contemporain,* Calmann-Lévy, 1978, et Presses-Pocket, 1992.

donc condamnés à construire de nouveaux systèmes de signification à partir de ce que nous pouvons entendre de ces mythes anciens et nouveaux, avec l'aide d'une réflexion anthropologique et philosophique renouvelée dans le contexte des savoirs et des incertitudes d'aujourd'hui[11]. »

Lui-même bon spécialiste du Talmud et de la Kabbale, Atlan nous invite, mine de rien, et comme Scholem, à réinterroger notre mémoire spirituelle et religieuse. Il nous convie à réinterpréter ce que Marie Balmary appelle magnifiquement « la parole originaire de l'humanité conservée dans les mythes et les Écritures, et la parole inconsciente enfouie dans la mémoire de chaque homme[12] ». Mais n'allons pas trop vite.

En dehors de sa pertinence épistémologique très discutable, la volonté de rattacher la morale humaine à la biologie elle-même – à l'exclusion de toute autre origine – implique d'ailleurs un inconvénient de taille : un tel rattachement abolit *de facto* le libre arbitre de l'homme. Il supprime cet interstice fondamental, ce « jeu » qui libère la culture humaine des fatalités de l'instinct. Il détruit ce paradoxe émancipateur qui veut que les valeurs fondatrices – de l'égalité à l'universalité – soient des artifices, des fictions assumées, des constructions volontaires inséparables de l'histoire et de l'autonomie humaines. Vouloir faire coïncider le *principe d'humanité* avec je ne sais quelle « humanité » biologique, ce serait tout simplement asservir l'humain aux tyrannies de la matière.

Ceux qui échafaudent aujourd'hui de telles hypothèses donnent d'ailleurs l'impression d'ignorer que celles-ci ont déjà idéologiquement servi dans le passé, *et de la pire façon*. Je pense à Georges Vacher de Lapouge, ce théoricien du racisme déjà cité et qui fut l'un des pères fondateurs d'un fascisme à la française[13]. *Or Vacher de Lapouge fut un défenseur ardent, pour ne pas dire délirant, de cette hypothétique naturalisation de la morale.* « Nous sommes en marche par le monisme, écrivait-il, vers l'élimination complète de l'idée de religion. Nous sommes en marche, par les formules nouvelles basées sur l'hygiène sociale, vers l'éli-

---

11. Henri Atlan, « Le crépuscule de la finalité », *Sciences et Avenir*, octobre-novembre 2000.
12. Marie Balmary, *Abel ou la traversée de l'éden, op. cit.*
13. Voir plus haut, chapitres 2 et 10.

mination de l'idée de morale. [...] C'est la science qui nous don-
nera – combien différentes de celles d'autrefois ! – la religion nouvelle, la morale nouvelle et la politique nouvelle[14]. »
Considérons donc cette hypothèse comme évacuée...

Le matérialisme saisi par l'immatériel

Il reste à dire un mot d'une autre question, moins souvent abor-
dée mais tout aussi capitale : la crise étrange et même fascinante
qui saisit aujourd'hui le matérialisme lui-même. Lucien Scubla y
fait brièvement allusion dans sa réponse à Sperber, en rappelant
que la physique conduit désormais à attribuer à la matière réputée
inerte des propriétés jadis réservées au vivant. « Loin de contri-
buer à renforcer le vieux matérialisme, écrit-il, la physique
contemporaine tendrait plutôt à dissoudre la notion même de substance matérielle[15]. »
Le fait est que l'ancien concept de matière paraît s'évanouir peu
à peu, à mesure que progresse la connaissance, aussi bien en physique qu'en biologie génétique. La première met de mieux en
mieux en évidence l'intensité vibrionnante et corpusculaire de
l'infiniment petit, de sorte que la matière tend à se dissoudre dans
la complexité du mouvement atomique. Un physicien français du
Centre de l'énergie atomique (CEA) trouve des images parlantes
pour décrire le nouveau désarroi qui devrait saisir tout matérialiste
conséquent. « Il semble qu'à force d'avoir été analysée, écrit-il, la
vieille idée de matière ait perdu beaucoup de sa texture, comme
une pomme qu'on n'en finit pas de peler, de sorte qu'un bon matérialiste, aujourd'hui, convaincu que "tout est issu d'une réalité non
spirituelle", ne peut plus l'être que "métaphysiquement"[16]. »
Dans le domaine de la biologie génétique et des neurosciences,
cette crise paradoxale du matérialisme est encore plus frappante.
Ces différentes disciplines, en effet, usent aujourd'hui de méta-

14. Georges Vacher de Lapouge, Préface à sa traduction d'E. Haeckel, *Le Monisme,
lien entre la religion et la science, op. cit.*
15. Lucien Scubla, « Sciences cognitives, matérialisme et anthropologie », in *Introduction aux sciences cognitives, op. cit.*
16. Étienne Klein, physicien au CEA, « Qu'est-ce que l'idée de matière ? », *Études,*
juillet-août 1998.

phores ou de postulats qu'on devrait prendre le temps d'interroger car ils portent en eux une charge subversive. Prenons le concept d'*information*, qui tend à devenir un principe dominant. Il paraît acquis aujourd'hui que ce qui définit une réalité – vivante ou inerte –, ce n'est pas la substance dont elle est constituée, mais le code ou l'information qui préside à son organisation. C'est flagrant en matière génétique. La spécificité d'un gène, ce n'est pas son aspect substantiel, nucléotique, mais le *message* qu'il est capable de transmettre.

Ainsi, « quel que soit le nom donné à ce qui est transmis tout au long du processus évolutif, il ne s'agit pas d'abord d'une entité matérielle, mais plutôt d'une *information* (au sens large du terme, incluant celui de structure). Toute confusion entre information et matière doit être évitée, même s'il paraît souvent difficile à des chercheurs occidentaux de raisonner autrement qu'avec des objets matériels [17] ». À bien réfléchir, c'est une véritable révolution dans notre approche du réel. Des concepts métaphoriques comme ceux de « codage » ou de « programme » participent du même constat. L'information génétique est immatérielle, elle est un *langage*. Le principe de la vie procède donc d'une certaine *parole*, transmise et recopiée à travers toute la chaîne du vivant. Une parole que nous savons partiellement recopier, mais sans la comprendre.

Certes, il faut se garder d'en tirer trop vite des conclusions spiritualistes, comme le font certains, en affirmant que se trouve ainsi vérifié le message biblique, notamment celui de la Genèse, ou celui qu'exprime l'Évangile de Jean : « Au commencement était le Verbe... Tout fut fait par lui et sans lui rien ne fut. » Il n'empêche que cette prévalence du langage, repérée au cœur de la matière, bouscule les anciennes catégories réductrices du matérialisme : la matière, contrairement à ce qu'on imaginait, *n'est plus seulement de la matière* [18]. Il y a en elle du *langage*. Ces concepts voisins d'information, de code, de langage, non seulement réintroduisent de l'immatériel au cœur de la matière, mais ils reposent, à nouveaux frais, la vieille question de la *finalité*, qu'elle soit ou non intention-

17. Pierre-Henri Gouyon, Jean-Pierre Henry et Jacques Arnould, *Les Avatars du gène, op. cit.*
18. J'emprunte cette belle expression à Gregory Benichou, *Le Chiffre de la vie. Essai philosophique sur le code génétique, op. cit.*

nelle. Comme le remarque avec justesse un psychanalyste, « si nous possédons, "engrammés" dans notre cerveau, un certain nombre de programmes élémentaires, il convient de se demander qui les "compile" et les combine et pour quelles fins. Le mental ne peut pas se constituer en dehors d'un but à atteindre, donc d'une téléologie [19] ». Un autre chercheur exprime la même remarque un peu différemment : « La découverte du support physico-chimique de l'hérédité, l'ADN, pose de nouveau la question de la finalité puisque les notions de programme et de code génétique laissent à penser qu'il y aurait comme un *projet* enfermé dans des macromolécules [20]. »

La vie comme énigme

Tout se passe, en somme, comme si les avancées de la science déconstruisaient littéralement la vieille idée de matière en ramenant son analyse au *déchiffrement* d'un langage. C'est pour cette raison que certains généticiens matérialistes, après avoir souscrit un peu précipitamment à l'expression de code génétique, insistent aujourd'hui avec le même empressement sur le fait qu'il s'agit d'une simple métaphore. Ils sentent bien le sol se dérober sous leurs pieds. Certes…

On ne développera pas ici dans les détails – bien que ce soit passionnant – les débats infinis que font naître cette réinterprétation littéralement bouleversante du réel. Il faudrait pour ce faire citer longuement les théories de la complexité, examiner les paradoxes difficiles de la linguistique, discuter de la pertinence de cette « téléonomie » (interprétation causale des processus finalisés, équivalent mécanique de la finalité) que l'on substitue parfois à la « téléologie » (acceptation et étude de la finalité) pour tenter de sauver le matérialisme du naufrage. Contentons-nous d'observer que cet extraordinaire retour de l'immatériel au sein de la pensée scientifique vient ruiner, *stricto sensu*, les vieilles intolérances scientistes qu'il ramène pour de bon au rang de croyances, voire de supersti-

---

19. Jacques Hochmann, « Deux réalités », *in* Jacques Hochmann, Marc Jeannerod, *Esprit, où es-tu ? Psychanalyse et neurosciences, op. cit.*
20. Philippe Descamps, « Penser la finalité », *Sciences et Avenir*, octobre-novembre 2000.

tions assez naïves. Disons, avec toute la prudence qui s'impose, que c'est la science elle-même qui *ouvre désormais la porte à une possible réconciliation entre matérialisme et spiritualisme*. Cette ouverture est fort bien mentionnée par une enseignante du Centre Sèvres de Paris : « Peut-être pourrait-on considérer cette nouvelle approche de la nature comme une manifestation des premiers soubresauts d'une mutation spirituelle dont nous ne pouvons pas pressentir dès à présent l'enjeu [21]. »

Il n'est d'ailleurs pas interdit de trouver dans quelques autres métaphores la trace d'un embarras (ou même d'un échec) du réductionnisme scientiste. Le thème du *hasard*, par exemple, est utilisé aujourd'hui à tort et à travers. Il sert commodément à dissoudre toute idée de finalité, de sens, d'intention divine, etc. Mais dans sa généralisation floue, ne revient-il pas à désigner l'inconnaissable en l'affublant d'une dénomination moderne et rassurante ? Qu'est-ce que le « hasard organisateur » sinon un principe qu'on n'a pas encore élucidé ? Le hasard, à ce titre, serait une autre façon de désigner le divin. On peut s'interroger de la même façon sur ces fameux concepts d'*auto-organisation* et d'*émergence* – omniprésents dans les neurosciences et le cognitivisme –, censés expliquer l'apparition spontanée d'un ordre à partir du désordre (ainsi de la vie elle-même qui émergerait, produite par le hasard…). Cette idée d'auto-organisation, dans le fond, n'est pas très différente de la génération spontanée à laquelle croyaient encore les scientifiques du XIXe siècle. Une croyance qu'avec raison nous jugeons aujourd'hui puérile. La modernité du langage dissimule parfois d'étranges redondances [22].

Et puis comment ne pas mentionner *in fine* cette étrangeté qui hante aussi bien la biologie moléculaire que les neurosciences ou le cognitivisme : *l'évacuation de toute interrogation sur la vie* ? Les sciences modernes, en effet, n'ont strictement rien à dire au sujet de la vie, sinon qu'elle continue d'être mystérieuse. C'est ce que rappelle avec modestie le professeur René Frydman lorsqu'il écrit : « De la vie, tangible et pourtant insaisissable, on peut simplement dire qu'elle est une énigme [23]. » François Jacob en faisait la

---

21. Käty Ricard, « La biologie doit-elle être réductionniste ? », *Études*, mars 1998.
22. Je m'inspire ici encore – partiellement – des analyses de Gregory Benichou, *Le Chiffre de la vie. Essai philosophique sur le code génétique, op. cit.*
23. René Frydman, *Dieu, la médecine et l'embryon, op. cit.*

remarque au milieu des années 70. Il expliquait que l'activité des molécules observable chez les êtres vivants ne se distinguait pas de celle qu'analysent la physique et la chimie dans les systèmes inertes. Depuis la naissance de la thermodynamique, la valeur opératoire du concept de vie a quasiment disparu. Et Jacob ajoutait : « On n'interroge plus la vie aujourd'hui dans les laboratoires [24]. »

On conviendra que cette « absence » pose problème. Elle inspire des réflexions cinglantes à un essayiste chrétien comme Michel Henry. « Il faut en prendre son parti, écrit-il, dans la biologie il n'y a pas de vie, il n'y a que des algorithmes. » Il ajoute un peu plus loin : « C'est en dépit des progrès merveilleux de la science, ou plutôt à cause d'eux, qu'on en sait de moins en moins sur la vie. Ou, pour être plus rigoureux, qu'on ne sait plus rien d'elle, pas même qu'elle existe [...]. La vie est refoulée dans un domaine fermé, celui de l'animalité, de telle façon qu'elle se présente comme un bloc d'énigmes [25] ». Un grand penseur juif contemporain injustement méconnu, Léon Ashkénazi, estimait de son côté qu'on ne pouvait s'interroger sérieusement sur le concept de vie et sur l'humanité de l'homme sans trouver sur sa route la question du monothéisme. « S'il est vrai, écrivait-il, que nous reconnaissons un seul Dieu créateur, corollairement, il y a une seule humanité. Par conséquent, dans le principe, le monothéisme implique la conviction et l'exigence d'un universalisme humain, concret, réel, historique [26]… »

On mesure au bout du compte ce que peut avoir aujourd'hui de proprement absurde le triomphalisme technoscientifique et la suffisance témoignée par certains scientifiques à l'endroit de toute autre approche de la vérité.

La Terre est ronde, et elle tourne !

Chemin faisant, il faut en venir à une constatation qui fera sursauter. Elle dérange en effet nos habitudes mentales et bat en brèche

24. François Jacob, *La Logique du vivant*, Gallimard, 1976.
25. Michel Henry, *C'est moi la Vérité. Pour une philosophie du christianisme*, op. cit.
26. Léon Ashkénazi, *La Parole et l'écrit*, I : *Penser la tradition juive aujourd'hui*, Albin Michel, 1999.

les fausses vérités que rabâche l'esprit du temps. Cette idée, c'est à un scientifique universellement reconnu pour son indépendance d'esprit que nous emprunterons sa meilleure formulation. Je veux parler du paléontologue Stephen Jay Gould, professeur à l'université de Harvard, aux États-Unis, où il enseigne la géologie, la biologie et – surtout – l'histoire des sciences. Nettement engagé à gauche, Stephen Jay Gould, issu d'une famille juive, se déclare lui-même agnostique et ne peut être suspecté de complaisance à l'égard du religieux en général et du judéo-christianisme en particulier. Il fut lui-même engagé dans la lutte contre certaines sectes américaines « créationnistes » qui cherchent à imposer dans les écoles une stricte interprétation biblique de la création du monde.

Infatigable défenseur de la raison critique contre toutes les formes d'obscurantisme, Jay Gould est, d'un autre côté, un adversaire déterminé de la superstition scientiste. Or, de livre en livre, il combat la thèse dominante consistant à opposer systématiquement la science à la religion. Pour lui, les choses sont claires : cette opposition de principe est une invention *a posteriori* des scientistes du XIXᵉ siècle. Si elle est reprise aujourd'hui sans réflexion véritable, c'est parce qu'elle correspond à un renouveau conjoncturel du scientisme. « Je me sens découragé, écrit-il, quand certains de mes collègues [scientifiques] essaient de faire passer leur athéisme personnel (auquel ils ont parfaitement droit, bien entendu, et qui correspond, sur plus d'un point, à mes propres inclinations) pour une panacée permettant le progrès humain, l'opposant à une absurde caricature de "la religion", dressée en épouvantail de façon purement rhétorique [27]. »

À ses yeux, certes, les religions ont pu, en certaines circonstances, favoriser l'obscurantisme, exalter l'irrationalisme ou l'ignorance. La persécution du philosophe italien Giordano Bruno (1548-1600) en fut un des plus tristes exemples. Esprit libre, très critique à l'égard de Platon et d'Aristote et convaincu, à la suite de Copernic, que la Terre n'est pas le centre de l'Univers, que celui-ci est infini, qu'il y a d'autres systèmes planétaires et que les étoiles sont d'autres soleils, Bruno fut livré au Saint-Office, torturé et brûlé vif le 17 février 1600 sur le *Campo dei Fiori* de Rome. Il est peu de

27. Stephen Jay Gould, *Et Dieu dit : "Que Darwin soit !"*, *op. cit.*

pages aussi noires que celle-ci dans l'histoire temporelle du christianisme.

Il n'empêche qu'une vision pacifiée de l'histoire des sciences enseigne qu'il n'en fut pas toujours ainsi, loin s'en faut. Pour prendre un exemple, la condamnation de Galilée par le pape Urbain VIII au XVIIᵉ siècle (auquel le paléontologue consacre de longs développements) fut, sans conteste, une faute contre l'esprit et la science ; et cela, même si des facteurs plus politiques que religieux jouèrent un rôle déterminant en la circonstance. Pour autant, écrit Jay Gould, « il convient de rejeter le cliché anachronique qui présente Galilée comme un scientifique moderne combattant le dogmatisme obtus d'une Église qui aurait débordé son magistère propre et se serait montrée ridiculement ignorante d'une donnée fondamentale de la cosmologie [28] ».

Or, avec quelques autres épisodes du même genre, « l'affaire Galilée » est inlassablement convoquée depuis le XIXᵉ siècle pour accréditer l'idée qu'une partie de l'histoire occidentale *se ramène à une guerre entre science et religion*. Il en va de même de la prétendue hostilité de l'Église à la rotondité de la Terre, hostilité dont aurait vaillamment triomphé Christophe Colomb. Or cette idée ne résiste pas à l'examen. Elle est idéologique et non politique. Ce mythe de Christophe Colomb triomphant de l'erreur religieuse se développa au XIXᵉ siècle – entre 1870 et 1880 – au point de pénétrer les manuels scolaires où l'Église avait, à tort, le mauvais rôle. On prendra l'habitude de présenter Christophe Colomb comme un apôtre du rationalisme face au dogme religieux. En réalité, les traductions en latin de nombre de textes grecs et arabes avaient répandu depuis le XIIᵉ siècle chez les lettrés la connaissance des sciences de la nature – particulièrement de l'astronomie – et les avaient convaincus que la Terre était ronde. Roger Bacon (1220-1292) et Thomas d'Aquin (1225-1274) proclamèrent cette sphéricité en se fondant sur Aristote et ses commentateurs arabes, tout comme les plus grands savants de la fin du Moyen Âge, tel Nicole Oresme (1320-1382). Or tous ces hommes occupaient d'importantes charges ecclésiastiques.

Ces deux exemples illustrent bien le caractère éminemment

28. *Ibid.*

polémique d'une opposition entre science et religion qui, depuis plus d'un siècle, est considérée – à tort – comme une évidence. Elle le sera d'autant plus aisément que l'Église catholique, de son côté, succombera vers la fin du XVIIe siècle et surtout au XIXe à une mentalité de citadelle assiégée... par la raison, la science et le « modernisme ». Deux épisodes particulièrement caricaturaux en témoignent. Citons d'abord la funeste encyclique *Quanta Cura*, édictée en décembre 1864 par le pape Pie IX et dirigée tout entière contre le modernisme. En annexe de cette encyclique était joint un catalogue des « quatre-vingts erreurs contemporaines », le fameux *Syllabus*. Au début du XXe siècle – après l'intermède du pape Léon XIII qui se ralliera, lui, à la République et au progrès –, Rome récidivera si l'on peut dire avec Pie X, qui condamnera une fois encore le modernisme présenté comme le « suc vénéneux de toutes les hérésies ». Il le fera dans deux textes distincts : le décret *Lamentabili*, du 4 juillet 1907, et l'encyclique *Pascendi*, du 8 septembre 1907.

Ces épisodes navrants s'inscrivent dans le cadre d'un antagonisme farouche (mais daté) qui se noue au XIXe siècle entre une communauté scientifique gagnée, on l'a vu, à un scientisme parfois délirant, et une institution catholique, encore traumatisée par les persécutions révolutionnaires, toujours réticente devant l'avènement de la République et frileusement recroquevillée derrière les remparts du dogmatisme le plus étroit. Fâcheuse période ! Dans son imposante histoire des jésuites, Jean Lacouture a montré que même ces derniers, après la réapparition de leur ordre en 1814, n'échapperont pas à ce raidissement détestable, alors même qu'ils avaient été durant de longs siècles les défenseurs de la connaissance et les avocats – souvent hardis – du progrès et d'une réelle ouverture théologique [29].

Astronomie et cathédrales

Si l'on peut qualifier de sinistres ces épisodes, c'est qu'ils ont contribué à reléguer dans l'oubli des temps plus anciens – et beau-

---

29. Jean Lacouture, *Les Jésuites. Une multibiographie*, Seuil, 1992, t. II.

coup plus longs – durant lesquels la religion et la science n'étaient point en conflit. La réflexion vaut aussi bien pour le christianisme que pour le judaïsme et l'islam. À titre symbolique, Jean-Marc Lévy-Leblond rappelle qu'au XVIIᵉ siècle de nombreuses expériences scientifiques décisives, notamment en matière d'astronomie, furent pratiquées... dans les cathédrales. Elles seules offraient un espace suffisant pour installer les héliomètres ou « méridiennes » (souvent construites par les jésuites), qui permettaient d'obtenir des données sur la révolution annuelle de la Terre. Au début du XIXᵉ siècle, il en ira de même avec les pendules de Foucault qui matérialisaient les mouvements de la Terre autour de son axe [30].

L'Histoire est ainsi remplie de « figures » ecclésiastiques qui témoignaient d'une grande maîtrise de la connaissance scientifique ou d'une volonté de favoriser cette dernière. Un exemple : fondé au XIIᵉ siècle par Guillaume de Champeaux, l'ordre canonial de l'abbaye de Saint-Victor en Île de France, se caractérisera par son intérêt agissant pour les techniques et les machines. D'une façon générale, « la chrétienté médiévale a non seulement suscité des inventions remarquables telles que la charrue, le collier d'épaule, les lunettes ou l'horlogerie mécanique, mais elle s'est surtout singularisée par l'exploitation systématique des énergies naturelles [31] ».

Citons encore le cas, au XIVᵉ siècle, du moine franciscain Guillaume d'Ockham, grand défenseur de l'autonomie des sciences et du principe de « non-ingérence » de la religion en ces matières. On peut également mentionner, au XVIᵉ siècle, les papes Clément VII et Paul III, qui plaideront ardemment pour le développement scientifique. Stephen Jay Gould insiste, quant à lui, sur le nombre important de savants ayant joué un rôle notable dans l'avancée de la science, et qui étaient en même temps « d'irréprochables ecclésiastiques, dûment ordonnés ». Ce fut le cas d'Albert le Grand, maître de Thomas d'Aquin et grand commentateur scientifique du Moyen Âge. Il cite aussi Nicholas Steno, auteur de recherches géologiques fondamentales au XVIIᵉ siècle et qui devint évêque. Il rappelle le rôle joué par Lazzaro Spallanzani, physiologiste italien du XVIIIᵉ siècle

---

30. Jean-Marc Lévy-Leblond, *Impasciences*, *op. cit.*
31. Dominique Bourg, « Les origines religieuses de l'idée de progrès », *in* Dominique Bourg et Jean-Michel Besnier (dir.), *Peut-on encore croire au progrès ?*, *op. cit.*

qui s'employa à réfuter la génération spontanée. Plus près de nous, au XXe siècle, l'abbé Breuil fut un grand spécialiste de l'art pariétal du paléolithique et l'abbé Lemaître passe pour l'un des fondateurs de la cosmologie moderne.

Ce qui fut vrai pour le christianisme le fut tout autant pour le judaïsme et l'islam. Du grand Philon d'Alexandrie à Maimonide, de Spinoza à Moses Mendelssohn, il serait difficile de considérer les grandes figures de la tradition juive comme autant d'ennemis de la science et de la raison. Il est tout aussi ridicule d'imputer une quelconque inclination antiscientifique à l'islam qui, dans l'Europe du haut Moyen Âge, fut le vecteur – et l'accompagnateur – de la science arabe. On ne rappelle jamais avec assez de force le rôle décisif joué par cette dernière dans l'épanouissement de disciplines aussi différentes que l'algèbre, l'arithmétique, la trigonométrie, la géométrie, la physique, les sciences naturelles, etc. Or, que ce soit dans l'Andalousie musulmane ou dans le pourtour de la Méditerranée médiévale, ni les imams, ni les commentateurs du Coran, ni les érudits du soufisme n'ont jamais entravé, bien au contraire, le développement scientifique ou la redécouverte des grands textes grecs ou latins [32].

Présenter systématiquement le *religieux* en ennemi héréditaire du *scientifique*, comme on le fait depuis le XIXe siècle, relève de la fantasmagorie. Il est surprenant que cette fantasmagorie soit aujourd'hui encore si peu contestée et si répandue. Au regard de la vérité historique, une telle condescendance barricadée semble pourtant aussi sotte que cette grande banderole qui avait été déployée, avant 1990, dans le musée de l'athéisme de Leningrad (Saint-Pétersbourg). La banderole fameuse portait une phrase du cosmonaute russe Iouri Alekseïevitch Gagarine, passager du premier vol du vaisseau spatial *Vostok 1*, le 12 avril 1961 : « J'ai été dans le ciel et je n'ai pas vu Dieu. » Pardi !

Un chercheur et médecin comme René Frydman est le premier à déplorer que perdure dans les milieux scientifiques une posture de combat à si courte vue. Tout en se présentant lui-même comme agnostique (à l'instar de Stephen Jay Gould), il est à l'origine

---

32. Voir l'ouvrage en trois volumes de Roshdi Rashed (dir.), *Histoire des sciences arabes*, Seuil, 1997.

d'une initiative concrète qui mérite d'être saluée. En janvier 1996, avec son collègue Paul Atlan, il a créé à l'hôpital Antoine-Béclère de Clamart un service de consultation « éthico-religieuse ». Son but : appliquer une éthique pratique, au cas par cas, en permettant aux patients troublés dans leurs convictions religieuses par tel ou tel projet thérapeutique d'en débattre – par l'intermédiaire du médecin – avec des prêtres, des rabbins, des imams.

Or, non seulement cette initiative réconciliatrice demeure isolée, mais Frydman reconnaît que, pour la mener à bien, il a dû vaincre des résistances et triompher d'une hostilité de principe encore très répandue parmi ses pairs. « Qu'un scientifique fasse preuve d'une certaine ouverture vis-à-vis de la foi, écrit-il, et le voici catalogué, au mieux parmi les bigots (ce qui est plutôt cocasse me concernant), au pire parmi les tenants de cette nouvelle religiosité triomphante [33]. »

Le principe de non-empiétement

Rebondissons, justement, sur cette dernière expression : religiosité triomphante. C'est exactement ce qu'il nous faut aujourd'hui éviter, et même combattre avec autant d'énergie que nous combattons le dogmatisme scientiste. Réhabiliter le « religieux » ne doit pas conduire à restaurer la religiosité ou à exonérer le cléricalisme de ses errements, passés et présents. Tout esprit libre doit réserver la même attention, à la fois respectueuse et critique, aux discours scientifiques *et* religieux. Interpeller le scientisme, ce n'est pas rejeter la science. De la même façon, critiquer le cléricalisme, ce n'est pas – ou ne devrait pas être – diaboliser la religion. Les deux approches, en revanche, sont justiciables de la même exigence. Tout comme on doit rappeler la science à ses propres principes, il nous faut réapprendre à questionner la religion au nom de ses promesses, qu'elles soient bibliques, talmudiques ou coraniques.

Pour cela, il est nécessaire de considérer science et religion comme des appréhensions différentes – et rigoureusement autonomes – du réel. Cette autonomie, cette séparation et cette indépendance réciproques, on doit les promouvoir sans relâche si l'on

---

33. René Frydman, *Dieu, la médecine et l'embryon, op. cit.*

veut éviter de n'avoir à choisir qu'entre deux enfermements. Le même René Frydman exprime très bien cette exigence : « Science et foi doivent dialoguer sans pour autant se confondre : la science peut aider les religions à se débarrasser de leurs superstitions et à s'orienter parmi les questions essentielles de la vie ; la religion peut aider la science à rester humble, l'interroger sur ses pratiques en lui évitant de devenir croyance ou idéologie [34]. »

Mais Stephen Jay Gould est allé plus loin en tentant de théoriser cette non-ingérence, avec une rigueur qui force le respect. Il propose de baptiser « principe de NOMA » (non-empiétement) cette complémentarité, cette alliance retrouvée entre ce qu'il considère comme deux magistères aux champs d'application et aux visées différents. « Notre pulsion à comprendre le caractère factuel de la Nature, écrit-il, c'est le magistère de la science, et notre besoin de trouver du sens à notre existence et une base morale pour notre action, c'est le magistère de la religion [35]. » On serait d'ailleurs tenté de faire observer à Jay Gould que son désir est en partie déjà comblé. En effet, au-delà des empoignades convenues qui font le bonheur des médias et mobilisent l'attention (science contre religion, foi contre raison, Dieu contre Darwin, etc.), un mouvement plus profond est aujourd'hui décelable dans le champ des idées. Au développement formidable des connaissances – et des interrogations – scientifiques, correspond un renouveau spectaculaire de l'exégèse biblique. Ce renouveau coïncide également avec un approfondissement prometteur du dialogue entre juifs, chrétiens et musulmans.

Quant aux philosophes longtemps considérés, à tort ou à raison, comme les théoriciens de la déconstruction, et donc du nihilisme postmoderne, force est de considérer qu'ils manifestent un intérêt nouveau – et soutenu – pour le religieux. C'est le cas du philosophe italien Gianni Vattimo, qui reconnaît accomplir aujourd'hui, avec prudence et circonspection, un retour au christianisme. « J'en suis arrivé, écrit-il, à un point de la vie où il semble évident, prévisible et même un peu banal de se reposer la question de la foi [36]. » Pour ce

---

34. *Ibid.*
35. Stephen Jay Gould, *Et Dieu dit : "Que Darwin soit !"*, *op. cit.*
36. Gianni Vattimo s'explique sur ce « retour » dans un petit livre magnifique et injustement négligé par les médias, *Espérer croire*, Seuil, 1998.

qui concerne le judaïsme, on n'ira pas jusqu'à considérer comme un retour comparable la démarche plus critique de Jacques Derrida. Il n'empêche que certains de ses textes récents témoignent, au minimum, d'une volonté explicite – et modeste – de réapprendre à « penser la religion aujourd'hui sans rompre avec la tradition philosophique [37] ».

Figures de la postmodernité, les deux philosophes partagent évidemment avec Stephen Jay Gould une volonté de séparer clairement les deux modes de connaissance. Or il serait trop commode de s'en tenir sur ce point à une pétition de principe. Ne pas mêler science et religion, c'était déjà ce que disait au XIXᵉ siècle le grand physiologiste français Claude Bernard (1813-1878) : « La science et la religion ne doivent pas se mêler parce que l'une entrave l'autre [38]. » Aujourd'hui, toutefois, l'état des sciences comme celui des religions exigent d'être plus précis. Que signifie, au juste, ce non-empiétement ?

Concordisme fou et créationnisme ignorant

Pour en avoir une meilleure idée, il est utile de raisonner *a contrario*. À travers deux fourvoiements symétriques, on peut montrer à quelle aberration risque d'aboutir une confusion – même remplie de bonnes intentions – entre science et religion.

Le premier exemple relève de ce qu'on appelle le concordisme, c'est-à-dire la volonté de réconcilier à tout prix ces deux savoirs, *au point de les faire coïncider*. Ce concordisme, surtout influent aux États-Unis, est une forme de syncrétisme qui n'est pas sans rapport avec la sensibilité *new age*. D'une certaine manière, il participe de la théologie dite du *Process*, très répandue dans le monde anglo-saxon après les travaux du philosophe et mathématicien Alfred North Whitehead (1861-1947). Il s'agit de repenser la création « en rompant avec tout modèle que surplomberait la notion d'une éternité immobile, pour inscrire Dieu lui-même dans le devenir (un *procès*) où il est plus directement partie pre-

---

37. Voir notamment Jacques Derrida, *Foi et Savoir*, Seuil, « Points », 2001.
38. Claude Bernard, *Lettres à Madame R.*, Éd. Fondation Mérieux, 1974.

nante de l'avènement, toujours temporel ou "actuel", des choses [39] ».

Ce concordisme inspira récemment des colloques, congrès ou réunions souvent médiatisés à grand son de trompe. Il en fut ainsi, en juin 1998, de la conférence tenue à Berkeley et financée par la fondation Templeton sur le thème « La science et la quête spirituelle ». Elle donna lieu, dans la presse américaine la plus sérieuse, à des articles assez ridicules, précédés de titres qui ne l'étaient pas moins : « La foi et la raison à nouveau réunies » (*The Wall Street Journal*), « Science et religion : un pont sur le grand fossé » (*The New York Times*) ou « La science rencontre Dieu » (*Newsweek*).

L'Amérique, aujourd'hui, voit se multiplier les rencontres de cette sorte. Elles se situent, pour une large part, dans la postérité du fameux colloque organisé dans les années 60 à l'université de Princeton, dans le New Jersey, qui réunissait des scientifiques soucieux de réfléchir au sens de leur recherche. Cette réunion déboucha sur un texte qui fit grand bruit : « La Gnose de Princeton ». Sans doute toutes ces manifestations et articles furent-ils inspirés par une volonté réconciliatrice qui vaut toujours mieux que la guerre ouverte. Il n'empêche ! Dans sa volonté de « démontrer Dieu » ou de « diviniser la science », le concordisme ouvre la voie à une forme d'ésotérisme fumeux ou de gnose impérative qui ne ménage plus la moindre place ni à la liberté ni à la foi. En cela, il est aussi effrayant que le scientisme qu'il prétend combattre et auquel il emprunte paradoxalement la plupart de ses traits. On songe à une réflexion fameuse du grand théologien calviniste suisse Karl Barth (1886-1968) qui dénonçait déjà, dans son maître livre, *Dogmatique*, tout rabattement scientifique de la transcendance : « Ce Dieu que l'on pourrait démontrer, quel genre de Dieu serait-ce donc ? »

À l'opposé du concordisme, le créationnisme américain procède, lui aussi, d'une confusion délibérée entre science et religion. Résolument hostile aux progrès de la connaissance scientifique, il entend soumettre cette dernière au magistère tatillon de la religion. Ce créationnisme apparut, à l'origine, au sein du fondamentalisme protestant pour s'opposer à la théorie de l'évolution en particulier et au modernisme en général. Un de ses fondateurs fut William

---

39. Cité par Pierre Gisel et Lucie Kaennel, *La Création du monde. Discours religieux, discours scientifiques, discours de foi*, Labor et Fides/Société biblique suisse, 1999.

Jennings Bryan (1860-1925), qui lança en 1920 une campagne anti-évolutionniste. Dans sa version la plus extrême [40], le créationnisme rejette carrément le discours scientifique. Il ne prend même pas la peine d'analyser ou de discuter les hypothèses scientifiques. Celles-ci ne peuvent qu'être en conflit avec les Écritures. On appelle parfois ce mouvement le *rejectionism*.

Le point d'influence maximale des créationnistes fut en 1925 au moment où l'*American Civil Liberties Union* voulut faire abroger les lois anti-évolutionnistes votées dans certains États américains depuis 1920. Cette tentative déboucha sur un épisode judiciaire assez rocambolesque, qu'on appela le « procès du singe » (en référence aux théories de Darwin). Les créationnistes voulaient en effet faire condamner un jeune enseignant du Tennessee, Thomas Scopes, accusé d'avoir enfreint une loi locale qui interdisait l'enseignement de la théorie de l'évolution dans les *public schools*. Ce procès fut finalement gagné par les défenseurs de la raison et de la science. Très célèbre aux États-Unis, il a inspiré une pièce de théâtre, *Inherit the Wind*, écrite en 1955 par Jerome Lawrence et Robert Edwin Lee, laquelle a fait l'objet de deux versions filmées avec, notamment, Spencer Tracy et Frederic March dans la première, Kirk Douglas et Jason Robarts dans la seconde, qui est un téléfilm.

Le plus extraordinaire, c'est qu'en dépit du ridicule des positions créationnistes mises en lumière par ce procès, l'affaire ne s'arrêta pas là. En décembre 1981, un deuxième « procès du singe » eut lieu à Little Rock, dans l'Arkansas. Cette deuxième offensive répondait, il est vrai, à une volonté de contrer l'émergence redoutable d'une sociobiologie scientiste incarnée par Edward O. Wilson, dont le livre, *Sociobiology : the New Synthesis*, avait paru en 1975. Perdu lui aussi par les créationnistes, ce deuxième « procès du singe » démontrait une nouvelle fois cette vieille constante : le scientisme péremptoire (version Wilson) favorise toujours, par contrecoup, un obscurantisme qui ne l'est pas moins.

Il est vrai que ce créationnisme agressif, qui renaît sans cesse de

---

40. Il existe aux États-Unis une tendance plus modérée, parfois appelée le créationnisme scientifique (*scientific creationism* ou *creation science*). Cette tendance a favorisé la fondation, en Californie, de la *Creation Research Society* (1963), puis de l'*Institute for Creation Research* (1972).

ses cendres en Amérique du Nord est aussi une affaire politique. Il n'est pas sans rapport avec le mouvement dit de la majorité morale, fondée en 1979 par le pasteur Jerry Falwell. Pour ce dernier, « la théorie de l'évolution porte atteinte aux valeurs fondamentales de la société américaine, car elle est attentatoire à la dignité de l'homme, lorsqu'elle affirme que "l'homme descend du singe" [41] ». Il n'est d'ailleurs pas sûr que l'Amérique moderne en ait fini avec cette pittoresque affaire. En effet, le nouveau président George W. Bush junior, élu en 2000, a parfois manifesté – à l'instar de Ronald Reagan dans les années 80 – une bienveillance marquée à l'égard de la majorité morale. En novembre 1999, il s'est déclaré favorable à ce qu'on enseigne "différentes manières d'expliquer la formation du monde" (*different forms of how the world was formed*), c'est-à-dire qu'on présente le récit de la Genèse en même temps que (*along with*) la théorie de l'évolution.

Stephen Jay Gould, à qui j'emprunte ce dernier rappel, a raison d'écrire que « cette véritable tragi-comédie qui aura empoisonné l'histoire intellectuelle des États-Unis tout au long du XXe siècle révèle les rapports singuliers qui se sont noués dans ce pays entre science, religion et politique [42] ».

Un chemin tenu ouvert

Concordisme d'un côté, créationnisme de l'autre, on voit bien à travers ces deux exemples symétriques à quel type d'errements on risque de céder, dès lors que sont en jeu les rapports entre science et religion ou, plus largement, entre rationalisme et spiritualité. L'alliance pacifique et fondatrice qu'il s'agit de retrouver pour fonder le principe d'humanité n'a décidément rien à voir avec ces deux-là. Ce n'est pas la connaissance scientifique qu'il s'agit de tenir à distance, c'est la clôture naïve d'une pensée, l'impérialisme d'une démarche, la fatalité destructrice d'une domination univoque. De la même façon, ce n'est pas la quête religieuse qu'il faut orgueilleusement refuser, c'est le dogmatisme figé, le refus clérical

---

41. Cité par Pierre Gisel et Lucie Kaennel, *La Création du monde. Discours religieux, discours scientifiques, discours de foi*, Labor et Fides/Société biblique suisse, 1999.
42. Stephen Jay Gould, *Et Dieu dit : "Que Darwin soit !"*, *op. cit.*

du questionnement, la crainte superstitieuse de la raison critique. « Le Dieu biblique, écrit justement Paul Valadier, est par nature antisacralisant, et donc anti-fusionnel ; et par là son message reste d'une vive actualité contre les pseudo-réenchantements plus ou moins rêvés qu'on propose comme dernier cri dans les super-marchés de la religiosité [43]. » Le principe d'humanité se situe très exactement dans cette *distance* obstinément maintenue, ce chemin tenu ouvert.

Si l'expérience spirituelle en général – et celle du monothéisme en particulier – est aujourd'hui porteuse d'une leçon qu'il faut entendre et peut-être réapprendre, c'est celle-ci : il existe un *ailleurs* de l'expérience humaine que la science est impuissante à saisir. En nous demeure magnifiquement un principe de liberté et d'huma-nité échappant à toute rationalité instrumentale. C'est ce qu'ex-prime à sa manière un agnostique comme Claude Lefort lorsqu'il écrit : « L'idée de l'humanité de l'homme, comme celle de l'huma-nité qui englobe tous les hommes, se dérobe à toute définition. Ceux qui en font la critique ont raison sur ce seul point [44]. » C'est égale-ment ce qu'évoque le philosophe Jean-Michel Besnier quand il parle joliment de « l'humanisme rageur », c'est-à-dire celui qui assume le fait d'être « tiraillé entre un lucide désespoir et une volonté d'impossible [45] ».

Lucidement interprété, le monothéisme, de ce point de vue, est un rappel permanent à l'ouverture et, partant, à la liberté. Contre l'enfermement scientiste et contre tous les enfermements en géné-ral, la tradition juive, par exemple, est riche d'un concept qu'on voit souvent reconvoqué ces temps-ci (et ce n'est pas par hasard). Cette idée, formulée par l'école kabbalistique du XVIe siècle, c'est celle du *tsimtsoum*, c'est-à-dire de la contraction volontaire de Dieu, de son retrait partiel qui ménage à l'homme la possibilité d'une liberté responsable, celle-là même qui fait de lui à la fois la créature à l'image de Dieu et le coresponsable de l'achèvement du monde. Il n'est pas interdit – tout en restant conscient du schéma-

---

43. Paul Valadier, *Un christianisme d'avenir. Pour une nouvelle alliance entre raison et foi, op. cit.*
44. Claude Lefort, « Hommage à Salman Rushdie » (Contribution au colloque « L'Homme et la société », université de Lausanne, mai 1990), *Esprit*, janvier 1992.
45. Jean-Michel Besnier, *L'Humanisme déchiré*, Descartes & Cie, 1993.

tisme très « amateur » d'un tel raccourci – de rapprocher ce magnifique *tsimtsoum* juif du concept chrétien de *kénose* divine, c'est-à-dire d'un abaissement volontaire par le biais de l'incarnation, qui ménage, lui aussi, un espace à la libre et entreprenante humanité de l'homme.

Pour les chrétiens, le Dieu véritable, celui de la révélation biblique, est « impuissant et faible », pour reprendre l'expression du pasteur allemand Dietrich Bonhoeffer, qui fut pendu par les nazis le 9 avril 1945, à l'âge de trente-neuf ans. C'est dans les lettres et textes écrits de la prison de Tegel, où il avait été incarcéré le 5 avril 1943, que Bonhoeffer avait approfondi sa réflexion sur la possibilité de « parler de Dieu laïquement » dans un « monde devenu majeur ». Il ajoutait : « Dieu nous fait savoir qu'il nous faut vivre en tant qu'hommes qui parviennent à vivre sans Dieu [46]. » Pour lui, le Christ « ne nous aide pas par sa toute-puissance, mais par sa faiblesse et ses souffrances [47] ». Dieu est donc le créateur et le garant d'une fondamentale *liberté*, elle-même inséparable du principe d'humanité.

Ainsi donc, « que ce soit dans le judaïsme ou dans le christianisme, la créature humaine participe à la Nature divine et, par là même, au processus créatif [48]. » Dans les deux cas, c'est l'idée de clôture – de dogme universel et contraignant – qui est providentiellement condamnée. À toutes les formes de suffisance, d'intolérance et de triomphalisme excommunicateur, il s'agit d'opposer l'inlassable et batailleuse *transaction* entre croyance et raison, foi et science, connaissance et fidélité têtue (à Dieu ou à l'homme). On peut saluer la douceur extrême avec laquelle Marie Balmary exprime cela : « La quête de l'origine et de l'au-delà n'est pas dans mon esprit la quête d'un "autre monde" au sens habituel du terme, mais d'une autre dimension de nos vies *dans laquelle nous puissions reconnaître homme tout homme* ; une dimension dans laquelle, par laquelle, nous serions frères [49]. »

Il ne faut pas entendre ce dernier mot comme une mièvre invita-

---

46. Dietrich Bonhoeffer, *Résistance et Soumission*, Labor et Fides, 1973.

47. Cité dans le remarquable article d'Arnaud Corric, « Dietrich Bonhoeffer. Le Christ, Seigneur des non-religieux », *Études*, mars 2001.

48. Michel Tibon-Cornillot, *Les Corps transfigurés. Mécanisation du vivant et imaginaire de la biologie, op. cit.*

49. Marie Balmary, *Abel ou la traversée de l'éden, op. cit.*

tion à la gentillesse ou à la compassion. Sa signification est beaucoup plus forte, brûlante même. Elle veut nous rappeler qu'il n'y a ni degrés, ni normes, ni diagnostics génétiques, ni paramètres auxquels nous pourrions rapporter l'humanité d'un homme pour l'évaluer. Le handicapé mental comme le trisomique, le « monstre » comme le nain ou le géant, l'aliéné comme le mourant : tous me sont irréductiblement *semblables*.

Ce n'est pas rien, puisque le reste, *tout le reste*, en découle.

Épilogue

Un parti pris d'humanité

> Comme un saumon, l'homme est d'autant plus vivant qu'il remonte le courant.
>
> D'après Marc-Alain Ouaknin[1]

Traqué tout au long de ces pages, le principe d'humanité nous apparaît tout à la fois comme essentiel et insaisissable. Mais comment pourrait-il en être autrement ? L'humanité de l'homme n'est ni un « constat » vérifiable, ni le résultat d'une recherche, ni un héritage : c'est un *projet*. Ce projet, sans cesse, est devant nous, aléatoire et menacé, comme le sont les projets humains. L'humanité fait partie de ces principes énigmatiques qui doivent sans relâche être réinterrogés et défendus, faute de quoi ils se dissolvent et disparaissent dans les fracas de l'histoire *naturelle*. L'erreur serait de croire que les grandes révolutions/mutations décrites dans ce livre nous dispensent « techniquement » de ce choix, ou bien le placent hors de notre portée.

Puisqu'il faut, à la fin, s'engager à titre personnel, je ne crois pas qu'il y ait de vie humaine imaginable dans l'abandon. Je ne pense pas que l'humanité soit inséparable d'une volonté et d'un désir de résistance. Le grand mensonge du moment, c'est sûrement celui qui tire argument des mutations en cours pour disqualifier d'un même mouvement et la volonté et la résistance. Ce n'est pas seulement un mensonge, c'est une folie. A nous y rallier, nous consentirions à n'être rien d'autre, comme le redoutait Max Weber, que des « spécialistes sans vision et des voluptueux sans cœur[2] ». Dans l'air du temps flotte en effet je ne sais quelle envie de disqualifier la conviction trop ferme, l'opinion trop affirmée, l'engagement (poli-

1. Marc-Alain Ouaknin, *Dieu et l'Art de la pêche à la ligne*, Bayard, 2001.
2. Max Weber, *L'Éthique protestante et l'Esprit du capitalisme*, Presses-Pocket, 1985.

379

tique ou autre) trop résolu. Faisant cela, on désigne implicitement ces derniers comme les sources calamiteuses de la violence et de l'intolérance. Ainsi le bavardage de l'époque se résume-t-il parfois de la sorte : s'il y a moins de croyances et moins de valeurs, il y aura moins de violences ; s'il y a moins de convictions, il y aura moins d'afflictions. Le relativisme, le désenchantement, l'indifférence seraient devenus le gage d'un monde pacifié. *Il nous faut comprendre la profonde, l'incommensurable sottise de ce lieu commun.* La violence, au contraire, est le produit des désirs sans frein, de l'avidité sans limites, de la manipulation sans règles, c'est-à-dire d'un affaiblissement des croyances partagées.

Songeons ici à ce bel aphorisme mille fois articulé par le philosophe et psychanalyste Cornélius Castoriadis : une société montre son degré de civilisation dans sa capacité à se fixer des limites. Des limites et des projets. Le principe d'humanité, en définitive, a pour caractéristique d'être *cause de soi*. Il est puissance de se faire, c'est-à-dire de se choisir. Celui que nous revendiquons ici – l'éminente dignité de l'être humain – est un choix, en effet. Qu'il s'agisse de l'économie, de la politique ou de la technoscience, « on traite l'homme selon l'idée qu'on s'en fait, de même qu'on se fait une idée de l'homme selon la manière dont on le traite[3] ». Cette circularité renvoie donc chacun de nous à une *responsabilité* qu'aucune science, aucune technique, aucune fatalité mécanique ou génétique ne sauraient éliminer.

Le principe d'humanité existe, parce que nous *voulons* qu'il en soit ainsi.

C'est à cette volonté – obstinée et joyeusement dissidente – qu'il faut dorénavant se vouer.

---

3. Peter Kemp, *L'Irremplaçable. Une éthique de la technique, op. cit*

Table

Deuxième partie

La modernité régressive

RÉALISATION : PAO ÉDITIONS DU SEUIL
IMPRESSION : S.N. FIRMIN-DIDOT AU MESNIL-SUR L'ESTRÉE
DÉPÔT LÉGAL : SEPTEMBRE 2001. N° 47434-3 (57094)